續々群書類從

第十七

例言

本巻は十七雜部として、古書保存會版『續々群書類從』所收の文獻十六點のうち、國書刊行會版と重複する「南都七大寺巡禮記」を除く十五點を收錄した。便宜上一括して雜部としたが、もと各文獻はそれぞれ帝王・官職・公事・裝束・文筆・地誌・合戰・釋家・雜等の部に屬するものとされていたもので、それは毎頁の柱によつて知られたい。排列は古書保存會が實施した配本の順による。

古書保存會版の『續々群書類從』は、國書刊行會版のそれ(明治三十九年から四十二年にわたり刊行)に先だつて、明治三十六・七の兩年にかけて刊行、五回に分けて配本され、以後中絕した。この事業は、收錄豫定文獻の總目錄を構成することなく、逐次追加の方式で、十數點の文獻を翻刻するにとどまつたから、「類從」の實は得なかつたが、その収録文献の研究資料としての價値は注目するに足りるものがある。

古書保存會版の『續々群書類從』と國書刊行會版のそれとの企畫上の交渉經緯は、詳かにしがたい。後者が前者の單純なる繼承でないことは明らかであるが、前者が先蹤としてもつ意義は沒し得ぬであろう。

今日、古書保存會版『續々群書類從』の存在はあまり知られていず、またその實物に接する機會も容易には得られない。今回、その學術的な意義に鑑み、同叢書名の故をもつて、あえて本巻を立てて國立國會圖書館に所藏されている同書を覆刻收録し、研究家の便益に資せんとするものである。

昭和五十三年十二月

續群書類從完成會

續々群書類從十七雜部

目録

圖　版

續々群書類從

帝王部

類圀云本書ハ卷子ニテ表ニ御代々皇代記ト記セリ但奈良春日社ノ本書ナリ原ト標スルモノ是ナリ

編年殘篇（應德元年皇代記）

一條太上天皇　寛弘八年六月二（廿）原十九日□（崩カ）原

太子敦成親王　寛弘八年六月十三日乙卯立之四

長和五年正月二十九日受禪

敦明親王　母女御藤娍（娀）原子寛弘八年十月甲辰五日爲親王十八　同十一日敍

三（十二月）要二日任式部卿長和二年

一年正月二（廿）原十九日甲戌爲太子

○按原書虫食中僅存五之字形○點書以要記補之

依例補之

皇子（敦儀親王）（寛弘八年十月五日爲）原ナシ親王

十五　長和二年六月二（廿）原十日任中務卿天

月卅日遷式部卿長

古書保存會集

喜二年〔年口ノ之十〕原虫食ニテ不如此七月十一日薨

敦平――　母同同日爲親王同日爲兵部卿〔長〕原和二年六月二（廿）原十二日

三品即任兵部卿長元年月遷式部卿永承四

年三月十八日薨前一日入道

師明〻〻　母同同日爲親王寛仁三年七

月　日於仁和寺出家

〔敦貞――〕原　〔母左大臣〕顯光二女必寛仁三

年三月四日辛酉爲親王

三□式部卿實者小一條院一男

八日薨四（卌）原十八

敦賢――　母右大臣頼宗女天喜四年正

月□四品實者小一條院三男六年正月卅日
中務〔卿〕康平四年十二月一日式部卿承保
四年八月十七日薨疱瘡

皇女當（原直）（常（原））子內親王

母同敦明寬弘八年十月五
日爲內ゝ（一）―（十）原九年十二月―○
爲伊勢齋長和五年八月十七日退之〔　〕
〔　〕左近中將藤原道雅密奸之其後爲尼治安
三（年）十月五日爲內――九寬仁三

（原）〔禔子――〕

萬壽三年月日配內大臣教
〔通公永承三〕七□廿九日薨○四（卌）原○十六

禎子―――

母中宮藤妍子長和二年七辛巳
月六日誕十月廿三日爲內
――四年十（壬子）原二月廿七日准三宮任人爵人本
○封外加千戶治安三年四月（甲子）原一日敘一品幷也
萬壽四年三月廿三甲子日入東宮十五

原〔保子內――〕

母入道○大（太）原政大臣女寬仁三

年三月四日爲三條　實者小一條院
女月日配權中納〔言〕

嘉子內――　薨牛

爲齋宮永保元ノ七月七日

榮子―――

後宮太皇大后藤原導（遵）原子○

寬弘九年二
月十四日爲
（太）大皇太后五十六

〔皇太后藤〕原彰子

同日爲皇太后廿五

〔中宮藤原妍子〕

二月十四（壬子）原日爲后中宮
十八年

皇后藤原娍（娍）原子

寬弘九年四月廿七日甲
子爲后皇后宮年

女御正二位藤原妍子

寬弘八年八月
廿三日爲女御
十七　九年二月爲后中宮

從五位下藤原娍（娍）原子

故大納言濟時―

續類從八百五十四皇年代記尙侍ノ下寬弘九年八月廿一日任又云長和二年九月十六日從二位
以要記補之○寬弘五年十一月十六日爲親王同八年辛亥六月十三日甲戊爲東宮儀式元慶八年例○十月廿三日甲午御禊（東河春日末）○寬仁二年正月二日丁酉元服（十一）治廿年

女母大納言源延光一女正曆年中入太子宮
寬（弘八年）原八月廿二（三）原。日爲女御九年正月廿
七日叙從五位
〔、原、從二位藤原婉子一十四〕原書入（元）長和三年。
四月廿日（原虫入）（十四）原爲皇后萬壽二
正二位藤原姸子　寬弘八年爲女御
正四位下藤原威子　左大臣道長三女
母源倫子寬弘
年八月廿一日任十一月廿九日從三位長
一年九月十六日從二位

後一條

（諱敦成一條（賴按條天ー）第（二）子母
中宮彰子。寬弘八年六月　長和五年
正月廿九日甲戌受禪九二月七日壬午即位。
十一月大嘗ー近江備中。長元九年（三）月中自
以後聖體不豫（廿）原四月十七日乙丑讓位於皇太
弟崩　御宇二。十。年同五月十九日葬神樂岡
東（迯）原

在位十　御宇元年丙辰正月廿九日受禪先帝御
枇杷家新帝御京極院因之移於神璽
將二人賞之諸衛諸司步「行供奉　南門六
月日移御「一條院　七月廿日夜上東門院
（、）原燒亡起自惟憲卿家止於法興院
長和寬仁元丁巳　長和六ー四月廿三日
改元依即位也三月八
日行幸任（石）原。清水終日甚雨
二　正月　日天皇元服四月　日遷御內裏
九（廿）原二日齋宮下給仍行幸八省
（原一字アキ）辛亥行幸　家東宮三后同行啓
有舟樂競馬　島（、）原擬文章生試題云翠松
「不改色後日陣頭判
三ー己未　前太政大臣數日病惱三月廿
一日出家九月廿九日於東大
寺受戒初攝政內大臣等子姪僕從無所於供
奉矣四月十六日太宰府飛（馬）驛。到來力。（刀）原　賊徒

〔起來殺〕原害壹岐島司理忠云云〔大原藏穪樹依
件賊徒追討賞拜任〕月　日〔○〕原初建立无
量壽院

四 ― 庚申　　三月廿二日癸酉供養无量壽
院是年〔皰〕原。瘡起入道太政大臣
十二月十三日登天台山同十四日庚寅廻心
受戒七个日間參入中堂即於食堂修七佛藥
師　法同廿一日歸京

治〔安原元年辛〕酉　　寛仁五 ― 二月二日改
元同月昨日尙侍參春
宮入道太相國第四女也〔原　〕月二日甲辰
關白左大臣移賀陽院新宅十四日丙辰行幸
春日社母后同輿十六日寅尅還宮十二月二
日壬寅入道太相國室家供養　西北院修三
ヶ日夜不斷念佛十四日甲寅天皇御覽音樂
清涼殿東庭也

二〔　〕　　月日大宰府鮮文云去年十二月廿

三日□宇佐宮燒亡二月廿七日丁
卯正四位下藤原〔　〕詣宇佐宮從海路行四
月廿八日丁卯皇太后宮〔　〕枇杷殿七月十
四日壬午供養法成寺金堂天皇行幸東宮三
后行啓天下大赦十月十三日己酉大皇大后
宮供養仁和寺觀音堂廿五日辛酉行幸平野
社廿八日甲午行幸大原野社

三　　正月二日丁未太皇大后宮京極院有行
幸行啓

四〔―〕原甲子　　〔四月廿一〕原日戊〔寅天〕原台座
主院源於祇陁林寺修舍利會

萬壽元年　　治安四　　月日改元

二〔　〕　　從仲春比至子〔于〕原秋季人無老少頰〔煩〕原亦
皰瘡夏比或者披露云近來〔關〕原。關寺有
牽　其體雖〔微能牽虹梁雖〕原經累日。
〔　〕者奇之關寺聖者云夢是過去迦葉佛化身

也者因之上始於入道大相國王公卿士下至于田夫野人爲結緣如雲集會焉　八月三日春宮女御尚侍卒去〔御産之後五日〕（原小虫）

（一）原
三年丙寅　月　日大納言公任卿出家
○住解脱寺九月七日中宮出居（原〔御〕）○帥中納言家宅十二月九

（一）原
四年丁卯　一日己〔原　上〕東門院行幸〔行〕原啓途中忽有燒亡始自中御門富小路至于三條坊門法興院等悉燒亡已了　二月廿六日臨時仁王會此日左近衛府并圖書寮燒亡〔一字アキ〕原。三月廿三日甲子一品内親王參御春宮　三條天皇女母皇太后宮也四月　日乙亥春宮一宮着袴八月十日丁子内　一條新宅廿三日供養法成寺尺迦堂　大赦依入道太政大臣病惱也十一月廿〔　〕原幸於法成寺訪入道太政大臣之所惱依申請有勅藤原庶〔庶〕原政任美濃守左衛門志豐原爲長蒙撿非使宣旨○（原一字アキ）廿九日春宮行啓十二月四日遂以入滅。此日大納言藤原朝臣行成頓薨

（一）原
五年戊辰　月日安房守惟忠爲下總權介平忠常被燒死了仍下遣追討使右衛門尉〔平直〕原方志中原濟道八月五日進〔發〕原癸

長元元年戊辰　萬壽五年七月廿五日」原
「改元　九月十日夜閑院燒亡　十月廿三日夜鴨院燒亡十一月九日枇杷殿燒亡起自鷹司小路西洞院東近衛南東洞院西悉以燒亡

（一）原
○二年己巳　二月二日夜中宮御産〔一字アキ〕原同十八日月蝕閏二月十三日壬寅關白左大臣於賀〔陽〕原院爲　太政大臣修一乘八講講師八人聽衆十六人上

帝王部　編年残篇（應德元年皇代記）

五月二日庚申行幸八省臨時奉幣
〔七月十日大宰大貳藤惟憲入洛獻〕〔白鹿
一頭〕
十月十日太政大臣藤原公季薨

三(一)原年庚午　春　月　日安房守光成上道
申云忠常伴類虜領彼國云々
秋月　日以平政原虫ッ丶ヶ輔任彼國司下向
之間於伊勢國與平致常合戰訴申公家
十一月忠常追討直方等原□使節空以歸洛
十二月廿九日依伊賀國神□守源光
清於伊豆國大島

四(一)年辛未○　月　日甲斐守源頼信蒙追討
忠常宣旨下向甲斐國暫經廻(原連書)
間忠常請降進來向出家入道名日(日原)常安頼信隨身—(原連書)
上道之間—(原連書)途—(原連書)中於美濃國受病死去觸
此由於國司取忠常首入洛　八月伊勢齋王

記宣寮頭藤原相道　神事者配流伊豆
國妻流隱岐國　月　俊孝申云大
明神城築有種々○詫記宣(託)原　事云々
月　日賀茂齋王下御　九月廿五日女院參
詣石清水住吉天王寺　十(一)原月廿日甲午興
福寺塔會　月　日賀茂齋王今上第二内親王也移御丹
波守章任朝臣三條宅十　二月三日夜上東
門院燒亡渡御東北院同十一日遷御賀陽院

五　正月三日行幸賀陽院春宮同
以行啓二月五日有除目依關
白左大臣之所惱所延引也右大臣行之甲斐
守源頼信遷任美(一)原濃守依忠常賞也六日
天下大赦四月四日甲辰關白左大臣移一條
原—字若松廿五日齋王御禊鴨河原即入御大膳職原
章任朝臣加階是年依有旱(一)魃　□月
六日於神泉苑以大僧都仁海令修請雨經法
經(六)原○大日雨降　八月廿八日丁卯中宮行啓

齋院御在一宿還御　九月十一日夜東宮女
御産　月　日爲決出雲守俊孝奏聞(門)原託宣
下遣官史紀(記)原廣雅於彼國召問在廳官人幷神
民等之處悉以無實廣雅歸洛奏聞無實之由
法家勘申(一)原云罪可絞殺者　九月廿五日
流(俊孝)原佐渡國
(一)原
六年癸酉　八月十九日女子女院移御京
極院九月九日有重陽宴　十
一月廿八日庚寅關白左大臣於賀陽院奉賀
從一位源朝臣倫子七十算女院中宮渡御法
會儀式莫不事而美矣靑樂童舞神妙希有也
家司藤原定輔加階同廿九日天皇召件童舞
於淸涼殿東庭覽(神)　抽童五人令昇
殿舞師左近將曹正方轉將監馬屬成道遷任
左近將曹內大臣於階下仰之
七年甲戌　正月五日丙寅上東院行幸行
啓院司加階　廿二日癸未內

宴　三月廿五日關白左大臣參詣春日社
(令)原日歸洛　四月　日賀茂齋王御禊
見物之男女依例集會從小一條院棧敷投石
抛雜人等之間飛礫礎(原傍書)當齋王御車云々因之
有勅召撿非違使等圍小一條院責下手人依
(一)原有兼日之風聞院司殿上人等皆悉逃去
院中無一人男女仍使等暫去本院追補御隨
人(身)原　等各弃住宅□原逃(原ナシ)　□(隱カ)逃依責不止
使等注院司名進於公家因之召返使等　九
月　日參議右兵衛督源朝臣朝任女子死去
悲歎不覺　日薨卒　廿二日父子合葬未曾
有也　廿三日(一)原己酉關白左大臣於賀陽
院供養一切經上東門院渡御　十月五日辛
酉有勅以齊(一)原王輔親朝臣於大神宮寶前
令致御祈禱之間靑瑠璃在松笠自天落下敬請
取之獻於公家諸卿僉議云可有賞者　十一
月丁卯春宮若(宮)原　初文同十七日癸酉供養圓

敎寺十一月五日辛卯行幸八省臨時奉幣伊
勢大神此日齋主輔親朝臣敍從三位前日青玉賞云云

八年乙亥　正月二（日丁亥）原行幸行啓於
上東門院七月十三日甲午關
白左大臣（一）一男加元服天皇從冬比玉躰不豫

九年丙子。（原ナシ）三月晦比御藥甚重四月十七。
（原ナ）日亥尅崩于清涼殿　五月十。
（シ）九日葬于神樂岡東奉置御骨於淨土寺依有
方忌也

三條太上天皇　寬仁元年四月廿九日落飾入
道五月九日崩卌二

太子敦明親王　長和五年正月廿九日甲戌立
之寬仁元年八月九日甲戌辭退
號小一條院長暦年　月　日出家永承六年
正月八日薨年

敦良親王　寬仁元年八月九日甲戌立爲
皇太弟九長元九年四月十七日受禪

皇子元（旡）原

皇女章子内親王　母中宮藤原（威）原。子萬
壽四年二月十一日（千）原
壬午　爲内一二月　日敍一品加千戸封年。
原（官年）爵准三宮長暦元年十二月十三日庚辰
入太子宮（一）

馨子内親王。　母同月日爲内一一長元四
年月爲賀茂齋即賜千戸封
任人賜爵一准三宮長元九年四月十七日退
之永承六年十一月八日癸卯入太子宮廿三

後宮太皇大后藤原遵子　寬仁元年六月一
日戊辰崩六十一
六日殯般若寺東北地

太皇大后藤原彰子　寬仁元年正月七（一一）原。
日辛丑爲太皇太

后萬壽三年正月十九日丁酉落飾爲尼淸淨覺卅九號上東門院年宮○(官)年爵封戶如故

「皇太后藤原姸子」原

寛仁二年十月十六日乙巳爲太后萬壽四年九月十四日崩卅四

「皇后藤原娍○(娀)原子」原

寛仁三年三月廿五日壬午爲尼萬壽二年三月廿五日崩

中宮藤原威子

入道太政大臣道長三女母同上東門院寛仁二年三月七日庚子入内四月廿八日辛卯爲女御十月十六日乙巳爲后中宮長元九年九月(四日依病出家)(原書爲首書)六日崩卅八

尙侍從二位藤原娩子

年　月　日薨

從三位藤原嬉子

入道太政大臣四女母從一位源倫子永承二—月日贈皇大后寛仁二年十一月十五日任之三年三月四日從三位五年二月一日丙午入太子宮萬壽二年八月三日生王子同五日薨十九

後朱雀院

諱敦良一條院第二(一)子母同後一條院寛仁元年八月九日立皇太弟九長元九年四月○(十)原七日乙丑受禪廿八七月十日丙戌即位十一月大嘗〔近江丹波〕原近江丹波寛德二年正月十○(一)六日讓位皇太子十八日崩御宇九年

前太子敦明親王

小一條院

太子親仁親王

長曆元年八月十七日丙戌立之

皇子親仁親王

母尙侍贈正一○(二)原位藤原嬉子萬壽二年八月三日誕長元九年十二月　日爲親王十二長曆元年七月二日元服八月十七日爲太子

尊仁親王

母皇后禎子内親○(一一)原王長元九年十二月　日爲親王三寛德二

禖者福也

年正月十六日癸酉　爲皇太弟十二　永承元年（一）
十二月十九日丙午　元服十三

皇女良子內親王

母同尊仁長元九年十一月
廿八日壬子（寅原）。爲伊勢齋十
二月五日壬辰原　爲內親王（一一）原。。八月（一）原日一品寬德
二年（正月十日本對外加千戶年官年爵准
三宮同月十六日退齋原）

娟子內親王。。（一一）

母同上長元九年十一月廿
八日壬寅　爲賀茂齋十二月
五日爲內親王長久（一）年（一）月（一）日叙（一一）。。
（二）原。品寬德二年正月十六日　退之天喜五年九
月（一）日尚參議左近中將源俊房卿

祐子內親王。。（一一）

母中宮嫄子長曆二年（一）
月（一）日爲內親王　長久
元年十一月廿三日甲戌　着袴即日封千戶年
官年爵准三宮延久四年十二月落餝爲尼

禖子內親王。。（一一）（乙喜）原

母同祐子長曆三年八月十
九日誕寬德三年三月廿四日甲辰　爲齋院天
喜六年四月三日依病退之（一一）

正子內親王。。

母女御藤延子寬德二年四
月（一）日誕（一）年（一）月
日爲內親王天喜六年六月廿七日丙寅　爲賀（一一）。。
茂齋延久元年七月廿七日依病退之

後宮前太皇大后　上東門院

「中宮藤原威子原　長元九年九月四日落餝
爲尼六日崩胞瘡卅八

皇后禎子內親王

三條。（條）原院三女母皇
太后藤姸子長元十
年二月三日丙午　爲后中宮三月一日甲戌　改中宮爲
皇后宮廿五　靑宮所配也寬德二年七月十一日
爲尼

「中宮藤原嫄子原　左大臣女長元十年正月
七日庚辰　入內廿九日壬寅　補
女御叙正四位下廿二　三月一日甲戌　爲后中宮　長曆

三年八月廿八日崩廿四 實一品式部卿敦康親王女母具平親王第二女

女御從四位下藤原生子 内大臣教通一女 母權大納言藤公任女長曆三年十二月廿一日丁丑入内去十三日女御宣旨長久五年正月十日從三位永承元年十月八日正二位主上自二條第入内之日賞 同五年三月廿六日從一位父大臣讓前坊傳賞天喜元年三月(一)日落餝爲尼治曆四年八月廿一日薨五十五

從四位上藤原延子 春宮太夫賴宗卿女母伊周公女長久三年三月廿六日己巳入内五○(年)原正月十日從四位上永承三年正月八日從三位五年正月九日從二位父讓康平三年四月父左(右)原○大臣割分食封五百戸申讓延子朝臣

尙侍從五位上藤原眞子 内大臣教通

公二女母同生子長久三年十月廿日任之

後冷泉院 諱親仁後朱雀院第一子母贈皇太后藤原嬉子長曆元年八月十七日丙戌立爲太子十三 寛德○(一)二年正月十六日癸酉受禪廿一 四月八日即位 永承元年十一月大嘗(一)原近江備中治曆四年四月十九日崩於高陽院四十四(卌)○○御宇廿三年

前太子敦明親王 小一條院永承六年正月八日崩

太子尊仁親王 寛德二年正月十六日立爲皇太弟十二 治曆四年○(四月)原十九日受禪卅五

皇子无

皇女无

後宮前太皇大后(禎)原 上東門院

太皇大后禎子内親王 永承六年二月十三日爲皇太

后治曆四年四月十七日爲太皇大后
(一)
皇大后章子內親王　後一條院皇女母
中宮藤威子長曆元年十二月十三日庚辰　入
太子宮寛德二年正月十六日受禪永承元年
七月十日戊子　立爲后中宮　治曆四年四月十
七日爲皇大后治曆五年三月廿(廿)原三日爲尼同
(一)年七月三日爲太皇大后

中宮藤原寛子　關白左大臣女母同左大
臣師實公永承五
廿一日癸卯太皇皇女御　六年

後三條院　(諱尊仁)原□(母太皇大后禎子寛德)原
年正月十六日癸酉　爲皇太弟二十　治曆
四年四月十九日庚申　受禪卅五　同年七月廿
一日辛卯　即位於太政官正廳大極殿未造之故也　十一月
大嘗會(一)近江備中　延久四年十二月八日壬午　讓位
於皇太子同五年四月廿一日甲午　出家同五
月十日崩卅　御宇四年

太子貞仁親王　治曆四年八月十四日
甲子(寅原)　爲親王十六　延久元
年四月廿八日甲子　立皇太子十七　同四年十
二月八日壬午(一)　受禪廿

皇子貞仁親王　母藤原茂子權大納言能
信女實權中納言公成卿
女踐祚以前卒延久五年五月六日　配追贈
皇大后同日能信卿贈太政大臣正一位

實仁親王(一)　母女御源基子延久三年八月
十七日己巳　爲親王一　同四年十
二月八日壬午　爲皇太弟二

輔仁親王(一)(一)　母同實仁承保二年十二月
(一)日爲親王四

皇女聡子內親王　母同貞仁治曆四年八月十
六日爲內親王十九　延久元
年六月十九日甲寅　叙一品准三宮本封之外
宣(宜)原加千戸(十一)同年十二月五日着裳同五(一)年五月

賴圀云卅宮作州

(一)日落餝爲尼

俊子內親王(一一)、、　母同同日爲內親王十二(三)原　延久元年二月九日丙午　爲伊勢齋同四年十二月退齋

佳子內親王(一一)。。。　母同同日爲內親王十二　延久元年六月十九日甲寅　三品同年十月廿八日辛酉　爲賀茂齋同四年七月五日依病退出

篤子內親王(一一)。。　母同月日爲內親王九　延久元年(一)。六月十九日三品同五年三月十一日甲寅　爲賀茂齋五月七日退之依太上天皇崩也承曆三年七日准三宮年(官)原。宮年爵但至封戶以陽明院御封被讓申云々

後宮前太皇大后　上東門院

前太皇大后禎子內親(王)原　治曆五年二月十七日甲寅　改號陽明門院

太皇大后章子內親王(一一)。。　延久元年七月三日爲太皇大后

皇太后藤原寛子　(原月日爲皇太后)

皇后藤原歡子

中宮馨子內親王(一一)。。　後一條院第二娘母中宮威子長元四年爲齋院則准三宮同九年(一)。退之永承六年十一月八日癸卯　入太子宮廿三　延久元年｜七｜七。三日丁卯　立爲后中宮卅一　同五年四月廿一日太上天皇出家之日爲尼

女御藤原昭子　故右大臣賴宗女母伊周公女治曆二年七月二日入太子宮

源基子　故參議基平卿女母權中納言良賴(出)原女延久三年二月十日。生皇子同三月廿七日壬子　爲女御同四年十二月一日乙

亥准三宮賜年官年爵封戸五百戸

尚侍從五位上藤眞子

今上　諱貞仁後三條院第一子母贈皇太后茂（香茂子）原子延久元年四月廿八日立爲皇太子十七　同四年十二月八日受禪廿　同廿九日即位同五年五月太上天皇崩大嘗會延引承保元年十一月大嘗會近江丹波

「太上天皇原　後三條院延久五年四月廿一日依病出家　同五月七日崩卌

太子實仁親王　延元四年十二月八日立爲皇太弟二

皇子敦文親王　承保元年十二月廿六日誕同二年正月十九日爲親王二　母中宮賢子同四年九月六日薨四歲疱瘡

皇女媞子內親王　承保三年四月五日誕同年八月十四日爲內親王（一一）一　母同敦文承曆二年三月十六日准后宣旨三歲　同年八月二日爲伊勢齋

令（子）原內親王（一一）　承曆二年五月十八日誕同三年四月廿六日甲子爲內親王二

善子內親王　承曆元年九月廿三日誕同三年四月廿八日爲內親王三　母女御道子

善仁親王　承曆三年七月九日誕同年十一月三日爲親王母同敦文（原ナシ）

禎子內親王　永保元年四月十七日誕同二年三月一日爲內親王母同令子

後宮「前太皇太后原　上東門院承保元年十月三日崩八十七　依遺令不置山陵幷國忌

前太皇大后　陽明門院

前太皇大后章子内親王　延久六年六月十六日壬午改號二條院

太皇大后藤寛子　延久六年六月廿日丙戌爲太皇大后

皇太后藤原歡子　同日爲皇(太后)原大◎承保二年八月(一)日落餝爲尼

「原皇后馨子内親王　同日爲(皇)原大后宮○

「原中宮藤原賢子　左大臣女實者權大納言(原ナシ)言源顯房女延久三年三○月九日甲午入太子宮十五　同五年十月　日(原從四位□)◎延久六年六月廿日丙戌　立爲后中宮十八　永保四年九月廿二日卯刻許崩

原(女御藤原道子)　(權大納言能長女延久元年八月廿三日丙辰　入太子宮承保二年十二月廿八日乙卯　同―九月廿三日庚午生皇女)

尙侍藤原眞子

此書舊藏春日若宮神主中臣氏家今得而謄寫之書中以白川帝爲今上則作於其代無可疑者今存者僅一此一卷而已惜哉　天和三年癸亥秋八月彰考館識

井上賴圀翁ノ所藏本ヲ借リテ謄寫ス

明治卄四年五月五日　大森金五郎

大森學士所藏本ヲ以テ再校了

明治三十六年五月　堀田璋左右

◎從四位下カ

賴圀又云本巻春日舊神官千鳥祐順ノ家ニ相傳タリ

明治十四辛巳歳十月廿一日於宮中以原書一校了用朱者原本也【此には（ ）を以て示す】

續々群書類從

地誌部

平城宮大内裏跡坪割之圖

嘉永壬子十二月考正

靈龜亭定政

〔平城宮ノ上部〕

西大寺藏大内裏坪割圖及資財帳ニテラシミルニ、平城宮大内裏敷地ハ拾芥抄ノ平安城宮大内裏敷地圖トイサヽカ替ル事ナシ、サレト宮城ノ坪ハ拾芥抄ノ平安城宮々城ハ南北十町東西八町ナリ、平城宮々城ノ敷地ノ形ヲミルニ方八町ナリ、但シ慥ニ證トスル書ナシ西大寺坪割圖ハ大内裏ノ坪割ニテ宮城ヲワキテ圖スルコトナシ唯宮城ニヨリアル地名ト地勢トヲミテ云フノミ、

〔水上池〕

大和志ニ此水上池ヲ狹城盾列池トアルハ誤ナリ、弘仁年ノ平城宮ノ右京ノ北班田ノ圖ニ佐貴郷ト、則今ノ秋篠村ト山陵村トノ間ニ盾列池アリ、此明ナリ、此水上池ハ平城ノ池ニテ佐貴ノ地ニハ非ズ、

〔東三條大路ト二條トノ間〕

東大寺要錄、西南院燈油料平城京内

梨原庄田谷九段百八十歩

二條二坊三坪四坪十二坪、四坊一坪十一坪、五坊八坪、四條三坊二坪三坪七坪、四坪十三坪、五條三坊一坪二坪三坪四坪五坪七坪、右京二

古書保存會集

條二坊三坪、三坊十坪、

如此梨原ノ地ハ左京ニワタリテイト廣シ、東大寺八幡宮初メ平城宮々城ノ南梨原地ニ鎮座ノヨシ續日本ニ見ヘタリ其八幡宮ノ古跡今聞エズ、

〔東四條大路と五條大路との間〕

東大寺要錄、水田普丁平城田村ノ地二町四段餘

四條二坊十二坪、五條二坊九坪

此坪付ハ今柏木村ノ東北ニアタリテ、大安寺村ノ田地ナリ、續紀ニ藤原惠美押勝カ宅地ハ楊梅宮ノ南田村ノ地ト見エタルハ、今楊梅天神社（法花寺ノ西ニ在テ楊梅宮跡カ）トヨブ社アリテ、其南ノ此田村ノ地坪付ニ當ルハヨク叶ヘリ、又姓氏錄ニ、吉田連カ居住モ平城田村里河ト見エタルハ同地ナリ、

〔東九條大路四坊大路〕

北ハ奥福尼院ト常陸明神トノ間、南行芝辻村ノ西手、其南三條町口彌勒堂、其南大安寺永池ノ西手、其南東九條池ノ眞中、其南カモ阪墓ノ西手ヨリ、山ソヘ村北ノ庄村池ノ通シ今道絶タリ、但四坊大路、東築地アリテ、其東ニ京極道アルベシ、其道今芝辻村ノ西手ヨリ南行、カモ阪墓ノ東手マテ道殘レリ、カツ大道カツ細道、

〔東九條大路三坊大路〕

北ハ元明天皇陵ト不退寺ノ間ヨリ南行、三條大路、地藏堂、大安寺村西手、大安寺鳥居前、東九條村札ノ辻、同村法角堂、稲荷社ノ西手ニ通シ、但シ三條大路ノ北ヨリ一條大路マデ道絶タリ、其餘ハ大道細道打交ヘテ正シク殘レリ、

〔東九條大路二坊大路〕

北ハ元明天皇陵、元正天皇陵トノ間ヨリ法花寺東門前南行畑道、五條大路ヨリ七條坊門マテ道絶タリ、但シ田地坪割ノ地形ニ殘レリ、サテ七條坊門ヨリ南行、八條村ノ札ノ辻、西九條村ノ札ノ辻南行、九條大路マテ大小打交道殘レリ、

〔東九條大路一坊大路〕

北ハ常福寺村ノ一町餘東手ヨリ楊梅天神社ノ西手、北新村ノ東手、高橋明神ノ西手、是通シ八條

西辻村マテ道絶タリ、但シ田地ノ坪割地形ニ道ノ跡殘レリ、サテ八條西ノ辻ヨリ杏西辻村マテ道殘リテ、其南行又道絶タリ、

〔朱雀大路ノ南〕

北ハ門ノ外村新七ト申者ノ居宅ヨリ車新田村ノ西手マテ畑道殘レリ、其南行南新村ノ東手柏木村ノ西手ヨリ、郡山野垣内村ノ東ライセノ墓トライセ川トノ間見通シ今道絶タリ、但シ地形ニノコレリ、

ライセ川ライセ墓等ノ地名ノ殘レルハ羅城門ノ跡ニテ羅城ノ訛ナリト古人モ云ヒ傳ヘリ實ニサモ有ヘシ、

〔西九條大路一坊大路〕

北ハ成務天皇陵ノ東手ヨリ山上村、西畑村、二條村ノ西手南行大道、横領尼辻村ヲヘテ、郡山奈良口町大橋同鍛冶町御門マテ道絶ルコトナシ、

〔西九條大路二坊大路〕

北ハ西隆寺跡ノ西手、西大寺東門ノ東手ヨリ、垂仁天皇陵ノ東手ヘノ通シ今道絶タリ、垂仁陵ノ東手ヨリ招提寺ノ西ノ道ヨリ南行、藥師寺ノ西ノ道ヨリ七條村ヲヘテ、郡山難波町口ヲ御城御堀ヘウチアテ、大道細道打交ヘ道殘レリ、

〔西九條大路三坊大路〕

北ハ秋篠寺ノ南門ヨリ西大寺八幡宮前ヨリ、青野村ノ西手南行、菅原喜光寺マテ道絶タリ、但田地坪割ノ地形ニ正シク殘シ、喜光寺西手ヨリ平松村ヲヘテ、與柳村ノ東手マテ細道アリ、ソレヨリ南行大曲道ニテ、七條村ノ山上寺ノ後ヘ出ル、ソレヨリ南行、九條村ノ東西行大道打アテ、ソレヨリ南行道絶タリ、

〔西九條四坊大路〕

北ハ西大寺本願天皇御所跡及八幡宮山ノ西手、疋田村ノ西手、同畑村ヨリ南山道カツ絶カツ殘ル、郡山鎌足社ノ東手ノ通シニ成ベシ、

〔西九條大路の端〕

東ハ北之庄池ノ北堤ヨリ、郡山觀音寺町口マデ細道殘シ、但シ觀音寺町口南北行ハ右京一坊大路ナリ、ソレヨリ鍛治町御門、今西行南小川町ヨリ一町斗道曲リ、植槻八幡宮ヨリ植槻筋西行、鎌足社南手見通シ、

〔西八條大路の端〕

東ハ東九條ノカモ阪ヨリ東九條村、西九條村、西辻村、郡山奈良口、大橋マテ道正シク殘リ、ソレヨリ西行、イサ、カヅ、ノ曲道アレド、平野村九條村等ヲヘテ西行ノ道殘レリ、

〔西七條大路の端〕

東ハ九條池ノ北、飯合川ノ堤通リ西行、細道朱雀大路マテ殘ル、但此川筋南北行ノ道、左京四坊三坊二坊一坊大路コト〱ク殘リテ正シク橋モ殘レリ、サテ朱雀道ヨリ西行七條村マデカツ絶カツ殘ル、七條村ノ南手ヨリ西行、同村山上寺ノ南手ヲヘテ西行、山道ニ正シク殘レリ、

〔西六條大路の端〕

東ハ大安寺八幡宮ト金堂跡トノ間ヨリ、高橋明神ノ南手、藥師寺ノ南門ト八幡宮ノ間ノ大道、七條村ノ大池ノ北堤、奥柳村ノ南手迄東西見通シ、コハ田地坪割ノ地勢ニハ正シク殘レトモ、道ト云フヘキ道殘ラス、但シ朱雀路ノ邊ヨリ右京二坊大路マテノ間殘レリ、

〔西五條大路の端〕

東ハ南大安寺ト北大安寺トノ間ヨリ、柏木村南手ヨリ、藥師寺ノ北門ヨリ、西ハ山ヌヘテ東西見通シ、田地坪割ノ地勢ニ道ノ跡殘レリ、但左京四坊大路ヨリ二坊大路マテ東西ノ細道殘レリ、又朱雀道ヨリ右京二坊大路マテ細道東西殘レリ、

〔西四條大路の端〕

東ハ北大安寺村ノ北手、アユカセ藪ノ南手西行、柏木村池ノ北堤ノ北手、又西行、招提寺ノ北手ヨ

リ平松村ノ南、畑村ハ南ヘ東西見通シ、田地坪割ノ地形殘レリ、但シ道正シク殘ル所ナシ、

〔西三條大路の端〕

東ハ今奈良三條町口ヨリ西行、大阪街道、但垂仁天皇陵ノ北手ニテ、大阪道ハ南西ニ曲リ、其處ヨリナホスグニ西行、寶來村此間スコシ細道、

〔西二條大路の端〕

東ハ今ノ奈良芝辻村口ヨリ西行、右京一坊大路マテ細道殘レリ、ソレヨリ西行ハ菅原村ノ北手、疋田村ノ南手見通シ、道ハアレト、正シク二條大路ノ殘ル道ナシ、

〔西一條大路の端〕

東ハ今ノ奈良法蓮村ヨリ法花寺街道、西ハ西大寺八幡宮ノ南手ノ見通シ、但此ノ間道絶タリ、タヾ田地坪割ノ地形殘ルノミ、

〔北一條大路の西端〕

東ハ不退寺ノ北手、元明天皇陵南手ヨリ常福寺村門外村超昇寺村ヲヘテ、西畑村ト山上村トノ間ヘ出、ソレヨリ西行、西大寺古境内ト本願天皇御所跡ノ南ノ道見通シ、此間道ナシ、

〔秋篠の西〕

朱書「古西大寺境内南北七丁、東西十一町、四至東限佐貴道、南限一條南道、西限京極道、北限京極道ト寶龜年ノ圖ニアリ」

古西大寺鎮守八幡宮及十五所明神等今ニ殘レリ、サレト古ヘノ圖ト考ヘ合セバ十カ一ナリ、其餘本願天皇ノ御所跡奉鑄四天池今字しいご今ニ殘レリ、

諸堂塔ノ跡モソレ〳〵田地ノ字ニ殘レリ、

今西大寺境内ト東西百廿六間、南北七十六間、

西大寺資財帳平城宮右京添下郡之部

二條四坊三坪　字阿宇野

今青野アリ相當

平城宮大内裏跡坪割之圖

二條四坊十四坪　字ヒキ田ノ堂前
今疋田村常福寺北ニアリ相當
三條三坊二坪　字シリフリ
今菅原村ニアタルイマダ字聞エズ
八條一坊十五坪　字西京一ノ口
七條一坊二坪　字西京ワキ田
二條二坊三坪　字タカマ超勝寺ニアリ
今二條村ノ西南ニタカマ垣内ト云アリ坪割相當
三條四坊九坪　字法施寺菅原ニアリ
今疋田村ノ南ニ法セン寺ト云アリ坪割相當其地ハ菅原村
五條二坊五坪　藥師寺ト超勝寺トノ間ニアリ
今藥師寺ト超勝寺ノ間此坪割ニ相當但超勝寺トアルハ招提寺ノ誤ナリ
八條二坊三坪　下ツ道ノ流
今九條村ノ東下ツ道ノ事ハ別ニ云置ナリ
一條二坊三坪　タイリノ西
今二條村ノ南ニ内裏ノ宮ト云アリ其西南ノ田地坪割ニ相當
二條四坊十三坪　字ヤクリノ戌亥角地
今疋田村ノ西北ニ字ヤクリトヨブ所アルヨシナリ
八條三坊八坪　圓滿寺ノ南ニアリ
今七條村ニ圓滿寺アリ其南邊ノ田地相當

西大寺資財帳平城宮々城之部

添上郡二條御所敷地内戌亥角一段半
今ハ添下郡西畑村也
添上郡左京二條一坊六坪　字久野在超勝寺
今添下郡二條村ノ地ニ字久野木トヨブ所アリ此坪割ノ地

西大寺資財帳平城宮左右添上郡之部

九條四坊二坪　字ホツミ堂
今東九條村ノ南ニ稲荷社アリテ字法角堂トヨブ所相當
七條四坊六坪　字大安寺塔ノ南
今大安寺八幡宮ノ南東塔ノ跡アリ其南ノ田地此坪割ニ相當
八條一坊二坪　字西京ヲコノ池
今杏村ノ西辻村ノ西ニ字ナコノ池トヨブ田地アリ相當
九條一坊十六坪　字辰市河ノ西ニアリ
今杏村ヲ西流同村ノ西辻村ノ東ノ所ニテ曲テ南流小川アリ其西ノ田地相當

九條四坊十六坪　字カイノ垣カモサカニアリ
今東九條村ノ東カモ坂ノ墓ノ西南ニ字カイノ垣トヨフ田地アリ相當

六條二坊四坪　字二童子
今八條村ノ西北奈良川ノ堤高橋神社ト云アリ其西南ニ字二童子ト云田地アリ相當

八條一坊四坪　字辻合
今杏村ノ西辻村ノ西奈良ヨリ郡山ヘ行道ト東西九條ヨリ杏村ヲヘテ西行ノ道ト出合フ所ニ當但地勢ニヨル字ナルベシ

七條三坊十五坪　在大安寺鳥居前艮角
今大安寺ノ八幡宮鳥居前ノ田地此坪割ニ當

五條四坊一坪　南邊字四條
今北大安寺ノ西北小川ノ西ニ字四條トヨフ所アリサレ圧五條二坊ニアタル追テ正考ナ加フベシ併シ四條大路ノ跡ナレバ於此東ヘモ通リテ古ヘ字四條ト呼シカ追考此東ノ藪ナ字アユガセ又字四條ヤブト云由

八條四坊八坪　字辰市兵部垣内
今東九條村東北ニアタル但地名聞アタラズ

八條四坊六坪　字シリキレノ垣内
今東九條村ノ東北ニ字シリケリ垣内ト云ノ田地アリ此坪割ニ相當

五條二坊十二坪　下ツ道ノ東カケツイチ
今柏木村ノ東ニカケツイトトヨフ田地アリ相當但下ツ道ハ朱雀路ニアタルドツ道ノ名ノ論ハ別ニ委シク云ヘシ

七條坊三坪　下ツ道ヒラヲサ西
今柏木村ノ南ニアタル但此字未タ聞アタラズ

三條一坊五坪　三條畔手ノ北内裏ノ南
今新村ノ東新田村ノ東ニ相當ル但今添下郡

二條二坊三坪　字タガマ
今法花寺村ノ西南櫻梅天神社ノ西相當未タ字聞當ラズ但今ハ添下郡二條村ノ地

九條二坊十二坪　辰市サガモト
今東九條村ノ山ソヘ村ノ西ニ字サカクチトヨフ所アリ坪割ニ相當

八條一坊十三坪　辰市西ヲウカイト

七條一坊十三坪　辰市西シラヲケ

七條二坊七坪　辰市西キタノ

九條四坊六坪　字辰市コカイト
今東九條村ノ東南ニ當ルイマタ此字聞アタラズ

九條二坊十一坪　字辰市ヒジリタウノ南
今西九條村ニ倭文社アリテ俗ニヒスリ社トヨブ其南ノ田地相當

七條三坊十三坪　字辰市ヒメタウノ南
今東九條村ノ北ニ姫寺天神社アリ其北ノ田地相當

八條四坊二坪　字ヒメタウノ東ヲノ、カイト
同姫寺ノ東ノ田地坪割ニ相當

九條三坊四坪　字辰市ノ南八島
今西九條村ノ南ニ字ハツトリト云フ田地アリ相當
西大寺資財帳ト云ハ寛元建長正嘉正元文永建治弘安正應永仁ノ比所々ヨリ施入田畠ノ記錄ナリ但シ年曆幷施入主ノ姓名等略之

平城宮大内裏敷地ハ慥ニ證ヲ得テ論スル人ナク、唯凡ニ東大寺西門ノ興福寺東門ノ南北行テ見通リヲ東ノ京極トシ郡山奈良口大橋ヨリ西行、尼辻村二條村ノ通ヲ西ノ京極トイヘルヲ、コタビ西大寺ノ藏大内裏坪割ノ圖及同寺古境敷地ノ圖ト、同寺資財帳ヲ中條氏ヘ沿テ我ニサツケラレテ、大内裏敷地ヲシラベヨカシト有ケレバ、右古書ト今殘ル所ノ地名ト地勢トヲテラシ考フルニ誠ニ明ナリ、サレド大路小路モカツ絶カツ殘ル、絶タル所モ田地坪割ノ地形ニ自ラ殘レリ、其證ハ此坪割ノ圖ノ朱ノ小書ト、資財帳ノ文トテラシ見ルベシ、今ノ奈良ハ古ヘノ奈良ノ左京ノ洛外ナリ、

奈良ノ都ハ大和國添上郡添下郡二郡ニ亘ル、元明天皇和銅三年三月藤原宮ヨリ遷轉シ給ヘリ、其先持統天皇朱鳥八年冬大和國高市郡飛鳥淸見原宮ヨリ同郡藤原宮ヘ移タマヒ、文武天皇ヲ經テ十七年ノ後ナルベシ、奈良ヘ遷都ノ後、聖武天皇ノ時、山城ノ恭仁宮、マタ津ノ國難波ノ宮ヘウツセタマヒシコトアリ、又廢帝ノ時近江ノ保良ヘ遷ラセタマヒシコトアレド、僅ニ一年半年ハカリニテ、又

モトノナラヘ遷幸シ玉ヘリ、元明天皇和銅三年ヨリ元正天皇聖武天皇孝謙天皇廢帝光仁天皇等ヲ經テ七十五年ノ後、桓武天皇延暦三年十月山城國長岡宮ニ遷ラセタマヒ、更ニ延暦十三年ヨリ十三年ノ後、大同元年平城天皇即位五年ノ後嵯峨天皇ヘ讓位アリテ、奈良ノ故宮ヲ修造シテ移ラセタマヒ、平安ヲ廢シテ平城ヲ興復アルベシトテ、坂上田村麿藤原冬嗣紀田上等ヘ造宮使ノ勅命アリシト史ニ見ユ、此時既ニ奈良ノ宮城荒廢ノコト、シル、カクテ藥子仲成ノ亂アリテ、平城天皇落飾シタマヒ、造宮ノコトモ止タリ、コレヨリ十五年ノ後淳和天皇天長元年ニ至リ、平城天皇奈良ノ幽宮ニ崩御、楊梅ノ陵ニ葬奉ル、此以後奈良ノ宮城イヨ〳〵マスマス荒毀ヘ、終ニ田畝トナリハテケリ、當時ノ人都ノアレタルヲ見テヨメル和歌多シ、花月ノミイニシヘニカハラストイヒシ類イト凄寒ナリ、今ハ則千年ノ後九牛ノ一毛モ知ルヘカラスナリヌ、唯僅ニ今ノ地勢ヲ閲シテ古ノ一隅ヲオモヒヤルハカリトナンアリケル、

嘉永五年壬子十一月初五

古櫟翁善壽ノ文ナリ

原圖ハ右ノ說明ヲ圖ノ中ニ載セタリト雖モ、今印刷ノ繁雜ヲ避ケンカ爲メニ、之ヲ分チタリ、圖ヲ繙クニ方リテハ必ズ本註文ヲ併セ見ラルベシ、〔 〕ハ其位置ヲ示サンカ爲メニ校者ノ記入セルモノナリ

本圖ハ小杉文學博士所藏圖ヲ基トシ、北浦氏所藏ノ分ヲ以テ校訂セリ

明治三十六年六月　　堀田璋左右識

∴聖德太子傳私記〔上卷〕

亦名古今目錄抄

上宮王院者太子御住所故名上宮院見二卷傳夢御殿教是也於聖堂即鵤宮也有二說或云自太子御世八角或聖武皇帝之時改被成八角昔方角殿宇云云然而只自太子御時正八角也聖武天皇之時其時別當行信大僧都七大寺總撿校之奏東宮房蒙房前大臣之仰被加修理之許也則怒鹿大臣燒失上宮王院之時更不云燒夢殿其文殿等悉燒失云云彼文殿之跡今南大門前田也今此夢殿之內安御等身救世觀音像金薄押之今世井昔日不知其體或云俗形御太刀帶給此太子即體奉案歟或云二臂如意輪此則當寺寺僧佛師奉採造之即講堂安持之是叶轉輪聖王經說之二臂像其佛師造畢不久死畢不知其所以之者也●惣太子所造如意輪之形像不見及儀軌本經之說只天王寺之金堂自百濟國所奉送之金銅救世觀音御足下是如意輪也銘文在之云云依之所知傳歟救世觀音如意輪云事以此尊所知歟又御手奉御舍利依誕生給習傳歟委眞言宗可問御聖堂內十一面觀音一尺安之聖德太子之御本尊也白檀造无縫目之像也即御自作云云白檀木也云云大座檜也(此所ヨリ直三五頁ノ次御舍利殿之內ニ在種々寶物云云ニ接續ス)「次聖堂佛等者如上注八角石壇者高五尺四面有階

四二頁ノ次舍利殿有勝鬘經云云ノ前ニ入ル

橋戸四間柱内外十六本連子之間四間八角寶鐸上有寶形先地盤上返花次蓮花其中花實其上磑其上盖八角小鐸小雲珠其盖上蓮花其上寶珠上有火炎石壇二重最上名須彌壇此堂西浦太子御影坐二月廿二日御忌日新也

●正堂内行信僧都道詮律師影安之中古加修造之人也

○上宮王院及生年云々無

〔上宮王院〕

〔生年十七巳前造云云〕

○太子御生年云々ハ上ノ裏書也

『太子御生年廿九辛酉二月始造鵤宮御歲卅三乙丑年十月始遷鵤宮給云云

造上宮王院給事者御生年廿一歲云云　或云廿四歲云云　或云天平十一年己卯

聖武天皇御代行信大僧都造上宮王院云云此正堂者外陳柱分有間柱也柱角也

内陣天井在即中心在四角寶形造御殿四角在厳手懸幡四面垂綾白帳在裳甲赤地錦也

南面在御正躰鏡三面二辟如意輪之内二枚打氣東面鏡三枚西面一面北面在一面此一面洞覽尼鏡也云云正面在最小鏡貴所之所造云云正面左右柱在錫杖長五尺工鐵也太子

自衡山卅八枝之隨一二枝也在深草深水不入之分云云』

○以下ノ文ハ次聖堂佛等者云々ノ裏書ナリ四二

『此正堂天井在佛菩像委不云云云　正堂内在鐘口長廣　正堂内行信大僧都一筆

大般若經一部長日轉讀大般若經一部法花涅槃等經御座　又在牛玉水壺《ツホ》又

頁參照
○以下ノ文ハ二七頁ノ裏書
○以下文ハ四三頁次舍利殿三間云々ノ裏書
○上宮王院云々ハ下帖ノ裏書
○下帖ニアリ
○、、、、ノ所ニ一日一卷充ノ五字ヲ傍書ス
○以下ノ文裏書

近來《コロヨリ》在牛玉一丸京人安持也入青色牛一頭云云』

『太子所造救世觀音像着坐蓮花座以左手請御顏以右手押右脥此形像金堂數躰在之如天王寺金堂之像也但當寺工匠奉捺所造如意輪形像者以左手仰臆前上安寶珠以右手覆其寶珠之上其相似梵篋此叶轉輪聖王經說云云　外石壇上有高監正面有銅金鼓四面扉在甕《コフ》』

『石壇八方之一方廣　三重壇　中壇長　須彌壇長　柱八角其一方廣　扉長』

『上宮王院三昧庄柳生庄横田九町八段也延久年中始行畢之　件庄者當寺別當公範僧正之私庄也此僧正者行信大僧都之余流也公範云若有此庄領事者我門徒殊可致沙汰云云』

∴法隆寺年中行事

上宮王院　正堂每日所作後夜時法花懺法梵音九條錫杖懺悔讃心經一卷　夕部名例時阿彌陀經卷心經一卷阿彌陀讃尊勝三反　長講一度在式勸請諸神合法樂作法也心經祈禱等　十二時吹法螺令知時分已上三昧所作也　大般若經二卷轉讀　法華經一品　講讃轉讀月初番勝鬘、一日、維摩三日合副講已上供僧十二人所作　如意輪行法一座在過去帳現在帳供僧十人承仕三人『此如意輪供養法者當寺一﨟五師

○五師ノ二字ハ隆詮ノ傍書
○供僧役大般若
○以下ノ文ハ裏書
○裏書

隆詮ニ含顯眞大法師ニ勸於人衆ヲ自　令始行之始者供僧十五人承仕一人也隆詮五師勸人令賣寄供田等作結緣、現在帳過去帳ヲ毎座讀上之令祈請云云』供花一畉十七前獻佛性挑不斷燈、初後夜打鐘ヲ内鐘也員冊打例時鐘打大鐘堂司所作毎月十八日於禮堂法花講讃一卷觀音講式一座五師成業所作唄者五師等現座上臈散花寸揚讚幷伽陀大般若供僧役・一晝夜不斷供花衆上臈以下寺僧所作三時、法花懺法日中加阿彌陀經夜ハ法花讀誦一部別在供僧其所作也一日花取二人其日番衆中禪衆下臈二人初夜時於正堂十一面大咒同音一百反云云

●自正月十六日之曉至于十八日初夜三箇日六時行十一面悔過莊嚴等造花十琎大寶蓮花唐佛供十坏燈呂十基皆白蓋五間断也花餠備皆在兎呂『其兎呂東浦二所西浦三所皆聖靈會色請宿所也　造花一房地一間宛也云云皆紙ヲ包り染造之造花十本二瓶五本充蓋四本紙、糸懸之燈呂二本土器緣十八枚小坏殖灶已上一人造所油計堂司沙汰』

七十六口僧參籠毎時三十三反如法禮拜初夜導師學衆毎年一人後夜導師禪宗中一人半夜導師或云大導師五師成業一人『初後夜導師者一人者禪學衆不籠堂講籠配之半夜導師不籠仁不配云云』

○每半夜在之ハ神明帳ノ右傍ニ註ス且明ハ名ニ作ル
○尙作上

○一作｜

牛玉花等供養導師(牛夜導師役也)神。明。帳。(學衆〻上臈一臈或次ニ一人)每。半。夜。在。之。三十二相(禪衆〻上臈役〻)也呪願一臈(現出仕)唄二和尚散花三和尚。錫杖禪衆〻上臈日沒導師學衆從(徒カ)最末座上躰《サテハ》三人限晨朝導師如學所之役自非衆上臈左右(學律)三人金剛鈴次二人錫杖也次ノ臈ニ學衆一人者吹寶螺一臈左右共自下者吹螺諸僧皆持加持杖(柳枝用之)呪師者初後夜導師役次行道作法日沒晨朝散花一師間(光明等文二反先初段願以等文一反晨朝先行)道初後夜三師(每度在願以等文初後夜與終夜在初段中間先之)初夜梵音後夜錫杖日中(三昧當番所作一人也)初後夜者導師呪願共立向呪願日沒晨朝共作坐呪願初後夜修行道三反一反只廻第二反持加持杖(禪衆一臈取始)已上二反之間面々讀心經(音不出)終一反先呪師發願等呪放之時螺一臈(小臈)吹始次〻皆吹之次暫吹止此ニ導師祈願即吹螺畢即行道一反着本座禮拜三反比丘中畢出堂一。導師請申事日沒初夜導師《ヲハ》於辰巳角之東端向北呼之、一聲(日沒御導師初夜御導師)此堂司之所作後夜晨朝導師呼又如此但於未申方北方向呼之●次牛玉水作法先自昔水至二月日分取之人別器置以之書牛玉即十七日夜半後分掬西寺閼伽井之水其儀式持新桶幷金剛鈴至于井邊掬之堂司役也可誦淸淨眞言道間振金剛鈴此壺入呪師每度向之令加持即用十一面大呪七反此甁牛玉半分入之(昔一牛玉切二分一分入金堂牛玉壺一分此堂壺入之共銅壺也)古人云此甁

〇但正月云云無

〇修二月七ヶ日之間云云無

水捍拔年六分七分減又雨降年八分九分也前年示後年相以之可知國土捍雨云云　次至于十八日鳴例時鐘自先々進衆會急成可出牛玉此玉者先年京都所籠納當院之玉也其作法自青牛中取出先堂內自一﨟至末座　次外堂悉令拜見了如元入之付封一﨟五師公文判之先花申上者十七日夜牛玉申上十八日夜也列座作法南正面爲上﨟北面後戸爲下﨟以正面西脇爲和上東脇二和尙爲座左右五師成業次第座于次衆上﨟東學衆西禪無也後方二重座也（但正月十八日觀音講其朝於正堂被行式伽陁如常在布施當番舍利預沙汰也）

●次修二月七日七夜作法如修正自二月八日曉至于十四日夕也（修二月七ヶ日之間每朝世俗在之每朝備調禮堂年行事申請名粥僧供其免田名粥免云云年行事者中綱之中四人自本尤定置之云云其年之堂僧新入者枕一花籠一令施納之云云　但十四日初夜時終所行專拔護摩其作法者先垂下四面戸帳於後戸門內中段置火爐火鉢也放アセホ木火切塙供餅所燒也扇火堂內可令熏煙也此間禪衆之中以有行有智之人可令誦如意輪咒也用心中心咒也此口傳也或傳馬頭明王咒用之云云如此燒畢堂內諸僧可曳此餅也此爲藥方用之或世人爲靈養云云牛玉水二月不搦之堂莊嚴其頭人六人造花或一人分二鉢或三鉢花任意所造也云云此不似正月堂莊花者何花任意造之

○講師云云無

○禪衆云云無

○講師云云無

嚴殊勝者也又壇供等夜莊嚴等皆在免田等云云當寺領也　●次修正修二月共初日初夜時終日之日沒之時可行神供也作法日沒導師終西面戸坐其時開其戸諸僧次第々々出先老僧詣于五所即其年大導師爲導師先神祭文等在別　次三禮唄散花發願四弘心經補闕分六種廻向畢三條錫杖次吹螺入堂門堂搥鍾即入已三度禮拜着座云云

●次三月　日始法花八講以當寺五師成業幷碩學爲導師有問者講問合十六人也又咒願師五師成業之上四人次四人唄師也散花大般若供僧中守次第可請讀師禪衆之一二﨟三昧衆一二﨟也〔講師純色申袈裟讀師袴着七帖講師一斗問者五升散花三升〕

作法如常但開結二座散花行道論義者法花唯識之二帖也云云四ヶ日毎日二座配也或免田或私領寄入田畠等在之以其地子四ヶ日一寺酒肴毎日法用僧世俗幷布施等配之云云〔禪衆學衆各三人配菓子御佛供備之守次第可催之云云〕　●次六月十八日蓮花會講師五師成業中守次第一人讀師禪衆中守次第一人散花五師成業之末﨟自半分之下次第請之唄自半分上次第請之講經法花第六卷只毎十八日觀音講講經此會用也〔講師推染衣七帖讀師袴着七

〇發願者云々無
〇世俗云々無

帖用之請僧皆在供䉼云云 ●次七月十五日盂蘭盆也先禮堂集會阿彌陀經
六卷每一卷六時一段讚源信大僧都作終一段具第五段讀誦終經終三尊合致次廻向後唄 次講經講師五師成業
中守次第勤之椎染七帖讀師禪衆上﨟次第散花上﨟末座法會訖飯幷粥云云
●次八月阿彌陀經念佛三ヶ日自十五日曉卯尅結六番二八開結大行導佛供餅中
佝舍利預沙汰二日僧供終日酒肴唱禮師十二人學衆之末每番二人承供十二人禪
衣末每番二人阿彌陀合致長音結座大行導時三尊合致作法口傳在〔發願者上﨟中所作
云云 大皷正皷打之五十返時番晝夜一時配續日吹螺小聲每時經之卷配每間合致結佝經複次段始螺至六方段吹螺吹《ツメ》之〔世俗者僧
法堂修之〕
次舍利殿每日舍利講一座式師五師成業所作每座法花廿八品普賢无量每一
品講尺之初四日重勝鬘經一日維摩經二三四日副之伽陀學衆供䉼在之式者五段
也即舍利與太子諸共讚歎式也供養法長日在過去現在二帳榮眞得業始行也
又在長日供養法幷法花經阿彌陀經一卷副讀之從此近年決定日中御舍利奉
出拜集會鍾二度初鍾已尅如普通今一度名七鍾此午尅也導師登高座之時打之
爲知尅現云云
次每月五日講所法花一部此經有供僧僧晴始之四 ●次十月〔虫入〕日釋迦念佛〔虫入〕

○二七頁ノ末行ヨリ此ニ續ク

解脱上人始之以下[虫入]惣寺者其油免也云云　解脱房寄進毎日一度僧供在云云（顯眞本是ヨリ下闕失）

○以下ノ文裏書

次御舍利殿之内在種々寶物先御拳内御舍利一粒隨時其色變黃白即神反也唯有不信之者不見拳内云事云云　此不可思議外道也以二卷之傳推之此見分明即二月十五日之朝唱南無佛此則尺尊入滅日也欲表其御舍利點此日給也又其不記者世間皆悉知之故不記或又秘藏故不記之又十二卷傳見之在字治寶藏（顯本次塵尾二枚云云へ續ク）

『今此御舍利事者委細見本薗記即彼記云引六卷太子傳曰聖德太子拳舍利在法隆寺等文又扶桑略記云太子拳舍利等文又有愚惡輩法隆寺御舍利非拳内所持有成疑之者此放逸不信之甚也既令安置妹子將來寶物今世一生御物皆悉奉納當寺何至御拳門御舍利不令安置一所給耶若其御舍利不在此所者有何寺院耶更無余所之安證文不如只信寶物同所義況有證文有秘傳余寺所不知也云云　古云　瓦葺八角佛殿壹基　間別一丈六尺五寸在露盤云云　奉出舍利在盤銅也又在箱蒔繪蓮花文也入塗香箱蒔繪也奉入舍利壺銀扚銀在机在打敷之錦奉入寶物之唐櫃二合供養法前机脇机鈴杵等灑水塗香器物二口磬并臺

○六作衆且持字無

○勝音悪及ヒ去聲悪ハ各傍書
○六作衆

禮盤在之舍利御前机作紫壇也舍利塔下在机花足作』
次塵尾二枚一者日本樣挿《ハサム》白猪毛一者唐土樣莖《クキハ》象牙枝《ハ》銀葉《ハ》象牙瓔珞之玉白
者眞珠《ハ》アコヤノ玉也青者《ハ》瑠璃也。六生持物 今者消無之 今此塵尾握《ヲ》有《テ》勝鬘經講讃之說云々 即見二卷
傳《ヲ》若女此傳者太子卅五才 妹子將來與勝鬘經太子卅四才 講讃前後相違講此經《セリ》給《シ》二度也《コトハ》若如傳文者
妹子將來之後講讃之時雨端花佛顯出現給《シ》歟其謨先度講經之時有此儀式記《ト》
歟若初度講經有端相說者日本塵尾用給《キル》歟 次經臺 廣 長 面沉水香端籐《ヘリハトウ》籐○
音○悪○班竹去○聲○悪○足《ハ》象牙染造《ソメツクル》 六生持物也 青色有文 次法花經筥上臥栴檀皮上書海浮 金泥
中沉香玉白《ハ》アコヤ青《ハ》瑠璃 六生持物○○ 所入經一卷小字一行書卅四字黃紙木軸頭入
玉人栴檀二別筥《タカレトル》此御同法 因明 之持經也而同法之好眠走火燒其不在此會之會字
歡喜未曾有之有字彼衡山三人老僧一人沙彌謨奉此經此經者七卷廿八品經
之本也而複一卷作四卷訖如流布經自五卷不似普通題可見其經所謂先門題、

妙法蓮花經七卷一部成

妙法蓮花經序品第一　卷之一　方便品

妙法蓮花經辟喩品第三　卷之二　信解品

妙法蓮花經藥草喩品第五　卷之三　授記化城

○皆云云ハ裏書

○唐土云云ハ裏書

妙法蓮花經五百弟子授記品第八卷之四　人記法師寶塔提婆勸持
妙法蓮花經安樂行品第十四　卷之五　涌出　壽量　分別功德
妙法蓮花經隨喜功德品第十八卷之六　法師功德不輕神力屬累藥王
妙法蓮花經妙音菩品第廿四　卷之七　觀音陁羅尼　嚴王　普賢
『皆應受』持觀世音菩名號　在闕行云云有斷　无盡意若有人云云
長壽三年六月一日抄訖寫經人雍州長安城縣人李元惠於楊州敬告此經
『唐土長壽年號當日本持統天皇云云此不審也』
此經奥年號等者元無之而後人書入之惣者无益書入樣也然而此昔事也左注之可見彼注《ヲ》持統天皇八年甲午唐土衡洲僧俗來朝彼國長壽三年也
彼僧詣《テ》鵤僧寺尋云此朝《ノ》聖德太子五卷《ノ》義疏我國流布《ス》其旨甚深尤所依用《スル》也而其本經定可在《マシマス》當寺《ニ》望《クハ》令披見給《ヘ》爰寺僧返答《シテ》云件經太子御入滅之後六ヶ年王子山代大兄《ノ》六時《ニ》恭敬禮拜《ス》丁亥年十月廿三日夜半《ニ》此經忽《ニ》失《ヌ》不知所去云云爰唐僧云我國流布法花經異本持來《タリトテ》云或七卷廿七品經一部當于四卷義疏本經因茲寺僧曰我己前之返答誤也彼唐疏者從先依我國流布《スル》經製五卷義疏置于隋國給《ト》云在班鳩宮取出《シテ》妹子正來一卷一部七卷廿八品經而令披見之爰或一

○以下ノ文裏書

部七卷廿八品複《シテ》一卷經《ヲ》取出《テ》而校合《スルニ》之不違文字一《モ》仍大喜欲《ル》還本國時寺僧伺見彼唐僧經《ヲ》其奧在注後人《ニ》、爲令知披校彼文《ヲ》所移置當院經也云云（次四卷義疏云云ヘツヾク）

『御經事平氏傳云夢取來之經《ハ》復爲一卷黃紙黃標玉《ノ》軸綺帶《カムハタノヒモ》漆題《ウルシノ》一件書卅四字ゝ大《ノ》微《サ》細《ナリ》太子崩後皇子山背大兄六時禮拜《シ》丁亥年十月廿三日夜半忽失《ヌ》此經不知所去求之無由王子大怪復以大憂《フ》今在上宮王院御經《ハ》妹子將來經云云四卷疏者依御經所製作給之　此經本無觀音品世尊偈幷提婆品又有落字云云落字之旨至審別《ニ》記之　補闕傳云此御經《ハ》者太子御入滅後关卯年十月廿三日夜半忽失《ヌ》云云　如補闕傳者御入滅後廿二年也如平氏傳者御入滅六年也然則補闕傳必力怒鹿被滅給同年也　或說云太子御夢所寄給眞實御持經者當寺三伏藏隨一之內收之云云　次四卷義疏御草也黃紙木軸地簪非昔物歟筆駐如雷電、但直於文謬於字者似同凡夫故也云云『御製疏日記法花四卷（在此朝後疏也）五卷疏（無此朝先疏也）勝鬘一卷（初度略流布疏）（自元當寺初疏）又一卷（後度廣疏近年）（傳之）維摩經疏（只一度也）　御製三經疏者皆以象牙作札付之但維摩勝鬘二疏正本無之』次梵網經二卷押《テ》御手、皮、此上《ニ》書上下外題《ヲ》給拜見此、外題《ヲ》之人閉《トツルナリ》三惡趣

○此尺云云ハ裏書

○一者云云ハ朱書

○律云云ハ※ノ傍書

○調度ノ二字ヲ傍書ス

○或云云ハ裏書

之門也依之東大寺忍法聖人《ハ》夢《ニ》見此旨《ヲ》云云今此經者紺紙金泥玉軸太子御自筆云云又法花經《ニモ》押御手皮《ヲ》云云

次漆筥《ヌレル》一合之内御衆生所持物念珠二連共琥《フ》珀《ハク》熟未熟也熟者黑未熟者赤見紫緤也無弟子

●周世《ノ》尺《ハカリ》象牙先生所持染作《ル》參詣人云禪修人用鎭色赤普通鈎金五寸者平《ヒラニシ》一分者無《シ》『此尺者番匠等鈎金《テカリ》二《ハ》一分短《シ》』

●印佛先生所持或通佛人物沈香尺迦《トモ》彌陀《トモ》觀音《トモ》地藏《トモ》隨衆生念《ノ》現《ニ》諸佛𦬇形《ヲ》故名通佛《ト》大子御本尊也　●童子形御時釵《サイシ》刺《カムサシ》銀也雲形　●御硯水入金銅鳳凰打《ウツ》氣《ニ》五輪形

四卷疏之時硯瓶也

御針筒先生所持象牙染造二口也一、者青、一、者赤、共、文、僧者必持針《セヨ》近付女人有十種失云々「律云寺僧針筒者不用角牙云云」　●五歳六歳御持遊物水精・瑞珀・石取《イシナトリ》・水璡形・雙六《スクロク》　圯土形・露形水火共取玉寂大也　次圓形玉五水精眞珠與青瑠璃貫交《テ》白綱絡《ニテカラク》之員物　次夏御衾一帖生絹《スヽシノ》綿四斤・講師修多羅之干絹繡扎也付以此賢僧成供養《ヲ》奉太子　因幡國氣多《ケタノ》郡大原鄉・宇都美《ウツミ》之里有能會《ノツ》姬《ヒメト》申女人調進之今《ナ》云氣多明神通領三國神也『或云三藏柱明神』

次御足印一帖衆生《ニ》於尺迦佛法《ニ》爲令知遺法興滅之相蹈《フミ》留御足之跡給《ヘリ》如天王

○此殊云云ハ裏書
○四皓ハ已上ノ左ヘ續キ割註
○今云云ハ朱書
○衲袈裟云云ハ裏書
○或唐人云云唐本御影ノ右傍ニ註ス
○嘉禎云云ハ裏書
○唐本云云ハ裏書

寺九輪露盤惣引物壁代工帖御足跡左右非一云々『此殊可頂戴云云』
次八臣瓠《ヒサゴ》唐土俗學生面々所ニ好之物、山水・木《コ》立《タチ》・銘《メイ》人形悉成リ付ケリ・人形雖有九人其
中榮《エイ》啓期《キ》ハ非臣家故云八臣ト八臣ト者所謂綺《キ》里《リ》季《キ》角《カク》里《リ》先《セム》生《セイ》袁《エン》公《コウ》袁徒司夏《カ》黄《クワウ》公《コウ》巳上
○四皓○鬼谷《コク》先生張儀《キ》蘇《ソ》秦《シン》榮《エイ》啓《ケイ》期《キ》孔《コウ》夫《フ》子《シ》也
次尺八《シャクハツ》　漢竹也太子此笛ヲ自法隆寺天王寺ヘ御《フス》之道椎《シヰ》坂ニシテ　蘇莫者樂吹給之時山神御笛ニ
目出《メテ》御後ニシテ舞ケリ太子奇《アヤシミテ》見返炱山給奉ト見怖テ指出舌ヲ其様舞傳テ天王寺ニ舞之ヲ今云、蘇、莫、
者、也、　次健陁羅國衲袈裟黒紫歟又用此袈裟ヲ勝鬘經稱讚ト云云　此只如《ク云ヘシ》唐麈尾、先生所持物
『衲袈裟事或云大乘ハ不用害衣ヲ云云　此事不審也尺尊、不共、德ニ山マイノイトヲモ
テ用之是非害衣義也　或云今此太子御袈裟ハ桑本ニ有人從口吹糸ヲ以此ノ糸ヲ綴之
云云』次太子御影但於此ニ有多ノ義當寺相傳ハ者唐本御影ニ也唐人爲申結緣ヲ詣ル御前
其人前爲彼カ應現給ヘリ而間書《カキテ》補ヲ一本ハ留日本ニ一本ヲハ本國ヘ持皈故云唐本御影或唐
人書故云唐本ト　西山慶政聖人云非唐人ニ百濟ノ阿佐之前ニ現給形ナリ云々　或攝政關白殿下兼經
嘉禎四年戊戌八月十四日近衛殿下　宣フ更ニ非他國之像《スカタ》日本人裝束其昔ハ皆如此
也故日本之様云々　御冠ニ太刀ヲ帶《ハキ》給ヒ持笏《シャク》ヲ立像也御長御長二人童子ハ二人ノ王子也山背大兄王殖栗王
此眞實御影也一唐本御影事或云唐人染筆寫故云唐本御影云云」　左右ノ童子ヲ

○又云大兄云云ハ裏ノ朱書
○京西云云ハ裏書
○此綴鉢云云ハ裏書

田村之事誤也田村王子舒明天皇之太子時之御名也推古天皇御子也左方山背大兄王右方植栗王此二人也〔又云大兄王與由義王云云　但廿五人王子中无由義王之名雖然余所在此文〕『京西松尾慶政上人勝月房爲令久故御裏押紿給其時表紙令替錦給御影裏書救世觀音像墨繪二新義也辟像也　西松尾上人作也』次一鉢名五綴鉢斗入鉢僧不好物損物五度綴故云五綴鐵也　●又石鉢或云斗牛鉢紺瑠璃鉢或云黑水精或云瓦鉢異說非一純金銀玉玉等鉢俗鉢石佛瓦與鐵者僧鉢故非黑水精歟　五綴鉢事五綴者律云取此文心不至五度破壞之已前捨而不用者犯罪過過五度用之不犯失云云　『此綴鉢下在八葉輪今七葉也此太子結置于八葉給者中頃臥見《フシミ》修理大夫俊綱云太子今者形取《カタトリ》凡夫御我亦此世所云題人者何解不結云解者解而結七葉不結如本而捨置畢惣此鉢輪者无始終以練綾絹《アヤノキヌ》所結云云　．石鉢者當寺先來口傳者里水精石鉢云云　．又在鉢袋又在縲古記云後綴云云　今此古義勝云云』●又杓子三箸三前先杓最大佛供中施食小食粁也　次箸銀箸頭《カシラ》太佛供銀无本末施食銅箸食箸也已上先生持物別御器者銅常時御器也其裏有銘文所謂東院供佛云云　分明不見此後人怖取出此院內之歟爲此書付也云云　但此器者日本持物云云　次脇足足白檀爪象牙以金泥書

○韈裏書
○懸弭二字裏書
「二八頁ノ第十三行ノ文此ニ」
○五德者云云ハ裏書

繪面淺香裏淺香縁《ヘリ》以象牙《キ》幷沉淺香白檀等伏組《フハクミ》平《ヒラツ》高輪違即輪違之間以金鏤《チリハム》之足三其形如師子足面形似虹《ニシ》　次引箭先御弓梓《アツサ》檀也弭前方四寸許之木有春《トウ》宮之御弓之樣也无弦《ナシツル》次箭之員十四條韈《ヤカラ》以鷲羽括之筈《ヤハツ》象牙也懸弭上刺《カケハスウワサス》二筋利箭《トカリヤトナリ》六目鳴箭《カブラヤ》有六穴聲有六品聞者懷恐怖飛空鳥落地馳地蹄狂足悲《ヒツメアケテ》敵人成恐怖䌁《クルリ》二走水上之箭也守屋大臣若浮水可誅之析也利箭《トカリヤ》十筋也
「二七頁ノ次聖堂佛等云々ノ文コヽニ入ル」
「次ノ次舍利殿三間云々ノ一節コヽニ入ル」
次舍利殿有勝鬘經謂讃之御影其曼陁羅者蘇我大臣太子御舅也　小野妹子大兄皇五德博士學呵外典御師也『五德者五行大義云五常仁乃至信也三教指皈注見之　蘇我大臣遺言云畵太子像自跪其前之會張吾墓前令觀衆人之』　高麗惛惠慈內典御師也御前安舍利已上曼陁羅也太子卌五御年之像也　舍利殿太子御影曼陁羅有三義一卌五御歲勝鬘經講讃之時蓮花雨合着本朝衲幷持日本麈尾給二卌五御歲曼陀羅不降蓮花令着健陀繪衲袈裟幷令持先生所持麈尾給三世人混合兩度講經御影先生所持衲麈尾圖雨蓮花之樣也云云　次舍利安置塔一基金銅也多寶高横也　此舍利殿有琴非太子寶物也　又有別當範圓僧正施人之念珠瑙璢歟此又非太子所持此者近衞殿下之寶物也云云

○此一節ハ前節ノ前ニ入ル
○今此繪云云ハ※印ノ傍書
○此舍利以下ノ文ハ裏書
○時人名拜堂ノ五字顯本ニ有
○此平堂云云ノ八字ハ次ノ四面墁地ヽヽヽノ下ニアリ

次舍利殿三間・繪殿三間中※間一間惣七間也南向也・繪殿東面有御影童子形也聖靈會之新也出御輿左方舍利右方太子其日奉入正堂行信大僧都始造之本名在夢殿云云「今此繪者始書之但自二月至五月出了云云此即繪殿之始也」又昔御舍利在正堂自中頭行信大僧正造堂別所安之云云『此舍利堂在金皷一口　此繪殿在金皷一口　舍利殿繪殿共在宴南面在高欄西東南階《キタハシ》在之柱口徑　今按太子御所等此御舍利殿北面東西分齋也其所以者舍利堂修造之時舍利堂辰巳角南方一丈余行東廊內石壇之際門柱根古一本堀出西一本東一本其間一丈余也其時人昔宮之門柱思面々住戀暮之心云云』
「ウラガキノ文二九頁ニアリ」
次後傳法堂時人名拜堂アリ七間二面也彌勒三尊三躰也此行信大僧都令住四人弟子學文所也　此、平、堂、在、金、皷、一、口、　次諍西北角也有鐘樓鐘長口廣此鐘中宮寺鐘也自中比懸之南門八足東西四足門本之　次鎮守五所《ヒワタフキ》大明神・住吉一所・春日四所也・西廊之南北向御也　次禮堂五間二面・廻廊卅五間東卅三間西卅二間古云東西各十四丈北十三丈南六丈四尺次四面墁地院地壹區西東北南共一町余也而今不足一町昔分濟見東西各卅七丈南北各五十二丈也　已上上宮王院皆凡瓦葺（此所ヘ六六頁ノ文六行入ル）

●有人云法隆寺上宮上院𡑮垣者東西南北一町也後爲狹云云　已上東院也

『𡑮地之北浦在新堂萱《カヤ》葺彌勒本佛在磬一口在法隆寺新堂銘此院法隆寺內證文也云云』　次傳法堂北浦有十二間連坊三昧六人住所昔無之今新造之也以二間爲一人房云云　次舍利堂東浦有四間坊二面庇西浦半蔀《ハシトミ》懸之自中頃有之

次上宮王院廊辰巳角有井此自昔閼伽井也

次三昧房西有三間四面房爲參籠人所造之房也今新造之

●東西兩寺之間有金光院三間四面也南向戶三本東西妻各戶一本後戶一本也丈六三躰金色也　中彌勒東西阿彌陁也有四天王地藏二躰一躰綵色一躰白檀也南有門四足也皆土瓦葺　此院者昔者有西鄉櫻中昔移造當時之所云云　此自金光院之西門久圓威儀師別當之時賣梭並庄造之也即長曆年中云々

北一町去有猪那部池康和年中定眞大僧都別當時也

○又七五頁ノ「次中宮寺者太子母穴穗部皇女之宮也、、、、」コトニアリ、

〔古今目録抄〕〔中卷〕

〔次法隆學問寺〕

先金堂三間・四面・二階・又有裳階（板作）・外陣四面各有戸一本、内陣南正面戸三本、余三面各戸一本・石壇長（四面連子也）・其内中間太子御印與願施无畏等身金銅尺迦像（光銘太子御入滅事見タリ）脇士二躰（藥王藥上）共手持玉、●次東間金銅藥師像（通印、印像如尺迦、光有銘文）脇士二躰（日光月光）●次西間金銅阿彌陀三尊（新營之、昔佛盜人取之、天元年中）●上件尺迦、昔東間御・藥師中間御・然而依釋迦像其勢大御・中頭之人奉居正面（云云）●惣藥師奉爲用明天皇營之給、此則當寺本佛也・橘豐日天皇（用明天皇）存日、太子共發誓依之、天皇御入滅之後廿年・太子生年卅五（丁卯）營藥師三尊像造法隆寺●次尺迦像奉爲聖德太子大兄皇子營之、次四天王之内西方北方二天之光有銘文●次西間須彌壇阿彌陀三尊者間人皇女聖德太子高橋妃之御本躰故尤根本尊像也（云云）爰承德年中白波亂入盜取畢（或天元五年歟云々）而間新、寛喜年中瑩顯奉居（云云）

又古佛并數躰在之共皆金銅也其中救世觀音二躰者太子所造御本身（云云）

●次及〔廿寅〕刁角東向有小厨子内在阿彌陀[一]地藏龍樹三尊（一搩手、半座、像、御身、作也、皆白檀造也、太子御本尊也）

（一）此二行無

（一）一搩手云々ノ

十字ハ◌印ノ傍書

◯一本興福寺云々無

◯蓋須彌坐ノ四字ハ◎印ノ傍書

◯古帳云々ハ彌陀三尊ノ傍書

●次後戸北向白檀地藏菩薩御立像也長三尺五寸御眉間者實、眉之中入一「或自髮際至趺二尺五寸也」印與願施无畏也乘院僧正之於百濟國明王地藏自造之像也云々地藏三殊勝者一者菩薩自造之二者栴檀木像三者日本最初云々此尊百濟國聖明王聞太子弘法爲助成送之云々

●太子生年七歲百濟國或云聖明王即地藏菩薩化爲也云々聖明皇王爲助太子弘法奉送形像也日本地藏始也「興福寺東金堂尺迦如來像同時奉送形像也

●次向東戸有廚子推古天皇御廚子也其形腰細也「蓋須彌坐」以玉虫羽《ナタアムシノハ》以銅彫透唐草下臥之此橘寺滅滅之時所送也內一萬三千佛御高七尺其內金銅阿彌陀三古帳尺迦像云々尊御其盜人取光二許所殘也此內白檀四天王長御在爲誅盜人成立誓願遂成就其願所造像也

●次西戸方有廚子黑漆須彌坐完明皇后之母橘大夫人所造也內在彌陀三尊〔古帳彌勒三尊云々〕以金銅敷地作波文中生蓮花三本其上坐三尊也太子已後高八尺者

次爲卯月八日佛生會悉達太子像・摩耶夫人・四天王乘雲持水瓶像已上皆金在栴檀樹銅五輪塔一基內在佛舍利一粒其形中細《ナカソリ》也入瑠璃壺太子將來也或云二世之御寶物中最初御持物故御崇重仍安置本寺金堂云々

●次持國天御大刀者太子七歲已前御守也爲未來衆生濟度令持此天或云爲國土安穩令持此天云々其大刀長金銅也雲形《カタチ》七星形裏面打氣柄卷銅拜見此大刀之輩者辟除兵杖之難云々

●次增長天大刀此御大刀爲本造給組無七星等云々

●次東北角有伏藏覆圓形之石蓋有八葉緣八輪也

（此堂云々ハ裏書）

（外陣云云ハ裏書）

其中有種々財物所謂金八萬兩銀九萬兩銅一萬兩云々或說云此七星鎮壇云々日本國佛法鎮壇也太子誓願云我寺破損之時在一人聖人申請公家開此伏藏爲用途如始可造修非他身我身耳云々　●正面在金鼓

其後經多年爰中古人議云釋尊一代教主又御勢大座奉爲太子御佛也大施主皆同事御奉居正面東方藥師西方阿彌陀方順可吉仍奉居改云云

金堂

『此堂內壁有四佛淨土繪鳥云繪師書之天王寺塔扉書繪佛師同之字鳥也是一乘院之說也』

西壁阿彌陀淨土東壁寶生淨剎北浦戸東脇壁藥師剎土同戸西脇壁尺迦國土如此繪書自余壁并立像繪上柱貫上深山中羅漢等住所書皆坐像一間左右各一躰也　母屋在組入天井上竪利長五尺許見裏板書反花蓮花庇分在組入天井裏板蓮花反花繪皆漆殊勝丹西浦東浦母屋間一丈六寸摠相皆塗丹云云

『外陣間七尺四面同外土居七寸腰長押四寸五分自石三尺四寸』

外陣柱一丈口徑七寸外廣八寸內陣扉長一丈厚二寸六分外陣戸長八尺也佛

〇傳十日炭ハ灰ノ意

〔顯眞本下文ハ裏書ナリ補之〕

壇土壇也漆石炭三間佛皆在大坐坐一坐三尊給三間在木天蓋皆採色也釣《ツリ》天蓋也垂瓔珞今無之天蓋樣母屋天井躰也每天蓋人形十六持樂器衆鳥十六皆瓔珞加《ヲクハヘタリ》今無之　柱口廣二尺長一丈二尺一寸間廣一丈六寸正面三間東西庇《ヒサシ》七尺一寸外陣廣七尺四面同也戸閙《トヒラ》不損是第一不思議也四角寶鐸又木尻《シリ》等金物

●或說云庚午歲䳒寺燒推古天皇十五年云云十五年此誤也庚午歲者推古天皇十八年也更不用之

●三卷傳太子御生十三之時唐旱般水云云此又誤隨一也唐代自推古天皇時始改之云云但作者先立如此云歟

●或云聖德太子與麿子親王分形連氣之兄弟云云同父一腹之兄弟云事不然當麻寺本願也但或傳文云麿等父非一腹此又相違也

●善光寺緣起敏達天皇丙午年八月八日崩給云云

今無之太子本尊阿彌陀厨子之後高在厨子此內金銅佛菩像幷木佛像坐從昔傳銀口地藏菩五十餘躰坐云云以外誤一躰所不見之也此厨子幷佛菩像者從橘寺所送之者也日記在金堂此金堂內太子御時自恣布薩籌在之員緣竹也長

〇於此金堂云云ハ裏書

金堂内高野天皇御時爲國大豐饒於諸寺令行最勝法其爲本尊令安寺毗沙門吉祥二天像給修正後七日行云云　此寺當時被行嚴超本尊現威驗給共採色也御長

『於此金堂自正月八日被御願實驗調殊勝云云　昔於講堂修之始自承暦二年戊午正月八日被移金堂云云高野天皇御願也此御願建仁元年辛酉正月八日一日一夜闕如云云　推古天皇御厨子興福寺理趣院僧正範圓金銅并像二體令安持給長　從京都所得迎像也可久寺所令安持也當寺別當興隆第一也　興福寺一乘院僧正參詣之時仰之有三種義一云觀音供壇一云伏藏一云太子鎭壇自元不知之者也自太子之所行給之壇也是以思之七星如意輪修給歟持國天御大刀北斗形可思念或云七星鎭壇之底埋珍寶故云伏藏云鎭壇更无相違云云此鎭壇者爲佛法流布國一千止住云云日本佛法根源也　當寺三伏藏事者本文白河民部大夫許在之云云　御本薗記共在之云云　又云此持國天大刀者欽明天皇御時自百濟被渡敏達天皇獻厩戸王子給云云　或云增長未申角天所持之大刀者太子御作也云云　此堂別當範圓僧正入盜人七度云云第七度承久元年己卯潤二月六日夜也所取佛并像幷佛具等悉尋返之云云　其時之盜人邪推後方高厨子

銀地藏幷五十五體御坐云云此條以外僻事也雖有木像更無銀像其時施種ゝ現德幷像一體中壇在之此幷像辰市連佛云盗人之配分像也而木下埋迯已畢無人家夜々聞泣聲而間在地人々集奇求之仍木下掘求得自其以後泣聲止云云」

法隆寺金堂仁光後銘文

●中尊釋迦光銘　四十行十四字書之云云

●法興元世一年歳次辛巳十二月鬼前大后《オニサキノタイコウ》崩明年《アクルトシ》正月廿二日上宮法皇枕病弗悆于食王后膳妃仍以勞疾並着於床時王后王子等大兄王子等也及與諸臣馬子大臣等深懷愁毒共相發願仰依三寶當造釋像尺寸王身蒙此願力轉病延壽安住世間若是定業以背世者往登淨土早昇妙果二月廿一日癸酉王后即世翌日《ヨクジツ》法皇太子登遐癸未年三月中如願敬造釋迦尊像並俠侍及莊嚴具竟乘斯微福信道知識現在安隱出入死隨奉三主紹隆三寶遂共彼岸普遍六道法界含識得脫苦緣同趣菩提使司馬鞍首止利佛師造云云

○此文下帖ニ在

●東佛藥師光銘文

用明天皇也
●池邊《イケヘノ》大宮治天下天皇《ノ》大御身勞《ワツラヒ》賜時《トキ》歳次丙午年召《トリ》於《ソ》大王《ヲ》天皇《ト》與太子《ト》而誓願賜《シ》我《ワガ》大御病《ミヤアヒ》太平《ニ》欲坐《ンナモヲツシト》故將《ニ》造《リ》寺藥師像作《トナ》仕奉詔《ヤント》然《ニ》當時崩賜《ヒ》造《ニ》不堪者《ナリ》小治

推古天皇也
田大宮治天下大王《ト》天皇《ト》及東宮聖王《トノ》大命受《ヲ》賜《ケ》而歳次丁卯年仕奉云云　自推古大皇元年癸丑歳始造寺與佛至于同十五年丁卯造畢仕奉給云云

●北方天頭光銘

藥師德保上而鐵師手古二人作也云云

●西方天頭光銘

山口大口費上而次木閛二人作也云云

三伏藏者・一者金堂丑寅・二者大經藏・三者廊未申角所納物等者右注畢　聖德四年五月十日記之云云　●伏藏者多門天五十種名一也　又龍宮一也此佛法擁護義天王寺云丑寅角在之被察

『三伏藏皆石蓋覆之一者金堂丑寅角

○西域云云ハ※印ノ傍書
○或无盡云云ハ◎印ノ傍書
○荼毘云云ハ※印ノ傍書
○四人云云傍書
○婆焦云云傍書

此佛法鎭壇也七星鎭壇觀音供壇皆是佛法根源鎭壇也依此力日本佛法弘世住世鎭壇底埋七寶威驗无力時佛法滅盡窮也故所持珍財伽藍修營用途也一云者經藏中心在石此其蓋也一者廊未申角塔前在石此其蓋也或云御拜石也云云』

●次塔底五層塔婆也又在裳階(板也)每層四面皆板書最勝所說四種龍王之名打之九輪寂下輪四角立鎌此等皆爲除龍王之難也又下層四角懸笙篗每角寶鐸懸寂上層寂下層四角上居雲珠在內外陣外陣連子內陣壁也其內南面彌勒曼陁羅脇士在法薗林大妙相二王二天等眷屬一一御坐彌勒押閣浮檀金西面尺迦之荼毗所即金御棺上積栴檀木出火炎連木之人二人前入舍利塔一基奉入舍利樣造顯南出家衆十弟子等也〔西域云舍利弗目連不堪悲歎不來坐〕北在家衆國王大臣等也皆悉示悲相普賢文殊師子象乘左右在共破損了今無之

●北面廾像(長三尺東枕)皆金色也普賢文殊在左右〔或无盡竟廾〕皆悲愍相十大弟子七人在座余三人無迦葉一人〔荼毘之時來〕八部衆左右山際列座祇婆大臣取右御手取脈其邊在國王大臣採女等上乘雲西四廾東四廾飛來〔四人童子也四廾經說也〕東面淨名文殊不二法門之所(共採色也)淨名押脇息持扇(扉形〔婆焦之葉似〕)文殊與願施无畏印文殊左右在二廾淨名有一童子右手持花舍利弗等上散之淨名文殊眷屬左右列座八部衆等皆列座

○内陣云云ハ裏書

○下文ハ裏書

南山上在座淨名大士之座借東王國三萬二千也其內二也一座師子二負之躰《スカタ》也惣相內皆山也以銅作松植之北山腰𦬇持鉢御座香積佛土請飯化𦬇也惣此塔者現身往生御塔云也太子御入滅後廿二年十一月十六日朝廿五人諸王子等一時飛行西方故現身往生御塔此塔心柱本佛舍利六粒鬢髪《モトヽリヒケ》六毛納籠表利六道衆生之相即塔內作地獄衆生等形給多分失只少分在之石壇長　南面在金皷一口

『內陣在組入天井裏板書反《カヘリ》花組入子漆丹壁繪𦬇形立像世間流布語云塔內涅槃像與彌勒像閻浮壇金押之云云　釋迦十大弟子大迦葉畢鉢羅嶇入定卅御時無之茶毘時來舍利弗目健連此二人見佛入滅不堪還本生國唱滅云々須𦬇迦旃延阿難優婆利布樓那阿那律羅睺羅已上十人在其會云々　西山邊有一人僧形一大弟子外人也』交會座衆・比丘衆八十億百千人・尼六十億人・𦬇衆一恒河沙・三界梵王諸天等人衆國大臣等无量无邊云々　阿闍世王夷耆提家等醫師有三品上品聞聲知病中品見病人貞知病下品見脈知病祇婆示下品相云々　『文殊之北山上鉢香飯盛滿《タルヲ》持𦬇從香積佛立來此即化𦬇也此座縱高八萬四千由旬也顯不思議義也此座上敷淨疊云々　御塔內壇本南面以地《ツチヲ》造地獄形即覆石蓋頭足顯押出六道之隨一也云々　此塔內

○此伏藏云々ハ傍書
○或說云々ハ傍書
○下文ハ裏書
○東大寺云々ハ傍書
○金色ハ傍書

陣廣北南戸長外陣廣戸長』●次塔前在石此名御拜石或云廊未申角伏藏之蓋〔此伏藏六銅凡一萬深也〕此當寺料也此廊西南角下瓦六萬枚燒埋幷守屋頸幷守屋頸切大刀相具埋之　●次經藏下伏藏金銅阿彌陀丈六定印御也〔或說云尺迦金銅像云々但阿彌陀之說善也〕一千年之後此寺修造之時講堂之料佛也惣當寺佛法根源也諸寺佛法自此寺始故佛法返根仍尺迦佛法太子入滅後一千年可有至此滅時開諸伏藏修造此寺阿彌陀佛法熾盛一百年可有此時講堂本佛也其中之中央有石其伏藏蓋也云々今此經藏下金銅阿彌陀像或釋迦如來云々瑩埋其蓋有石一千年之後講堂本佛料也即百年佛法可止住云々　或銅鏡三萬枚金物料也或六萬枚云々『經藏在金皷一口　此伏藏金銅三尺鏡三萬枚　守屋合戰之時弓箭大連頸切大刀腹卷甲等水講在造木一千枚如來舍利二千粒悉此內埋置云々　或寺下作木數萬枝埋置云云』　●次講堂者昔堂燒失故其時別當觀理僧都北京法性寺或云白河普明寺云寺當寺庄以近江庄替請彼寺所造此寺也別當〔東大寺觀理僧都〕云聖人建立猶在此怖何況於凡夫所造哉故引去造置北室跡即堂分濟也此堂者六間四面南面戸六本北面戸二本也又新後戸一本左右妻戸各一本也勝鬘會料也石壇高一　一此內藥師丈六〔金色〕幷仕者二躰四天王　上堂丈六盧遮那金色脇士

○金色ハ傍書

○下文ハ裏書

二躰〔普賢文殊〕西圓堂藥師丈六「金色」賓頭盧等奉居者也於此講堂自嘉祿三年丁亥十一月壬子十五日庚寅被始勝鬘大會但先年建暦二年壬申十一月廿九日於正堂始行別在之當權僧正範圓興福寺理趣院住也當寺別當二度複任也以勅宣被始行此會興福寺東大寺藥師寺法隆寺以四箇寺之僧令勤行講經者勝鬘法花維摩三經決擇者因明内明論義宗者法相三論花嚴也又有五問竪儀五重唯識四相違也惣大會作法儀式只如興福寺維摩大會云云　正面在金皷一口

延長三年乙歳燒失了　同時北室燒畢　正暦二年辛卯歳被造了『此講堂内正堂之救世觀音如意輪辟也搊造像御坐立像皆金色等身也印左手持寶珠當胸仰右手覆其上似梵筐之印云云　藥師佛東日光西御座也此堂在組入天井在竪利有虹梁上柱勢　口間　廣　●自本在高座今者勝鬘方廣佛名等大會祈西在四床勝鬘會祈也　禮盤二磬二在之勝鬘會即行信大僧都水手如意用之以銀爲輻輪行信大僧都七大寺惣撿校故擬維摩會聖寶僧正如意用之云云　即先年比依興福寺東大寺諍有不可出正寶如意義之時可用行信如意義在之云云　維摩會講師諍論也即不用東大寺光惠遂講而闕請興福寺美野僧都云云』　●次東鐘樓西經藏共三間也共有天井ミミ有宴有高蓋東西面有戸下向寺内各有

戸一本經藏經無之或云百濟朝經論安云云　鐘樓在鐘長六尺五　口廣四尺五寸　●次廻廊惣七十八間西三十八間東四十間也講堂東西各七間鐘樓經藏南皆可得心也外陣柱皆有連子東西有樂門西東之廊北南共有脇門講堂西東際有脇戸片戸也

○下文ハ裏書

『廻廊未申角下瓦六萬埋置守屋頸切大刀守屋腹卷甲鎧弓箭大刀刀皆具埋之彼爲滅罪生善寺之守護料也云云　塔前石其伏藏之蓋也或御拜石云云

又寺下作木數萬枝或數千枝在之以此可修理云云　如此儲置給十五年間作寺云云』　●次中門二階也四間也無正面者聖人者不繼子孫之表幟也又御廟在此相云云　秘事也二王金剛力士長一丈一尺泥像也其印像者　中門四間佛法

○下文ハ裏書

久住故云云　胎金兩部隱陽也云云　增覺入寺說也　『中門在金皷二口之內東一口者自昔在之西一口者嘉禎元年懸之昔金皷者言語道斷殊勝之者也其聲聞壺坂幷二《フタ》上《カミ》等盜之事』

天久三年乙未三月廿六日夜法隆寺中門西間金皷盜人取畢件金皷者非近代物是往古奇異其聲深妙徹數里之外世相傳云聞壺坂寺云云　爲寺家最第一重物也作二尺金厚八寸云云　或云中門之二間戸者胎金兩部明也眞言宗相傳也

●次寺西北角南向有社其門有世余所大明神故人申惣社檜皮葺也　次當惣社西上有

○西圓堂ノ三字無

○下文ハ裏書

西圓堂之跡橘但藤原説善也大夫人御願也　本佛者在講堂藥師三尊云云

〔西圓堂〕

西圓堂者永承三年五月廿三日午時破損此堂橘大夫人令所造也　●次講堂上有堂名上堂五間檜皮葺云云　永祚三年八月十三日永祚八元年改元也正暦二年辛卯即チ永祚三ニ當ル大風顚倒畢其本佛者在講堂盧遮那佛脇士二躰〔上堂康和年中顚倒云云　中尊丈六脇仕普賢文殊也三尊共皆金色云云〕　●次三面僧房此講堂之東浦在北室跡石居少々殘見講堂同時燒失畢中昔比也　東室九房十八間也一房二間充小子房又九房也此二間爲房但大房南三房新爲聖靈院有妻庇木瓦葺有階隱《ハシカクシ》在高藍宴者簀子《スノコ》敷也此内在太子御影玉御冠赤衣以金泥書折入之文持笏三人仕士也王子高麗僧惠慈袈裟持香呂太郎王子持如意二郎王子持念珠筥三郎王子持御大刀乍三人鬢《ヒン》頬《ツラ》髮不垂《タレ》大兄王子着衲袈裟自余二人者紐《ヒモ》帶《タヒ》也在厨子一脚納顯密聖敎又眞言道具一具納〔虫入〕一衣等在此内又弘法大師御筆小字法花一部複一卷一行惣書十行凡大師御筆具十種德所謂陳疫病難、龍王難、刀杖難、火難、水難、風難、鬼難、呪咀難、國難、王難云云　惣大師筆得自在筆顯德唐土日本其儀式分明也又大師者太

○金銅云云ハ傍書

○保安云云ハ裏書

○於大師云云ノ文ハ上帖ノ裏ニ有

子御身也（三卷大師傳見タリ）天竺ニハ勝鬘、唐土ニハ南岳、日本ニハ上宮、皆是弘法大師也、詣テ太子廟崛ニ證發光定ヲ、皆是有由、故大師御筆自然ニ留太子ノ御前ニ云云、又多羅葉二枚書尊勝陀羅尼ト般若心經梵本トヲ十二、歷旺卅五、躰文ヲ以テ青糸ヲ貫之ヲ、此又奇特勝事也（委細見其記文）口傳云、雨コト此物、非我信力ニ只依大子ノ聖跡所降ルニナリ故安此御殿ニ可奉後人拜見云云

●又太子御身中ニハ救世觀音像※居奉テ〔金銅座蓬萊〕御眼當太子ノ御目ニ、御心ニハ書法花勝鬘維摩ノ三經ヲ籠納タリ云云　造此院ヲ保安二年辛丑鳥羽院御時　●次聖靈院ノ前在池、即聖靈院御影同ト時池ノ也云云　『保安三年壬刁午十一月廿三日奉移東室此御影本正倉院北面北向御座、即本聖靈院也云云　太子（但卅六歲法隆寺御供養御影也云云）從歲卅四勝鬘經講讚之御影也

次度講經卅五御時此正說也、三人ノ皇子ト者大兄山背王、殖栗王、卒末呂王也、此太子奉動者二ヶ度也、乍二度共ニ別當院主當灾、故更不可奉動云々　先師口傳也

聖靈院御影者勝鬘經講讚御年、然者兩度後度卅五可眞云云　小字法花經外題事、慶政（勝月上人云）着俗帶給、自摺金泥染筆ヲ奉書外題給之時、關白殿下（道家）宣云、此結緣殊勝、實生前之悅也云云　九條前左大臣（良平云）不可開此奥、於一卷可足事ヲ、爲末代衆生一度不可壞失云云』「於大師御筆ニ者持一字ヲ者猶四天王守護シ給フ、何況ヤ於法花經ノ一部八卷六萬九千三百七十四字ニ哉、持一字者四天王守護

○圓城院三字無

○下文ハ上帖ノ裏書ニ有

○勅封藏也ハ傍書

○以下ハ上帖ノ裏書

故有十種德云云　弘法大師承和二年乙卯歲三月廿一日御入定自太子御入滅推古三十年壬午歲至于大師入定承和二年乙卯歲」二百十六年又自大師入定至嘉禎四年戊戌四百二十年也　此聖靈院內在鐘長　此聖靈院金鼓一口在之　西浦在經藏委別注　東室者間寬狹不定也　東室大房柱口廣　小子房柱口徑　保安三〔二〕年壬刁〔午〕十一月廿二〔日〕奉移新聖靈院又三昧同年云云

〔圓城院〕

「當東室北」行半町」在木瓦葺堂」三間一面也號圓成院」萬壽年中雨多羅葉所也容知〔智〕聖人住所也此寺寄北墻地」在此室」云云　●有寶藏」北南九間也下屋柱高口徑廣　北三間南三間藏也中三間戸向ニ一本也只空處也北藏內有種々財」不知子細」又東如今此藏〔勅封藏也〕有向合之藏所納方物大旨燒已畢云云」顛倒無之」惣此寺寶藏者員卅三也今者只所殘藏二許也

此藏本勅封藏也今者綱封藏之也」

綱封藏事

「自今寶光院」至于東門北脇」廿九藏在之」顛倒跡故名寶光院正倉院」惣昔卅三藏

也今者殘綱封藏許在之
藏開代々日記　・後冷泉院康平二年己亥六月廿五日別當大僧都長照綱封
藏物移納使威儀師廣沙汰在廳從儀師京七條住慶專　・白河院承曆四年庚申
七月十一日壬申綱封藏西面皆委落地　別當大威儀師能算同八月三日封勘
勅使下云々　・堀河院攝政師實別當律師延眞　永長二年丙子七月廿四日綱
封藏西浦破損同八月二日綱所下向寶物移納云云　・鳥羽院天仁年中云云
別當大僧都定眞綱封藏顚倒畢寶物悉雙藏移納畢綱所使威儀師靜算法務鳥
羽權僧正範俊時也　・高倉院　承安二年十月廿七日別當權大僧都覺長僧
綱牒在之使威儀師行勝從儀師林範從儀師實禎威儀師覺俊法務權僧正在判法隆綱苻開
封下部在名綱掌一人正尊鎰取二人成包成正同年同月廿八日道間粁綱所二人ニ各
米一石綱掌一人ト鎰取二人ト二各五斗宛　・中院　元久二年乙丑不知月日別當
法務法印權大僧都成寶自南藏北藏寶物悉移納了無勅使幷綱所等只別當御
苻許在之云云初自康平二年己亥至嘉禎四年戊戌年數一百六十九年歟自承曆四
年以來百四十八年歟　又康和年中寶藏顚云云　・邦仁天皇寛元元年癸卯
八月廿三日丙申巳尅當御參即金堂諷誦畢テ令開倉蒼給事畢申尅御上道後法性

〇下文ハ下帖ノ裏書

禪定殿下左大臣道家攝政也自北倉被移南蒼倉畢」
「.邦仁天皇御時寬元元年癸卯八月廿三日後法性寺禪定殿下家道法隆寺
寶藏寶物自北」被渡南」時日記　鏡五面大一者一尺五寸許余四者一尺許入一箱
四天王歟文錦一丈許赤地　大幡一流長四五丈許入大箱　蛇骸一其色黑色也
龍骨一長六七寸許其色白本者染水瓶入之今者入別物赤羊毛茵并錦茵不知笲幡同者銅足者赤地錦歟
大錫杖不知數　面二唐櫃佛生會忻也　白蓋懸幡赤色絹
前机打敷不知員　水瓶少々銅　銅鉢少々
壺鐙一具鐵　御枕五六許藥絳囊袋　水精念珠一連
丁子等藥一瓶　小刀一箱不知笲日記相具　楊箱不知笲其形似結籠
沈水香三其大者長二尺許　御衾其數種々色々也　不知子細金金銀具少々
髪剃一入箱其上成道房銘在之　鐵鉢并瓦鉢歟三四許　具足箸三前杓子一
打敷風勢物不知員　壁代色々絹　象牙二
若背播敷若如意歟以水牛角作之長二尺余
件寶藏內十七條憲法并四節願文之御草本御旨日記多云々爲拜見雖開求所
未及見矣　治安三年冬十月廿六日大相國入道殿下御修行之次臨御法隆寺

○顯本此所ニ下ノ系圖アリ

并上宮王院巡覽御出之時於中門再三詠給富緒河付哥曰
をほきみの御なをはきけとまたもみぬゆめさのまてはいかてきへらむ
建久元年庚戌六月二日後白河院（後鳥羽院時代也）御參當寺金堂諷誦御宿所禮堂不入給惠範
法眼別當時也其後松殿禪定殿下御參不被行諷誦云云　仁治三年壬寅十一月
廿九日九條禪定殿下後法性寺殿御參當寺金堂諷誦御宿所聖靈院御名阿闍
梨行惠御息興福寺別當僧正圓實今月内三ヶ度御參云云　禪定殿下於聖靈院
有當寺御感之言一度ハ詣靈鷲山爲何只有此寺一度引籠頓世只可爲此所云云
〔治安元年死 康仁—一男慶好—一男慶元—男慶元—二男長暹—二男慶世—二男晴世—一男晴喜—五師顯眞〕
次食堂七間後戸三本前七銀細殿作合一銀細殿南面戸三本連子二間所殘皆
壁北浦左右端間《ハシノマニバ》横連子也東面ニ戸一本此内ニ有ス藥師佛垂《タリ》寶帳ヲ　次食堂之後昔
者有厨戸《ケリツリヤ》今ハ者成久住所ニ畢　次厨戸《クリヤト》之東浦ニ有瓦竈ニ其東ハ昔者木屋也今者成人
住所ニ畢　次食堂東ニ有瓦葺房ニ名解腕房ニ昔者別當房也今者只人住所也（今者名瓦房）
次四面大垣埴地東西三丁北南二丁也當時東西門北脇埴地ハ者昔南大垣并
南大門也今ハ昔新《アラタメテ》南大門并ニ大垣等寄テ南北ニ南成二丁七段切許東西門共ニ三間也
東雙門四足也北門モ又四足也　法隆寺西寺中門前東西築垣東西卅六丈六尺

南廿七丈也云云　西門南方大垣至坤卅一丈南大門西至坤卅八丈同大門東至巽角六十九丈東西都合一百七丈云々　南大門内東西築垣至中門前各廿七丈東西大門南築垣至于中門前貝　西方從西門至于中門前六十丈東方自東門至中門前六十五丈云云　東門内屏三間自東南築垣廿八丈至于巽角自東門北至于東小門廿四丈自小門北卅三丈自北大門東卅丈自大門西卅丈同大門内南行東西築垣各十五丈也法隆寺南大門道左右各一丈二尺覺晴大僧都之時造之云々　次西室瓦葺十九間也　昔之者燒失畢今新造端三間堂也次有馬道次北二間勝鬘會講師房也次當時南大門三間也無二王也　承暦年中堀河院之時燒畢承暦年中西室炎上雷火云々　此西室堂阿彌陁半丈六金色定印坐像也四天王法相祖師一複太子曼陁羅一複共新也　此西室在鐘長口廣　此鐘者昔神南庄鐘也而依本寺令進上畢云々　此院前以新義堀池然而依地相悪嘉禎四年戊戌秋八月埋之畢是四年ハ暦仁元ニ當ルナリ　此西室堂者佛壇者紫檀作在高監佛上擧竪利組《クミ》入天井庇《ヒサシ》分組入天井也南庇者上檜皮《ヒワダ》葺廣宴《エム》又大床在高監角在擬寶珠梯《キタハシ》橙在階隱《ハシカクシ》又有登《ノボリ》高監西浦東浦在大床無高監南面五門蔀《シトミ》東西兩面北端南端妻戸中間三間蔀《シトミ》也後戸妻戸也此内大般若經一部御座云々　唯識論一部御座也　白盖高座禮盤磬臺在之三經決

○顯眞本下ノ文アリ
○可尋見傳等云云ハ裏書

擇新也　次當此西室南從道南有大湯屋萱葺四門三面也北庇廣宴《エン》也有平門也南浦二門釜屋也大湯屋釜二口一口者大也口廣　一口小也口廣　次講堂西北角有手水屋五間二面也南面半蔀《シトミ》懸也是昔者無今新造置也今者西圓堂移立之云云　次東室之西浦當聖靈院西浦有井閼伽井也　次此井南有經藏木瓦葺也六尺三間也南一庇《ヒサシ》也此庇分濟廣宴也此內有一切經是經藏昔無今始造之云々

可尋見太子傳目錄
松子傳云一卷傳文松子之太子云云舍人也　芹傳一卷梵天化身云云先生ノ事ヲ注ス
平氏傳名二卷傳　障子傳繪新
補闕傳一卷　本願緣起
御手印緣起　十二卷傳在宇治寶藏云云
本蘭記百卷之內六卷云々
大唐七代記文　元興寺緣起
上宮聖德太子傳抄之或蜜注秘文等也

「可尋見傳等此文等見太子化儀
三卷傳　四卷傳　六卷傳
廣隆寺緣起　箕面寺緣起　六
角堂緣起　日本神山記圓井所造
神泉記　日本靈異記
日本記　或松子傳一卷云々」

○御名多種云云
以下ハ裏書

年代記等　法隆寺伽藍縁起文

「御名多種也所謂此任二卷傳當廐戸生故名廐戸王」令居宮南故名上宮太子」

身有聖智故名聖德太子」充復再問故名豊聰八耳皇子

弘興佛法故名大法王太子」推古天皇儲宮故名曰皇太子」

昔勝鬘夫人故名佛子勝鬘」上宮用春宮《儲君》故名太子」

○下ノ標題無
○此一段前ノ四三頁ニ入ル
○二寺名轉倒
○或經云云ハ傍書
○下文下帖ノ裏

〔古今目錄抄 下卷〕

「次法隆學問寺又云鵤寺鵤里故傳云宮西有寺名法隆學問寺」云云 惣此寺七名號在所謂 七德寺、聖國寺、寶龍寺 來立寺 法隆學問寺 烏路寺 往生所寺云云 此外鵤僧寺鵤寺 太子誓願文云若擎一香一花恭敬供養若以一塊一塵拋入我場(或經一宿一企一詣)遙聞寺名遠見拜恭之輩結一佛淨土之緣云云」法隆學問寺南門也 來立寺中門也 烏路寺經藏也 七德寺金堂也 寶龍寺鎮守也 聖國寺講堂也 往生所寺塔婆也

『寺在七名 法隆學問寺太子止住寺故隋朝百濟佛法日本㝡初傳故也初渡陳朝來立寺自衡山來立給故烏路寺鷹常來故聖國寺太子政國給故寶龍寺龍田大明神守護給故往生所寺當極樂東門可往生故也其現證廿五人皇子飛于西方云云七德寺六句三雙當來御願現世滅罪招福御願加之六句者捧供一花一香投入一塊一塵一雙經一宿企一詣二雙見寺拜恭聞名恭敬三雙滅輕重罪除病延命與福增官隨願成熟耳此爲一種云七德也云云」 法隆寺ハ太子建立中㝡初御願也立願即用明天皇元年丙午歲也其旨見于法隆寺金堂藥師佛光銘敏達天

○用明天皇云云ノ文補之

皇知《シロシメシテ》召用明天皇乃遐壽不長乍存讓位於弟用明天皇給即光銘召於大王者立願之時奉召《シナリ》敏達天皇然則四十六ヶ寺院中法隆寺宬先也　天王寺者守屋合戰之御願也即丁未歲合戰之纔《ヒタ》立玉造岸又御生年廿二歲被移《ウツサ》荒陵池上今年《コトシ》法隆寺同時建立云云　用明天皇御崩與守屋合戰者同丁未歲也云云　或云太子御生年十五也十六歲之義吉平氏傳

「用明天皇御腦自即位元年丙午幸御坐次歲丁未歲不愈給崩傳文夏四月天皇不愈云云　光銘可讀文點當崩賜時云云　能々可思云云」

法隆寺建立事　金堂・講堂・塔表三德表三學當品印字三轉當而上三日　●中門無正面在多故或爲父母或爲父母二世或爲父與我身無正面中二間懸二金鼓上由也或御子孫不繼相也此有廟內云云　●又本講堂無正面而中二間東間藥師佛三尊西間阿彌陀三尊向中門中二間仍中門無正面此則爲父母也或又依作塔金堂東西中門中間二間也又金堂內正面藥師爲用明天皇西間阿彌陀爲穴穗部皇女觀音爲我身勢至爲妃西方三尊爲和國衆生利益降誕云云　然則此寺者奉爲《ヲンタメナリ》二親仍無正面余寺更無此作法云云　此昔佛像安持作法也即太子御世令安持給也其時東間無佛像太子御入滅第二年春三月安尺迦三尊云云　金堂

內西阿彌陀壇上在救世觀音（二臂如意輪）二躰（坐長一尺）共金銅《トリ》太子ノ御本尊（御本地也）尤御崇重花像也

●法隆寺伽藍緣起曰　池邊雙槻宮治天下橘豐日天皇（聖德太子考天皇也）信佛法尊神道二年丁未四月天皇煩病不豫也詔曰朕欲歸三寶建立寺塔宜卿等議之於時長子大臣諸王等奏曰可隨詔而奉助誰違詔旨乎於是物部守屋連中臣勝海連背詔旨不拜佛法也天皇御病彌盛崩之未定天位於時馬子大臣與守屋大連依佛法之論天位之事各爲怨怒也馬子大臣爲誅守屋大連勸厩門皇子泊瀨部皇子竹田皇子難破皇子及平群神手紀男麿膳臣葛城臣等從志紀郡到澁河戰也大連攀子弟奴軍而築稻城居榎枝射矢如雨也大連之軍强盛溢家皇子軍等並群臣衆軍怯弱三廻却還是時厩門皇子（生年十五）自隨軍後忖曰非願難勝即束領髮取白膠木作四天王像置於頂中發願曰若使我勝敵爲護世四王造立寺塔也馬子大臣亦誓願曰諸天神王助護於我使獲利益起立寺塔恭敬三寶則各起種々兵進伐大連於時亦見赤檮射落守屋依此大連之軍忽然敗散迯若葦原平亂之後上宮聖德造四天王寺蘇我大臣建法興寺小治田天皇即位元年以厩門皇子爲皇太子二年二月天皇詔皇太子并大臣等令興隆三寶是時諸王臣連等各競造堂舍佛像天皇并聖德太子以歲次丁卯奉爲橘豐日天皇并御世

○下帖ノ裏書

御世天皇建法隆學問寺等七伽藍以戊午年小治田天皇請聖德太子令講法花勝鬘維摩經其儀如僧諸王公主臣連庶民皆光不貴喜也講說之給留高座留奉座《スヱ》天天皇乃大御語止天志嶋大臣乃手留香爐乎擎天誓願乃事乃立留白賜之八留七重之寶毛非常人間之財毛非常是以遠須賣呂支大乃御地乎御布施留奉艮留八代々世々不朽不滅弖可有物止毛那以播磨國佐西地五十萬代乎御布施留奉流此田地乎八御世御世乃天皇犯謬賜布那諸王子孫他人毛口入事不在止白賜弖奉賜支於是聖德法王受賜弖白賜之留畏懼此物乎八私輙久不可用止天之自高座下坐以件田地乎三分天人伊珂留我大寺中宮尼寺片岡僧寺也伊珂留我寺地更爲四分賜布功德分衣分食分寺主分也以功德分田地者每年講法花勝鬘維摩經而天皇幷御世御世朝庭乎如日月之弖長奉令榮佛御法乎遠奉興隆支以衣分食分田地者住此寺法師等加爲衣食學習佛敎流傳萬代令繼後世也以寺主分地者造攝此寺不朽壞而修補寺主乃法師等加分止誓願天入賜支已下不抄之『法隆寺建立御願者丙午歲太子十五歲用明元年也守屋合戰者第二年丁未七月二日用明御入滅之時留御葬送七月三日合戰後同月四日送給云云』

●法隆寺太子生年廿二年甲寅始創草法隆寺至廿（卅歟）五歲作功畢故自建立法隆

〇下帖ノ裏書

〇阿佐云云ハ顯本ノ裏書ナリ補之

寺以來六百三十九年歟此亦一說也　或御生年卅五丁卯佛像寺塔造立云云此一說者但不正說也　但委思此二說建立之始者　御生年廿二年造功畢者卅六丁未卯歟也十四ヶ年之間令遂造立給畢也然則藥師光銘文至于造畢時令日記之給也『法隆寺推古天皇元年癸丑春正月太子詣鵤鄕給立法隆寺前年所々相尋給今年始建之四天王寺移立荒陵池上同時也御等身四天王移立難波天王寺守屋頭幷大刀衣裳移置法隆寺云云　二寺共正月建始天王寺者二十八御年八月十五日令供養給法隆寺者三十五之御歲丁卯二月十五日供養給或卅六自法隆寺建立太子生年卅五丁卯至于仁治三年壬寅六百四十五年也又自御入滅滿五十壬午今年壬寅年六百三十年也　或云法隆寺者御生年廿二歲御建立云云　佛光銘者造畢時也』●法隆寺自御生年廿一歲造始而三十五丁卯年推古天皇十五年令建立畢給也　上宮王院生年十七已前造

『阿佐傳燈演說卅九歲者第二歲南无佛已後也惣上件年代違二卷傳然而敏達天皇即位第二年御誕生得心次第々々御年當年代更無相違云云

誕生入滅各三說者一者四十九入滅此或癸巳誕生辛巳入滅或甲午誕生壬午入滅也即欲當印阿佐禮拜四十九歲二者滿五十入滅此癸巳誕生壬午入滅

壬辰誕生辛巳入滅三者五十一入滅此壬辰誕生壬午入滅也此中爲五說滿五十之中关巳生壬午入滅者誕生第二年南无佛已後三四十九歲也次五十一入滅之義又吉《ヨシ》如除御誕生年可除御入滅之年《ヲモ》也即前年辛巳十二月廿二日母鬼前大后於中宮寺崩給又明年正月廿二日御惱故不暇傳燈故除初後各一年傳燈演說四十九歲也关巳年誕生事纔松子傳明一傳計也壬辰敏達元年誕生者面々年代記王代記此多《シ》故五十一年御入滅无所背云云』

○以下裏書

『法隆寺者自御生年三十五丁卯歲至嘉禎四年戊戌六百三十四年云云　或云法隆寺太子御生年十五丙午云云　或云法隆寺一千一百年間興滅事但初百年終百年者殊興云云　中間九百歲無興滅云云　又云早有盛者疾衰者世間常習也故無盛无衰佛法久住寺也根源佛法久住寺枝末諸國佛法止住一切根枯枝枯佛法似是』

○太子者云云ハ顯本ニヨリ補之

「太子者勝鬘夫人法太子自宣佛子勝鬘云々　即觀音者未來普光功德山王佛法勝鬘經云夫人記別普光如來云々此略功德山王之四字《ヲ》也」

○以下裏書

『或云本朝佛法我入滅後漸滅《シ》漸滅《スベシ》或攝龍宮或攝《シ》天上至于一千年諸國七道佛法悉滅畢《テ》纔法隆學問寺根本金堂《ノミ》殘《ケ》此時所存諸寺遺法其砌集《テ》一百年止住《ソ》可擬云々　或佛法還《カ》根故依此寺根源《ナルカ》暫間諸寺佛法集《テ》終可歸入靈山云々　丑寅角

○以下ノ文ハ下帖ノ裏書

八葉壇佛法鎮壇依此力諸國弘興又一千年止住云云　或八輻輪壇云云　末法滿年余經失沒彌陀一教利物偏増云云』或云止住百歳也

●金堂藥師光銘文自丙午太子生年十四歳立願之時已後經廿二年太子生年卅五丁卯歳造立法隆寺幷藥師像云云

『●太子法隆寺誓願事

於我寺若經一宿運行歩擎一花一香恭敬供養以一塊一塵抛入此場遙聞寺名遠見拜恭如等者結縁一淨土當寺院者佛法根源三寶初起之日本一天之聖教弘從此伽藍此即尺迦敎法也然則自我佛法初起之時至于一千年諸寺佛法漸繞廢漸衰微其時者當寺有石居堂舍悉滅即時在一人聖人申請勅宣堀開金堂伏藏用物之如法興世之時修立堂殿寺舍此非他身即吾身耳但遺法興滅相者四天王寺之露盤自誓鏤金法隆學問寺之足印吾願留跡佛法必歸根故諸寺佛法司集當寺即一百年敎法可有鵤寺其時爲講堂阿彌陀金銅丈六像瑩《キウツム》埋經藏下瓦萬枚燒置廻廊坤《ヒツシサルノ》底矣同所守屋大臣之頸幷切頸之大刀埋置甲鎧弓箭大刀刀在之爲彼滅罪生善寺守護新又銅鐃口三尺六萬枚云云　或說云瓦六萬餘

○以下下帖ノ裏書

枚云云　或銅瓦一萬枚云云　又造木數萬枝在之云云　又岡本寺後西山俵塚《タワラツカ》云所瓦數萬枚燒埋堀穴云云　或云瓦塚　法隆寺本願太子御誓願云我寺者不可有盛衰在盛者必衰故然則中分全無盛衰云云　然而中古有衰滅時即廻廊中木花滋生而絶人跡金堂內塵勞多積而閇門戸然間燈呂繫廻廊佛性備中門云云　取堂內塵置廊巽角堀廊中之木捨南門東其體蘭堂桂柱本其跡八寸（虫入）許也其樣見木花原亦花開其所也雖有如此損滅時更非事外滅亡耳』

傳來蜜語曰

太子宣我與守屋生々世々怨敵也世々生々恩者也如影隨形已過五百生云云　太子守屋共大權井為弘佛法如此示現但互誓云守屋者成鵄云鳥障佛法太子者成鷹《タカ》云鳥云拂鵄難云云　此蜜語實也今欲有寺異相之時此鷹來或御塔上或金堂上居或講堂長押《ナケシ》夜々宿云云　此言語道斷不可思議勝事也寺住之人非一度不二度悉見之云云　『法隆寺天王寺雖同年建立於法隆寺者構處々伏藏依種々未來記一十五年之間造立云云　天王寺者八ヶ年造畢云云』古云法隆寺者鵤京也云云　『太子建立七ヶ寺院者法隆學問寺四天王法起法

○比蘇寺ノ三字アリ

興妙安花定林也已上四節文　此中示極樂東門、敎往生勝道、只二ヶ寺也所謂當極樂東門中心四天王寺西門、二十五人諸皇子西方飛行往生所寺、塔婆也云云　今者法隆寺敷地四面大旨被打入他庄、北者興福寺、一乘院領南亦同之西方、近衛殿下、領即西、隆目者聽明寺、西峯也當寺、後山、西之際目切立於岸第一明鏡也其岸、筋聽明之西浦也山峯、上在方至之石今者堀落、平群河之枯《カラ》木《キ》井《カヰ》硯之上有川中其石方七尺五寸顯然也石面有銘文云云　太子建立寺大宮寺　般若寺四天王寺法隆寺法起寺池後法興寺菩提寺妙安寺葛城定林寺已上七ヶ伽藍也　元興寺百濟寺後寺也蜂岡寺廣隆六角堂桂宮院ウツマサ寺大安熊凝寺中宮寺現光寺比蘇日向寺或說不入妙敎寺坂田寺宮所也○Ｘ田寺河内

法隆寺末寺末庄等事十八也　中宮寺法起寺定林寺妙安寺新堂院伊穗庄播磨國野洲庄近江國洲摩莊攝津國弓削庄河內國珍南北庄和泉國佐山庄山城國神南庄大和國椎木庄同國結崎庄同國木部庄同國佐保田庄同國葛木庄同國鵤田同國横田庄」

●橘寺者法隆寺根本之末寺也別當能算威儀師之時被取離畢承曆年中之而鳥羽院之醍醐虫入取離當寺畢彼範俊奉過於法隆寺別當二代相續領橘寺而間第三別當之時範俊云彼寺我私相傳所也更非法隆寺別當進退云々　爰別

〇以下ノ文四四頁ニ入ル

西當加種々沙汰寺僧致強訴訟然而彼僧正依爲鳥羽院第一之愛仁理不盡被取離畢云々委旨左綱封藏御櫃云々

「次中宮寺者太子母穴穗《アナホ》部《ヘ》皇女之宮也而新成寺名鵤尼寺云中宮寺但以此寺名法興寺有異說此不審也無遮大會行事本元興寺歟即見二卷傳文更不見中宮寺繪殿書無遮大會之儀式此誤歟但二卷傳法興寺注云鵤尼寺依之繪歟傳誤歟若法興寺此中宮寺者列諸寺之所中宮寺法興寺並不可出但並擧元興寺

〇下文ハ右ノ裏書

法興寺者彼元興寺四面皆有別名此誤書歟唯法興寺者諸寺中立始之寺惣名歟尒者可通中宮寺云々　其時在法興元世之年號然者中宮寺可云法興寺如天台山云延曆寺也『中宮寺者葦垣宮岡本宮鵤宮三箇宮之中故云中宮仍改成寺之時文之中宮寺云々』

〇下文顯本ノ裏書ナリ補之

『或說云當上宮王院辰巳方行八九町分離有木瓦葺之堂名幸屋昔太子居住宮名葦垣宮於此宮御入滅也自此宮科長御葬送也三人妃之內高橋之妃最愛妃也膳氏妃也即於此宮成契老同穴之契坐御入滅也所殘二人妃尾地皇女與蘇我大臣女也云々此河上妃者誤也此妃者崇峻天皇妃也即蘇我大臣女子也惣太子三人妃實不見文』

〇標題補之

「法隆寺緣起文」

『●此法興寺本元寺也依蘇我大臣之守屋合戰之時誓願所建也

○標題補之

○中宮尼寺云々ハ下帖ノ裏書

○岡本寺ノ三字無

○仍不六補之

○下文補之

「同緣起文」●四天王寺太子誓願之寺也云々　●中宮寺太子生年十六歲丁未春正月一日依母妃詔之御手ニ中宮寺《ノ》塔《ノ》刹《ノ》柱《ヲ》立《ツ》斑鳩寺始造之《ヲ》土●代之　同年冬十月ニ四天王寺始《テ》造之《ナ》此日記者法隆寺寶藏内《ニ》在《リ》唐櫃二合入寺領《ノ》文書《ヲ》櫃也此中《ニ》在此日記」云々』『中宮尼寺者即鬼前大后作尼寺也中宮御願故爲名或御所故爲名云々或云中宮寺太子御生年廿一歲建作之云々』

〔岡本寺〕

永保元年辛巳三月七岡本寺官《ニ》使下塔露盤銘文書取《テ》京上云々

別當威儀師能算任云々　其露盤銘文審在之「仍不六」

法起寺塔露盤銘文

●上宮太子聖德皇《ハ》壬午年二月廿二日臨崩之時於山代兄王勅《ソ》御願《ノ》旨《ヲ》此《ノ》山本宮殿宇即處《トコロナリ》專爲、作《ント》寺《ヲ》及大倭國田十二町近江國田卅町至于戊戌年福亮僧正聖德御分敬《テ》造《テ》彌勒像一軀《ヲ》構立《ス》金堂《ヲ》至于乙酉年《ニ》惠施僧正將《ニ》竟《ンカ》御願《ヲ》構立堂塔《ヲ》而丙午年三月露盤營作

此寺法隆寺後有山或近名寺山或遠名花《ハナ》山此花山去寺六七丁其山中自建久之頃

〇下ノ標題無

〇『』ノ文ハ裏書

〇「」ノ文ハ裏ノ朱書

儲龍池奉勸請善達龍王（或云善徳或云諸龍云々）自其以來降雨隨人意此花山東端也當此龍池及刁方一丁之内閼伽井當寺夏衆掬後夜水井也」

〔法林寺事〕

當上宮王院北去十町許有寺名三井寺亦名法林寺在金堂講堂塔食堂等建立之樣似法隆寺此推古天皇年中所建百濟開法師圓明法師下氷《シタヒ》新物《モノ》等三人合造云々此寺奉爲聖徳太子山背大兄王建立云々然則下氷《シタヒ》新物《モノ》者即大兄王歟云々『今此三井寺者自昔法隆寺末寺也而中昔依大和國々司沙汰自法隆寺所出與福寺一乘院畢』「今此三井寺者爲太子御惱消除推古天皇卅年壬午歳大兄王幷由義等立此寺云々大施主者膳妃也云々」

御井寺（又云三井云々）勘錄寺家貨財雜物等事

法名法琳寺

東限法起寺堺　南限鹿田《カタ》池堤

北限氷室《ヒムロ》池堤　西限板垣《イタカキ》峯

在平群郡夜麻《ヤマ》郷

右寺斯奉爲小治田宮御宇天皇御代（歳次壬午）上宮太子起居不安于時太子願平復

○下文下帖ノ裏書

○下ノ標題無

○下文上帖ノ裏書

○下ノ下卷字アリ

○自此云々ハ下帖ノ裏ニ小ガキ

即令男山背大兄王幷由義王等始立此寺也所以高橋朝臣預寺事者膳三穂娘爲太子妃矣太子薨後以妃爲檀越今斯高橋朝臣等三穂娘之苗裔也維于延長六年歲次戊子合參佰貳拾歲云々

『法隆寺之北去十餘町山上有寺名西松尾寺亦名補陁落寺形似彼山故爲名天武天皇第五皇子舍人親王與其御妹兩人之御願云々

聰明寺　榮業大禪師建立也 法隆寺之僧也　仙香寺　右二箇寺專法隆寺寺領也而被打入他領云々　件子細委覺印 連如房 被注之其狀在聖靈院云々』

〔龍田宮事〕

『龍田新宮宮者太子生年十六歲丁未歲 或廿二癸丑 太子自橘京至于平群郡於椎坂遇老翁給老翁問云誰人自何所來給哉答云我厩戸自都城來爲堂塔建立也翁云自此東有班鳩鄕尤足勝美行彼所可建伽藍給仍導於太子入班鳩山中翁云此所者佛法久住伽藍建立有便爰太子問云翁誰人哉答云我住龍田山下愛秋本末千餘歲遇太子宜已爲平群郡主守護我寺給云々乃至已下者在下云々』

「自此文上者在上卷」當々寺坤方在神社名龍田大明神「正一位也」當寺鎭守也惣平群郡々神也此宮者新宮本

ス又正一位也ハ朱書並ニ補之
○御祭日云々ハ朱ナリ補之
○讀ノ下ニ者字座ノ下ニナリ云々ノ數字アリ

宮者在立野大和河邊其本宮八講緣起云〔虫入〕太子告此大明神宣我寺近住令守護給其御喜我寺住僧三十口「御祭日九月十二日也」可進純施僧仍移此新宮給云々　至于今法施僧無懈怠五師成業學釋禪宗自上次第也五師成業純色衣七帖袈裟衆等袈裟用之所作面〻仁王講讀一座講讀○高座○　或傳記云龍田明神者此名天逆玉國依行息氣姬命又有天柱國柱之秘號所謂天瓊矛之神靈大八洲之心府崇神天皇臨馭之年降臨蒼龍田《タツタ》之峯豊聰《トヨミミ》太子在生之昔遷坐班鳩寺之側現爲威神專宰年穀遂年鎭祭變世無衰温其本地正觀自在尊娑婆世界施無畏者是也掌持妙蓮表性德之清淨右手作開花顯日輪之光明事理之功能歷劫難說盡歟云々

或傳記云龍田大明神者外應則天逆玉國《アマツサカタアクニ》押依《アシヨル》片息《カタイキ》氣姬《ヒメ》命百玉始祖神武天皇之姨母也內證是補施落山中聖觀自在菩薩九品能化彌陁善逝之補處也此大士者匪啻兼六觀音之惣德亦能集一切佛之大悲唱正覺於三世各異佛號垂化用於十方普現神通抑此大明神者崇神天皇御代鎭坐龍田山上爲洛陽城之倚賴爲奉令護王業也聖德太子往時勸請龍田市中爲法隆寺權衞爲奉令持佛教也護朝之尊祕之故聖代明時殊發使於扮(司歟)社之靈神之故煙客風人又寄心於松壩一人就此寶宮忝有如在禮奠群侶跪此瑞籬盡獻隨分之法施云々　或人云

○法隆寺ノ三字補之

當社顯本宮至于當時嘉禎年中成一千七百餘歲云々　又云太子爲立法隆寺平群郡中御覽給之間至平群河之邊自河西自椎坂東欲令點定給爰大明神以老翁體參太子御前令申給於伽藍近住怖〔虫入〕此東行十町許勝地候其所可令建給候即我常詣其寺可令守護候依此御言今此寺所建立給云々　自其時法施僧卅人也云々　本地者十一面如意輪或云々　此〔法隆寺〕寺後在山或近名寺山或遠號花山

●此龍王勸請者當寺五師一薦大法師隆詮寶光院ゝ主也眞言師也八十九入滅歟此邊旱損愁相具供養法衆十口聖靈院供養法衆也令參籠彼山令勸請給也即金剛佛子隆詮口決云向彼龍池祈請時以年來所持御舍利一枚作篠船入之而浮于池水上即自西岸輭頸玉虵長一尺許其色極赤云々　任池至中島在暫時親寄于篠船之邊畢云々　此時佛子流歡喜淚親七日之內降雨畢令相傳于顯眞大法師畢云々　每日三時修如意輪法云々　後人守此等先證所可行也從其時寺僧每日一座仁王經講讚云々

○顯眞原本ニアル所ノ文コヽニ附錄ス

起注文云、吾爲利生出彼衡山入此日域降伏守屋之邪見終顯佛法之威德於處々造立卅六箇之伽藍化度一千三百余之僧尼製記法花・勝鬘・維摩等大乘義疏斷惡修善之道漸以滿足矣（云々下ノ石文也　是者宮內文也）今年（歳次辛巳）河內國石河郡磯長里有一勝地尤足稱美故點墓所已了吾入滅以後及于四百參拾餘歳此記出現哉爾時國王大臣發起寺塔願求佛法耳云々（上箱文也是　箱蓋文也）此箱珊栗蓋含也

或記云、私云、此記文自辛巳歳至于天喜二年甲午後冷泉院御時成四百三十四年云々但依壬午年御入滅者四百卅三年也記注餘歳之餘字更非四之字又令埋此石文給者前歳也即法隆寺釋迦佛光之銘文悉作法同之例可知云々（自此）、（康仁入御廟時也六十一ヶ年之後也）

太子御母鬼前大后者辛巳歳十二月廿二日薨給廿八日奉葬間廟陵明年正月十五日夜半調子丸與太子改葬石河磯長廟給云々

或直自鵤中宮寺奉葬磯長墓所

起注文事天喜二年九月廿日未時許爲立塔土壇築作間件戍亥方土一丈許穿鑿間爾有石廣一尺許也爲去此石尙土穿爾下又有似宮之石名色不見知石也但靑白長一尺一寸許廣七寸許有身蓋下三寸許上二寸五分許內之上

下有文字件見此事之人忠禪夫二人也（之内童一人法師一人已上三人）彌致祈禱之曰深此
日人ニ不知語以今月廿二日同行僧行命等ニ令開見即此文字耳依此謹尊恭之
忠禪法師讃法之由以康平六年（癸卯）秋頃
四天王寺　進上
御廟出現注文一枚幷日記等事
右大略子細載日記進上如件
天喜二年十一月八日　都維那
寺主
十禪師

永保元年（辛巳）二月七日岡本寺ニ官使下塔露盤銘文書取テ京上云々別當威儀師
能算任云々
天久三年（乙未）三月廿六日夜法隆寺中門西間金皷盜人取了件金口者非近代
物是往古奇異其聲深妙徹數里之外世相傳云聞壺坂寺云々　爲寺家最第一
重物也作二尺金厚八寸云々
太子父天皇二人奉持亦曰川勝

○此黒駒云々ハ補之

○一巻文ノ三字補之

用明六月ハ晦日崩御ハ七月一二日御葬送三日　御入滅之時十烟ミトヽカ十屋

置之大兄王調子麿也

蘇我氏大臣五人者

兄・嶋大臣馬子宿禰司馬達稲目宿禰太子御シウト也

弟・蝦夷大臣入鹿大臣父也自害云々已上二大臣者兄弟也

・境部大臣境《モキ》瀬馬子蝦夷二臣之叔父也

・入鹿大臣云林大臣時人稱太郎蝦夷大臣嫡男也

・山田大臣石川广呂天智天皇ノシウト也

物部大臣蝦夷大臣二男也此大臣之祖母者守屋大臣妹也故云物部父方蘇我氏也此加前者蘇我大臣六人也

「此黒駒者帝尺化身也云々」

太子黒駒者中宮寺前埋塚名駒廟ト

今藤福寺也

太子御製作章疏等日記　法花四巻疏御草本ハ在舎利殿名後疏今此疏者ハ自百濟國所渡不

依經籠夢殿以御魂取寄給依御經令草始七巻廿七品也无提婆品ト與觀音品之

世尊偈ト之尺妹子將來經者自百濟國所渡經ト同也付此經ニ令作五巻疏御魂渡唐

時ニ令置衡山ニ給ヲ於此疏者草本幷人寫ニ傳本共ニ我朝不知《シラ》所在《チモ》　但「一巻文下フ」自傳大唐ニ云云

不可在日本歟

裏ニ但四巻疏ハ上宮後疏云是也　自卅一癸酉正月八日始作此疏至次歳甲戌製畢夢金人

所校妙義ト幷諸番法師義理ト悉乘之此四巻疏御草本題目下ニ此レハ是レ大委國上ス宮王私集

非海彼本云々、今此疏寫傳本寫大倭國此人篇誤也此大倭國之義也　上宮王私集非海彼本者此非自唐土等所傳之本之義今此疏者似天名似三論以光宅寺雲法師疏爲本義然而難取何宗云云

世上語傳云藤福寺者駒廟幷調子之廟云云　此調子者則調子《テウシ》歟云云　從百濟國來之時者調使歟

〔法隆寺緣起文〕

○補之　守屋合戰之時太子諸《カタヘ》皇子者《トイハ》兄皇子三人也所謂泊瀬《ハツセ》部皇子竹田皇子難波皇子也

〔同〕

○補之　●平群神手紀男麿膳臣葛城臣

上宮聖德太子傳等抄之云文題下一卷傳平氏傳補闕傳或密注秘文等巨多也少々注之ト云々而彼抄不審不少唐土日本誕生入滅相違等不會故云々　彼抄所引安居表白只隨所々文中見書集不審不會此又不得心事也

裏ニ

此表白中　日本人王次第　敏達卌四葉用明卌五葉推古卌七葉等云云此又不似普通　欽明卅葉　敏達卅一葉　用明卅二　崇峻卅三　推古卅四　如此云云

太子生々世々間事　衡山六生或七生百濟一生　日本一生或人云八生也或九生云々

○裏カキ太子法隆寺誓願事ノ條次ニ

寶物者但六生所持衡山之南岳般若臺之持物也又見本願縁起住衡山峰ニ徑數十身云云　然則何生國トモ不可定其中ニ最後六生ヲ云云也　障子傳廿五人王子松尾山七日云云　二卷傳不見者也此悪聊簡也只隱膽駒《イコマ》山六日許也　二卷傳妹子到付衡山太子卅六歳即年明年之然者還來者次年卅七御歳也而妹子言三年行云云　此又不審也三月行可云也　二卷傳裏七代記者先生六生唐土　此生一生日本都合七代云云　此不可然巳云大唐七代記不可加七代即安居表白ニモ見タリ

『此皇子等滅給志皇極天皇第二年癸卯歳十一月十一日丙戌　宛時也是非西方飛行時也即此時入膽駒山經六箇日至十六日辛卯辰時在法隆寺大狛法師殺弓削王此時王子等入塔内立大誓願曰吾等暗三明之智未識因果之理捨五濁之身施八逆之臣願魂遊蒼旻之上陰入淨土之蓮即指西方飛行在三道現　四種形云々仙人妓樂天女禽獸　依今此怒鹿大臣滅諸王子齊明天皇四年戊午歳中大兄皇天智天皇　語鎌子連等於大極殿誅入鹿畢』

二卷傳太子誕生所巡茅《ハウ》中ニ云云　又四歳之時茅中云云　又奥ニ出入宅茅云云　此所ニ茅字」皆人讀茅《テイ》」此誤也云茅」者有由訓ニハ云茅チト」字也自大唐」起事也內裏之名也

任金堂ノ尺迦光銘文ニイハ云　誕生癸巳・敏達二年・御入滅滿五十壬午トハ者用明元年者ハ

○※ニ薬師光銘丙午歳十四也ノ十字ヲ傍書ス
○如此云々ハ補之
○尺迦云々ハ裏書

太子御生年※十四歳丙午也。次歳令戴并用明入滅者丁未歳如此傳者二卷傳七歳之所百濟經論百數卷。自二月披覽。至冬令禁殺生事與八歳之所。冬十月自新羅國被送尺迦年尼佛遺像事者同年也即御生年七歳也「如此銘者今年促攝二年事可云生年十四丙午又二卷傳與二佛光銘可合會也」卅二甲子乙丑四月始作十七條憲法云云　卅七戊寅己卯造四節文云云　如此御草本在法隆寺寶藏云云　可尋見之也

尺迦尊御光銘法興元卅一年者法興始世同一ノ年ト云事也然則覺印五師訓釋不審也云々此年ハ辛巳年也聖王之弘法始勺歳也仍傳燈演説終年之事分明也

平氏撰云云　或云僧名也云云　或女也先僧名成者音字可續次俗名成者訓平者姓氏者一文字名後女名成者普通作法也或俗名也只平氏人作之事也更无實名也云云　即下卷終无名氏撰傳者今此傳集人即爲本以傳名爲名云平氏撰也即有氏名无也　平氏傳作年號時代自御入滅壬午歳後三百七十一年也　正暦參年一條天皇時也歳次壬辰　孟夏中旬捕於中僅得一本歡喜多且于委計年代頗在闕曆補闕紀僞拾年知眞遠近數本皆以髣髴今爲後代引日本紀具以記所々要文一々相

○御廟云〻ハ起請文ノ裏ニアリ

加分爲上下畢
用明天皇自御殿至于門前太子與馬子奉持出給次調子與跡見奉持　母間
人皇女自中宮御殿至于伺波太子與久米皇子奉持給以調子與川勝奉持
太子大兄王與馬子自宮出十餘町奉持歟路間ハ臣連面々奉持歟奉入御廟
時馬子調子也　淨戒顯光兩人入御廟之後又或人京阿彌陀佛百箇日祈禱
參籠御前終入于御廟奉請即見記置給句西立石北端四角雋入書文落入石
蓋其時二御棺不座只東御棺許御座云云　極秘密事也
蘇我馬子廟桃原者河內國科長東條石川也御廟辰巳方也
御廟寺太子傳審文云磯長御起文者件御起文其篋之爲躰非玉非石而其色
白色或人說珊瑚云云　愚僧忠禪堀出之依御廟之住僧說記之、天喜二年甲午
九月廿日未時許塔土壇築間中壇之戊亥方去一丈許土穿鑿間右石廣一尺
白許也見此事人忠禪夫二人之中童一人法師一人三已人上致於祈禱之間經廿
日人不知語以今月廿二日內行僧行命等令開見即右此文字依注此事成尊
恭云々　彼天喜二年太子御入滅之後四百卅年之頃也
十二卷傳者集諸太子傳此內有松子傳云云　松子傳者或十卷或十二卷云云

○或云本願云々以下ハ誕生入滅各三說ノ裏書

御廟内文者第十卷文云云
御廟内有三御棺母北東上立太子東南上后西北上
●一卷傳云松子傳敏達天皇即位二年癸巳聖德太子降誕云云
●補闕傳云　敏達第三年甲午歲太子誕生云云　又云御入滅壬午歲二月廿二日庚申太子御歲四十九也云云
●二卷傳云癸未年新羅任那使來レリ其年語云太子去年薨云云　此即當壬午年御入滅
●或云高橋妃者此妃爲小壯之時着紺《コム》ノ衣服遊高橋高橋者草垣東宮邊在之之太子自橘寺還給此女御覽食寄爲妃非ト戴農夫畫膳仍得其名此中ニナキ乃汁ヲクル丶丨ト云歟返事云云
●太子妃者只二人也高階妃者蘇我大臣女子也此姬又云膳妃也三人妃ト者傳說ノ誤歟
或云本朝佛法我入滅後漸滅漸滅或接龍宮ニ或ハ攝テ天上ニ至于一千年ニ諸國七道佛法悉滅畢纔法隆學問寺根本金堂ノミ殘丨
御入滅事　正曆年號前後世間ニ太子薨滅傳誤辛巳歲存カ故ニ且フ任テ世間ノ思習セリ義ニ

平氏傳曆至于御入滅辛巳滿五十年時者一切一事悉以辛巳年為定說記之畢雖然所存實義壬午年故改五十ケ年謬說五十一歲壬午御入滅撰定者也然則壬午歲以後之傳文更不見辛巳年御入滅義如天台宗壽量品以前為迹門壽量品已後為本門平氏者依天台宗習法文故以本迹二門為大體如此所集也此有二義壬午滿五十（松子傳也）壬午五十一（平氏傳也）今此平氏傳者為顯此等之正否辛巳年之所時年四十九又說壬午者誤也云云

○下帖ノカキ出シ

○周字云々補之

聖德太子傳私記 亦名古今目錄抄

十四代　神世等任與云云

夏 十九王　殷 卅王　周 卅七王當日本人王第一神武天皇御代　秦 五王當日本人王第七御代

漢 前漢十四代後漢二代其後不注當日本人王第九代　魏 五王當日本第十五神功皇后治第廿年始之

晉 西晉 當日本神功皇后第六十五年始之　東晉 當日本十七仁德天皇第六年始之　宋 當日本人王第廿允恭天皇第九年

始之　齊 當日本人王第廿雄略天皇第廿二年始之　梁 當日本人王第廿六武烈天皇第四年始之

「周字並起廿五年」

陳 當日本人王卅欽明天皇五王第十八年始之　隋 當日本第卅一敏達天皇第八年始之　唐 當日本第卅四推古天皇第廿六年

始之大梁十六年從大唐十三年大晉十二年大漢六年大周九年　宋 當日本第廿二村上天皇第十四年也

御年五十一，義上卷悉注畢但可通伏難也配于阿佐之卅九歲，言之時如滿五十

也會以傳燈演說爲由第二歲南无以爲始終一年無傳燈義事如云上卷伏難云

第一歲御年更元演說言此尤可然終年何无演說，義云云通義大旨如上卷但難

可有終御年演說義者初年亦非无隨分，演說即入胎已前欽明天皇，御時被渡佛

法幷胎内有此義出胎之初年何无演說，言耶雖然親唱南无佛之時演說義勝故

以《テ》爲始《ト》然則終《ノ》年設難有小分其義前年十二月廿一日大后崩給之間正月光餘 二六
事自同廿二日御惱也故光傳燈義仍不可有相違五十一義尤可宜也
法起寺勸進之時書
皇子五人　　　　フシミ法橋
泊瀨皇子　欽明天皇第二子爲太子時父難波皇子竹田皇子敏達天皇第二
第四子爲太子從兄《イトコ》弟也當麻皇子來目皇子用明天皇弟一四子爲太子正弟
也
太子合戰時取寄セテ故仰合臣下
蘇我大臣　大伴咋子連　阿倍臣　平群神手臣膳臣　葛城臣　化田万呂
秦川勝
太子生年十六歲守屋卅六七月二日合戰一說也任一日記
太子御方軍衆一云四十三人一云五十三人也此外加七騎太子兄王子馬
子妹子跡見川勝
語云四天像卅九體云云或人五十九體或云六十體之內一體ヲハ外《アラハ》居《テ》拜見又
語云守屋箭《ハ》中太子左御鐙云云

○或乙巳云々ナ傍書ス

橘京當時橘寺者昔講經跡也又語云勝鬘經講讃自七月十五日始テ三ヶ日十八日朝ニ花雨其朝前山千佛頭出給或十六日ヨリ始之或人云府都《フト》ノ明神箭太子中右御鐙ニ云此異說不審也

法起寺勸進逆修也
同講莚王寺之侍從云云　入鹿《イルカ》之妹《イモウトノ》穴穗部皇女

問人云云　此モ不審事也

又越中國僧云

尋之全彼事無シト前弘坊精々善光寺之□□說ノ人也

善光寺緣起云七十枚許文也守屋大臣者欽明天皇御子敏達ノ弟用明兄云云　又云合戰ノ時太子被追還給附神《フシノ》岳《タケ》上《ヘニ》七騎議メ云作四天王像幷四天王寺チ造ヘシト云云　誓願起給云云　七騎者太子幷兄皇子馬子妹子學可川勝迹見赤檮也云云

御生年廿二歲所本願緣起文在百濟國之時佛像經律論乃至相當欽明天皇治天下壬申歲者太子也之百濟之時廿一年先立送給也自餘者誕生之後也

欽明天皇者辛卯歲四月崩給敏達天皇者丙午年八月崩給即用明天皇元年也※

善光寺緣起文也云云

法隆寺榮增圓蓮坊得業云云ニシテ
桃尾覺乘坊云京都聞云調子丸ハ百濟國聖明王之掌《宰ナルヘシ》相子也此チ奉于太子給即法

○身也ノ二字補之

○下文ハ裏書補之

隆寺三綱ハ其未流也故康仁寺主ハ御廟入云云　一條天皇御時也其時宣旨云以康仁可有別座云云此昔掌〔宰〕相子故也云云　又長谷河秦氏者河勝之余流也振且秦皇子云云　又云勝妃御語云答太子之向給之時也自高安本宅持日中膳渡畠河之時河內國高安里之者以外之誤也其夜太子高安宅行給云云手白猪子者世利也異本云根猪子　久留ゝ義ハ御汁物奈義也此者太子恒供御云云　部皮《ヘウノカハ》者俵薦也妃之數物也ヲモフメノ飯ハ黒米飯也高安西高木〔自河東〕宮葦垣《アシ》〔自河西〕宮並作　或書云太子自鵤宮每日令詣橘寺推古天皇之宮給爲令其道近作須知迦《カ》部《ヘ》路《ミチ》給又其日中供御者於屛風〔里名也〕令進依立屛風當時立寺名屛風寺云云或所云依《テ》太子加被力ニ虫咋文《ムシノクフ》ニ云有指南時或云田爾遊戲極樂路迷至極樂土迷失道路世中之人云云・時人訓云　シルヘアル・トキニタニムケ・コクラクノ〔イ本ヘ〕・ミチニマト〔イ本ヨ〕ヘル・ヨノナカノ人・或人・コクラクノミチマトハセルヨノナカノヒト云云　後冷泉院此不審可明之御時天喜二年〔一條院御時正曆五年歟〕甲午九月在誑惑聖其名云忠禪入太子御廟崛現不可思儀作法爰時人疑太子〔身也〕御舍利破損之分爲令注進勅宣甲下以法隆寺三綱康仁等令參入御廟內即康仁奉拜見二御棺一御棺中在頭骨髑髏一許余更无者云云　或云

若正曆五年甲午歲說者自其年至于今年延應元年已亥年歟二百四十五年若後冷泉院御時天喜二年甲午者自其年至于延應元年已亥

〇或本云云補之

〇マシマス補之

二百八十五年也但此說者少不得心事多シ彼康仁者治安元年辛酉四月死去云云此年号者自天喜之先也爾者先說可吉歟

三御棺中東御御棺中在御身只御容儀如存日之時床上寢給薰異香廟中如心中月晴爰住隨喜思彌感淚難押云云　已上二說中後說正說云云　即康仁覆袖面目氣下詠云「或本云ナキヤキミアルヤヒナラム」アルヤキミナキヤヒナラムタマクシケヲホツカナサニヌル丶ソテカナ即以御由奏帝王聞食在御感以此康仁被任又官符寺主云云　一條院御哥云或本御カヘシ　ヤツミヽノキミニトヒケムミツノシノ　人コソシラハシルラメ即從其時以來彌以康仁子孫爲法隆寺重代相傳所司今此佛子顯眞康仁八代苗裔也但今者絕件子孫更以无人後人嘲之歟　或又土佐院中院御時元久年中太子御廟寺僧淨戒顯光二人入廟中盜取太子御牙齒遊行于世界或賣買也或勸物人云云　此僧二人者本當麻住僧也後移住太子御廟以此御齒奉授來大寺勸進聖人南无阿彌陁佛俊乘坊即以此齒奉納于身內奉造十一面觀音長五丈歟云云伊賀國造大伽藍名新大佛云云　其淨戒顯光云　太子實如容儀存日如眠床上云云　然則先康仁寺主說今淨戒顯光言同无異義以知太子住全身體《マシマスノ》御之事即二卷傳其容如生云云

○人王云々は補之

古傳云舒明天皇之代有一老人平群翁丸此則奉仕聖德太子眼目古人忽得胸病畢入死門一日夜後蘇生語曰我詣太子所生之五臺山太子問曰汝翁丸歟答申尓五太子悦之我歸日本歎建太寺奉造大佛汝早歸本國相待之予云云

或云太子名厩戸更名豊聰耳聖德或名豐聰耳云大王或法主王橘豐日天皇第二親王天國押開廣庭天皇之孫母間人穴太部皇女也神異有驗朗稟性能談過去之因兼覺方來之事豐御食炊屋姫尊世住居東宮摠持萬機行天皇事始興佛法肇制皇憲皆是聖德之功也語在用明天皇推古天皇紀云云

日本神世十二代之内天神七代紫天申住給也地神五代之内初二代猶住天給後三代地住給也天神終第七代イサナキイサナミノ御時此日本造初地神一代住天之時此國猶大海云云

日本秋津島成國給後神世三代之年數計十七億六萬二千四百七十五年也尺尊出世當此時也

「人王初神武天皇者佛滅後二百九十九年云云」

自欽明天皇治天下卅二年辛卯以前年數計人皇代一千一百八十二年也太子欽明天皇治卅二年辛卯年入胎次年敏達天皇即位元年壬辰誕生一説從此年至今寛喜貳年庚寅經六百四十七年滿五十御入滅辛巳歳至于寛喜二年庚刁六百十七年已上二卷傳心也

從神武天皇始至于欽明天皇終辛卯歲計年數一千一百八十二年歟自敏達天皇即位元年壬辰年至于寬喜二年庚寅歲計年數六百四十七年歟上下年數都合人皇世一千八百二十年歟此則尺迦佛法年數也自太子御生年六歲佛法渡始以來六百四十二年歟從日本成國以降至寬喜二年庚寅歲以來計十七億六萬三千六百五十七年歟

難波京者橘京也　堀江者即此所在之

或人云太子自守屋合戰之前天王寺北玉造岸上自造寺給然則守屋勝海破倒云云　難波堀江之所在之又其堀江流末有尼崎之所善信等房隱所又有堂之島之所是自玉造流到堂也

四十六箇寺院者二種樣

荷神寺駿河國嶽上在之　阿彌陀院信州國後名善光寺本名亦云百濟寺　四天王寺攝津國玉造岸上立之本天王寺合戰願寺也此所破移立新天王寺也　敬田院金堂名也　悲田院　施藥院　療病院已上四ヶ寺今天王寺也或本不入　茨田寺河内國　菅田寺同國入不入異義在之　太平寺同國推古天王治天下立之　御廟寺同國名轉法輪寺或科長寺或石河寺　法隆學問寺大和國平群郡班鳩鄉立云云此寺有七號其中此南門名也　來立寺中門也　烏路寺經藏也　七德寺金堂

〇當寺云云ハ補之

也　寶龍寺鎭守也　聖國寺講堂也　往生所寺塔婆也　上宮王院班鵤宮御夢殿也　元興寺同國此寺有四寺此者南門名也中門亦此內也　飛鳥寺西門金堂也　法萬寺東門也塔婆也　法興寺北門也講堂食堂也　此寺僧法興寺本元興寺也　中宮寺同國班鵤尼寺此寺比丘尼法興寺也穴穗皇女宮所也太子御母也　法起寺同所亦云池後寺亦云岡本寺　妙安寺同國　菩提寺同國橘橘樹也寺也　定林寺同國

葛城寺同國　熊凝寺同國平群郡額部鄉

金剛寺同國　觀音寺同　散寺《キヌカサ》事由在別所　味摩寺後云彌滿寺　勝善寺同國蒲生郡　日向寺或本无　般若寺同國　大宮寺或本不入大和國高市郡金剛寺尼寺也　妙敎寺同

坂田寺同國　豐浦寺同國　太子寺美野國山背大兄之懷胎之時爲祈請立之　百濟寺攝津國天王寺東面在之

當麻寺太子舍弟建立蒙太子命立之用明天皇娶葛木當麻倉首名比里古女子伊比古郎女所生之王子麻呂古王也　久米寺用明王子太子舍弟同父一腹王子也依太子命所立也己上二箇寺大和國在之　武《ム》作《ツ》寺近江國或云長光寺武河綱修造之　瓦寺同國天王時瓦作所也瓦山在之本佛千手觀音也　懷堂近江國馬屋原建之妃懷姬之時寺也　山田寺大和國橘京建之山田大臣造畢

施鹿薗寺院法隆寺北山在之玉造四天王寺者被移荒陵上不入四十二ヶ數云云依　野中寺河內國蘇我大臣造　四天王寺出羽國秋田城在之御印半令量給殘半者津國天王寺在之

御生年廿四乙卯對惠慈法師ニ法花經ノ中ノ「當寺流布云云」此句ノ間ニ落タリ一字宣下リ云云　此事二卷傳不見何字若此義者不可云藥王品供養於世尊爲求无上惠之二句此非一字故此事

能〻可思云云　但藥王品二句之事、不曾聽、或抄物云、佛子定海常每見此傳曆落字不審、不思爰去年冬十月十五日有人談曰、叡山靜闍梨往年相語云、我昔以有事緣遠至西海、彼之間轉讀爲勤、而有遠商授與細字法花經一帖、曰予爲交開方物向于高麗國、彼國之王子傳授斯經曰、弘法在意、爲備流布云云　其經藥王品中勤行大精進捨所愛之身半偈之下、更有二句之文云云　定海從聽斯語身心开聊、常自念言、慧慈高麗人也、受太子之開示早還本土、今從彼國所傳經中新有二句文者、疑是惠慈歸國之後、以太子之金言流布彼國歟、爲散朦昧鎭祈此事、遂以今年二月廿四日適《タマ〳〵》屆靜闍梨之處、尋得彼經二句之文、所謂供養於世尊爲求无上惠是也、加之闍梨語曰、往年經廻鎭府之日、有一上人奉持法花、披見其經藥王品中捨所愛之身偈下、更以朱字書此二句、又以朱書勘注云、南嶽大師令傳授天台大師之時、此有二句云云　定海如此視聽事已、忽詣班鳩上宮王院寶藏、開撿妹子請來經、无有此文、當于斯時亦自念言、太子所將來經空以飛去、世无流布本之故、今人不知其文、聽此靜公一言、案彼太子之傳曆、南嶽惠思大師者太子前身也、〔虫入〕生于衡山之嶺、世々修无上道云云　然則太子請來之經中、豈无傳校天台之二句哉、抑事是浮華、難取眞實、然而不求信受于他人、爲散暗昧《ヲ》子己意而已。于時永久四年丙申三月六日庚子。浪速沙門。釋定海。染《テ》筆《ヲ》記《ス》之《ナル》當于太子滅後。四百九十七箇年矣。

永久四年丙申七月卅二日云々。僧覺春件聖人始相談給時、隨喜寫之云云

又建長五年癸丑正月廿日橘寺僧敬願文云。太子御經落字者壽量品我本行菩薩道之句下在時字云云。此字又義疏文无此。故不審也。今案《ルニ》此事《ヲ》。依二卷之傳落一字之說者有壽量御之時字歟。依定海之傳二[虫入]說者二卷傳落一字之旨誤歟。二義取捨。後聖悉《セヨ》之耳。云云。落字四種義中有字義勝經幷疏幷二卷傳文分明也

● 上宮聖德法王帝記

用明天皇取娶間人皇女生兒聖德王。久《ク》米王。殖栗王。茨田皇。又天皇娶蘇我大臣伊奈米女子伊志支那生兒多米王。又天皇娶當麻倉《クラ》首比里古《カ》女子伊比古《カ》女生兒乎麻呂古王。須加弖古女王。此王拜三伊世神前。至于祭天皇也聖皇兄弟王也。次聖德王娶膳部加多夫古臣女子菩《ホ》岐《キ》々美《ミ》女生兒八人。舂米女王。長谷王。久婆女王。波《ハ》止《ト》利《リ》女王。三枝王。伊止《ト》志古王。麻呂古王。馬屋古女。又聖皇娶蘇我馬《マ》古《コ》叔《シユク》尼大臣女子負《フ》古《コ》女生兒四人。山代大兄王此王有賢尊之心。棄身命而愛人民也。後人與父聖王相濫非也財王。日置王。片岡女。又聖王娶尾治王「敏達與推古之王子也」女子位《キ》奈部《ナヘ》橘《タチバナ》王生兒二人本破不見之内一人白髮部次不見合御子十

四人也　次山代大兄王娶庶妹舂米女王生兒　難波麿古王麿古王弓削王佐々女王三島女王甲可《カムカ》王尾治王　次聖王庶兄多米王父用明天皇崩後娶間人女生兒佐富女王也　次欽明天皇娶檜前天皇女子伊斯比女命生兒敏達天皇也太子伯叔又取蘇我稲目　定尼大臣女子支多斯比賣命生兒用明天皇也

飢人歌諸謌皆夷振歌也　怒庶之宮《ノ》小川《ヲカハノ》之絶者《ハ》社《コソ》我王《ヲホキミノ》之御名者忘目《レメ》者《ト》其心顯也　祖无《ナシ》邇汝成《ナリ》介米耶《ト》者飢人父之尺尊《ハ》入滅也　刺竹之君速无母《ト》者清冷山文殊彌勒之母《モ》无《シ》飯飢而《ト》者佛法无義也臥其旅人可怜《ト》者只如文云云　科照耶《ト》者有二意一放光寺也一唐土也昔魏代達摩和尚法光《ノ》照科國《シホテ》義也行岡山邇者《ト》在所也飯飢而者如前臥其旅人可怜者如文　壽耶全人者《ハ》怙《ヨリ》薦《コモ》重《シケ》栗《クリ》山之者《ト》平群山之奥生馬《イコマノ》山中隱居廿五人王子壽《ヲ》爲全之事也熊檀《クマカシノハト》葉者《ハ》葉滋《シケキ》木也故隱居有便木也　頭餝丹判彼子《ト》者住此木影《コケニ》諸王子可延壽義也太子詠未然事《ヲ》給也

班鳩宮之甍《イラカニ》丹炎《モユルヒノ》火之《ホ》火村中《ハラノ》丹心者入沼《ヌト》者此《モ》未然事也御心底不安《スヲ》思食問在此語或終入鹿可燒怒鹿宮《ツヲ》義詠給今此二詠者未來《ニ》爲入鹿《カ》王子等之被亡《レシホロホフ》給事謌給也山背之菟手《ウテ》之《ノ》支々《エタ》者《ト》山背《ト》者大兄王子菟手《ト》者兄弟十七人也支々《ト》者八人也孫子也水金丹《ト》者絶壽毒藥也廿五人王子爲入鹿《ク》被巳毒義也相看杜根《モリナト》

者又兩《フタヽビ》不相見義也苑手支々者如前云云　此歌又太子在世歌也至于今不絕歌也者王子給被亡也時艤《サラノ》上丹兒《ニコ》猿《サル》米《ヨチ》燒米谷《タニ》裙喫而《モイヒテシカア》今《イマ》核《サチ》山之伯父《オヂコノ》

歌有深意或云法隆寺之西南方在龍田大明神當寺鎮守也其西有河名平群河從河邊南北有二道太子之四天王寺往還道也一南路名椎坂路河內國通八部《ヤホ》路也一北路名玉野《タマノ》耶《ヤ》路河內國通高安路也其兩道之間山峯在大小之嶽一名信峯一名貴峯其峯東南在微妙艤名多聞天所座也往古於件艤石上自此方小壯獼猿來燒數萬石米即移北面谷其所名藏尾末代衆類可感福祐所表也敏達天皇九年於住吉濱遠見二嶽名信貴山但多聞天者四天王北方之王太子者憑四天王船降佛法守護國家而太子諸王子可歸淨土爲表瑞相兼獼猿戲中示如此相此又末然表事也當此嶽西北在伽藍太子爲牛建立寺也時人名牛臥寺復於艤石上立堂閣此聖智之建立也聖智者太子之一名也又子孫相繼崇此山虫入又名孫子寺此意見歌語面但核山《サチヤマ》羊之伯父者《ヲヂコヲ》入鹿之伯父者守屋《モリヤ》大臣也仍此言在《コトハアル》歟此歌熒惑星之所作也今此二歌者從太子在世之時至于王子飛行之後世間不絕所謌也班鳩乃鳥見乃井水伊加奈久爾者富小河《トミノヲカハノ》絕者《タヘハ》爲本《ソコテ》不爲絕河水猶在天常遷疏義鳥見之井水女有爲五濁无常中也熱惱之濁水也捨之而期

淨土无爲五知法水之淸冷給多義弖麻之母富井水云也已上皆夷振哥也太子御哥也此等皆秘事也不可他見耳大野北造伽藍者今豐浦寺之所也元興寺緣起見タリ

四月八日且用明天皇向西令愛太子給太子向天皇宣咋々父恩高如山今日父王以藥施衆生可令延壽給曰右有者佛生給次十五日母后向東愛太子給宣阿｜母恩深似海今日母后衆生導西方給曰左有者佛死給云々此事弘法大師語玄朝法師給此法師者鵤寺住持僧也又自餘御事皆大師口傳云々

守屋合戰太子六歲丁未七月一日始寄勝海大連屋朝被追還給又午尅寄給復退至信貴嶽給次二日又以卯時發向給不遂而生馬山峯登之曰寅時今日多聞天日也然四天王造給其員四十八體也午尅寄付遂其本願仍自當日至于玉造地始立柱其日每日四天之一體令供養給爲守屋善根也至八月廿日各一體畢此間四間四面堂一宇造卽太子等爲四天（法隆寺金堂四天同之）造間列並居當四十九日供養之此則御願其四天王寺也難波四天王寺金堂像此也四天各十二體合四十八體也守屋頸幷頸切大刀所着衣服悉玉造寺佛壇底埋作堂令供養給畢。推古天皇元年癸丑春正月太子詣鵤鄉給立法隆寺前年所々相尋給今年始建之四天王寺移

○此文重復

○以下裏書

立荒陵池上同時也御等身四天王移立難波天王寺守屋頭幷太刀衣裳移置法隆寺云々　二寺共正月建始天王寺者二十八御年八月十五日令供養給法隆寺者三十五或卅六之御年丁卯二月十五日供養給　勝海者太子誓願承軍庭始奉仰太子云々

生年十五丙午四月八日從百濟國始調子丸來用明天皇皇后共謂丸曰汝太子奴婢也自今日後不可離邊即皇后共命給入胎住胎出胎之後事悉授給畢後〻

調子丸語膳臣云々

『調子丸住宅鵤宮西北角　法隆寺東北角

膳子三人足人タリヒト太衆僧侶二男膳臣住宅法琳寺丑寅五六町行法隆寺宮也

廿五人王子中弓削王狛僧手致此王云事此欲致此王可讀也手字得心可存也法起寺西北角也

廿五人悉西方陰入緣故也　舒明天皇元年之所大臣者怒鹿之叔父《シクフ》者馬子與毛人《エミシ》之二人弟坂部臣境瀨歟

調使丸事

調使麻呂者從百濟國進調使也云々　或云調子調事同百濟國進調之時其使具之來故云太子名調或調子丸令召給或調子百濟國宰相日本進調給沙汰人也

故彼國名調宰相彼子故云調子丸或彼使故云調使云云
法隆寺法頭者延長三年乙酉講堂北室燒失其時爲再建奉行令定曜大德任官符法頭此定曜大德者調子丸十代之苗裔也公文者人皇三十四代推古天皇御宇賜鑄永宣旨之印於法隆寺其後人王四十九代光仁帝御宇寶龜元庚戌年八月賜鵤寺倉印之御印其時僧綱已下奴婢等爲知補任於法隆寺令寄置公文一口在廳延長三年中定曜任公文以來法頭三綱之爲兼職云々
太子御入滅辛巳歲之事者此義法隆寺釋迦光銘見法興元卅一年辛巳云々无左右此初文許見世界流布旨作謬諸家日記皆入之即日本記等任此文云々不見光文始終付外文如此云辛巳歲
橘寺寶物　御齒　佛御頭佛頭山出頭　三尺蓮花　小刀　銅鉢　御札二枚在文玉　一玉冠之玉也　生衣《ウラキヌ》　鞍　大刀　地藏菩薩白檀御自作御頂上佛舍利三粒周尺定一尺籠置　御經　綱棟上時善綱　育湯之井
長琳寺者四十二ヶ寺內也推古天王御願本佛三度下禮如是造之佛也
泰平寺者河內國也推古天王御願也聖德太子造立也四十六ヶ伽藍之內云々
或云平隆寺　此寺勢野鄉太子安息平群臣等之香花供養時所也

三河國額田郡在寺名眞福寺此寺者物部大連守屋之子息物部眞福《サチトミ》之爲父大臣所建立院寺也推古天皇御宇也即聖德王隨喜讃嘆而敷地幷田薗等悉賜之守屋之子孫背此寺住或出家入道與修佛道云々　美野國海道有小寺院名太子寺此寺者聖德王妃蘇我大臣女懷妊太子生子之時爲祈願立件之寺給云々

御廟寺シテ談義在之

天王寺金堂觀音座中有彌勒云日記在之慈圓僧正之時見出給云々　天王寺御舍利者百濟國聖明王被送渡十三粒即凝成三粒云々　或太子御入滅次年癸未新羅任那兩國所獻之佛舍利云々

垂跡事 栗毛馬帝尺化身法 調子丸者於附神嶽讃給時汝須彌頂主故在此德馬又地射龍馬倶利迦羅本地在其能告厩顯其德給之時示此旨馬子所々爲彌勒本佛故太子當來盡諸法宣妹子或人云奉爲太子滅後王子等之營尺迦像之時夢妹子即尺迦見給又其所作尺迦化現見云々　跡見川勝者合戰之時太子宣立願乃時四天王皆在此場所謂跡見河勝等也云々　惣七人大將軍之內二人者顯也余不知云々

太子獻善光寺阿彌陀如來給御文事表書云謹上本師阿一如來云々　下鵤厩戶云々　御文語大慈大悲本誓願等之廿句也 松子傳文 法興元卅一年辛巳十二月

十五日厩戸上勝鬘　阿彌陀如來御返事之上宮上救世大聖御返事善光上御文語云善哉之大薩埵善哉云々大安樂善哉云々摩訶衍善哉云々大智慧左右不具云々同月日善光上今月十八日還來云々其日即御廟中廿句文自書之給御使調子乘黑駒云々

太子守屋被追還給之時七騎共飛而還附《フシ》神嶽其時之馬者赤毛馬也栗毛也太子者乘馬次二人左右轡取付次二人前方鞦《シホテ》取付次二人後方鞦《シホテ》取付給件御馬太子御生年廿二癸丑二月頃薨逝太子悲哀《シナ》葬中宮寺北陵給時人其陵號栗毛岳（此馬又化身也七人御名上注之善光寺縁起在之）

法隆寺康仁寺主者當寺奴僕也自調子丸至于康仁大德廿一代也其繼圖者康仁之時朽損跡形无之仍其一男慶好寺主始作血脈云々其後不絶書傳至于顯眞五師八代也　次秘注稅文口傳血脈次第康仁慶好賴圓增覺覺印智勝隆詮顯眞或自慶好朝圓覺印次下如元或賴圓隆詮顯眞云々

聖武天皇宣旨狀

太政官下法隆學問寺　右正三位藤原朝臣宣奉　勅傳聞調子丸者百濟國聖

明王輔臣宰相一男也而爲奉功厩戸皇子被追渡馬臺者也然則聖王常隨之侍者動止見聞之僕從也仍以彼子々孫々之伴類爲當寺代々世々奴婢更不可違失者寺宜承知依宜行之

天平十自下爲雨露朽損不見故不寫

一品　舎人親王者天武天皇王子　日本記者舎人《イヘヒト》親王作トアリト云ハ僻事也云々

扶桑記者三井寺僧作

天王寺辰巳方有池名千首池但池有取守屋大臣軍衆千人頭入此池故名千首池云僻事彼軍衆太子算取成四天王寺奴僕云々然則若有守屋軍徒成悪逆議者千首分離切頸可入此池方便斬也

上人云太子母御廟者婆師廟也而後令改葬送科長廟給即太子與舎人《調子》兩人奉持給他人不知之其𭔃《アフコフ》立墓前令楠《クスノキ》是也云々　此太子橘寺住給云々　母間人皇女共住給而御入滅義也此一説也

靈異記云飢人《達广》之廟者岡本村法林寺《其時廟作置仍彼廟從中宮寺送》東北角有守所山作墓云々　而以名曰八木墓云々此之不審也

寛元三年乙巳二月十六日參詣之人字月勝房語云我是淨戒房落胤也最密事也件僧云太子御入滅隱伎院御三年六百十年成云々淨戒房所持御牙宣旨被責返入御廟入畢　其言云

○小杉博士曰ク國恐クハ庄

見光房去々年死了生年九十三也其人每日五本率都婆造立供養臨終日造供養即時往生云云淨戒房云我太子結緣之者也我臨終若惡誰人不憑結緣云云此人終往生畢云云最密事云太子御骨許御長大御左右御手五指舒覆臆上仰臥行南頭御也不繼御子孫相也全二棺有爐无御骨也太子御名德超法在之云云御生年卅九大安寺造之即其年作此寺之時依爲小寺四節緣起第四熊凝寺不成大寺令奏天皇給即大安寺云云

法隆寺末寺末庄等事十八

中宮寺法起寺定林寺妙安寺

新堂院

伊穗庄播摩國野洲庄近江國洲摩庄攝津國珍南北庄和泉國弓肖國河內國佐山庄山城國神南庄大和國椎木庄同國結崎・木部・佐保田・葛木・鵤田・横田已上皆同國也

信貴山者聖德太子孫建立也云々六角少輔之御抄出也

法隆寺本願太子御誓願云●我寺者不可有盛衰在盛者衰故然則中分全无盛衰云云然而中古有衰滅時即回廊中木花滋生而絕人跡金堂內塵勞多積而閇

門戸然間燈子擊回廊佛性備中門云云 即取堂内塵置廊巽角堀廊中木捨南門東其體見堂柱本其跡八寸許也其樣見木花原赤花開其所也雖有如此損滅時更光滅亡耳

太子岡本宮法花講讃御布施鵤庄成四分施納法隆寺所謂一分三經講料一分衆僧食飯料一分衆僧衣服料一分住持知事料也云云

或說云庚午歳鵤寺燒推古天皇十五年云云 云十五年此誤也庚午歳者推古天皇十八年也更不用之

天王寺塔扉繪與法隆寺金堂内繪者鳥佛師書之云云 四天王寺者爲法隆寺造立守屋對誅御願也云云

法隆寺天王寺雖同年建立於法隆者搆處々伏藏依種々未來記一十五年之間造之云云 天王寺者八年造畢云云

日本最初元興寺四面門皆任別名南元興寺西飛鳥寺東法萬寺北法興寺也建久七年丙辰六月成時雷火燒了

四天王寺寶物少々記之 守屋頸切大刀鐵也 水中御影 降御影 御箭四筋 鞍弓竹作赤漆 佛像金銅 笛漆塗 箸木 鉢 枕 裝束 鏡 羊祻云云

○此文云々ハ補之

或人云天王寺修造酒和泉國大野中作置給其證有人件野作畠之間大壺酒入掘出而掬取置我家但自恐不飲之然紀伊國人宿此屋飲此酒次日件人京上七ケ日不見八日云日件人又宿語云也醉不下云而間件野中尋壺更不見云々

善光寺緣起云敏達天皇御時依滅佛法自北方大火來雨《フル》仍陵《ツカヲ》南向作云々　修行者云馬屋原云所在之補山（有石馬膸也太子實天竺寶石也云々）

又小《恩イ》磯森《イソノモリ》（高橋妃懷任時等身百濟十一面觀音）　散山《キヌカサ》　瓦山《カハラ》（天王寺瓦作本尊千手）　阿彌陁寺（本尊藥師如來）　武作寺（長光寺也武河綱作）

金堂藥師光銘者能々可得心也先敏達天皇乍存知弟用明天皇御壽云々　讓皇位給故光文召於大王天皇與太子者三人也大王者敏達天皇也天皇者用明天皇也故召「此文有三樣之點讀此一樣也」於大王天皇與太子誓願給可讀也次文當時崩賜造不堪者也可讀之次文推古天皇元年昔立願思召出於敏達用明太子大命受賜寺始造即文大王天皇東宮三人者立願時人也造畢者丁卯歲如此得心可讀

法隆寺建立御願者丙午歲太子十五歲用明元年也守屋合戰者第二年丁未七月二日用明御入滅之時留御葬送七月三日戰後同月四日送歟

或人云守屋臨終語云我願充滿衆生衆聖亦足云々　太子先生六生者第一生後

漢也最後生陳周世也故六生也

本書は奈良法隆寺に傳ふる所にして、二種類あり、一は四五寸四方の小帖本、又一は卷子二本の古鈔本なり、本版本の底本は後者によりて寫したる大橋長喜氏本を小杉文學博士の寫したるものにして、頭註又は傍註は博士自身小帖本を以て校合されたるもの、即ち顯眞本と知るべし、博士の說によれば、卷子本はもと小帖原本を寫し取り、今流布する古今目錄抄の體裁となりしものならん、又顯眞小帖本も舊は小卷子なりしを、後にその破損し易きを慮りて、小帖に仕立てたるならんと云ふ、本書顯眞かきし時代は、裏書に依りて延應寬元年間なりとは同じく博士の考なり、

明治三十六年七月　　　　堀田璋左右識

續々群書類從

雜部

獨物語

一御當國之儀偏少之國力を以唐大和江之御勤御座候付而ハ御分力不相應程之御事候然共前代ゟ王國ニして立來候儀ハ御當國諸山氣脉悉致連屬其形蜿蜒如龍有之又御當國之座所も分野星辰之內供福之星差當申候故此程御政道之本法乍此案內兎哉角相濟來事ニ候

右通御分力不相應之御勤御座候付而ハ御政道手段能々其本法を以相治不申者國中及御藏方何篇不自由罷成唐大和江之御禮儀思召之通不相達却而御無禮之筋成立候儀茂難計候

古書保存會集

一毎年御國元江年貢米差上せ候儀御當國大分御損亡之樣相見得候得共畢竟御當國大分之御得ニ相成候次第誠以難盡筆紙譯有之候往古ハ御當國之儀政道も能々不相立農民も耕作方致油斷毎物不自由何篇氣儘之風俗段々惡敷剩世替之騷動も度々有之萬民困窮之仕合言語道斷ニ候然處御國許之御下知ニ相隨候以來風俗引直農民茂耕作方我增入精國中毎物思儘相達今更目出度御世ニ相成候儀畢竟御國許之御蔭を以件之仕合筆紙難盡御厚恩と可奉存候此段ハ御教條ニも委細ニ記置申候

一三司官幷十五人之役ニハ御政道相行候手本ニ而

世上之見馴聞馴ニ相成申役目候間別而行跡正敷相成十八人一心相成御政道入精不申者奉公之節儀不相立却而國土致衰微申積ニ候さて又御政道要務之内體用之差分有之候又體用之内大體大用小體小用之差分有之候御政道手本之役ニハ右之差分得と學込候而大體大用計ニ入精大體大用致忘却候ハヽ國土漸々及衰微候儀決定之事

一國土と申者前以萬事相計得置不申ハ不叶儀多々有之候右條々之儀大略左ニ申述候

一御當國之儀大海之内隣國も無之一國立居候付而ハ風旱之災殃相防候手段兼而仕置不申者不叶事候

一異國船漂着ニ付而ハ其人數相賄其船及破損候時ハ仕立船ヲ以差送候計得兼而仕置不申者不叶事候

一唐之仕合次第指揮使遊撃使不圖致渡海儀もて有之候兼而其用意仕置不申ハ不叶事候

一江戸立又唐江慶賀使謝恩使抔之御物入モ兼而計得置不申者不叶事候

一御大子様御上國ニ付而ハ大分之御物入前以計置不申ハ不叶事候

一百年ニ一度冠船御渡來之時其御物入太分至極ニ候漸々相貯置不申者不叶事候

右ヶ條之外御國許江王子按司親方使者抔又唐江進貢接貢差使候人目之儀ハ例年之勤候

一唐世替程之兵亂差起候ハヽ進貢船差遣候儀不罷成或ハ拾四五年或ハ貳拾年モ渡唐斷絶仕儀案中ニ候御當國さへ能々入精本法を以相治置候ハ到其時も國中衣食幷諸用事無不足相達尤御國許江之進上物ハ琉物計ニ而致調達其斷申上可相濟積ニ候若御政道其本法ニ而無之我々之氣量才辨迄を以相治候ハヽ國中漸々及衰微御藏方も必至と致當迫候儀決定之事ニ候右之時節渡唐及斷絶候ハヽ御國元江進上物之儀琉物調も不罷成言語道

斷之仕合可致出來候

一御當國當分貳拾萬人罷居候自今以後拾萬貳拾萬繁榮相増都合三四拾萬ニ相及候共御政道之本法を以相治置候ハヽ人居相増次第衣食も出來増絶而不足無之御藏方も緩と相濟申積ニ候

一御政道之本法ハ手段之次第前後不仕樣相勤候儀肝要候手段致前後候ハヽ何程御政道入精候共安堵之治不罷成却而風俗漸々相廢國土之衰微案申之積候

一上位之國ニ上中下三段有之中位之國ニ上中下三段有之下位之國ニ上中下三段有之都合國位九段之差分有之候然者上位之國其上位之分力を以下位之事有之候國ハ上國之上位と可心得候上位之國ニ中位之分力を以中位之事候國ハ上國之中位と可心得候上位之國下位之分力を以上位之事有之國者上國之下位と可心得候又中位之國其上位之分力を以下位之事有之國者中國之上段と可心得候中位之國中位之分力を以中位之事有之國者中國之中段と可心得候中位之國下位之分力を以上位之事有之國者中國之下段と可心得候又下位之國其上位を以下位之事有之候國者下國之上段と可心得候下位之國中位之分力を以中位之事有之候國者下位之中段と可心得候下位之國下位之分力を以上位之事有之候國者下國之下段と可心得候

一下位之下段ニ而候共御政道之本法を以相治置候ハヽ其國之分力ニ應し安堵之治罷成積ニ候彌下國以上之國者猶以安堵之治罷成申儀決定之事候

一心ト申者天性靈明之物候故如何成邪人惡人とても善惡是非之差分ヶ分明ニ有之候又者氣と申者萬事萬端ニ差向候時色々致變化却而一心之靈明相損候ニ付而氣抔之執行ハ往古之聖人肝要被敎置候然共國中人民却而氣抔之執行申渡候儀不罷成候付而政道條々之内戒酒之風俗ニ相成候働題

目被敎置候

一酒ト申者禮儀相行候爲ニ往古より相用申事ニ候然處凡人之習せハ酒興を面白存酒醉候時者一氣致震動却而一心之靈明取失慇懃律儀之人も礑と別人ニ相成後悔之擧動有之事候右通酒醉ケ間敷相成候ハヽ氣隨之習せ漸々致染懸終ニ國中風俗ニ相成御政道本法之働絶而不罷成積ニ候

一財慾色慾幷喧嘩口論抔之類者罪科之基と上下萬民共心中ニ者委細存知之前ニ候然共右之不届折々仕出候儀ハ多分一氣之擧動ゟ差起申候一氣を相進候儀ハ必定呑酒之故ニ候依之風俗正敷方ニ引直候手段者呑酒風俗相改候儀第一之勤ニ候

一色慾幷喧嘩口論抔者其人迄之損亡又ハ罪科候財慾之儀國土之衰微相招申事ニ候財慾之擧動と申して正心打捨一氣之儘ニ相計得自分之勝手題目ニ存百姓損亡させ或ハ手隙ヲ費させ候故百姓漸々疲増耕作方思樣ニ不罷成終ニ國土衰微候儀是

一又御物方ニ差向候而も不圖一氣之財慾差起シ自分之勝手題目ニ存段々之方便を以御物致聊恭候故諸座諸藏陰隱之洩慶多多々有之事ニ候毎年諸座諸藏之御物より陰隱ニ致洩慶候員數畢竟公義陰隱之御損亡ニ相成終ニ御所帶方致不足候儀是一然共奉公人之儀誰ニ而も國土之目出度相治候儀夜白奉願罷居候得共一氣愼無之候得者不圖財慾差起ケ樣之不届陰密ニ相行候儀有之候依事者致顯露終ニ及罪科候者も間々有之候右ニ付而往古より氣抔之爲ニ酒醉ケ間敷風俗相改候働肝要ニ被敎置候

一酒醉ケ間敷風俗相改候働是一

一國中人民衣食綏と相濟候樣御法段々申渡候是一

右二ケ條御政道根本之要務ニ候若二ケ條先立而相調不申ハ其餘之條々何分相働候共御政道之手段致前後安堵之治絶而不罷成却而國土衰微相招申積ニ候

一火ト申て人間題目之用事ニ而家毎相用候得共用得樣不宜候ハヾ出火之災殃致出來申事ニ候酒も禮儀相行候爲ニ者題目之用事ニ而家毎可相用候得共用得樣不宜候ハヽ、一氣致震動不届之擧動漸々致染懸其習せ氣隨意相成依不届之品者罪科ニ及申儀も可致出來候然者火と酒と者人間題目之入用ニ而一向禁止不罷成物候得共用得樣不宜候得者大粧成故障ニ相成候故往古より火之愼酒之愼別而肝要ニ被敎置候御政道本法之儀ハ賣物澤山作出させ候爲ニ燒酎商買仕候儀ハ差免候酒醉ケ間敷無之樣風俗相成候働專一之勤ニ候然故往古之聖人も政道之儀ハ夜白入精候愼縱令ハ朽手繩ニ而馬を馳せ候儀同斷と被申置候

一跡々ハ商買人江稅錢上納申付都合四五夕目程御藏江致取納候付而商買人思樣相働不罷成漸々及衰微爲申儀ニ候貳拾年以來右之稅分差免思樣可相働と申渡候付而商買人進立人數太分相增手廣致商買尤細工勝手之者共ハ色々作出賣拂候付而右渡世之營ハ不申及世間之重寶ニも宜相成申候

一二十年以前者少々之飢饉ニも燒酎麪類豆腐作出致商買候儀禁制申付候付國中之米粟黍麥豆都合五萬石餘地中ニ相籠却而國中之損亡罷成候得共此段存付候人罷居不申候右通職人之商買折々禁制申付候付而農民共御藏方上納并知行作得作出候外ハ賣物僅計之作出ニ而國中唐芋題目作申迄ニ而依之二十年以前大風吹起唐芋吹朽を候時者大飢饉ニ罷成世上ハ不申及御藏方も必至と及當迫餓死人有之候共相救候働不罷成尤平時之御所帶方も大分不足いたし方々ゟ御借入を以御藏方漸相濟爲申事ニ候二十年以來ハ燒酎麪類豆腐心儘相作商買させ絕而禁止不申付候故地中ニ相籠候賣物五萬石餘致出來候付而唐芋大風ニ被吹朽候得共賣物者世上澤山有之尤御藏方も飢米太分出せ候得共差而之支無之候然處此節燒酎麪類豆

腐商買仕候儀禁止申付候付而自今以後如何成立候半念使至極存候

一右通賣物五萬石餘出入致し候付而者燒酎麪類豆腐禁止不申付筈候處去年大風四度有之唐芋吹損候故飯料不足之方多々罷居其上賣物高直ニ而逼迫之者共至極及迷惑候付而國中老若男女共推量仕候者賣物高直ニ有之候儀燒酎麪類豆腐心儘作立賣物相兊候故自然と高直ニ相成申候右之職屋さへ禁止被仰付候ハヽ賣物礑と下直ニ相成逼迫之者共も緩と渡世可相濟と何も申事候依之十五人之役々も同意ニ存右職屋召留度由去年十一月比ゟ及數度申出度候得共此方返事ニ賣物高直ニ有之候儀者燒酎麪類豆腐之故ニ而無之候御當國之儀ハ首里那覇泊計專錢を相用頃田舎諸島ハ然ニ錢ヲ用得不申候處七八年以來御國元ゟ勝方銀子抔下候儀堅御締方被仰付候付年々春秋之下リ船ハ都合錢四五拾萬貫文餘抔下リ首里那覇泊江致流布候付而賣物ハ不申及何色ニ而も頃日ハ高直ニ成行候彌去年大風之痛ニ付而例年ゟ賣物直段相增爲申事候假令燒酎麪類豆腐堅禁止申付候而も大風之痛故來二三月迄者賣物直段絶而直下リ不罷成迚も押通し差免置度由及度々申談候得共何れも承引無之候付而無是非此節右職禁止申付候然共此方申談候通四月初迄ハ賣物少も直下無之逼迫者之爲ニも不罷成却而御政道本法之妨ニ相成候向後重役之銘々能々思慮有之度所希候

一土產之物ハ何物ニ而モ買手多罷在候程太分作出シ申事候買手少罷居候ハヽ作手も少々罷成候儀決定ニ候貳拾年以前者ふた切とて首里那覇一人ツヽ立置候付而諸方之ふた繁榮不仕候依之冠船御渡來之時毎日ふた貳拾疋宛唐人御馳走用ニ殺被申候處御當國中之ふたニ而致不足與論島永良部島德島鬼介島之ふた取寄せ漸筈合爲申事候然處貳拾年も以來ふた繁榮させ候爲首里那覇ふた

切何拾人ニ而心次第可仕と申渡候付而諸方之ふた繁榮最早首里那覇都合四五拾疋程毎日殺せ候得共首里那覇泊近方田舍計之ふたニ而相濟不足無之候

一御當國前代ハ物每不自由諸事付届方幷禮法迄も大形爲有之由候依之唐江進貢使者差渡候時表奏咨文之調様も大形有之或者村京都拜領物ト遣良差迫候砌ハ於中途ニ賣拂用事相調或者古船ニ而致渡唐此船ニ而者歸帆難成候間新造船被下抔と我儘之訟申出候得共差而之御懸引も無之船被下歸帆爲致候儀も有之候尤御國元江被差上候御狀幷獻上物茂調様大形ニ有之候得共何之御沙汰も無御座相濟來爲申由候最早前代と扳群相替リ諸事付届方幷禮法も相備何篇結構御座候付而ハ自今以後御狀並献上物其外諸事之付届方も不宜儀有之候而者如何成故障之儀歟致出來候半難斗得候此儀ハ上下共能々氣を付隨分入精不申者不叶事候

一御當國者題目和文相學諸用事相逹候付而永代和文之法式或ハ相續仕可申候漢文之儀者唐通融迄之用事ニ而前代ゟ久米村江其職業被仰付置候へとも久米村も平時之用事ハ和文相用得候付而漢文調候方者彌以出兼申候然共平時進貢接貢抔之御狀者例年之勤候處舊案見合作調可相濟候へとも唐ハ大國ニ而其仕合次第如何成六ヶ敷儀歟出來致し候半其時之表奏咨文少ニ而も色其文句不宜儀有之候ハヽ大粧成故障之儀ニ成立萬々後悔仕候共其詮無之積ニ候右之計頃を以平時久米村文學隨分入念させ候儀專一存候表奏咨文さへ上夫ニ相調置候ハヽ縱令渡唐役々之方於唐諸事相勤候内不宜儀仕出候共其人迄之罪科ニ候若表奏咨文之内不宜儀有之候ハヽ國土之御難題ニ相掛言語道斷之仕合可致出來候此儀ハ能々入念不申者不罷成積ニ候

一傾城と申者共行跡人倫之妨ニ而御政道之爲ニ者至極不締之樣ニ相見得候得共那覇之儀諸方之會所候故傾城召置不申ハ如何成故障之儀歟致出來候半難斗得候依之相考候得者前代ヨリ那覇へ傾城召置候儀畢竟御政道締方之爲相成申事候此段も能々思慮可有之儀ニ候

一農民者農業之勤專一ニ候處跡々より農民江段々之雜物申付其上夫遣ヶ間敷有之候付農業之手隙相失田畠之働思樣不罷達候依之雜物並夫遣之こしらへ方屹と申渡候得共御料理座を始諸座諸御藏御物之調部相濟不申ニ付雜物夫遣之こしらへ方態と致延引候

一地頭所並知行高之儀奉公人勳功之輕重御見合を以テ被成下儀ニ候然處地頭所作得甚親疎有之知行高被成下候儀も親疎有之皆共御政道本法之妨ニ候是も急度相こしらへ度存候得共急ニ取付不罷成譯有之無是非延引いたし候

一王子以下百姓迄婚禮祭禮其外諸祝儀禮節等之規摸屹と相立可申候得共御當國御分力之取〆相濟不申ニ付而態と差控申候

一御褒美物並科定之規摸差控候儀も右同斷

一學校所相立段々之師匠五六人を以法樣之通學校所人數相調部させ應役所人柄見合を以役儀申付候規摸相立候ハヽ人才年増致繁榮申附積ニ候然共學校所之儀ハ御政道之本法過半被召行候時分相立申法樣ニ候

一南蠻國者唐國西南之方ニ有之由候路々ハ長崎へ相志致渡海候付而間々御當地之沛々江潮掛仕爲申事茂有之候依之御國元ゟ南蠻船御當地之沛江潮懸いたし候ハヽ陸地江番人堅付置出帆させ若及破損其人數陸江上リ候ハヽ皆共搦取船籠ニ而御國元江可差送旨御書付を以被仰渡置候然者南蠻船之儀一艘ニ百人餘二百人餘モ乘得之由傳承候處皆共搦取候働ハ大粧成事ニ而御當地之人命

も大分相禿可申積に候然處數拾年以來南蠻船乘リ不申樣長崎御締方堅ク被仰付候付最早長崎江渡海不仕由畢竟御當地之御爲ニ者仕合至極之御事候

一御當地之儀至極靜謐之國土ニ而武道之入用絶而無之候然共毎年致渡唐候付若賊船共相逢候ハヽ至極其時者鑓長刀弓鐵砲抔之働不仕者不叶儀ニ候依之相考候得者御當地奉公人誰ニ而も平時鑓長刀弓之嗜仕置申儀是又奉公節義之働ニ候何そ支も無御座候ハヽ鐵砲迄モ平時稽古被仰付度存候渡唐人數ハ毎年於礒崎鐵砲三日稽古被仰付事候得共此分之稽古ニ而ハ用相立間敷さ存申候

一諸間切浦々之干瀬皆共石原ニ而着船之湊無之候付而ハ商賣船逢逆風候時入着不能成及破損候船多々有之候右之石原割リ除ケ間切毎ニ浦々之場所見合を以湊作置候ハ商賣船ハ不申及其餘之諸船も天氣荒立次第則々湊江走入絶而難儀無之積ニ候

但石原取除湊作候道具其法式有之候依場所泥土幷細砂有之場所ハ何分働候而も湊作不能成候石原干瀬之所ハ法式之道具を以如何樣ニも作開被成事候

一浦漕船迚三四拾石五六拾石八九拾石積ニ而も以次第相仕立浦々走迫薪木商買仕候儀國中之重寶第一ニ候右浦々漕船之儀專櫓漕ニ而向風ニモ走申船ニ候右船さへ仕立置候ハヽ薪木商買ハ不申及仕上せ米幷砂糖樽右船ニ積入さはくり壹人宰領ニ而那覇江乘廻せ相調候ハヽ百姓手隙之費無之尤船主も右船賃を取各勝手能罷成儀案申之積ニ候

但浦漕船作樣者法式有之候

諸間切山野毎ニ朽木雜木幷竹薄之類仕立置浦漕船乘リ次第則々賣拂候ハヽ乍居錢相求百姓勝手能罷成積ニ候

一那覇泊者諸船之着塲ニ而渡世いたし安く有之積ニ候首里之儀ハ人居太分罷居候處諸船之着塲無之近方間切ゟ畠敷叶懸ニ而漸渡世之營仕候方太分之人數ニ而候然共田舍も人居漸々相增致繁榮候ハヽ叶懸も不罷成候時節致出來儀案中之事候則其節ハ地頭抔知行抔之方ハ可相濟候得共無足之方ハ必至と及難儀候儀是又決定之事候依之首里永代之爲ニ相考候得者茶湯崎ニ諸船着塲之湊させ作置候ハヽ浦々之商買船相集首里中勝手能罷成無足之方も其働樣有之積ニ候

一那覇泊者馬艦船仕立置候間是ニ而山原幷諸離島走廻り渡世之營相濟尤處中之勝手ニも罷成積ニ候首里之儀も船乘方無案內有之那覇泊之樣無之候右浦漕船ハ首里人ハ櫓押樣サヘ致稽古候ハヽ絕誰ニ而も丈夫ニ乘得可申候其上浦々湊作置候ハヽ天氣惡敷成立次第何浦之湊江モ走入少も念遣無之積ニ候

一茶湯崎ニ湊仕立置候ハヽ首里中渡世之勝手ハ不申及山原幷諸離島ヨリ首里江上納物幷地頭作得之類も茶湯崎ゟ抔走り勝手能有之又首里ゟ唐大和江參候方荷物も於茶湯崎抔下り抔とり手安ク有之何篇重寶ニ罷成儀決定ニ候

但諸船着塲之湊作樣ハ其法式有之候頭水無之所者湊に而も又々泥土滿塞可申候頭水有之所者其式を以作置候ハヽ雨每ニ泥土引流せ淺ミ罷成不申候幸茶湯崎ハ頭水有之候

一御當國前代ハ人居候七八萬人罷居候付而國中之用木存儘相達爲申由候其以後致繁榮最早貳拾萬人ニ相成候故家普請船作事幷諸道具等應人居相增候儀案中ニ候就中御本殿御普請唐船作事之儀大材木ニ而無之候得者絕而不罷成積ニ候然處從前代杣山法式無之心儘伐故燒明年增木絕ニ成行最早大材木甚有少ニ罷成尤杣山も悉致憔悴候付去ル拾五年戊卯年山奉行被召立杣山法式幷規摸

を以委細申渡置船作り候儀も堅禁止申付置候
一衣食之儀ハ年之人々之働を以相調候故今より先拾萬貳拾萬相重候共田畠之本法ヲ以致作毛幷家業入精候ハヽ衣食ニ付而ハ不足無之積ニ候樹木之儀ハ作毛と相替數拾年相經不申ハ材木用ニ相立不申殊更大材木者七八拾年も百年も相經不申者御用相立不申ニ付杣山方別而肝要ニ申付置候
一御當國之儀渡唐船作事不仕ハ不相叶且又御本殿と大材木ニ而御普請不仕ハ不罷成儀ニ候然處杣山致憔悴大材木相絶候ハヽ是非御國許江誂申越材木代料幷積渡候運賃をも太分御物入ニて相立候至其時ハ御所帶方必と致當迫進退不罷成自然と諸士百姓江出米出錢太分被仰付國土上下及困窮候儀必定候右之計得を以永代之爲ニ杣山大切ニ爲申付候事
一御本殿之儀貳拾年餘ニ一度ツヽ雜木を以御普請仕來候右ニ付而ハ御藏方幷諸士百姓迄相痛候儀世上存知之事候依之此節樫木手廣相仕立御本殿其外雜木調之御殿皆以調作り替候計得別而樫木仕方方大切ニ申付置候
一粟國島　一渡名喜島　一伊江島
右者本より山敷無之候間御當地國頭方中頭方杣山材木を以彼島々之用木相達申計得ニ候
一宮古島
右島之儀從路々山敷之差分無之候得共太分之薄原徒ニ抔合候付從此節山敷差分ヶ杣山之仕立樣折角相働せ杣山さへ仕立得候ハヽ其島之船作事家普請等他所無搆可相濟之處此程船作事者八重山島江罷渡材木所望致作事尤家財木も八重山島ゟ買取或ハ村御當地買入或ハ大和船馬艦船ゟモ高直を以買取段々物入所中之痛相成候儀畢竟彼ノ島杣山無之故ニ而候依之新規ニ杣山仕立方委細申渡置候
一八重山島

右島之儀當時人居少ク山敷太分有之候付而何ぞ皮島之用木迄を以絕而不足無之儀ニ候御當地之儀國頭中頭之杣山計ニ而ハ御用繁有之尤人居茂太分ニ罷在其上粟國渡名喜伊江島之用木迄も相達シ申事候得者先樣國頭中頭之杣山迄ニ而者達かね候節可致出來積ニ候幸八重山島之儀者杣山敷地太分ニ有之候故永代御當地杣山之補用ニ相計得彼島之杣山別而爲致盛生候樣堅申付置候

一國土之儀眼前之小計得ニ而ハ絕而安堵之治能成不申積ニ候依之政道と申者亦國土長久之御爲大計得を第一心懸相勤申由聖人被教置候路々之樣子見聞仕候處此儀相違無之候奉公人之銘々就中重役之方ハ別而國土之大計得夜白入精相考候儀肝要ニ候

一國土と申ハ大國小國無構陰陽五行相備候所を以五倫四民之道相行國土と申事候右五行之內水火土者何方ニも有之候金木致不足候ハヽ五行相備不申ニ付而國土と不可申候御當地之儀五行之內金者無之候得共杣山有之候付而金ハ往古ゟ國土と唱來候然者四海之內自然と五行相備候國も有之又五行之內不足之物ハ他國より取寄相濟候國も有之候若不足之者取寄不罷成國者五倫四民之道立かね國土ハ不可申候

一五倫四民之道者人間作意之樣ニ有之候得共畢竟天道自然と陰陽五行より差發來申事候然故政道之儀も何篇陰陽五行を本體ニして相行申事候右之本體無構我々之氣量才辨迄を以相行候ハヽ國土漸々致衰微終ニ言語道斷之仕合可致出來候

一政道之本體と申者前條ニ申述置候大體大用之事大體大用致忘却小體小用計入精相行候ハヽ何程陰陽五行相備候國ニ而候得共國土漸々致衰微終ニ壞亂之憂差起候儀案中之事ニ候往古之聖人被仰置候本法之通大體大用之勤題目心懸入精政道相行候ハヽ何程小國不足之所ニ而候共不足之物

ハ他方ゟ取寄國土安堵之治勿論之事ニ候
一四民之内耕作人細工人商買人ハ各共職業随分入精何篇御法相守緩々渡世仕候儀農工商本職之勤ニ候奉公人之儀ハ農工商と相替皆共御政道補助人數候間題目節義之勤可入念候節義之勤と申者平時行跡風俗之支不罷成様ニ相勤尤折々被仰付候役務例格之儀者不申及萬端御政道補助心入を以入精相考候儀奉公人節儀之勤と申事候
但首里那覇久米村泊家譜被下置候人數幷諸間切さはくり役相勤候人數ハ皆共奉公人候間其心得を以御政道補助之爲ニ何篇相計得入精候儀所希候

月　日

獨物語　終

逆修自應永辛丑三月一日始同三月廿六日
百年□供養造立之
（鎌倉覺園寺供養塔胴石銘）

延久四年同五年日次記 記者不知 院中之事

子刻、有東宮行啓、一品内親王同車 藏人修理亮仲宗於朔平門仰輦車旨、云云 詞云御子ノ宮ノ出給ニ、手車令入者、但不着春宮者、又先先退出輦車宣旨召吉上於腋陣仰之、今度有時議、於門仰之、輦車承仰之後、引入、云云 命有御髪上事、

（此下ノ注不明）

十八日壬辰、今日有荷前定今即今日被立使但院荷前定今度被止之

廿一日己未、今日亥刻、有院廳始事、日時勘文、別當實政朝臣奏覽下之 殿上居饌公卿、別當五人能長資綱、資仲、伊房、實季、幷院司等六位已上着之、盃雀(進カ)之後、別當實朝朝臣、顯綱朝臣判官代忠季、宗基、爲房、賓清、師季、須久、任主典代等着廳座、敷紫端疊立屏風 座定之後、居酒肴、院藏人役之二巡之後、公文長則立廳前、召院掌二聲、院掌唯稱退出、入返抄於覧筥持參、主典代傳取、別當以下次第加署、次判官代爲―、令賚件吉書於主典代、參殿上、公卿當次第加署、次下給廳了、次分散、

今日申刻、始有院御秡、行事判官代爲房使中務大補隆兼 又仰内匠寮、令造進文判、在位日、文判先雖非渡物、被渡新宮了、仍新被造之、 又以少納言公經、令書時簡、立西中門南腋御膳棚立西傍、

又亥刻、南御倉町立三丈坎座、

又子尅、被渡内膳御竈神、別當顯綱朝臣判官代忠季、主典代藏人公文等、彼司奉迎之、

又同尅、末宮御竈神被渡之、諸衛供奉之、

廿四日戊戌、朝間雨降、今日未刻、被獻太上天皇尊號辭書、文章博士實政朝臣作之、少納言公經書之、以標帋書之、入朴木莒、件莒並臺花足等、面有折立數物(白織物)表卷懸紙、以標帋褁之、樣同例表式、上卿(資綱、隆俊)被申云、大臣初度表莒居案、仍有臺、次次表莒褁之、不居案、何可具臺哉、然而又或人被申云、猶可副臺者、別當權大納言能長卿持參、判官代式部丞宗基捧之、相從是先跡之件、御辭書留御所、後日可被返獻之、

其文云

伏見去十二日詔書、尊號爲太上天皇者、事乖舊懷、義非宿志、駁俗撫民之時、猶慙薄德、孩提虚閑之日、豈貪崇名、縦有叡念之難逆、盍陳索之不移、孝敬之道、和順爲先、請帝尊號永斷羈累矣、

延久四年十二月廿四日

從今夜、御隨身守番可勤仕夜行之由、被仰下了、

廿五日、己亥、入夜、被定院事、以春宮權大夫資仲卿、被申殿下、

廳

別當公基朝臣藏人信貞檢非違志紀成任　宗岳

御厩

別當參議基長卿

仕所

預造酒正重任

昇殿

經平朝臣　敦家朝臣　章親　時綱　爲季政成等也

卅日、辰巳刻、向河原解除之後、參院、於院有追儺事、廳獻振皷等弓矢等、

同五年正月一日、辛巳、院拜禮、四方拜不被行御節供、從廳大盤所、付女房供之、腋御齒固進物所勤也、午尅、諸卿以下參集、次垂晝御座庇御簾、五ヶ間次御出直御束之裝次關白前太政大臣右大臣幷大納言能長忠家中納言祐家資綱經季能季春資兼資仲參議基長經信伊房實季以上一列庭中、次殿上四位以下別當判官代等一列、藏人頭師忠公房等之位階雖多上臈立最前如何如何六位判官代拜宗基爲一賓淸立此列之末、小朝拜儀六位一列右五位後乃如何舞了之後、從上萬、次第退出、次上御簾事了之後、左大臣中宮大夫顯房治部卿隆

俊宰相中將宗俊隆綱等參殿上退出、

院供御藥儀、

拜禮了後、行事判官代爲―奉仕御裝束件行事須藏人奉仕也、而未被補之間、昨日酉刻許、爲―可有仕由被仰下、本行事棟綱師季稱所勞由、各不參故也、晝御座南廂御簾、第一二五等間垂之、第三四間傍長棟每間立四人御几帳一基、取御帳東西用之御座南頗寄西、敷圓座一枚、爲陪膳女房座、典侍源永子奉仕之庇第三間中央頗寄東、又敷圓座一枚、爲藥正座、博士命婦參仕之同第二間北柱下、南北行敷紫端帳一枚、爲藏人女房座、二人候之南簀子敷第三間、頗寄西、逼高欄、敷圓座一枚、爲後取座、西廊南庇前、曳幔舖座、爲典藥寮所候、申刻、侍醫雅忠朝臣、率寮官人以下直丁以上、參仕、次陪膳女房以下着座、次出御、生氣御衣、青色御直衣也、依無御服所、仰廳語取當女、令奉仕之次采女二人、供御齒固、進物所調進之、御盤二枚也、御臺二本從鬼間方進物所、刀自獻之、次典藥後取高房朝臣着座、次典藥供御藥酒女官役之供了侍醫先寄之、次藥女官等持參、後取並藥子等廾土器、次後取飮之、又二度供御藥酒了、其儀如初、次後取々盃罷立、置殿上戶腋、次入御、次改御裝束、

供奉女房采女等、不着檮唐衣、只直裝束也、是御定相催雜事、

御藥昨日夜、籠御生氣方、其所無便宜、仍籠養者勞了、西中門南廊、藥守女官雖候、召廳給疊藥掌、相制入辛櫃、

付剋持參、

御生氣御衣、子細載右、

御齒固進物御隨身參典藥寮侯所御酒廳渡之御銚子從內藥宰持參之馬以盤御酒盞箸匕等請納役

典藥寮每日給酒肴、仰廳後取𤘽等土器同前

後取昨日押之、疊圓座廳

藥子陪膳進之仍兼日渡御廳勘文

後取	
元日	高房朝臣
二日	有成
三日	資清

餝物祿物等、餝物昨日給之祿事了後、第三日給之、

餝物

四疋陪膳二疋藥子一疋三丈藥正四疋釆女二人各二疋

祿

二疋侍醫　三疋典藥官人三人各疋、給藥掌在此中、六疋藥女官六人各疋給　二疋理髮後ニ不可給、凡陪膳女房給別祿也　件祿未有一定、相尋大內並諸宮等例、商量行之、冷泉院例、藥典所供御藥者、兼申請物之數多、其外祿餝物等
一疋陪膳命婦　四疋三丈童女　二疋藏人二人　四疋理髮婦●了
已上十二疋也
今度准諸宮例、給藥官人也、大內侍醫之外、不給之、
廳並備酒肴於殿上所々、御修法に不能出、但後加持參如常、
三日癸未、々刻、供御藥後、取資清事了、給祿子細、見元日沙汰所、事了後退出、向所々、
七日丁亥、節會無御出、云云、入夜、馬寮持參白馬十疋於南庭、御覽之、後取以下着院廳、有酒肴事、次給祿有差、行事判官代忠季朝臣
八日、戊子、今日未刻、太上皇渡御母儀仙院御所、是御讓位之後、始有御覲謁也、仙院御內大臣二條亭　御々唐車、從東門出御、經春宮御所之前庭　關白以下公卿侍臣徒步、供奉御隨身布衣、但番長以上冠壺切鎰也、即以還御、
又被定院事、

昇殿前參河守基家朝臣尾張守惟經朝臣

判官代勘解由次官時綱左衛門尉資清叙任之後不吉也此間夜々參任

藏人刑部丞藤俊範殿下被申蔭子藤原左衛門尉佐家惟信(公基朝臣子)先坊帶刀長藤孫同家房

今日圓宗寺修正候也、判官代爲、依爲行事、秉燭以前、參被御寺、主典代藏人院掌公文所各一人、召使二人、召次三人、令差進、爲催行雜事也、

公卿一兩參着之後、神分導師昇、次初夜導師一切所願之間、佛後打皷、次寶螺、

次法呪師出、次居菓子湯漬、先僧座次公卿殿上人等座次大導師昇、次又法呪師出、次錫杖、

次大導師下座分散、

主典代書見參

公卿七人　殿上〔人カ〕十二人　諸大夫卅五人已上明旦奏之　諸司三分卅二人不奏之

十七日、丁酉、今日戌刻、從大内被献御報書於院、去年十二月廿六日、被献尊號辭書與不被許申之勅答也、中使權大納言源顯房卿、先於中門廊、以院別當權中納言資綱卿、令申事由、次召御報書、同資綱卿、持參御前、次仰令給了由於中使大納言、次中使歸參、大内不給祿、不儲座、蓋舊規、云云、件御報書、入朴木莒、以檀帋裹其上、置花足臺、或說不可具臺云云御報書令稱臣諱給者

廿三日、癸卯、今日被始院藏人所、在位之時衆等皆、應召、雜色爲所衆者、又被勘可渡朱雀院印之日時、
卅日、庚戌、今日除目入眼也、任官如例、但季兼朝臣任左權中將、元四位少將十二月叙四品、超越上﨟少將俊明家賢基忠朝臣、伊家任山城守、叙位之元官人也、但募外記屋可修理之由、云云賴仲任越後守、使廻上﨟廿餘人日宗寺功依國々不足、式部民部史等、巡不被任之、院分受領忠季任因幡守、外國掾目被上御申文、內臣三分、今春不被申、從秋可被擧、云云、因幡守忠季院判官代

一條家本ニヨリテ膽寫セラレタル大森文學士所藏本ニ依テ校合了

明治三十六年十月　堀田璋左右

續々群書類從 古書保存會集

官職部

有職問答一

被仰聞條々

一位記之詞云
制書如右請奉
此心ハ奥に書によりて制書右のことくさ云云 請てうけ給はるさ云ことハり也せいほうさ聲に讀 ナヲハシ候也
へしさ被仰出候畢此分候哉猶得上意度候
制附外施行謹言
此制の心右同前外に施行すさ云事武官ハ中務省 兵ア省ニ下シ文官ハ
より沙汰して式部省に告る也仍外施行さ書之さ
被仰出候キ其分候哉

制可
月日辰時此下に位署有てせいかさハせいしゆる 時ト云心也
すさ云心なり月日辰時ハ右の施行の日に同する
心也さ被仰出候此分候哉
制書如符到來奉行
制書の心同前符至りてをこなふさ云心なり點の
ことく聲に讀へしさ被仰出候キ其分候哉
從五位下守中務臣藤原爲益奉行 大 闕ニテ書當時無其人之間不書候也丞ハ不及書事
此中書に輔丞を書候ハぬ事中の下の字を書たる 也中務輔大小之間一人參陣シテ奉行スヘキ故也
故也さ被仰出候キ如何奥位署に
右大臣正二位兼行左近衛大將朝臣内大臣正二位右
近衛大將朝臣

此官に尸を付て書て姓をは書候はぬ不審由候位
位記書様皆如此端シ連署ニ姓ハ見エ候間如此書來候歟皆此趣候也
記の書様封合別而替候先大臣たる人乃位署に姓
を不書之其以下大中納言三位等より姓尸を書候
是本式の書様也物によりて加様に調候と被仰出
畢猶又如何成物に如此した﹅め申候哉其類被遊
付被仰出度候以上

一從一位事
攝家淸花の外にも名家のともから大中納言に昇
納言ハ近代專一位中也
進する臣下必叙候由被仰出候畢其分候哉

一太政大臣に任事
尤被執候
淸花に多ク拜任ス是を先途とす攝家は勿論たる
依家依人サノミ
に仍てさのみ規摸とせられす左右大臣になれは
執シ存セラレヌ方モ候又連綿規摸トセヲル﹅方も候也
必相國に轉する故也被仰出候此分候哉

一太政大臣に贈號事
先祖に拜任して中絶したる家なと多ハ勅許拜候之
由被仰出候キ其分候哉

一令旨事
女院ノチ令旨ト申候誰ニテモ其所ノ家司乃書下候奉書則
親王院宮の家司なとの公事を一人して書出した
稱令旨之
る奉書の事なり又家令とて攝關の下にも自然有
ハ大臣家ニモ補候之を八大臩御敎
書ナト號候之
へしうち任ては有間敷事と申なり令旨の事宮門
是ハ令旨と可稱候歟
跡なとは勿論たるへし其以下攝家淸花の門跡よ
り書出すを令旨と云事はあやまるなり但其門主
准后に成たまは﹅院宮に准して令旨と申もくる
此分候
しかるましき歟と被仰出候畢一人して書たると
申由被仰出候をよそ被遊付被下度候

一廳宣事
是ハ廳の下文とて院宮の公事を書出す連判の物
也日の下ハ主典代其加判に判官代本式に位署を
加て判形ある也又年號の通に其院宮の惣司を
奉行ある大臣或大中納言堂上衆五六人も位署を
儼儀に書て其一䑓の別當なとなれは別當なにか
しと書是は官の別當にあらす其院宮の司をしる
別當と稱す其次に位次を追而奥さかりに淺位淺
官の人を書なり各判形あり日の下ハ例式の様に

奥あかり成事也長者宣とて攝家に書出さるゝ物に似候由被仰出候畢惣躰ハさもあるへく候哉年 以上此分ニテ候
號の通の位署定て院宮のことくは有間敷候哉長者宣の趣被仰下度候
とは關白家ヨリ書下ノナ長者宣ト號候其ハ氏云々
院弁トテ南曹ノ弁ト云者必書下候連署モ候ハス只一人書候尋常ノ奉書ノ躰之廳宣トテシ出テ稱候ハ別當宣ノヿタルヘク候ヤ

一官府宣事
是は太政官より官務に仰て僧俗或知行方等の下文を書出す名也必加判位署也はし作官府宣書上に朱印あり太政官と云字の上にあり位署の上にも印有と被仰出候是又をよそ被仰下度候
符案無所在候尋て可書加候常々人ノ所帯證文ナト古ニハ多ク見及候歟

一勾當内侍事 内侍ノウチ第一ヲ勾當ノ掌侍ト喚候也
是ハ内侍のせうの一䑓を申なり惣而内侍司に三ありかミすけせう也尙侍ハかみ也典侍はすけ也掌侍是ハせう也たとへハ左右衛門督佐をは必なに衛門のかみすけと喚也尉をは何衛門と斗よふことく内侍のせうをは只何内侍と斗よふかみすけたる内侍をは必尙侍かミ典侍のすけとならてはよはぬ也是ニ而心得へき由被仰出候畢其 此分候歟
分にて候哉猶巨細被仰出度候又掌侍かやうに書 内侍ノセウニテ當
時只内侍ト呼ニテ候
候を見及申候是ハ何れにて候哉

一散一位と申名目候へきの事
二位三位をハ已ニ散を付て稱すれ共已一位と申事なし必大納言に任する人ならては一位には不叙之二位三位には參議或ハ大納言に不任候吉田神主醫陰西門衆も拜任候其衆も專に已散と申由被仰出候畢此分候哉 以上此分候
散一位トモ稱スヘキハ理ニハ背候ハネトモイカヽサヤウニハ言イナラハシ候ハヌヤラント覺候

一南曹東曹に准して西曹儒事
西曹勿論有之名目にはさいさうと稱候由被仰出 日本ノヿ
多ク呉音ヲ用事候
候キ其分候哉此分候歟と覺候

一女官事
女官の事によくはんとは大略禁中上下の官名あ

る女房を稱候によう官となかくよふは刀自得選
近來の云ナラハシカヤウニ候
等の事にて候と被仰聞候畢此分候哉
一地下の殿上人諸大夫或攝家清花の殿上人と申事
是ハ皆殿上
昇殿をゆりて攝家清花に家禮する輩を地下の殿
人ト稱シ候也　殿上人ト號シ來輩
上人と稱之又昇殿をハゆりねとも官位殿上人に
中古迄は多候當時殿上人ハ其父祖品秩ニマカセテ皆殿上人迄
任したるをも地下殿上人と申候由被仰出候畢其
ニ候地下諸大夫ハ殿上ノ昇殿チユルサレ候チモ猶地下ト稱候
分候哉或先祖に四品をも申云々
醫陰輩等同前候皆地下迄之心得ニテ候
一大閤號事
此事本儀候
是ハ關白を息に持れたる御方ヲ稱シ候但後成恩
後福光園攝政イマタ
寺殿一條殿は息關白ましまさゝりし時より大閤
關白の父タヲサル時大閤ト稱候キ是世ノユルス所也但不甘心
と申候其ハ先例子細有て稱申也大才博覽の御方
之由成恩寺關白記シチカレ候後成恩寺ハ關白ノ父トシテ大閤
にて御座候故に世に難し申候はぬよし被仰出候
ト稱シ申キ
キ其分に而候哉
一禪閤號事
是ハ必攝關にかきらす只尊宿たる貴人落髮候禪
但世ニナシナ
ヘテ攝關ナトノ外ハ稱シカタク候
閤とよふへきにて候誰にはよるましく候尊閤な
と物に記し候舍閤の心にて候と被仰出候し此分

候哉
一阿闍梨號事
阿は發言に常に稱す闍梨は出家の通號也大阿闍
梨なと申事ハ眞言家の灌頂なとしたる人を申習
候是も官位にハあらす候聖道なとの名に大中納
言阿闍梨なと申候大中納言は俗人にも候闍梨に
て出家をしらする號と被仰出候畢其分候哉
一沙彌號事
初發の法体を稱し候未受戒傳法なとの不及沙汰
候法師の事にて候と被仰出候此分候哉
一入道事
常には規摸のよし申習候是によりてむかしは稀
に稱候多田滿仲をも入道とは申さす候て新發と
源氏に明石入道を新發と稱候由被仰出候キ其分
候哉
一神樂を奏するを御子と申事
いはれぬ事にて候巫たるへく候世話に御子と稱
トハ世

俗ノ云ナヲハシニテ候サレ共ミコカンナキナト古物語ニモ云
候をは内侍所のをは刀自と申て三重に候よし被
書ツヽキ候ノミ可稱候ミコト不被申候
仰下候キ其分候哉

一勲位事
正三位ヨリ從八位迄十二年也令に委見タリ別ニ可注之
一等より十二等迄候也勳一等ハ一位二等ハ二位
かやうに一位より七位ほとに至迄其唐名此勳位
にあたると申常に品位又位階なとのことく叙任す
る事ハなし神位に専有也人官にも有事ニて候由
被仰出候畢其分候哉位階に唐名あまた候内何と
被仰下度候

一官位の唐名讀やうの事
此分候
常にハ唐音に讀也大文字をハすみてよむ六文字
はりくとよみ候由被仰候畢此分候哉

一武家賞翫事
鹿苑院殿を准攝家して御もちゐあるよりの事に
家禮致ス者也
て候其以來公家大略門下に候よし被仰出候畢其
分候哉

一宣命位署事

宣命ニ限テ
三位以下ハ不及申以上も其人の實名に朝臣と書
如此是私ニアラサル事ナルカ故也
て別而子細有之他ハ無之と被仰出候其いはれ如
何候哉被仰下度候

一准后事
親房卿於
俗躰法躰女房にも有之但清花にハ希也北畠に任
南朝宣下之當朝ニハ不可用也于今准后ト稱來候異于他事候哉
し候事候由被仰出候其分候哉

一除目二字事
此儀勿論候
名をしるすとよみ候由被仰出候畢此外猶又子細
任スル心モア
候哉ふるきをのそきてあたらしきを賞心にて候
ルヘク候カ
とも被仰出候キ

一叙位二字事
ルニテ候
くらゐをついつとやらんよみ候よし被仰候此外
に猶又子細候哉

一平家物語に大納言のすけの局と申事
大納言典侍ニテ候當時モ禁中伺公女房大納言典侍新大納言
女房の事にて候歟此すけ何にて候哉官の心不及
典侍現在候
分別候被仰下度候

一重衡日野へ立寄たまひ候所に大夫の三位と申事
平家ニアニ大夫

三位ニ同宿シテト候是ハア子大夫ノ三位タルヘキ事ニテ候此
是も不得其意候被仰下度候
大納言典侍ハ邦綱ノ嫡女六條院御乳母成子と申人ノ大夫ノ三
位と號然ハ大納言姉也
（○イ本姉大夫ノ三位トアルヘキ𛀁ニテ候此大納言典侍ト
兄弟邦綱ノ嫡女六條院ノハ乳母成子ト申人也大夫ノ三位
ト號ス然レハ大納言典侍ノ姉也）

一記錄に宣旨書と申事
宣旨ト常ニ申候世ニハオホセ書トテ人ニカヽセ候事ヲ申候但
いかやう成物を申候哉被仰下度候
其外ハイカヤウノ事候哉記錄ノ前後ヲ見テ可知事

一前官位署事
前大臣も非參議と申候左樣の人は我位署には位
に實名を加て書候他人ハ前官を稱して前なにか
しと可書之由被仰出候其分候哉
平家物語ニ前内大臣宗盛と島ヨリノ請文ニ書候是モ只物語ノ
ツクリ事と覺テ候ヘハアリヌヘクモナキ事候

一廳宣事
撿非違使別當也別當號は職に付て其數有と云共
普通に廳宣と申事ハ撿非違使別當宣の外にハ別に候はぬ
よし被仰出候

一院判官代主典代事
官に付たる判官代主典代にても候はす只禁中の
判官主典を摸して被成官にて候必院に有事にて官ニテ候
候由被仰出候キ其分候哉

一藏人事
藏人と稱するは禁中殿上藏人其外春宮藏人也院宮には藏人候
殿上人にかきらす院宮攝關家にも有事にて候其
ハヌニヤ攝關家ニハ職事と號シテ家司ヲ申候其モ藏人とは不
稱候四位五位六位皆有事候
後其所にて藏人の役を沙汰するをよひ候位は六
位にて候如此成官職院々宮々に有之候由仰被出
候畢此分候哉

一文章生事
給料とて學問の爲に勸學院なとにをかる
學文料と云物ヲ給ヘキ由宣下セラレ
テ其後給料と喚候也
る六位のともから叙位の時五位に成を注すに文
章生を散位ト書候無官前官の位署に散位號ある
たくひにて文章生をよひ名には給料と稱候或實
名をもよひ候あまたある時は姓を加て藤給料菅
給料なとよひ候然者散位と書候事無官無位に用
候地下の侍も可爲此分候歟の由被仰出候キ此分
候哉

一諸司四分三分二分一分事

四分と申はすけ三分とはせう二分はさくはん一
諸國ナト目ノ下ニ史生と云官是一分也
分は府生なとの事たるへく候歟かみすけせうさ
ハ左衛門ナトニテ一分ニモアルヘシ
くはんは四あれとも五にあたる無之府生此分に
あたり候此内に上をは不入候但諸國の一分召と
申事候間一分と申事必あるへく候歟此時はかみ
を五分と申にて候哉されとも其名目は候はぬよ
此分候
し被仰出候キ猶又巨細被仰下度候

一名目相違事
春興殿ヲ官務家にはひゆむこう殿と申候殊外に
替りたる事にて候又按察使をあむせんしなと申
如此類家々多候
流も候一途に不限候由を被仰出候キ其分候哉

一廷尉號事
勿論候
撿非違使佐を申ならはし候されとも撿非違使惣號
に用候よし被仰出候キ

一春宮坊東宮此兩樣事
是に傅大夫ニ候上古以來ことなる差別候はす候
東宮職には傅を出し坊には大夫を出候事にては

候へとも何も一にて候但坊中は一向大夫執權に
て候傅は太子に物ををしへ候役にて候又其行狀
について意見を申職にて候出被仰出候其分候哉

一勳位事
所詮位階ト
上古は位階のことく轉任あり令に具載候畢神位
ヒトシキ事ニテ候令書分別注進候畢
に不可限之由被仰出候畢其分候哉

一神位事
必四位迄有事にて候今宮ハ近來迄は三位にてま
します佐々木明神は四位ニ而候依奇瑞轉位せよ
と申事候近代は正一位は一向神位に定り候由被
仰出候畢其分ニ候哉
當時天下諸神大畧正一位ノヤウニ候歟每度神位ヲ加ヘモテキ
タリ候事歟

一內親王品位事
男
叙品アルベキ也
今モ可叙
親王のことくあり四品も有事ニ而候へとも常に
事候
是ハ五品トハ不申候
は申ならはさす候無品も必五品の事にて候と被
仰出候キ其分候哉

一兼官事

大納言なとは八省卿兼ル事必規摸にて候其時兼官とは不可謂候自然ニ兼任ノ事候はちと淺キ間なれとも用候て位署なとに書候當時冷泉大納言入道民部（式イ）卿を兼して位署に書候此ニ參議は兼國とて必兼任シ候其時ハ受領ヲモ不書加候但一分而候但兼官なれ共受領をは稱して書事候はぬ官ヲ書候ニハ國ノ權守ナトハ不書也參議と斗書也よし被仰出候畢其分候哉

一職原抄に傔仗二人と其數候事

然ニ按察使四人を給と候不審のよし候哉按察使は別而四人給候事規摸ニ而候由被仰出候キ其分候哉

一令と云字事

是は仰と云心也旨ハ仰の旨也懷紙端作なと應令ハ應製和歌と書事院宮の懷紙なとに有也公方御會にも令ト書候令と書事院宮を摸したる心也と被仰出候畢此分候哉

一御敎書事

公家にも有事ニ而候是又應敎和歌と書心也と被攝關大臣如此候室町殿御會御任槐之後仰出候畢此分候哉

一院號に殿文字を加事花山院殿中院殿此類ハ法中も同前候

雖非無其不審常に書ならはしたる事にて候由を被仰出候畢其分候哉但又院により候て書候ましきも御座候半するや巨細被仰出度候

一流罪公家改名事

配所國の權守に被成候但大中納言迄の事なり其以下は官を除て流罪せらる丶也大臣は帥に被成事常儀也又配所に赴人遂出家事有勑免なけれとも當病なとに有事也左樣に出家すれは遠き配所ヲなためられて近國にうつさる丶事又舊式也被仰出候畢此分候哉

一武士掃部頭昇進事帥大外記流ニ相續拜任之官也他人不任之雖然攝津の家ニ

當職禁中に現在堅固也然ル迄は別而地下之仁拜任來候彼義祖親秀と申者の時ヨリカト覺申候無權守國ニテ候任無其謂也此類可有斟酌之由被仰出候キ其分候ヲ康永夏武家東大寺八幡宮神輿造替ノ功ヲ募テ藤原直盛と申哉者ヲ丹後權守ニ吹擧候間被任候シ武家臨時申狀者近代不及沙汰候哉

一出車事

女車にて候攝家淸花より支配に付て被借進候其に女房被罵候一番に二人二番に三人四人の間次第に加增ニて七八領も或十領も其用候にしたかひて被進候出すによりて出車と申由を被仰出候畢此借申さる、車の主ハ何の公家迄の御事に候 府役トテ左右衛門近衛中將(少カ)將是迄マイラセ其内花族羽林ハカヤウの府役ナハツトメ候ハス候何樣 哉猶巨細被仰出度候
大方羽林の役ニテ公方ノ出車ヲモマイラセ候

被仰聞條々

一朝覲事
此儀ハ 當代帝王ノ院ニ拜謁事也 親王仙洞に御拜謁の事を申と被仰出候キ
今御幼稚の御時の御事にて候をすえ／＼にても親王たる御方御院參をも可申候哉猶巨細被仰下度候 申ヘカラス候天子ニカキリタル事ニテ候

一親王御元服加冠拜官事 加冠左大臣常の事候
御理髮御着冠御任官等事にて候哉御役者誰人と定來候哉初官ハ何と稱し奉候哉 藏人頭 無品親王と申候

一臨時客事
是も大臣家に御沙汰有事ニて候哉子細凡被仰出度候 年始事花鳥餘情に委被注候 江次第見ェ候事

一尸事
姓氏錄に載候分其數多候哉或ハ斷絕し或世話に講しならはぬ候歟 あまた候 姓によりて上古以來尸のなきも候哉近年沙汰し來候朝臣宿禰連眞人縣主なと 臣公 首造 直忠寸村主伊美吉史勝部 氏伊吉 阿祇奈君倉 人 の外に常に何と申尸等候此中に宿禰を初と心得て除目叙位なとに姓によりて尸をしらぬをハ宿禰と書へしと申執筆の習にて候よし 此儀候 以前被仰聞候キ然者又遠國より昇進輩なと我家の尸をしらすハ何かしの宿禰と可稱但勅撰なとに四品以後も實名も加之宿禰と書候はぬよし 此分候 先度被仰下候畢只書文なとにハ實名に宿禰を書加事可然候由被仰聞候キ猶巨細被仰出度候尸の次弟の事第一に朝臣其次に宿禰連眞人縣主たるへきよし被仰 外も多候姓尸と云物ニ 出候其分候哉縣主ハ賀茂人に可限候哉是又致存 能見ェ申候 知度候

一宮の御息を禁裏樣御猶子の事

宮々の御息にてわたらせ給候へ共親王宣下をなされ御猶子の事御事候必主上上皇ノ御猶子ナラテハ不成御事候當時ハ伏見殿御子中務親王同式部卿親王等此分侯よし以前被仰出候畢宮ハ何世迄かやうに御座候哉四世迄も御猶子に御沙汰候つるや被注下度候親王宣下可有候間例候也

一王氏事王氏トテ只某王ト稱スル事當時伯ナト其分又叙位之時王氏ノ爵トテ必叙爵スル事候是等ハ只諸王ト稱候无別之姓候

すへ〳〵の宮に成給候へは臣下に准して姓ヲ給候事古來連綿のよしを被仰出候キ必源の姓ヲ被授之由被仰聞候但平姓ヲ給られたる例も候しと是則平家鼻祖ナト此事候被仰出候時代何のほと今又誰人の御事にて候や源の姓をたまはられ候方ハ嵯峨源氏に准して清和村上宇多なとも一字名乘來候哉

一初官に侍從ヲ拜任事

多分にかやうに稱しならはし候攝家清花なとの勿論御方にも此分經歷常の事にて候由を被仰出候キ名家諸大夫なとも初任に如此候哉近代如此候過分ノ事候其ハ本儀ハ先八省輔ナト

一受領に大守事ニ任シテ其後可任事候當時過分ニテ直任候也

諸國太守號おほく候親王受領必大守タルヘク候めさるへき國にて候但上總上野の外ハ親王常陸也任しまします事ハ希の時ハ介吏務ヲツカサトリ候如此子細職原抄ニ見エ申候よし被仰出候大守の國によりて其吏務をめさる事ハ常に御座候親王直ニなにかしの大守と申は右兩國のみに候よし被仰出候キ常陸宮なとの號を稱し候ハ各別の儀候哉如何

一諸官に受領を兼任事

參議より以下ハ兼國號上古以來當時此分候拜任あるよしを被仰出候畢大中納言兼任例希有ノ事候なき由ニ候平家氏族大中納言たる人多ク受領ヲ兼シ候其ハ時代權門其時分ハ他家ニモ其類少々候キ此諸國ノ吏務ヲ公家自專ノ時分ニテ候間國ノ守ヲ執シ候ヘク候によりて左樣に吏務ヲ專に任シ候由被仰下候猶被注下度候

一侍たる仁極官事

他官拜任の例多候人によりて過分の望共も候へ共四府を先途と見エ候由被仰出候キ殊鎌倉右大將家しるし申さるゝハ專四府或ハ檢非違使ヲ所

此分候
望の由以前被仰聞候キ但撿非違使號ハ義經のみ以前も拜任勿論候かと被仰出候キ其分候哉

一侍初官事大將別當ナトヲ顯職ト稱候征夷將軍ナトモ其類タルヘク候ヘハ强テ顯職トハ申サヌ也
右同前鎭守府征夷弁防鴨河使修理宮城使此等の職を顯職と稱候由ヲ被仰出候キ其分候哉

一主貢事
主馬弁主貢事主馬ハ東宮の御殿奉行主貢ハ御調貢奉行御倉方ヲつかさとる事よみハしゆくと可稱之由此分候被仰出候キ如何

一唐名事
大略漢音によむへきよし此分候被仰出候漢音ハ必すみ多クハてよむ但其文字によるへきかと被仰出候キ如何

一外敍位事外姓トテ姓ノイヤシキ者ハ先外從五位下ト云位ニ叙シテ
是は地下の侍なと叙爵ノ事ニて候先外叙位とて後年ノ叙位ニ入内トテ從五位下ニ叙シ候也朝臣宿禰眞人ナト
不及勅授之其以後又叙とて本式に叙せられ候其ノ尸ニテ候ハ又姓ハ皆外姓也
を入内と申由被仰出候キ如何

一内叙事

入内ノ事ニテ候マサシク從五位ニ叙候ナ内階ト申候右ニ
地下諸大夫なとをゆるさる、よし被仰出候キ五シルシ候コトクニテ候
位に叙する事と被仰聞候畢

一臣下姓事源平藤橘此四姓ナ高貴ノ姓トシテ候也藤氏モ姓ハ中臣ノ段
藤氏を本と心得へき事にて候其故は入鹿大臣を勿論候
可被誅之由を淡海公大織冠ニに御勅談成就候藤の陰にて
被仰合によりて藤原と姓を給らせ給ふ多ハ中臣
大中臣江家なとわかれくたりて其數多候神家に
中臣卜部なと始と數度被仰聞候キ如何此分候

一日　上　事ヒノカミトヤラン
是は禁中にて當日に其事ヲ執て奉行有人の事にハ其
て候其を上卿共號候よし被仰出候畢事を執と申日何事ニテモ朝家ニ被行候公事ナハ其第一ノ公卿ウケ給リテ
事はいかなる御事ニて候哉職事なとの執沙汰候下知シ候ニテ候職事勅宣ナ公卿ニ仰候ヘハ上御又則職事ニモ
公事の外に又何事とも御座候哉被仰出度候弁ニモ外記ニモ申付テ施行セシメ候也万機ノ政何事モ此定候

一上日事
是は禁中に伺公ノ日ナ上日ト申宿直シ候ナ上夜ト申候一年當番ニて祗候の人の事にて候平家に中ノ上日上夜ナ外記注テ奉ル事昔ハ候也　是ハ殿上ノ所ノ雜
上日の者に仰てと語候其人の召使輩に申付候と色ナト申候テ是モ同宿直シタル者ニテ可有候瀧口小舍人ナト
申事にて候由被仰出候キ

トテ面々ノ上日候也其ヲ奉公ノ勞ニツノリテ各官ヲモ申除目ニ瀧口ノ勞帳トテ奉候モ年中ノ上日ヲシルシタル帳ニテ候

一散二位三位事
參議を經歴すへき事は諸家に通法ニて候されとも參議にハ文筆にかなはぬ人ハ難任候されハ攝家清花の息なれとも參議を經候はぬは皆以亡二位亡三位と稱し候順道にあらさる故候よし仰被出候キ其分候哉

此分候事ニ候但攝家ハ久シク經歴候ハス清花ハ予今經歴候ヘトモ直ニ三位中將ヨリ中納言任シ候ヲ執スル人モ候ノ參議ハ要樞ノ官ニテ候ヘトモ古ハ執シタル事也

一順年廻來之事
式部民部兵部外記叙爵以後受領に任候事普通の由被仰出候キ右の四斗に限候哉又猶何れの官を被加候て受領候哉巨細被仰出度候

此分藏人ノ叙爵タル又別也

道ニ相替候テ皆恩ニアツカリ候事除目ニアツカリ候事アマタ候ヘ々ニハ申述カタキ事也

一諸司のせう爵事
當官ハ其儘ニて爵をする仁ハ何かしの大夫と稱候但我等とは大夫本式の物にハ不可書之候たとへ左衛門大夫と稱候共かくも自書にハなにかしの尉或ハ散位と可調候常の書札にハ我も何の大夫と書候もくるしかるましきよし被仰出候キ其分候哉

一猿樂能に稱候條々事
義經敵にあひて是ハ一院の御使撿非違使五位尉源の義經と名乘候由申候此撿非違使事更に自稱に有へからす候只左右衛門尉なにかしとあるへき事ニて候と被仰出候キ如何又五位尉と名乘候へき事はくるしかるましく候哉重而被仰出度候

誠ニカヤウニ有ヘキ事ニテ候ヘトモ規摸タル事ナキカレソトテカヤウニモコソ申ツラメ

同大夫進朝長と名乘候事も候是も我とハ中宮進朝長と有へき事にて候哉請上意度候

同前候

有職問答二

被仰聞條々

一受領の目の唐名主簿ノ事
策をとる官と被仰候介掾目各其役候よし被仰出
令ニ委細見エ申候別ニ注進之候
候キ何事を奉行としるし可被下候哉

一權守事 任國ニ越トテ吏務ナ沙汰候權守ハ多在京ノ人任之
正守は在京にて在國の守護を可稱之由被仰出候
ハ國ノ守ナ警固シ候武士ノ心候
畢親王受領國々には介守とす權官有間敷由被仰
此分候
出候キ太守と申國何も此分たるへく候哉又可依
上總上野常陸三ヶ國也
任國候哉之注下度候

一業平朝臣を陰陽神と稱事
一向何トモナキ事候伊勢物語古註トテ正躰モナキ物候、
是は官にかよふ陰陽頭にてハ有間敷候好色の人
其ニ陰陽ノ神ナリト書候其事ナ猿樂申候筋ナキ事候也
成に依て二神の心に稱候よし被仰出候キ其分候
哉

一仁和寺御室事
御代々宮ニて御座候 勿論候 但攝家より一代并鹿苑院殿 光明峯寺攝政息法助號開
白准后此一代候其後鹿苑院御息一代御入室早世也此外王孫ナ
御時武家より一代御仕候是一段希有御事にて候
ラテハ無入室也
よし被仰出候キ巨細被仰下度候

一式部唐名事
吏部李部此兩名何も可用よし被仰出候畢其分候
哉

一兼國號事
位署につらね候には先本官を書候て其次に國名 假令參議左近
を可稱由被仰出候キ何にても被注下度候
衞權中將兼出雲權守藤原朝臣參議右大辨兼土佐權守藤原朝臣
大炊頭兼大外記博士主水正下總守清原朝臣宗賢如此書候也

一平家物語に藏人大夫と稱事
御不審之由被仰出候キ但叙爵したる仁の藏人に
補し候事候歟被仰出候キ其ハ禁中職事なとの分にては候ましき推量候ニハ六位藏人ナ經歷シタ
ル人ノ五位ニ成タルナ藏人五位ト世ニ稱シ候其事ヤヲン此事
にて候哉地下の藏人の事猶又如何子細御座候哉
何所ニテ候哉物語ノ前後ニテ料簡モ候ヘキカ不覺候
被仰出度候

一笞杖徒事

罪科によりてかろき科にハむちにてうち蒲鞭是仁恕ノアマリ也法ノ外ノ事也只鞭ヲ用ルハ罪杖ヲ用ルハウキ事候也此むちを用る事ハいたましめさるため也たとへハ傷怒の心と云々おもき杖にて打也各寸尺有り格式に載之徒ハいたつらと訓す出仕をとゝめて年月を送也五刑ハ是に流死の二罪を加る流罪に輕重有て遠中近配所幷年期なと其にしたかひて有へしと被仰聞候畢此分候哉

一流刑事

是を流しころすと申說ある歟曾以無其儀也只刑何モツミスル心ニ刑ノ字用也流しつミすと云心也なかし殺す事ハ二たひ赦免なき世話モ如此申ナヲハシ候其モ非正儀事也罪科也奉書に畢と文字有り然者刑の字ころす心に非すと云也と以前被仰出候か猶其分候哉

一書籍等奧書に唐名事

我等と唐名を書位の唐名を書事皆連綿候不審のよしありスコシハ非無謂候己達の人なと儀候但我抄物又ハ所望ノ人ニヨリ多分如斯人によりて斟酌テ不可有子細大畧皆如此用來候有へし但我麁流なとへくるしからぬ事也と被仰出候畢

一神社佛寺に敬白書事

はし作に敬白ハ勿論也書とゝめの如件とある下に敬白と書也實名の下に敬白と書也其敬白と書以上三ツ是ヲ三敬白ト申て判形をハ裏にすへし判形すへき所に敬白二字也名字ノ下ノ敬白ハ公家方ニハ不用候を細字に書うへ是は至て本式の物にかやうに可調之由被仰聞候畢其分候哉

一六位尉事

武邊ハカヤウニ候ヘキカト覺申候

四府尉未六位の時使宣旨を蒙を云必爵をせすとも使宣旨をは蒙事有其時ハ縦左右兵衞尉たり共判官と他人ハ可稱之由被仰聞候畢其分候哉

一散位と書事

無官の人必可書之從一位迄も我とは散位と書之前官の大臣なとも此分たるへし准無官心也いまた爵をせぬ者をは散位とハ不可稱之由申人有歟以外相違也只無官の仁にかきると心得へし其故ハ文章生ハ六位にて無官にての者也但他官をのそむる受領に轉す歟其時實名を加て散位なにか

しさ除目に被載之事普通也以前被仰聞候畢此分候哉

一出納事
是ハ百官の内也官ニテ無之殿上ニテ諸事奉行ノ者也出シ入ル心ニテ出納ノ字アルカ皆叙爵モ官ナモ任シ候四人者也一臈二臈三臈ト稱之四人目新出納ト呼候位ハ六位也但爵をするも邂逅の事也他官をも兼す藏人所の役也内侍宣さて使宣旨を申觸事此役の沙汰也口宣はならぬ物也但所望にしたかひて口宣の案も可出之撿非違使宣是也さ被仰出候畢其分候哉當時出納ハ左近將監ニテ候

一撿非違使別當事中納言參議之外不補之院ノ別當又藏人所ノ別當ニハ補候也
大臣の内可然候上首勳之別當宣事只一人也位署にハ別當内大臣右大臣なさ本官のうへに書之さ被仰出候其分候哉

一大別當或院々宮々別當官有事
是ハ撿非違使にハあらす其院宮の別當さて官にあらす惣奉行のこさく成事也是ハ人數不定也院々宮々に有位署の書やう如右さ被仰出候此分候哉ニカキリ候親王家ニハ勅別當トテ大中納言ノ別當ニ補候大臣不補候

一執達如件さ書事
弘安の禮にみえたり恐々謹言さ同之さ被仰出候此分候
其分候哉

一殿上人事四位五位六位迄モ昇殿ヲユリタル人ヲハ殿上人ト申候也
是ハをよそ四品したる人の事さ心得申候處五位の人の中にも殿上人さ稱候やうに申事不審に存候如何被仰出度候

一弘安禮事
是ハ洞中にて評定有て被定候是により院中禮を被載候其子細ハ禁中禮節ハ當官次第に其禮ある故に更私の會尺なし其によりて公卿の息たりさいへさも淺位淺官成ハ各位次に任て其席に著し其振舞ありされは本式の時は前官の人ハ曾以其交なし前官ハ無に同するいはれ也職原抄親王公卿諸王諸臣さ階級定るよし被仰出候畢此分候哉

一禁中對席事大概此分候節會座ナト奥端ヲワカチ着候議定席ナト又子細有事ノ不一准候
親王ハ皆一列に座し給フ攝關ハ其向ひに位次を

守て座大臣以下各行座に著と被仰出候畢此分候哉

一親王事
先親王宣下あり臣時初位の心にて無品に叙す或ハ三品或二品ニ叙スル也一品ハ殊ニ被執事也其以後三二一と次第に昇進まします御もちいは左右大臣の次と被定候爲大臣上者也准后ノ人上下相論事アル也弘安禮には猶賞翫あり後常恩寺禪閤被仰候ハ何れに公卿被准にハあるましき由被仰候と歟被仰聞候畢其分候哉

一藏人所別當事
大臣任し左大臣ニ多分補候給ふ是禁中本奉行也藏人方事存知之由候也と被仰出候畢其分候哉

一六位藏人之事
多分地下の者也殿上公達ノ息モ多補候或又假令攝關家禮なとの凡家ノ家禮ノ諸大夫モ補候准仁たるへし其も當職のほと殿上の振舞ハ大概五位藏人に同之殿上人ノコトシ叙五位してハ殿上をおるゝなり
天津かせ不氣ゐの浦に居る鶴のなとか雲井に歸らさるへきとハ六位藏人五位にうつりて殿上おる

る時の哥也と被仰出候此分候哉

一蔭子蔭孫之事
六位の者爵をする時の事也同日同階の者の上下を定る時父祖の官位をひきて子孫の上下を定る事を云也蔭を不立と云とハまきれなく先祖以來普代高位の輩の息なと如法に位階を經歷の仁にハ無其沙汰と申事也と被仰出候キ其分候哉

一叙爵事
同日同階の人あり其ハ御給とて院宮と攝關なといくたりと被申給とて叙するなり同日同階なれとも御給の院々宮々攝關の次第に内辨執筆是を書つらぬる故に上下の次第院々宮々にしたかひて不及異論と被仰出候キ其分候哉

一法親王事
是も宣下有品位ハたゝ親王同前之座次又同之と被仰出候畢此分候哉

一内親王事

此儀男親王ニ不相替候也如何被仰出度候

一攝關家に令と稱輩事

是は知家事安主なとのたくひにて其家門公事を大臣家ニモ令知執沙汰仁也位署なとハ令なにかしと兼官なと加家事以下候也之と被仰出候畢其分候哉

一廷尉位署事

我と書にハ左右衛門權佐と可調也衛府佐は諸人任する事なから廷尉は別而宣旨也さるによりて權佐に使宣旨の外にハ不任之但正佐にて使宣旨此分候もあるへし

一上階したる人唐名に卿字を付事

官によるへきなれともよふ事くるしかるましきか都督都護に卿の字を按察使太宰府に付てよふ事も有と被仰出候キ其分候哉

一位を書狀なとに書事

位はたかくて官はいやしきにハ賞翫して他人書事有我ハ不可書之二位の中納言なと常に書之又呼也と被仰出候キ其分候哉

不審言上條々

一口宣案位署々

頭左兵衛督と奉行候是は藏人頭にて兵衛督爲人候也の書上にて御座候哉巨細被仰出度候

一口宣案位署々

藏人左中辨藤原定方と候是頭辨の事にて候哉近是ハ只職事ニテ有ヘク候、ニテ候ハ、藏人頭衛方と辨方と職事勿論候歟

口宣奉行の事近衛方辨方事によりて各別の儀を左中將可有之候申沙汰候但又御沙汰候哉其品具被仰出度候兩方通用ノ事ニテ候其條々難錄筆端候

一后御昇進事

初は御位如此准三宮にも任給候哉四位若ハ三位ニテ候人立后ハ所見不分明候女院多ハ先准三后ニテ後ニ院號ナカウフラセ給フ也

一兼官事

兼官あまた候人は位署には當職を本に書て兼官をハ次に書可申事候哉又すゝむをさきに稱可申事候哉

大納言正三位兼行左近衛大將民部卿陸奥出羽按察使藤原朝臣
長房別當參議從三位行右衛門督兼中宮大夫伊豫權守藤原朝臣
朝盛

一當官辭退事
參議或大中納言に任候人其官を辭して八省卿又參議大中納言當官ニテモ兼帶ノ官ニ候辭退之後猶帶之候　勿論候諸司のかみなとに下り候て任事も候哉其子細如是ハ參議ナトモ兼任ハナク候何具得上意度候縱ハ冷泉黃門今ハ民部卿と申候歟此類等御事候

一義與位署事
當官左京大夫年序を經候はゝハ國司ナトノヤウニ年限ナキ官ニテ候間別人若拜任候ハヽ前官タルヘキニテ候然者此コトク可被調候散位從四位上多々故法良朝臣と本式の物なとに可認事は可然候哉泉寺ハ先年一色左京拜任之後更ニ又還任之宣旨ヲ申請候シ殿重殊勝ノ由沙汰候シト覺候

一唐名事
職と官と相對の事候人ハ職の唐名を稱可申事に候哉官の唐名を可呼事候哉假令當時阿野殿ハ宰相中將にて御座候歟然者すゝむを以阿野相公と此分可然候子細ニ申者相公羽林ト可呼ニテ候官ハイツレモス可申哉羽林と申哉此類多く候更に分別不仕候巨ムナ可呼候條規摸候也細被注下度候

一位署事
武家奉行制札に見及申者彈正大夫忠平朝臣と書順不可然書樣候候是霜臺にて爵を仕たる位署の義勢に如斯認候候哉比興事ニ候哉又畠山觀心院の被官候田向亮大夫殿と書たる大夫何トモ無了簡奉書候たむきハ在所と見へ候亮は四職のうち何不審事哉もにて候哉此書札不審に存候如何

一職原抄注に
國介の唐名別駕にて候哉是に限て吳音に呼と見詩ナトノ作者モ讀候モへ申候如何被加御點被仰出度候此分ニヨミ來候

一藏人事
武家に拜任無其謂候歟不得其意任仁も候春宮御座ナキ時ハ有ヘカラサル官ニテ候犬追物なとの時撿見よははり候に大路くらんとゝ呼候是モ不苦候平家ナトニモケ樣ノコエヒカレテカシ只ヨヒ候時ハクラウト尤可然候くろうと能候由龍朔院殿なと被仰候キ如何

一殿文字事
位に殿文字を付候は二位三位外不及承候如何一位等ノ外誠不聞候五位ヲハ大夫ト呼候則五位殿ト呼心也

一女房官事
ハ其所々ノ別當ノ心ニテ候假令所ノ別當御便殿ノ別當ナトニテ候但呼名別當殿ナト申ハ假令大納言殿中納言殿ナト申別當に任せらるゝ由承及候何の別當にて御座候

哉此外八省諸司名國司等も任られ候歟巨細被仰
様ニ男ノ名トモヲ付テ喚來候諸司八省ノ名も同前ニ候國名ハ
出度候
御下トテサフラフ人ノ或伊豫殿播磨殿ナトヨヒ候是モアナカ
チニ任官ニテハ候ハテ只喚名ト申物也又仙洞ニテモ別當ノ局
ト申候カ内裏ニテ勾當ノ内侍ト同事ニテ中臈ノ第一ノ人必別
當局ト申候也

一勾當事
内侍方御いつれの品にあたり候哉此外にも勾當
ノ内第一ノ内侍ヲ勾當ト申ハ是ハ内侍所ノ別當ト云心
ニテ候歟
と申人御座候哉

一内侍中に
中内侍等も内侍なと世話に申候は如何
衛門　是モ皆喚名マテニテ候新内侍ナトモ
申候也

一大夫事
大夫は叙爵したる義勢に他人是を書又ハ稱候歟　此分候
近日殊外多候間モツケ又大
夫モ候不苦候、
武家奉行なと何の大夫と申事賞翫之儀候哉大夫
是ハ六位ニテ將監ナリシ人ノ叙爵シテモトノ
將監なとうへに付て書事も候或何の大夫と下に
コトク將監ニテアル人ヲ呼候スコシ規模ノ事候當家奉行左近
付て稱事も候兩條善惡巨細被仰出度候
大夫ト申候則將監ノ大夫ニテ推量申候侍ニハ衛門大夫兵衛大
夫ナト往古稱シツケタル事候其外近代何ニモ大夫ヲ付テ喚候
聊不心得候様ニ候但如何候哉短才不分別候

新玉津島詞合作者位署抄出不審條々　自從一位至正六位

一自一品至正二位實名不加事
我と書にハ實名迄悉書也他人ハ斟酌也縱ハ大臣
名を不犯に同前歟と云々　此分候　此儀猶以請尊意度候又
三位よりハ何にても實名を他人ハ斟酌すへき由　此分候
申也如何

一自從一位從三位上下之字省略事
上の正從ハ勿論に位の下の上下の字昔ハ三位以
上古ヨリ無之候　自上古有之古今無分別儀令條
上にも有近代ハ四品以下置候て三位以上此儀停
所載分明也
止之其子細被仰出度候

一陸奥出羽按察使事
權帥なとのことく只按察使と計も有右の位署ハ
本式の書やう也彼兩國を兼帶して守護する司也
依爲遠國吏務のために出羽の秋田城とす所々代
官を居置正員ハ在洛す其代官出羽介也秋田城介　私考是
と書之人ハ出羽介と可稱と云云　是也又如何此旨
ヨリ答タルヘキカ
無相違爲出羽介之人必兼任秋田城介者也

一征夷大將軍正二位姓事

此號ハ位の上下をいはす征夷將軍と位の上に書此分候之鎮守府同前たるへし（是ハ兼官ノ類候）縱ハ依職也と云云　是又如何

是ハサヽケモノトテ假令造東大寺長官修理左宮城使防鴨河使ナトモ同シササシアケテ諸官位ノ上書官ノ類也

一藏人正五位上行左少辨々々々事

是も藏人ハ職たるによりて位の高下をいはす書此定也之云云　非藏人事巨細被仰出度候（子細見職原抄候歟）

一前伊豫守正五位下源朝臣貞世事

是も受領ハさたまりたるやうに位の上に書之云云　如何

受領ノ人一任四ヶ年後猶書候前之守之事自然其例有子細事候歟但今哥合此書樣ニ他人書位署ト見エ候自身書候ハヽ散位正五位下云々貞世ヶ樣ニ有ヘキ事候歟

一權少僧都法眼和尚位事

法眼は位也法印の時は大和尚と書へし我も書之他人ハ勿論可稱之云云　如何

僧ノ位　法印大和尚位（僧正）法眼　和尚（大少僧都）法橋　上人位（律師）如此候是ハ僧都權律師等官位相當書之候也

一權律師法橋上人位則祐事

上人號ハ和尚號のまへなり法橋は位也云云（子細注右）

以上左方作者抄出分

一參議從二位行侍從兼備中守々々々々事

參議是も位の上に可書也（必位ノ上ニ書之官也）非參議の號の事前官と可心得候又參議に可成人の末任之を他人賞翫し（又スヘテ參議ニ任セサル散二位三位モ云也）ても稱之と云云　參議の事四位の參議もあり三位に准す人は公卿と稱之天子は四位參議をは參議朝臣と被召之云云（相當ノ官也參議尤規模也）　如何猶巨細可被仰出候（御前又晴ノ席ニハ名字朝臣チ臣下モ喚）

也又散狀トテ書ツヲヌル物ニモ名字朝臣ナ載也但振舞ハ三位ノ參議モ同事也表書云公家參内ナトニ上首ヨリ位次チ書ツヽケタル折紙以下ノ事云云

一散位從五位上々々々々事

是ハ無官の位署と見之たり無官なから先爵をする事其例多候但當官を辭退しても如此可書之爵をハして無官なる者をハ冠者と云云（勿論ノ人ト是ニ見エ候カ）　元服をハして無官の仁の事云云（大夫ト申事元服シテ後）　是又具可被仰出候

一正六位上行左衛門少尉平朝臣々々事

六位なから姓につけて朝臣と尸を書事の不審也

姓に付て尸を書事昔は六位七位迄も許也勿論也然處後鳥羽院の時代以來禁制也其比は五位にも堅被制之四位は書之右之位署は古躰を摸歟云云 是又子細可請筭意也
サモヤト覺申候

一散位從四位下賀茂縣主雅久事ニテ
縣主の事賀茂のこと〱彼衆中に用之但朝臣書も此社司等ニハ朝臣ノ字有ヘカラス 陰陽家ノ賀茂朝臣ニテ候有と云々如何

已上右方作者抄出分如斯

有職問答三

重而不審條々

一神祇伯事
當時伯卿を二位と稱也伯ノ二位伯ノ三位ト稱也然者伯に准して三位大副是ヲ祭主ノ三位トモ同呼候三位大副トハ不審候卿少副卿或四位を祐朝臣又は史朝臣共可稱候哉是ハ左樣ニハ不呼付候也

一儀同三司事
准大臣は勿論候哉但三公の下大納言の上にて候哉是に付て人數定候哉新儀同なと申事も有へく候哉前官當官の沙汰も候哉辭退の時は如何申候哉時代何れ誰人任始候哉殊様被仰出度候
儀同三司トハ本儀從一位之唐名也然者中古以來之例叙一品之後准大臣可預朝參之由被宣下之後號儀同三司也 人數ハ不定又官ニアラサレハ辭退ナト云事モナシ 前官當官ノ沙汰ナシ只喚傳ハ稱號ヲ加テ假令勸修寺儀同 日野儀同ナト稱候又勅撰ナトニハ儀同三司ト書テ名字ノ片名ヲ下ノ傍ニ付也新儀同トモ前ノ儀同トモ稱之事無之准大臣儀同三司事ハ 伊周左迁皈洛ノ後寛弘二年二月宣旨初例候哉

一參議事
位は何れの相當候哉從四位上相當也自三位至二位爲相當之條勿論兼官には如何成官をいくつ

計兼候哉證據を位署に被遊下度候

兼官事

左右大弁侍從七省式部大輔文章博士彈正大弼勘解由長官近衛大將中將四府督諸國權守等此等何モ參議兼任之官也

一漏尅官事

ろこくかろうこくか被加御點被仰出度候又任來家候哉役ハなにを勤申候哉

陰陽家之輩任之宮中漏尅ヲツカサトリ辰ヲ守ル官也

一文章博士事

任來家候哉役は何事を勤申候哉

紀傳ノ儒トテ菅家江家藤氏ノ儒者ノ任スル官翰林學士トテ文道ニチキテ尊崇ノ官也當時ハ菅氏又日野一流儒業ヲ遂タル人任之尤賞翫之職也儒家ニアヲサル人ハ不任候官也

一助教官事

しよこう歟如何家こ役事右同前

明經道トテ清家中家ノ儒者五位ノ時任スル官也

直講

家又役如何同前

坂上中原ト法家ト號シテ法曹ノ律令格式ノ文ヲ學スル家任之當時ハ勢多大判事中原姉小路坂上ナト云者トモ此家也専式條ヲ守家也

一算博士

右同前

是ハ善家トテ三善清行卿算術ヲ傳テ子孫相續セシヨリ彼家ノ輩其博士ニ任スル也又小槻氏ニモ今ノ官務時元カ流ニ同此博士ニ任ス其子細粗見職原抄又大學寮ノ下ニハ算博士ハ明經方ノ算博士ニテ候此御不審ハ其事候哉ソレハ皆明經道ノ者任候由也

一明法博士

右同

一書博士

右同

明經之儒任之私考此分答タルヘキカ

一音博士

同前五經ヲ訓スル官也

右同

一文章得業生

右同又出家に得業の號有之如何

是紀傳道ノ儒者獻策トテ大學寮ニテ文章ヲ書テ寮頭ニ被試唐名人ノ進士及第ノコトク登川セラルヲ得業ノ生ト申也是秀才𪜈茂才𪜈喚ナリ獻策書フダ也寮頭ニ先ミセコヽロム心也出家ニ得業ト申候モ南都ニテ維摩會此會等ノ講師ヲツトメテノ後得業ト稱ス是我宗ノ業遂得タル心ニテ喚也

一諸陵官事 裏書云 七所廟大和山城中ニ柏原醍醐ナトノ天子代々御陵へ歳暮ニ勅使ヲ立ラレテ禮儀アリ荷前ト云
當時此沙汰なし如何在所はいつく役は何を勤之 天子御惱又御珍事有時ナコタリヲ申タマフ勅使之事
家は誰人時代はいつのころ迄稱之哉
諸陵ハ代々ノ國王ノミサヽキヲ被置候近代ハ遺詔トテ天子崩御ノ時御遺言ニテ不被置共陵候是ハ國家費ヲ被省之心也然而自上古被立來候諸陵へハ時トシテ山陵使又荷前使トテ勅使ヲ立ラルヽ事候也諸陵頭ニハ陰陽家賀茂氏ノ輩今モ必任候當時モ在重朝臣之サヽキ田トテ知行候モ醍醐ノ天皇ノ御陵田候也則山科醍醐邊ノ田地領知候也

一大判事少判事官事
八省の中刑部部屬して見え候役はなにことを専勤申候哉任家候哉
明法道ノ輩任之世間ノ雜犯等ノ理非ヲ判斷スル職也

一囚獄官事
是ひとやと訓候本候如何しゆこく上下候歟と點候いつれ 常ハ如此ニ候
能候哉しゆこくのときは清濁いつれ被加筆度候

一織部官事
田舎邊に自然任候仁ハをりへと稱之由不宜候 無子細候

一醫博士針博士侍醫等事 久不任官也
典藥方和丹兩流の外にも任事候哉巨細被仰出度候

一正親官事
同訓の憚によりて停止と云云 いつのころより斟酌候哉 不勘得候近代王氏五位之由載職原抄歟

一内膳事
奉膳典膳膳部何れも是に屬候分別慥被仰出度候
又役はいつれ家又如何
奉膳ハ内膳ノカミニアタル近代高橋氏ノ者奉膳ニ任當時其定候典膳ハ内膳ノスケ膳ノサクハンニテアルヘク候哉

一主水 裏書云 丹波ノヒトコロ今モ當官知行也
このもん氷と書本も候如何 非也水ニテ候 いつれの家役はなにを勤哉
清少納言宣賢カ流今相傳彼一類任此司正ハ氷室所領候也

一彈正官
尹はかみにて候哉 勿論ニ候 任する事親王に可限候 親王ノ外大中納言ノ兼官也

一春宮官
此任官家定り候哉 不定諸家各任之 いつの比より停止候哉
坊官ノ除目トテ春宮方ノ官ヲ別ニ任スル除目モ候也
春官事

崇光院御代貞和年中直仁親王（花園院皇子）爲春宮後年廢シ此後立坊之事絶候

一主膳監

すせんと訓も候しゆせんとある本も候兩說何れ
内膳ト同シ御膳ノコトナ是ハツカサトル也
能候哉役は何事を勤候哉

一主殿官
ニテモステン兩樣同前ニ讀候　トノモリ同事候
宮内省の下に其ハとのもんと訓候又是をすてん
と點候兩所差異如何候哉是に下の字ハ首と候か
宮内省ノ下主殿司ト同事候是ハ春宮
みとよむへく候役は何を勤申候哉巨細被仰出度
ノ御方ノトノモリニテ候也
候

一帶刀
勿論候　常ハ申習候哉
長さこの下に候かみにて候哉長さよみ候哉かみ
と可讀候哉

一帶刀陣
是ハ春宮ノ御馬ヲツカサトル官也主馬ノ判
右の下に主馬署とあり長のならひに脇籠取とあ
官モ此官ニ任シタル者也
り又別とあり如何

一太宰

帥大貳少監典博士傔仗銘々に役如何

典マテハ常ノ四等ノ官カミスケセウサクハン也其外ニ博士傔
仗等事ト太宰府ハ京ヨリ程遠ク異國へ近キニヨリ文章ニ通タ
ル者ナ博士トシテ相ソヘタリ又算師大唐通事ナト云官ナ太宰
帥ノ下ニハ置之候傔仗ハ使ナトニ召使候武士候歟唐ニモ傔仗
卅人ヲ置ナト申事候使節ツトムル者ト見エ候此傔仗ト云ハ陸
奥出羽ニモ國司申請テ給事候哉

一國任
各任限四ヶ年也太宰府任如此候
遠中近四ヶ年五ヶ年いつれと巨細被仰下度候下
總守上野守常陸守任之希有に候哉心如何親王任
之太守ト必稱之候
給云云　如何成親王任ましますや是により介を守
に用と申說あり如何

源氏物語ニモ常陸介カ事ナ守ト書タル所アリ此事委細花鳥餘
情ニモ候シヤラン

タル人ノ兼也　東鑑ニハ
秋田城介出羽介歟他人は出羽介と稱之我は秋田
多書候此事不存候
城介と申と云云　按察使のかと申之如何あき田あ
此詞ナ多習候
い田いつれ候哉

一左右近衛府

右兩衛の外に中衛と申號候哉時代いつれの比誰
人任候哉何の比より停止候哉

往古大將皆中衛大將也其後又置近衛大同二年四月以近衛爲左

近衛以中衛爲右近衛府云云然ハ當時ノ右近衛ハ則上古ノ中衛府也

一將曹　府生

任家ありや役ハ如何隨身ノ家任之兵杖ヲ給人ニ相從也

一左右衛門　左右兵衛

是に府生有如何成仁任之候哉役は如何
同前近衛府生外衛ノ府生等也

一主馬　主貢　主鈴

武家になるや主馬判官と有心如何

一鎭守府將軍

東を守るに定り候哉兼任も候哉
上古東夷ツネニ帝都ヲ襲候間東征ノ將軍ヲ置歟本官ハ何ニテモアルヘシ鎭守ノ將軍兼任スルナルヘシ

一征夷大將軍

右同前此事粗被載職原抄凡四夷ヲ征スル將軍ナレハ名字ニアラハレテ天下守護ノ器トキコエタリ不能左右歟

一副將軍

此號百官に見へす別而宣下候哉
是ハ鎭守府將軍ノ下ツカサト覺候但別テ朝敵追討ノタメニ被遣將軍之時撰器爲副將軍之條先規勿論候

一惣追補使

同　前後白河法皇賴朝卿ニ天下惣追捕使ヲ被仰爾來天下ノ御後見ヲ沙汰候樣ニ使フ歟追捕使トハ勅定ヲウケ玉ヘリテ罪科人ヲ相ハカラヒ候事ソノ事ヲ天下ノ事ヲ惣テ沙汰候職ヲ上トシテ被仰付候儀也

一長奉送使

同なにことのつかひと心得可申候哉
是ハ伊勢齋宮ノ御下向ヲ送リタテマツル人ノ事ニテ候長ク送リヲキタテマツル使ト云齋宮事後二條院御代以後斷絕候

一撿非違使

裏書
撿非違使ハ別テ本官ナリ此官ニ任スルヲ一級トス左右衛門左右兵衛必此官ノ先途トス非違ヲタヽストヨム心ハ使ノ宣旨ニテ事ノ相違ヲタヽス官也仍規摸トス

別當尉志府生何れも武家官歟當時も可任候哉
是ハ武官鞾執シテ任之事判官ト申是ニテアルヘク候
別當ハ大理トテ重職ニテ不兼其德者輙不可任之歟尤執來佐ハ廷尉佐トテ是又名家ノ時拜任殊規摸候尉判官ト稱之候武家ノ鞾モ任來候家等殊爲重職志ハ坂上中原各明經道者任之四道志ト申候也府生ハ誰ニテモ別當ノ相計ニテ任之必皆近衛外衛ノ官ヲ兼帶スルナリ

一靱負尉

武家に任如何成役ゝ隨候哉
靱負トハ近衛ノ尉ノ事ニテ候無別儀候

一非雜色

如何藏人所ノ雜色ト申者候雜色ノ外ニアル者ヲ稱歟藏人ノ心
同候哉但此事慥未思得候

一位を官に加て書事又呼こさくいつれにもあるへ

く候哉愚意にハ官賤位たかきに可有事候哉
假令四位少將三位中將宰相ナトノ事候哉然ハ如御所存勿論候

一官の上に實名を加て呼事
如何
假令實方中將業平中將是等四品ノ殿上人勿論ト覺候行成大納
言ナトノ類故人ナトハ如此モ書來之申付候哉

一兼官事すゝむを上に書候哉位を加て書時は又如
何官と位とあまた勝劣候にハ行守を其官位に合
て悉書可申哉行守を書つゝけたる兼官あまた可
被注下候
此事官位相當兼官多候時書樣古今意趣區分一兩雖載之難被散
不審歟重テ別可注申也

一尸事爵をせハ朝臣に不限也宿禰連眞人も實名の
下に可稱之候哉
四品ノ後ハ名字ノ下ニ某ノ宿禰眞人縣主ナト必稱之候五位ノ
程ハ名字ノ下ニハ不稱之候勅撰作者ノ書樣朝臣ノ外ハ四品ノ
後モ某宿禰某眞人ナト下ニハ不加之候也

一大介
三浦大介と稱之辭退前官の心候哉
此事更不得才覺候推量候ニハ御堂殿ナハ大入道殿ト申候是賞
翫ニシテ歟サレハ清家大外記賴業眞人ナハ子孫執シテ大大外
記トテ今申習候是モ三浦家ニテ一段執シテ大ノ字ナ加候ケル
カ又子息ナトモ己當國ノ介ニ拜任候後如此家ニテ稱候ケルカ可
爲兩樣候哉

一從四位上行左京大夫多々良朝臣義興左京大夫守
式位署此分たるへく候哉

一大中大夫左京兆尹兼山城安藝石見周防長門豐前
筑前七州大守多々良義興朝臣祈禱疏銘なとにハ
如此たるへく候哉
此分無相違候七州之兩字若被畧テモ宜歟如何

不審條々

一官位の事注たる物に太政大臣ハ攝關兩職にハ任
各任之攝政ハ忠仁公初例關白ハ昭宣公初例皆是太政大臣之時
させ給はす其故ハあまりに高官たるによりて政
猶爲攝政關白也
を御沙汰無之是に依て左右大臣或ハ內大臣を彼
職に補せらるゝ也
此條如何候哉古き物に攝政太政大臣或ハ關白
近代皆以如此
太政大臣なと候を自然に見及申互細被仰出度
候

一左大辨宰相右大辨宰相と稱有他人ハ左樣に書札
此分候或ハ參議左大弁其自身ハ書也
なとに書とも我は參議とはかり可書之と候此條

常の書札ハさもやと存候本式の物にハ兼官を加へ候へき歟勿論自書に宰相とハあるましく候哉如何

一少外記は本分數三人三﨟ニテ如此喚候歟一﨟二﨟三﨟四﨟とて四人あり他人ハ一﨟外記とも二﨟外記とも書共自書にハ少外記若は權外記とも此分候我か成やうに書へし

此儀如何

一左大史二人か内一人ハ五位をなさる其を大夫史と云次をは此分候官長者と云也他人ハ大夫史とも書我は左史と書二人なから五位事も有勿論近代四品之上首ハ大略官務也下﨟ヲ新大夫史トモ新四位史トモ呼也

此分に候哉

一右大史是は二人なから六位なり他人は姓を加て中大史とも又ハ家大史とも書也又二人の中に下﨟一人を新大史とも稱之我ハ右之右大史と書之

是又如何

一左少史是六位也勿論候二人か中一人をハ左一史と書之或は左少史と書之次の一人は左端史と他人は書之我は左少史と可書之

此分候哉

一右少史是も六位なり二人か中に一人をハ指次史と他人書之我ハ右少史と可書一人をハ新少史と書自書にハ右少史と調へし

以上
此分候哉

一大納言侍從侍從中納言侍從宰相他人ハ稱すれとも我ハ侍從と不書して大中納言或參議と可書之位署ニハ兼官ニ侍從ヲ載候也又二位三位四位侍從と人ハ書共自書にハ只侍從と此分候調へし

此分候哉但大中納言宰相と兼さるはかやうに也有へきにて候哉若兼官をは辭退にて侍從當官なる二位三位左樣に可調候哉又侍從の官中務勿論拾遺補闕ノ官宮中ニ咫尺スヘキ官ナル故ニ中務省ノ所屬タル也省ニ所屬の謂如何候哉巨細被仰出度候

一帶刀長二人あり是先生と號す他人ハ先生と書共我ハ先生共又長とも不可書也姓實名ハ他官あれは其を書へし

此段子細有事共（無殊事候）にて候哉先生の號古來沙汰有よし承及候侍の假名に如斯由申候（常ニハ如此用也）如何又長兩說如何

一左右近衛府內大將の事大臣中納言參議の兼する職也消息にハ大臣は只大臣ハ書自書にも此分也大中納言宰相ハ他人も大將と書也我も大將と可書也（此分候）

此定に候哉但本式の物に大臣の大將も加へて（位署ニ書候時ハ兼行左近衛大將ト書候也）書候哉大中納言參議又同前候歟如何被仰出度候此位署被注下度候

一中納言中將之事他人は中納言中將と書共自書にハ中納言と計書之參議の中將又同候次二位の中將三位中將と他人ハ書共我ハ只中將と書之

是も本式の位署にハ可替にて候哉

一將監事爵をして後ハ他人大夫將監と書共我は不（此分候）書之又舞人隨身なとハ將監に任たるをハ判官と（此事當座無辨悟候）稱之書札にも他人ハ判官と書之我ハ將監と計書之

此段殊巨細被仰下度候

一左衛門府の所々撿非違使判官五位尉也廷尉不渡以前ハ六位申度て後に人ハ大夫判官と書之我ハ左衛門尉と書へし叙爵とハ左衛門尉に成て後にハ五位になるを云我ハ散位と書之他人ハ左衛門大夫と書へし

此段殊委細被仰下度候

一陸奧出羽按察使事他人は按察と書之我ハ按察使（此分但使字ヲ加テ書事アリ書札ナトニ按察殿ト書之或按察中納言殿ナト書之）と書之

此分候哉

一防鴨河使事是も使宣旨なからさの見位署なとに（トハ撿非違使ノ事ヲ云也防鴨河使トハ只宣下スル官也此官サヽケ物トテ位署ヲ書候時第一ニ書物也征夷大將軍造東大寺長官ナト云類也必兼帶スル也）ハ不書候

古へ書たる候如何

一撿非違使別當衛府督を兼也他人ハ別當と書とも（此分候）我ハ衛府督と書て別當と不書也

如何位署之樣被仰下度候　別當權中納言從三位兼行右衛門督ナト躰ニ候也

一佐是ハ左右衛門權佐也是ハ他人も其身も左右衛門佐と書之

是は廷尉の事にて候哉世話に廷尉佐と申ならはし候此儀ハ撿非違使に不成左右衛門佐ある故に廷尉の佐と申哉自書にハ權字必可加かと存候如何
是モ使宣旨ヲ蒙テ後廷尉ト呼候也廷尉ハ多分權佐ニテ候但佐ナルモ左右衛門兵衛權佐ニテ候人ヲ廷尉ニテ候ハ又權佐殿ト喚候又自身モ權佐ト書候也

一殿上別當左大臣の成事也消息に書事なし此儀如何彼別當の號別當と心得可申候哉
此分候職原抄ニ藏人所別當ト載候此事也內裏ノ殿上ノ別當ニテ候也

一藏人非司た丶宣旨にて參者也他人は消息にも書共其身ハ不書之別の官を書之官なけれは姓と實名を書也五位ハ名乘書
內侍宣ニテ口ッカラ殿上ノ出納ニ仰候テ其人ニ告知ス也
勿論候
位署ニハ書之藏人左中弁藏人右少弁ナト又六位ハ藏人中務丞式部丞ナト躰也

一雜色是も非司他人ハ書共我ハ姓を書又別の官あれは其官なんほとの物にかやうに姓を書候哉
藏人所雜色也
此條毎度不審多候被仰出度候
所衆是モ藏人所ノ衆ト云儀ニテ職原抄ニ凡見エ候

一非雜色是も所の姓と云物也何所と人ハ云とも我身ハ不書之

此儀一向不及分別候樣被仰出度候所のしやうと申事巨細被仰出度候

一一品二品三品以上親王の位也無品略之　勿論候

親王品位は勿論候處世話に二位三位をも二品三品四品なと申如何四品より親王を無品の親王と申說も候五品を無品と申說も候如何
唐名ノヤウニ如此ニ申習候也
云ニアタリ候哉四品マテノ位ニ候ヘハ無品四品ノ次ト覺候

一女官位一品二品三品四品妃也と候

此儀如何女房の位階に正二位正三位正四位と申候はて只從計にて加級のよし申說候如何
近代此分候
女叙位ノ儀心ニテ候也

一上皇は院なり

此分候哉

一上座寺主都維那師以上三綱也
僧ノ惣名也

此分候哉阿闍梨大德は無官を申候諸寺の三綱なトハと申ハ右の三を申候哉又寺社によりて替事も候哉具被仰出度候
也
不可替候寺ニヨリテ阿闍梨何口ヲ置ト宣下セラレタル寺候其モ三綱ノ外ニ行法ノ阿闍梨ヲ置心ニテ候也

有職問答四

不審條々

一參議に被任事攝家清花の外にも拜家御座候哉 諸家皆多分任來候

一參議を兼候事大中將左右辨其外いつれの官職迄 以前巻物ニ凡注進候 兼任候哉

一參議に任せす候て三位に成候をハはう三位と號 モ散三位トモ申候 するよし候ハ其は何れの家にての事候哉 當時地下ノ者迄モ三位ニ叙候ヲハ如此申候

一武家に斯波畠山 勿論候 近年赤松 未聞候 三位に昇進候哉然者彼 故政則依神慮之賞別儀候其例候哉 家家も准公家して卿の字を稱すへく候哉 勿論候 參内之時ハ候所何れの所にて候哉 是ハ三位候共地下ノニテアルヘク候昇殿ハ又各別之事候 進上の御禮目錄等之調實名以下稱號等如何御座候哉 日來ニ相替事不可有ト覺申候

一大將に被任候事參議以上の兼職にて候哉其外に 攝家清花ノ外不任候專執來候顯職候 も兼任候哉兩局務なとも參議經歷候哉 不思寄事候

一大納言の兼官に彈正尹を兼せられ候哉 勿論候 權大納言兼任ニテ 其位署の書樣如何調候哉又他人官にも彈正尹を兼候哉 中納言ニモ若兼彈正事候 猶是巨細被仰出度候

一太政大臣并三大臣大中納言以下前官に御成候事 後進ノ人出來候時辭退候也 ハ除目次第に候哉但其人によりて當官を御抑留の事も候哉 御用ニツタカヒテ上トメモ抑留又下トメモ申請テ抑留ノ事モ時ニヨリテ有事ニテ候更ニ無定法候

一權大納言權中納言とハ申ならはし候哉權少納言と申事ハ 本來不置權官候也 不及承候如何候哉 少納言ハ三人任之候當時モ菅少納言清少納言ナト喚候後ニ任候ヲ新少納言ト喚候

一權の字の事當任の被定候內にも申候哉又定り候はぬ以前に稱候哉 當時大中納言ハ皆權大納言權中納言ニテ轉正トテ正ノ大中納言轉任スル事アリ其時權トハ喚候ハテ只大納言ト申也是ハ任大臣節會ヲ取行候時第一第二大中納言正ニ轉スルサヲヌ時ハ轉正ノ事候ハヌ間近來ハ只皆權大權中ノミニテ候也

一藏人事いつれもの官いつれの位迄兼任候哉 四位五位六位殿上人帶之候其內上首二人藏人ノ頭ト申候也

一位階をは伯卿傳奏上卿內記職事官務此六人奉行候哉是又巨細被仰出度候 位階ハ傳奏ノ若ハ職事奏聞シテ勅許之後職事上卿ニ仰候上卿大內記ニ仰テ位記令作也官ナハ職事上卿ニ仰テ大外記ニ仰宣旨ヲ成候又官ニヨリテ官務奉行テソレヲ上卿必辨ニ下知シテ

辨カ官務ニ仰也僧ノ位ナ悉官務下知候也

一攝家淸花の御家にも四府督佐尉志等を經歷候哉　勿論候　是不任候

一四職のすけ進さくわん同諸司助允并受領以下同前　以上不任候兼國トテ殿上人時ハ介權介參議ノ時ハ權守必兼任候代々ノ佳例ヲ守テ任來候也

一叙爵以後ハ大夫將監大夫進大夫屬こ稱候哉然者　常如此申候　ナトハイタク無聞馴候　いつれの官のすけせうさくはんも爵をし候ハヽ大夫こ可書候哉

左衞門大夫兵衞大夫ナトハ常ヌ喚候サシタル顯職ニテモナキ官ナハ呼付候ハヌカト覺申候但近代家奉行衆ハ皆何ノ官ニモ何ノ大夫ト稱候サモコソ候ラメ古儀不聞馴之樣ニ覺申候如何

一八省の卿には親王の外何家迄御成候哉

中式二省ハ親王之外近代不任之候其外何ニテモ皆任來之候後醍醐院御宇ニハ大臣モ皆八省卿ヲ兼任之事候キ是ハ邂逅ノ例候哉

一八省四職四府の外に兵庫彈正等の官をハ如何申候哉　別ニ何トモ申候事不聞付候

一和哥作者に兼見王なとことき王字を加られ候是は王氏とて姓をいまた給ハられ候ハぬ人候哉此たくひ多候如何

四世無位トテ王孫四世ニ及候ヘハ皆無位候仍某ノ稱テ爵ヲ申請候ナリ叙位ニ必王氏ノ爵トテ申モ或寬和御後天曆ノ御後ナト某帝ノ御子孫共ノ爵ヲ被申ニテ當時伯モ源ノ姓ヲ賜候ヘトモ伯ニ成候時ハ王氏ニカヘリ候

一左右のおほいまうち君こ申は大臣とも申大夫こ書とも申候如何　マウチキミト是ハ各別候

一典侍藤原直子朝臣典侍藤原よるかの朝臣なと候　勿論候　ハ女房の事候哉朝臣の尸如何又女王こ申候哉巨細被仰出度候　四品シタル女房ナレハ如此書候

御即位ノ時褰帳ノ女王トテトハリチカヽケ候今モ伯カ女トモマイラセ候

一家の字付候事何の官迄にて候哉中將なとには不付よし申候縱ハ攝政家雜掌大納言家の事奉書なとの上書に武邊の奉行之事にて候　勿論候

淺官ノ人モ雜掌申狀ナトニハ中將家少將家雜掌申ハ常書之候但依人斟酌モアルヘク候歟有無可在人心候哉

一三家はん家名家諸大夫家銘々被仰出度候　職原抄奧ニ大底載候歟家々勝劣卒爾ニ難申述候

一和尙號禪師號上人號法師事巨細被仰出度候

和尙號ハ元應寺以下律家申請候間禪師號ハ禪家申請候上人號事古來無其沙汰事ニ候近代淨土宗寺多申請候是ハタヽ職事消息ニテ某上人御房ト書遣計畢也多分諡號タリ現存ナハ特賜ト是ハ稀ノ事也紫野ノ祖ニアリ

一伊勢祭主住吉津守日吉禰宜吉田神主賀茂祝此勝劣如何又春日八幡にハ准之神職號如何候哉
彼家々各義勢區々更難申勝劣候又春日ニハ中臣氏皆居テ其職候八幡ハ神主紀氏後胤候歟宮寺ニテ專撿校別當ナト僧中管領之社候社官ノ沙汰不聞候

一勳位事なん等迄定り候哉被贈神社いつれ〳〵にて候哉　表書云　自四位初位迄一階ニ二等アテ也以上十二等也
勳位令ニ載候分十二等候也神位上古ハ次第ニ昇進ノ樣ニ贈申サル丶事モ候但近代天下ノ諸神大畧正一位ノ分ニ成候哉

一位を官に付て書事す丶むを以上に書と申事は勿論候歟其にも又官受領によりて不書も候哉
此事官位相當セサルニヨリテ區々ノ間キト難注得候官ニモ位ニモヨリ候ヘキ事候

一姓を位に付官に付て呼事候たとへは藤宰相菅三位なとやうに稱之如何
此事自然ニ書付タル人ヲ喚來候無別之法樣候哉

一位階も任官もす丶む昇進と申候哉
打マカセテ官ナハ昇進位ナハ加級一級ナト可申ニテ候但位階モ昇進ト申テ理ニハ不可背候也

一東宮傅と申候ハ東宮官のかみにて候哉かしつき此分候
勿論候
とよむと申說候官の時ハふとよみ申候哉又役ハ東宮ニ何事ヲモ執奉ル官ナリ太子ノ大傅トシテ異國ニモ尤重クスル官ナリ我朝又當職候職也
何事を勤候哉

一攝家淸花其外の納言羽林以下最初ハいつれの官　侍從外衞佐ナトハ最初ニ任官ニ候
に被任て次第の昇進を經歷候哉其家により候哉（八省輔ナトヲモ先經歷ノ人モ候各其家ニヨルヘク候）
巨細被仰出度候

一攝家淸花の御昇進にも最初ハ五位より從一位まて其經歷候哉
各必自五位昇進候其内八ニヨリテ越階トテ位階ヲコエテ昇進候事モ候攝家ハ元服ノ當日ニ大畧正五位下或從五位上ニ叙セラレ候淸花モ太政大臣ノ子ハ必直ニ正五位下ニ叙候其外ハ皆叙爵從五位下マテニ候

一越階の事二三階をも被越候哉其次第又人により候哉
越階ハ多分ハ一階迄ニ候但次ノ賞ニヨリテ二階三階又其例邂逅ノ事候

一近衞府に少將迄ハ左右近衞少將と本式の位署に候其列官にてハ候へとも左右近將監とハ申候衞申候の字を不加候事如何左右近衞將監將曹共可稱候
ハン不可有難候事候歟
哉府生同前

一親王攝家の受領ハ上中下國の内に何れの國迄上

古ハ吏務候て被任候哉近年又如何相替候哉
親王ハ太守ト候國ニ多分被任候攝家ハ自餘ノ人臣ニ不相當散
三位雲客ノトキ兼國先祖ノ嘉例ヲ追テ任來候也吏務事ハ近代
有名無實候國司一向是ヲツカサトリ候也

一親王の位に一品より四品迄ハ銘々に候哉五位を
此分候　無之　一品ヨリ無
ハ無品無品親王と稱候歟六番目よりハ昇進如何
品親王マテニテ候
御座候哉

一源氏物語の揚名の介の字の事其替各別之由申受
無別之儀候
領の介にハ替り候哉
替ヘカラス候

一兩局の初官にハいつれを拜任候哉
外記局ハ家々ニヨリテ諸司正助ナト何レモ其先祖ノ嘉例ヲ追
候官務ハ壬生ハ大略主殿時元宿禰流ハ八省輔ナト候也

一世話に平相國清盛朝臣と申候此實名に付候戸不
審に候卿にてハ有へく候哉如何
是ハタヽ自然ニカヤウニソ申付タラン但惣而ハ朝臣ノ字ハ宣
命ナトニハ大臣ヲモ何ノ朝臣ト載候間カヤウニ付テ喚候ハン
ヌルモ子細ハナキ事候歟雖然常ニハ不可然候

一入道以後猶俗名に拘候て實名稱書事或又實名に
法師と書事常に候哉如何
上古ノ儀皆如此候法名ヲ知候事ハ別段候日來喚付候名字ニ法
師ノ字ヲ加テ喚ニテ候哉近來モ古老ノ人達ハサノミ申來ヲレ
候ヨシ

一十郎藏人行家と申十郎の二字不及分別候如何
十郎ハモトヨリ喚來候名ニテ候只今藏人ニナサレタルニヨリ
テ如此申カ九郎判官義經ト申候同事候

一堂上と申ハ何れの官位堂下と申ハいか樣の官位
迄の事に候哉
官位アナカチ堂下ノ分メハ候ハヌカ但兩局コトキハ生得地下
ノ官諸官ノ二三分等又地下ノ官タルヘク候哉

一公卿衆殿上にて候所幷其役如何同殿上人候所又
公卿ハ左右近陣座ニモ殿上ニモ宜陽殿ニモ隨其事伺公候別ヲ
候所不定候故殿上人ハ必殿上ニ候スヘキニテ諸其役又可隨時
其役如何
不能注也
裏書　常ニ攝關公卿ノ座シテ事ヲ沙汰候也

一上北面下北面のかはり如何又是を平話にきたお
もてとめさるゝ事候由申候いかやう成時の事候
哉其衆の衣裳如何官をハいつれを拜任候哉
上北面ハ諸家諸大夫官外記ナト被補候洞中ニテハ狩衣差貫也
下北面ハ諸家ノ侍補之五位ハ狩衣差貫六位ハ襖袴也キタチモ
テト召事時ニヨリテサモアリ候哉アフハカマ布色ハアチキモ
有白キヲモスト云々襖アフトヨムスアフ袴ニ是ヲ書ヘシ

一節會の時劔笏を帶し靫を負人々の事官位何れ迄
の役候哉

官職部　有職問答四

殿上人次將トテ近衛中少將帶劔スル也外衛佐モ帶劔スヘシ

一六位の裝束ハ綠にて候哉自初位至七位の差別いか、候哉近代不及見候

一五位ハ赤衣四位より一位迄紫にて候哉淺深如何

差別アルヘキ事候也但近代大畧用同色雖非本式自然如此

一四位袍褐布衣幷着用次第等如何巨細被仰出度候

褐ハ隨身用之布衣ハカリキヌトテ洞中ニテ用之上皇以下至北面用之

一直衣烏帽子御着用次第如何

烏帽子直衣トテ烏帽子ニ直衣ヲ着用スル事ハ大臣以後ハ晴ノ所ヘモ用之大納言迄ハ不着候物也別當ハ聽始ト云事ナト行時自身ノ家ニテ着用候也上古皆家中ニテハ大納言モ着用候ケルト云リ近代ハ不然候

表書

家來ノ公家ヲ會合候儀ニ候

一太政大臣三公納言衆藝褻束者如何

丞相ハ烏帽子直衣小直衣至極ノ藝ノ服ハ水干高袴道服ナト也

納言直衣用之但人ニヨリテサマ〳〵ナルナリ

裏書

小直衣ハワカキニスソヲヨコサマニツイタルモノ也

一冠ハ理髮以後重々昇進によりて替る由申如何

十六歲ノ春迄ハ透額トテ額ノスキタルヲ用其後ハヨノツネノ冠ヲ着用也

一立烏帽子又風折之次第上下如何

更ニ不可分別候歟

一輦車牛車勅許之次第幷乘おり兩所等如何

輦車ハ宮中ヲ出入牛車中重トテ中門ノキハマテ乘候也

一北政所或ハなにかしの室なと申事ハいつれの官位の人の御事迄申候哉

是ハ關白ノ室ニ限候

室之事公卿ノ妻ヲハ何レモ如此可稱候歟

一疊のへりの紋の事天子親王攝家三公以下次第如何

繧繝高麗（大文小文）紫緣黃緣等寢殿以下其所ニシタカヒテ令敷之大畧三公家通用也

一女官の衆之次第の候所如何たとへハ皇后尙侍典侍掌侍みこ御局命婦采女女嬬以下

當時無之候　此稱號不聞

典侍掌侍命婦女藏人等女房ノサライトテ常ハ臺盤所ト云所ニ候スヘキ也此內女藏人ト云ハ常ノ御所ノ臺盤ノウヘ夜オトヽノ內ナトニ入ヌモノ也采女ハ內侍所ニ候ス本儀ハ采女町トセシニヤ今ハ斷絕セリ刀自ト云者又內侍所ニ候ス主殿司ト云者ハ殿上ニ候シテ藏人頭ナトニ宮ツカヒスルナリ女嬬モ此下ニテ宮ツカヒス御格子ノアケオロシナト惣シテ得撰女官ト云者ハ臺所ニ候シテ朝夕ノ御膳ナト持テマイル朝餉ナトニシタカフナリ此得撰ハヤカテ又采女ヲ兼帶セルモノナリ

一女房の位階に從一位二位三位と申樣に承及候如何

正二位三位ト云事女ノ位階ニハ無之女叙位の古抄ニモ慥如此被載候從一位從二位ノミ也正一位ハ男モ贈位ノ外不任候也

一女房の位階に四位五位をも被叙候哉具蒙仰度候 勿論候
女叙位ノ時第一ニ先從五位下ヨリ叙スル也

一和歌の作者に大貳三位と申候をハ官と位とつらねて稱候哉
太宰大貳高階成章卿爲妻仍號大貳候事ハ夫ノ官ヲ喚候和泉式部ハ保昌朝臣和泉守タリシ時ノ妻ナレハ和泉式部ト夫ノ名ヲ加用事候此三位ハ御乳母ニテ三位ニ叙スル間三位ト申也

一女に宣旨と申號候如何
是中宮ノ宣旨春宮ノ宣旨又關白家宣旨ノ局トテ候ソレハ其關白ニナラレ候時ノ宣旨ヲトリ入タル女房ヲ喚候此宣旨ヲ撰シテ攝關家ノ宣旨取傳タルニアラチトモ可然女房ナト自然號候

一武家の被官に藏人丞と稱候をは如何八省之丞を兼たる號候或又右兵衞尉と寂下の侍なと申候事如何候哉
藏人丞事一向不覺悟候第一藏人ト云官以前モ申コトク春宮御座ナキ時此號アルヘカラサル事候其上ニ藏人丞ト云官アルヘカラス候只何ノ烝ニテコソ候ラメ又沙汰ノ外事候

一宣下の物に日下に知家事なにかし安主なにかしと兩人加判候て年號の通に左右大將三人も御連署候は如何巨細被仰出度候
御監ト云ハ書下ノ物ナリ左右大將是ヲ奉ル御廐ノ事ヲシル也知家事安主兩人ハ大臣家ノ官トモニテ必諸書ヲ書下シ候事左右大將以下連署ハ不審候何ノ文ニテ候ラン其躰見及候ハテハソラニハカリカタク候加樣ニ是ハ宣下ノ物ニテハ候マシキ左右馬寮ナトノ御監ナト申タクヒ文候哉

一平家物語なとに後德大寺左大將實定卿或は定家隆なと文字の聲に稱之事候如何
此事自然ニカク云付タルニテ候可然名譽ノ人ヲハ近代モ多クカヤウニ稱來候哉

一諸官幷受領のかみをかうの殿と世俗に申候如何誰にかきらす可稱之候哉 勿論候

一傔仗事役は何事をつとめ申候哉
以前卷物ニ粗注之畢

一天子のをは綸旨宣旨口宣と候哉勅書と申候如何
勅書詔書宣命トテ大内記草進シテ此上ニハ御畫トテ年號月ノ下ニ其當日ヲ天子ノ御手ツカラアソハシ入ヲルヽ事アルモノ也

一院のをハ院宣后のをハ如何申候哉 只令旨ト稱歟

一親王幷宮々のをハ令旨と申候哉 勿論候 關白ノヲハ長者宣ト號候也

一攝家淸花御書をハ如何申候哉
別テアナガチ無其稱候地下輩コトキニハ大略家司奉書也

一御幸ハ院行幸ハ天子行啓ハ春宮中宮親王と申候哉如何
是ハ只渡御ト申候

一御車上下の次第幷卯車ハいか成位の人被用候哉
多端事キト難明候
此字不審候

簾同之

簾篠ハ網代車ノ事歟諸人通用ノ物候毛車ハ檳榔毛トテ公卿乘用候糸毛庇ナト規摸ノ事候長物見ナトハ上首アシロハ公卿普通ノ紋車ハ殿上人家ノ紋チアシロニクム也小八葉聽被用也轅直ナル物也

一攝家淸花迄ハ御成と申候哉ナトモ申習候歟
監囿近俗ノ語候サモコソ候ハンスラメ御出

一踐祚　受禪　即位次第如何
天子ノ位チツキマシマス通號也
ユツリチウケテ帝位ニノホリタマフコトナリ
マサシク天子ノ位ニツキ給ヨシチ天神地祇百官諸司告シメマシマス其禮チチコナハル、節會也

一崩御　薨　卒　逝去次第又如何
禮記書天子死曰崩諸侯曰薨大夫曰卒士曰不祿庶人曰死大槪是ニ准シテ可知事候殿上人分タルヘキ平人タルヘシ逝去逝水同之遷化事必知識出家ニ不限候俗人ノ上首ナトモ申ヘシ入滅トモアレ苦シカラサル也

一聖號　長老號　上人號　次第　宣下如何
以上宣下ナキモノ也

一僧正大權　僧都大小正權　律師正權　候哉阿闍梨號如何
官ニハアラサル也寺ニヨリテ阿闍梨何口チ置トテ官位ニハ不拘シテアル也又灌頂ノ大阿闍梨ト云ハ各別ノ事也一身阿闍梨トテ又灌頂ウツヘキ人宣下チ申請事アリ是モ官ニハアラス惣テ阿闍梨トハ法師ノ通稱也

一致事表と申事源氏物語に候ハ如何心得可申候哉
禮記大夫七十而致事云々其ツカサトル所ノ事チキミヘカヘシイタスト云心ナリ日本ニ致仕ト多書之候仕フル所ノ事チ君ニカヘスヨシチ文章ニ書アラハシタルチ表ト云也源氏物語致仕ノ大臣モ此心ナルヘン

一縣召事巨細被仰出度候
春ノ除目チ縣召ト云外國ノツカサ本ト任スル故ニ縣召ト云也秋ノ除目チハ京官ノ除目ト云諸司チムネト任スルニヨリテ也

一大饗をこなはる、と申事如何
任大臣ノ節會トテ大臣チ任セラル、節會チ被行之時新任ノ大臣其日ノ節會ノ尊者トテ招請アリ其外官外記ニイタルマテ吾亭ヘ招テ饗應スル事也種々儀式トモアル事也上古ニハ二ノ宮ノ大饗トテ年始ニ中宮春宮ノ二所ニテモ大饗ノ儀式アリシナリ

一天子へ將軍家幷三管領其以下相伴衆進上之物目錄同官實名等調進次第巨細被仰出度候
此事堅固内々儀也定ル趣不知之候持之朝臣弘源寺永享禁中御懺法ノ時常ノ御所ノ簀子ヘ被召出候時御料トテ万疋進上候時ハ折紙ニ進上萬疋上ト書テ以傳奏普廣院殿ヘ進上候處ヤカテ其折紙チ御前ニテ御披露候ケルヨシ承及候大槪何モ調樣ハ此分ニテコソ覺候

一右之衆より攝家淸花三公納言以下一々銘々被仰出度候

大概近代折馬美物等ノ類無殊候法通例之樣候歟

一內擧外擧次第如何

內擧トハ女中又ハ近習ノ臣下ナト申沙汰申也外擧トハサシテ名日ニハ云習ハヌ歟是ハ外樣ヨリ次第擧達タルヘシ無別儀候哉

一宣旨のものに宣奉勅とやらん候讀樣如何

心ハ其日ノ上卿ノ勅定ヲウケタマハリタルトノ玉フト云心ニテ候然ハ宣ノ字ハ上卿ノ玉フニテ奉勅ハ其上卿勅定ヲウケタマハリタルニテ候其旨ヲ外記カ書出シ候所宣旨トハ申也

一悉之以狀と書とめに候讀樣如何

是ヲシツスルニ狀ヲ以テス如此讀候歟委細ヲ右之狀ニ盡シタルト云心ナリ

一上卿は事によりて人躰御かハり候哉

大臣奉行之公事ハ大臣ヲ上卿ト云大中納言奉行ノ公事ヲハ大中納言上卿ト云其日ノ上首ヲ上卿ト申也

一仙洞の御式褻幷內衣事

依事御裝束其色目カハルヘシ巨細難許候歟御內衣ハ御烏帽子前張ノ大口ニ半尻ノ狩衣或ハ常ノ狩衣差貫又小直衣等也

表書

マヘハリ常ノ大口ヲマヘヲウシロニシタル女モキルナリ

一天子の御褻式等事

御服依事可相替也御內衣ハ紅ノ御袴御引直衣ニテ御冠ニ巾子紙ヲ入ラル、也內ニテモヒキツクロハル、時ハ御物ノ具トテ御張袴ニ御引直衣ニツキメヲカサネラル、事アル也

表書

ウシロヲ裾ノコトクウナタレテメス前モ臣下ニハカハル

一親王其外宮々御褻束

內衣大畧洞中ノ儀ト同オホキミスカタトテ前張ノ大口ニハ直衣ヲモ被用候也又狩衣差貫モ常ノ事候也

一皇后　女御　更衣何れも巨細被仰出度候

右七キヌ五キヌ大ウチキコウチキナト其色品々時折節ニ隨テ女房ノキヌトモ尊卑多端候又不見馴事トモ候間無分明也不覺候縱又巨細注付候トモキト心得カタク候也短筆難述書候

大間これ
はなした
い仰付こ
れな書

有職問答五

言上條々

一坊官除目事
分イ　勿論候　立坊トテ皐子ノ
春宮方除目之由以前被仰出候き然者於當坊御執
春宮ニ御立候日内裏被行之執筆ハ大弁若ハ他宰相也清書ノ儀
行候哉時節いつころ大間なと御座候哉
ハ同常之除目　トハ不可稱執筆ト可稱候仁安元年除目寫之
上卿ハいか成人御沙汰候哉具に請上意度候

一主馬判官事
勿論候
春宮方の官と被仰出候き主馬判官と兩官と見え
是ハ推量候侍ニテ使ノ宣
候處平家の侍に主馬判官盛久と申仁候ける由世
旨ナ蒙タル者ニテ候ハンスルニ其仁又主馬ノ首ニ任タル間兼
話に申傳候其分候ハ、一人して兩官をかねたる
官ノ心ト覺申候
號にて候哉不審に存候判官ハ必使宣旨を蒙たる
人を申と覺悟仕候如何但東宮方にても使宣旨事
不可有候
を被成候事候哉然者いかなる事の使にて宣旨を
蒙候哉巨細被仰出度候

一撿非違使事
此不審更不休候四府の佐尉志等使宣旨を蒙候時
此事委細ニ見エ候參議
撿非違使と申號を被補候哉職原にハ撿非違使四
ニテモ中納言ニテモ撿非違使ノ別當ニ補スル日必四府ノ督ニ
府各別に被載候處同等のやうに稱候如何候哉別
ハ任スル事ニテ候也　勿論候顯職トテ殊執スル事ニテ候
當にハ攝家淸花并高位の御方々なとのかりそめ
使ノ宣旨ト稱候ヘトモ使ヲツトムル事ハナキ官ニ
にも洛外へ發遣有ましき人〳〵も被任候歟就て
テ候非違ナタヽシカンカフル使ト云心マテニテ候洛外ナトヘ
猶使宣旨を被成事不及分別候又使宣旨をは諸司
ハ殊ニ大理ハカリソメニモ出マシキ事ニテ候
四職等のすけせうなとも被補例も御座候哉
ニテ候共使ノ宣旨ナ蒙候日必四府ノ尉

一將曹府生事
ナ兼任スヘキ事ニテ候
勿論候將曹ハ樂人ナトモ任候府生ハ
此兩官隨身の家に任するよし被仰出候キ兵杖を
大將ノハカラヒニテ任候官候兵杖ハ攝關大臣ナト可然之人宣
給人に相隨由候何れの家いかなる官職の人申御
下セラレテ賜候也
給候哉

一勢多大判事の事
日野ニ家禮候テ近來マテ章淸
中原氏の人にて候よし以前被仰下候當時ハ執分
ノ朝臣トテ候其子今現在候　サモヤト覺候
誰人にて御座候哉大中少判事の號武家にも可有
中判事近代不任候
之候哉

一鎭守府事
陸奥守タル人兼任候此事見職原抄候哉
兼官の類に候よし被仰出候キ兼官にハ何の官よ
り兼候哉

一准三宮事
此號法中に可限候大略御門跡或ハ攝家淸花の高法中等蒙此宣旨候淸華其例希ニ候慥ニ不得所存候位の御方々被稱候哉又將軍家必補任候治世の間鹿園院殿毎事ノ樣攝家昇進候間始テ令蒙此宣旨給候にも被任候哉

一諡號事
近代停廢之由以前被仰出候キ仁義公以來大畧斷絕歟仍太政大臣幷三公ニ限ト見エ申候薨去之時ハ當官なから前官に被成候ニテ薨候ハヽ可爲諡號事候間（前官ノ分ニ用申候）是規摸のよ不可及諡號之道理候し上意候し若前官にて薨し給事候時ハ如何御沙汰候哉又諡號を可有勅許程の人々納言にて逝去の時ハ如何御沙汰候哉

一淡海公貞信公御事
諡號之時國を勅許候と哉覽被仰出候キ其國名等淡海公近江昭宣公越前貞信公信濃等加樣ニ皆國ニ封セラレ候事猶慥請上意度候

一禪師號事
近代現存の人に勅許ハ希有候大德寺の二祖に御補任のよし被仰出候キ猶巨細得上意度候とくし特賜コトニ賜ルト云心ナリとやらん御定候キ眞名如何被仰下度候

一南家式家京家等事
此三家之次第幷御諱又當時其御流いつれと被仰出度候
南家武智麿左大臣淡海公第一男此子孫信西入道モ此流也其外武邊藤氏等在之式家宇合參議正三位式部卿淡海公三男京家麿參議從三位左京大夫淡海公四男

一散三位散事
此二ハ以前被仰出候散一位と申候如何是も參議稱スル事ハ無之候但大臣ナトモ前官ノ時一品ノ人ハ散一位ノ心ニテ候名目ニ散一位トを經歷候はて一品被敍候人の御事にて候哉ツカフ事ハ聞馴候ハス候

一同散三位事
地下の三位なとをも申よし被仰出候キ諸大夫醫陰ノ輩等事ニ候堂上輩ニテ不經參議ナハ散三位ト申也地下とハ不遂昇殿三位の事候哉

一敍留の二字事
五位より從一位に至迄も當官ハいつのまヽにて敍留トハ今六位ノ將監爵ノ日猶將監ナ如舊帶シ五位少將四位ニ敍スル時少將如舊中將三位ニ敍スル時中將如元ナト候位はかり次第不同に加級候を敍留と申候哉敍爵事ナ申候也此類アマタアルヘク候ヘトモ大都敍留ノ名目ハ尤の時被補候官を其儘にて四品にあかり候を申候是等ナ稱候如何縦ハ源氏物語なとに中將如元と候類の事候此分候哉被仰出度候

一參議事
從四位三位二位迄ハ當官たるよし被仰出候キ然
其參議當官叙候也ト云事ハ不可有之候
者從一位の人參議之時ハ前官たるへく候哉又從
ハ中納言モ叙スル事ハナキ位ニテ候
一位に被任候へハ參議ハ下官とて不及前官沙汰
被捨候哉
一俊成卿位署事
六百番哥合入道皇后宮大夫從三位藤原朝臣俊成
哥合ナト位署ニハ皆如此書來候是內
と候是も入道以後猶俗名に抱候事不審に存候如
々儀也細ニ喚名ニハ入道大納言宰相入道ナト申此心ニテ候哉
何
一入道事
是ハイカニモ執タルニテ候公
武家ハ大略可然仁ハ禪門と稱候公家にハ左樣に
家ニモ尤稱來候武家ニテモ可被執之事ニ候
ハ御座候ハぬや如何
一外記局事
是ハ清家中家ニ
家により官位も候由被仰出候キ定て外記に被補
任來候官トモ少々近來定ルヤウニ候昔他氏ニモ多補候シカト
候家候ハす候哉
モ中古已來ハ清中兩家ノ外不任之由
一上北面事
諸家の諸大夫にも候と被仰出候ハ攝家清花の家
禮人とも被任候其も禁中の役を勤候哉北面ハ何
勿論候
事の役候哉
一地下殿上人地下北面等事
殿上人細々參內候ハ又輩少々候也アナガチ地下ノ殿上人
是ハ攝家清花に家例候而四品をハ通て參內候ハ
トハ不可稱候
下北面トテ尋常ノ諸家ノ侍ノ奉公ナ
ぬ人の事を申候哉北面ハ極官いつれも昇進候哉
勤也官ハ相替事無之醫陰ノ輩コトキ諸家諸大夫等昇殿ヲユル
サルヽ事候ヘトモソレモ用之所地下ノ輩コトナル所ナク候是
各中古已來ノ用ニテ候也
一青侍事
ノ惣名候女房ヲハ青女ナト云同事ニ候瀧口ノ侍內
如何成侍申候哉禁中にも候哉裝束如何被仰出度
舍人ナトヽテ殿上方ニ候候事也
候
一觀察使事
上古參議ノ別名ト見エ候委細在職原抄歟當時斷絕候官也
是ハ如何成役に隨候仁候哉宣旨なと被成候哉
一花族事
攝家ノ一族清花ノ餘流マテヲ可稱候歟
何れの家の人を稱申候哉
一御方君達若君事
一向俗語候攝家清花の餘流迄可稱歟
此次第家々により上中下違目御座候哉
一僧正事

無之　無之
是に大少候哉大僧正とハ常に申習候少僧正事沙
ハ轉任トテ權僧正ヨリ正ニ轉シテタ
汰不承及候如何幷正權二字事正に付てハ別て被
ヽ僧正ト喚候　僧正ハ寂初ニ任候是ハ權僧正ト喚候
稱候時規摸たるよし被仰出候き其子細猶具被注
下度候

一唐名に朝臣の尸事
唐名ハ公卿字殿上人は朝臣を付て喚事候由申候
此分候
如何被仰出度候

一褰帳女王事
女王トハ王氏ノ人ノ女ニテ候當時ノ伯ノ息女勤之候
御即位之時兩人此役にしたかはれ候一人ハ伯の
是チ褰帳ノスケトテ誰ニテモ禁中祗候
息女今一人ハ典侍とやらん以前被仰出候き是又
之典侍勤候此兩人高座トテ天子ノ御座ノ前ニ垂ラレタル戸ハ
具請上意度候平姓も女王と稱申候哉
リチ左右ヨリカヽケテ退ク也其時天子ノ龍顏チ百官奉拜也昔
朝賀トテ毎年正月一日此儀式アリ（近代ハ御即位トテ一代ニ一
度此儀式アリ）

一女藏人事
禁中ニテ朝夕下﨟ノ女房ノ所役ナツトムル也　ニモ入候
役は何事を被勤候哉常にも女藏人殿抔喚申候哉
ヘ小大君ノ事候後醍醐院女藏人万代ナトモ近代ノ集ニ入候女
藏人殿トモ喚ヘク候ヘトモ今ハ左樣ニ喚事候ハス候只其人ノ
名チ喚候假令國名ナト付候ヘハ其國ノ名ナトチ喚候也

一刀自主殿司得選事

位何れの准に候哉とのもつかさハ女官なから役
は如何具被仰出度候
刀自ハ內侍所ニ候候主殿司ハ殿上ニ候テ藏人頭職事ナトニ宮
仕候又大臣殿上ニ着候時裾ナチシタリナトモ沙汰シ候又典侍
內侍ノ髮チアクル事ナトチモ得撰申沙汰候

一女叙位事
正月八日式日也近代隔年行也
此叙位時節ハいつの比にて御座候哉是も內辨叙
トハ不可稱執筆ト可稱
位尻付なと常の叙位のことく御沙汰候哉役者の
此分候
事巨細被仰出度候又時の定て三人叙爵のよし被
東豎子闈司主水此三人チ三年ニ一度ウチカ
仰出候誰人の息女被叙候哉
ヘ〳〵一人ツヽ叙也

一三位以上の位署を銘々に書候て實名に卿の字を
自身ハ更ニ不可書之候他人ハ書候子細ハ事ニヨリテ
加候事候如何愚意にハ卿の字ハ公卿の證據に喚
可有之候是ハ其人チ執スルニテアルヘキ歟
候歟位署に加候ハ、卿字モ誤候哉
モ誤リニハ候マシキ事也

一笏事
上下によりて長短大小候哉象牙ふくらしは等の
サモ候ハント存候但道理チ申候ハヽ
必サモアルマシキ事歟
達目如何同檜扇事人によりて被用候哉
是ハ公方ニ御用候臣下ハ儀
服トテ玉冠珮チ着テ禮服チ着時之用牙笏候其外ノ衣冠ノ時ハ
フクラシハノ笏ノミニテ候

一沒官領事

吾妻鏡に所々錄々公家の闕所の樣に見え候如何
勿論候　誰人ノ所知ニテモ公方ヘメサレタル
闕所ノ事也

一式條注尺作者位署事
大理右兵衛督藤原基氏前別當右衛門督藤原實有
勿論候
此位署分別如何たるへく候哉大理ハ別當の唐名
別當ハ何ノ官ニテモ候ヘ第一ノ上ニ別當ト書申候
と見え候爰にては何と覺悟可仕候哉唐名にて候
勿論候
物ニテ候此書樣尤可然候
ハ、當官の右兵衛督のうへに書事如何前別當右
是ハ尋常ナラハカヤウニハ不可書候ヘトモ別當ナ執
衛門督是又兼官の心に別當は前官なから此分に
シ候又式條ノ事ニテ候ヘハ大理方經歷ノ仁可爲規模候間已其
位署候哉何も慥に被仰出度候
職ヲ去トイヘトモ態如此書之候哉之由推量候然者此時基氏ハ
當右兵衛督當職實有ハ前職ノ人ト見エ候也

一律令格式事
此四部何も其卷數いか程幷律條には意趣何事介
條に何事格式何も其斷旨趣被仰出度候
令　十卷　律　十卷
貞觀　十卷　延喜式五十卷
外式十卷
此外格式猶有之
律ハ專刑罰ノ事ヲ沙汰スル也令ハ天下ノ法度ヲ定ムル書ナリ
格式ハ律令ノウヘノ事ヲタヽシアラハシテ其時々ノ政ノヤウ
ニ注セル歟

不審條々

一太政大臣事
此官に大將をかけて被任事も候哉但太政大臣の
太政大臣兼候事候ハス候
兼官ハタヽキカス候關白攝政ナトニテ太政大臣勿論候
事ハ一向別段の事に候間兼官なとの沙汰御座有
ハ大納言也近例ハ兼候事候ハス候中納言以
間敷候御事哉別當なとを兼せられ候事も有間敷
下ノ兼官候　專任之候歟
候哉又太政大臣にハ淸花の家にも被任候哉久我
則三條ニハ八條相國實行公西園寺ニハ一條相國公經
家に相國號見及申候如何候哉贈官の時は何の家
公德大寺ニハ水本相國實基公山本相國公守公花山ニハ花山相
にもよらす大相國の宣旨を被成候哉是も將軍家
國兼雅公大炊御門ニハ六條相國賴實公久我ニハ久我相國雅實公ヲ始
ならては不及承候如何巨細被仰出度候
トシテ代々皆任シ來候贈官ハ帝外祖タル人贈太政大臣此家是
ハ別儀也　連綿候近代每度贈官候

一卿字事
上階候へハ實名に付候事ハ勿論候平生喚候に二
此分候
サヒ候ヘキヤヲン細々カヤウニハ不申付候
位卿三位卿なと稱事も候哉又八省卿ハ上階候ハ
省
ノカミト云心公卿ノ字ニハ相替ヘク候八省卿内治部刑部不同
ぬ人も拜任勿論候三位以上の人ハ八省ならぬ官
是ハ四位殿上人又地下ニモ任之候餘ノ五省ハ公卿ノ外不任候
にも自然に卿の字を付候て呼候へきも有へく候
哉被仰出度候

一唐名事

上階の人には中書の卿禮部工部卿なと或又左京
兆卿右京兆卿なとも呼候哉四品以後朝臣を左京
サモアルヘク候
勿論候
兆朝臣右京兆朝臣なと書札なとにも書候又呼事
も候哉但此外には不承及候諸官或は國守なとに
も付候者可稱候哉然者宿禰眞人連縣主なとにも
可爲其分候哉

一撿非違使宣事
以前被仰出候にハ口宣なとは出候ハす候出納のハ藏
人方之事ハ出納也　使宣旨官ニ卿之候ヘキニテ候　以前ノ巻
言葉にて被申渡よし候其勅命の樣何と被仰聞候
物ニ注之又臨時ニ補スル時宣ナ書テ下候ヨシ候事モ近例也
哉使宣旨ハ悉此分候哉使宣旨により候て口宣な
必可行節會ニテ候大臣撿
と被成事も候哉大臣なと令任給候も替ましく候
非違使タル事曾以不可有之候
哉

一敘位除目同階事
ハ無位ノ時ニ用之候但敘位ナト同日初テ敘爵候人
蔭子蔭孫をたゝされ候て座次相定候由及承候巨
ナトハ其父ノ位ニ隨テ上ニ書候條近代其分候　サレハ事ニヨ
細被仰出度候或ハ蔭を不立と申事も候被注下度
ルヘキ事候
候

一親王國司尊號事

此分候
上總上野常陸なと必任間敷候哉此外に何の國名
介カツカ
御座候哉當任の御時其國吏務をハ何と御沙汰候
サトル也
哉是も任限者臣下同篇に御座候哉御辭退以後何
他官ニモサツラレ候又前ノ上總ノ親王トモ申候也
と御昇進候哉

一受領之事
モ上古ハ自然ニ任シ候近代ハ有名不實候國ノ吏
一人は何か國計を四ケ年宛御經歷候哉七ケ度な
務ナ廳直ニ行タルナ賞スルト申候
と申說候如何大臣も兼官に沙汰候事も候哉

一藏人事
ノ時地下ノ者モ藏人ニ補候ヘハ昇殿禁色ナ
五位は勿論六位も昇殿を被聽候哉其時役者何事
被聽候　申也四
を沙汰候哉五位藏人四品候へは藏人を辭退のよ
品シテハ藏人ノ頭ニ又昇進之候也
し申子細いはれ何事にて候哉

一鑄錢司事
不分明候
此職上古ハ在京なと定候はさてハいかやうなる
人躰長官たるへく候哉

一官掌事
史生官掌トテ史生ヨリモ猶下ノ者ニテ太政大臣ニテ
役ハ專何事を沙汰候哉
ノ宮ツカヒセラルヽ也

一主貢の事

主馬なと同類之樣に見え候主貢何事を沙汰候哉年貢チツカサトリ候哉

一姉小路判官明辰事志ノ者也

是ハ道士とやらん承及候然者左衞門志したるへく候處判官と呼候如何候哉判官ハ左右衞門大尉尉ニ轉任シテ判官ト喚候哉如何たるへきと存候此相違被仰出度候カヤウニ喚付事陰陽頭ナラテモ陰陽頭ト申醫道ナハ典藥頭ナト下サマニ申候其類モ又アルヘク候哉比興候

一兵仗を給事左右何人ナト數チ定テ給候是規模アル事候

大臣なとに武士を御給候事にて候哉其武士は何皆隨身內舍人ノ類ニテ候の官迄の事を兵仗とさして可申候哉

一帶刀藏人兩官事

以前被仰下候内に此官東宮御座なき時ハあるへ方ノ官ニテ候間東宮御座ナキ時ハ有ヘカラサルニテ候からす候と被仰出候殿上藏人ハ各別たるへき事禁中ノ事ニテ候各別候又凡ノ官ニカルヘキ事ニテ候當時ナキモノニテ候候哉此不審被致落居度候藏人帶刀東宮御座候ハホトニ任候ヘキ道理有ヘカラサルニテ候ぬ時不任候子細被仰出度候

一左京大夫位署事

義興代々必先正五位下に叙候其時本式にハ正五位下守左京大夫多々良朝臣云云　此分に調來候畢然處以前被仰出候左京大夫正五位下可然之樣に惣別只此分候覺悟候被仰出候官たかく位ひきく候時ハ必守字可相加勿論候由を職原抄なとにも見え候何と覺悟可仕候哉殊勿論候又位モトヨリ是ハ卑候間官チ上ニ書テ位ハ下ニアルヘキ條樣モナク心得ラレタルト覺候當時ハ又從四位上行左京大夫如此可有候哉位と官と相當にハ位を上に書候不相當時ハ官を上に書由申候如何いつれに付候哉左京大夫正五位下守多々良朝臣かやうに守字可有候哉有ヘカラス候又は不加候とも苦しかるましく候哉

一就立身初而叙爵事

姓は何れにても候へ尸を先祖以來無覺悟候ハぬノナキ姓ハ不多物ニ候尸アル姓ハ必可書其尸事此段未得其意候仁爵を初而仕候者本式の位署に朝臣宿禰連眞人の内にてハ何れの尸を用候て可然候哉田舍邊にハ中々爵をハ望申候ハて位記なとを計も候へとも前に尸定り候ハぬ仁のみにて候叙爵仕なから尸を用候ハぬも位署の樣道理に背如何

一散狀事

吾妻鏡なとにハ廻文なとやう見え候諸案を被注ニテハナク候散狀トハ其事アル其日ノ事ニ隨タル人々チ書立タル折紙チ散狀ト申也下度候

一女叙位の所以前被注下候東竪子《アツマワラハ》闈司《イシ》主水《モンド》何れも
勿論候
女と見え候式裝の様又其役々何と被仰出度候主
是ハ女ニテ則水ノ方ヲツカサトル者也東竪子ハ天子ノ御
水ハ男の官と覺悟仕候相替歟此分如何候哉
樺鞋トテ御沓ナトヲモツ役者也闈司ハ御門守ニテ鑰ナトヲ預
ル者也

一笏之事被注下候所に
朝賀トテ元日ノ公事今ハ久絶
玉冠玉佩を付て候と禮服と申事と同所に候定て
畢御即位ノ時着候其時ハ笏モ象牙ノ笏ヲ用ル也笏平生ハ木ニ
物の名にて候哉假名を御付候て同子細被仰下度
テ造タルヲ用候心ハ忽忘ノ事ヲシルシ付テ見ルヘキ心也仍
候
忽ノ字ニカタトリテ笏ヲ用サレトモコツトハイハスシヤクト
是云也

一御冠に巾子紙と申字被爲遊候是又被注下度候か
薄様ヲタヽミテ巾子ノ上ノカタヘカケテソレ
ヲ結紙ナリ（天子ノ外臣下ハコレヲ不用）
うむりにこしなと申物候哉具被仰下度候
俗ソハツキト云大臣着之大將又着之内衣也　高字不審

一小直衣　直衣　水干　引直衣　高袴
侍ナト用候　尋常兒ナト用候也天子ノ御用也私ニハ不用也
襖袴以前被仰下候畢されとも巨細色ふし又くひ
筆端ニキト難述盡候　半臂是ハ束帶ノ時下ニ着ス
かみなとありなしはんひなと申物わきのつゝき
ル物也袖ハナクテウチカケテキル襴トテ腋ハ出ルモノ也
候或帶なとのやう具被仰出度候猶又
狩衣ノ事也黑キウスキ布也裝束ノ色々ハキトソヲニシルシ出
布衣褐なとのやう被仰出度候
シカタク候也

一衣冠（ハ袍ヲ差貫ノ上ニキル事也）束帶と申候時ハ何と
表袴ニ袍ヲキル下襲ナト色々ノカサネアリテ下襲ノシ
リトテ裾ト云物ヲ引也　外衛ノ事近衛ハ平緒壷ナトノ時ニ
出立候を申候哉或又靫負をおひ太刀をはき候時
隨テ帶劔モ其品々替候是モキトハ難印候
のやう又被仰出度候弓も靫負も寸法なと短く惣
而ほそくも候哉羽林なと是を帶候哉　勿論候

一勘解由長官次第事
長官　次官　長官次官ハ又各別
此官齋宮齋院に屬候子細何事にて候哉
勘解由使ノ長官又別ニ有也職原抄ニ能見エ申候

一女房院號事
女院號蒙ヲセ給事帝王ノ母后御姉妹后ナト昔ハアマタモ御
禁中に多候歟俗體にて院號令蒙給候事ハ哥書な
座候事ニテ候　八條院ト申候局ニナラセ給テ後院號
とにも見え候哉御出家候ハヽ院號被任候事是又
カフムラセ給也初カト覺候近代ハ皆御出家以後院號連綿候
子細被仰出度候

一宮々の妻をも何と稱申候哉攝家の北政所勿論候
當時只南ノ御方東ノ御方ノナト申ノミニテ候宮ニ
ヨリテ御息所トモ可申歟　皆近代ハ宮々ナト同シク何ノ御
歟清花妻なとハ何と可候申哉同母公なと是又定
方又何向ナト申候別ノ事ナク候自然其在所ナト喚來候　後家
而其號御座候哉室家或後室なと申事も候人によ
トモ物ニハ書候也
り候て可相替候哉

一御香賽　香典　香資等事
此分候
作善なとの事に送候折紙に此分候惣而追善なと
法事ニハ惣テ如此可稱候條無子細候歟
に不可限候哉被仰出度候又被物捧物なと申も候

是又物によりて可替候哉 勿論候 如何樣成をかやうに可號候哉

一平家に權の助少將と語候ハ何の官のすけ 中宮權亮 たるへく候哉少將を兼候哉 ニテ中宮權亮チ兼タルニテ候

一受領に守は勿論候國司たるへきにて候哉 則守ノ事哉 其以下介掾目此三ハ國司に屬候へきにて候哉 國司ノ下ノツカサ勿論候 目より掾介次第に昇進の拜任すへき候被仰出度候 事モアルヘキニテ候

一式條追加に式部丞諸司助事准靫負尉功以百貫文 武官等ニトリテ執來候必功百貫文候式部丞又侍ニ執スル官候諸司助モ其司ニアリテ諸司ニトリテ丞ノ任相當候間如此准其功程チ銖候 拜任すへきよし候四府尉ハ式部丞諸司助にはるかに劣官たるへき樣に存候

一除名解官せられ官程の重科人なとハ配所におもむき候時ハ無官たる人にて候哉 勿論候 兼官なとあまた《イクツモ》候へハ下官なとは被免候哉被仰出度候 候へ皆解却有へキニテ候 左右近將曹將監ナト帶之事ニ候將曹コソナキ歟

一樂人伶人隨身此三輩なとは初官ハなに、被任候て極官ハ何を先途に昇進候哉受領なとに任候守にハなり候ハて掾目なと見及申事候又爵なとも候哉被仰出度候 樂人近日四品ニ昇類多候舞人大畧五位極官候 事モ候 六位ノ時此分候

一內舍人是又官位なと次第被仰出度候 中務省ノ被官ニテ候武勇ノ者撰テ內舍人ニハ任之候諸司ノ二分ニ准スル程ノ者候歟

一法親王なとハ禁中にて何もの宮々の准にて御座候哉 ハ俗親ノ王ノ次ニ候 品位にしたかひて親王同等程の御事にて候哉被仰出度候 法親王ノ內ハ次第ニ候サレトモ何レモ俗ノ親王タルヘキニテ候

一上北面下北面靑侍等の官位初中後同被注下度候 諸大夫 侍也 尋常ノ昇進諸司助四府尉受領ナト 不可有別事候哉可依人事候哉

此一册問者多々良義隆朝臣 柳原資定卿代筆云々 答者

以細字書之

西三條逍遙院實隆公記之云云

以故小中村博士手入本校合了

明治三十六年九月　堀田璋左右

公武大體畧記

禁中　執柄　三家閑院久我花山

武家　名家　諸道

一禁中仙院　后宮　親王

帝王ノ御事ハ一天ノ御アルジニテ御諱ナシトイヘドモ天子一人聖主金輪聖王大宅内裏禁裏今上主上當今陛下宸儀鳳闕朝廷ナド申タテマツル皆君ノ御事ナリ公武僧俗共ニマウデ侍ヲ參内ト號ス君ノ出御ナルヲ遠近トモニ行幸ト申也又和歌ナドニスヘラキト申シタテマツルハ君ノ御惣名ナレバ皇王ノ二字同訓ニテ侍ハイツレヲモ書侍ヘシ位山大内山紫庭百敷ノ大宮九重ノ雲井等モミナ禁闕ノ御事ナリ玉躰龍顔宸襟　叡慮叡聞叡旨ナトモ是同君ノ仰ヲハ詔書勅書鳳詔綸旨綸言綸命宣旨勅定勅裁聖斷ナト申侍リ和語ニミコトノリトイヒ侍ニハ詔勅ノ二字何ヲモ書ヘキ也又物申上ヲ奏問ト申尋下サルヽヲ勅問御返事ハ勅答也勅許ノ敕封勅願敕判敕點同前御手跡ハ勅筆宸筆宸翰ナド申ナリ

當今ノ御諱彦仁ト申奉ルハ崇光院興仁ノ曾孫英仁親王法名通智ノ御孫貞成ノ親王法名道欽後ニ太上法王ノ尊號ヲワシマシテ後ノ崇光院ト申タテマツル宮ノ御子ニテ伏見殿ノ御所ニヲヒタヽセ給ケルニ様々ノ御奇瑞トモヲワシマシテ忝モ人王ノ始神武天皇ヨリ今三百五世ノ御踐祚ニ當ラセ給フ去正長元年戊申七月廿後○松院禪定法皇幹仁ノ御繼體稱光實仁ト申奉ル御門崩御成ヌル間君ノ御歳十才ト申ニ小松法皇御養子ノ儀ニテ御讓位アリ翌年己酉ノ歳御即位アリテ永享ト改元セラルヤカテ永享二年庚戌ノトシ二條攝政後福照院太政大臣持基公良佐トシテ御禊大嘗會ヲ行ハル普廣院贈太相國義敎公法名道憲右近衛大將ニテ七ケ日ノ間官ノ廳ノ御節所ニ伺候アリ攝政殿ヲナシク直廬ニヲワシマシテ日夜御遊宴侍リキ同五年癸丑正月三日主上御元服其時ハ一條前攝政太政大臣兼良公御攝籙ニテ申御沙汰アリトカヤ今年長祿二年戊寅ニイタルマテ御治世ステニ三十年ニアマレリ目出度タメシナルベシ

一仙院

天子ノ御位スヘラセ給ヒ太上天皇ノ尊號アリテ院ノ御所ニワタラセ給

ヲ上皇仙洞ノ仙院ナト申奉ル又和歌ノ諺ニ藐姑射《ハコヤ》ノ山銀ノ洞トモ申ナラハシ侍ルハ院ノ御所ヲ申也公武僧俗ノマウツルヲ院參ト號ス御出ノナルヲ行幸ト申奉リ政務ニ付テ勅定ヲ院宣ト申シ侍ル也

一后宮

皇宮ト申奉ルハ當今ノキサキノ御事ナリ后妃ノ位ニ備ハラセ給ヲハ立后ト申又女御更衣ノ御入内ナト申テ上代ハ大内ニ后宮相幷ヒ万機ノ政ヲタスケマヒラセ給ヒケルニハキサイノ宮ノ御方ニモ百官ヲメシツカワレケルトナン中務省中宮職ナトハ専后宮カタノ官職ナリ其後中宮ト申御稱號ニテマシ〱ケルナレト當時ハ其御號サエヲワシマサデタヽ御息所トノミ申侍ル御事也君ノ常位ヲスヘラセ給ヒテ或ハ女院或ハ國母ナト申マイラセテ御院カウフラセ給フ御事アリ

一親王

當今ノ皇太子ヲハ春宮ト申テ今度御受禪アルベキ御爲ニ儲君ト申スマウケノ君ノ御事也其外スエ〱ノ若宮達或ハ主上ノ御連枝或ハ御宮以下諸門跡御相續ノ宮々ノハタラセ給御所々ヲハ僧俗共ニ竹園ト申奉ル

ソレニコノタヒ帝位ニソナワラセ給フヘキ太子ニハ兼テ親王宣下ト申御事マシマス也御室幷ニ諸門跡ヘハ法親王ノ號姫宮ニハ内親王ノ宣下ナドアリ

一執柄家近衛殿　鷹司殿　九條殿　二條殿　一條殿

凡執柄ノ御家門ヲ攝家執政殿下ナト申侍テ凡種々比類スヘカラサル御事也百王ノ御政務佐ノ爲ニ天地開闢ノ初天照大神天兒屋根ノ尊御兄弟君臣ノ御約束タリト云々アマツコヤネトハイハユル春日藤氏ノ祖神也往古ノ御誓約今ニ朽セサセ給ハサル故ニ一天ノ君万乘ノアルシ御師範トシテ攝政關白ノ御職ヲウケツカセ給フ然レバ禁裏ニシテハ偏ニ院宮ノ御行跡ニ擬侍テ百氏千官ヲ成敗セラルタトヒ當今ノ御連枝トイヘトモ執柄ノ君達ニ對シテ各等輩之御禮答アリ近衛殿ハ藤原ノ正統タルウエ代々氏ノ長者職ニ居セラレテ別段ノ御崇敬是アツシ曩祖鎌足ノ大臣大織冠ヨリ十八世六條攝政太政大臣基實公ノ遠孫ナリ基實ヨリ當近衛左府房嗣公マテ十二代又春日大明神ヨリ大織冠ニ至マテ其間或ハ千年或ハ萬年ワタツミノ底ヤ龍宮ナドニ星霜ヲヽクリ給ヒテ子々孫々相繼

セ給フ事廿一代シカレバ祖神ヨリ當代マテ四十九世歟又近衞ノ家門ヲ陽明ト稱シ侍事大内陽明門ノ中心ニ當レルニヨツテナリ

鷹司殿ノ曩祖稱念院攝政關白太政大臣兼平公ト申ハ六條ノ攝政基實公御孫猪熊攝政關白太政大臣家實公ノ息也兼平ヨリ前關白房平公マテ八世ニ當レリ子細ハ近衞殿ニ同シ事也又攝政ト申關白ト申テ同御當職申カエ侍コト君ノ御年十五ニテ御元服以前御幼生御童體ノ程ハ年中行事ヲ執柄ヨリヲコナワル丶ニヨリテ攝政ト申君御首服ノ丶チハ關白ト申ス也攝政ヲハ攝籙ト申關白ヲハ博陸殿下ト申侍ルナリ

九條殿ノ曩祖ハ光明峯寺禪定殿下道家公世俗ニ峯殿ト申御息洞院攝政關白教實公ヨリ今ノ亞相政忠マテハ世執政ノ中ニ近衞殿ニ次奉テ此家門三子殿ノ長子ニウケツカセ給フニヨツテ家督ノヤウニナベテノ覺ニ世ノモテナシノアルニヤ二條殿ノ曩祖ヲナシ峯殿ノ息福光園ノ關白左大臣良實公々々々ヨリ當殿于時御當職太政大臣持通公マテ九代此家門ノ下ニ月輪法性寺坊門木幡江邊ナトイヒテ或ハ卿相或ハ雲客ニテ朝家ニ拜趨アリ

一條殿ノ曩祖同三子殿ノ息圓明寺攝政關白左大臣實經公々々々ヨリ前

攝政太政大臣准三宮兼良公マテ七世ナリ以上六ケ所ノ家門ヲ執柄家ト申ス仍攝家ノ次第ヲ近九二一ト世俗ノ名目ニ申ナラワシ侍ルナリシカラハ鷹司殿ヲハ近衞殿ニ攝シ侍哉

一三家閑院　久我　花山

凡執柄ニツキテ三家トイヒ凡家トモ稱シ侍事公家ノ中ニヲヒテ取分規摸ノ種姓タリ此三流ニヲヒテモ三條轉法輪ト號ス家門ハ閑院ノ家督タリ彼曩祖閑院太政大臣公季ヲバ仁義公ト申テ九條右相丞師輔公ノ息ナリ仁義公ヨリ今ノ三條左府實量公マテ十八世ナリ又仁義公ヨリ八代ニ至テ左大臣實房公ノ息公房公氏兄弟アリ兄公房ハ家督ノ號ヲツカシメヲト〱公氏ハ庶流正親町三條ノ先人トシテ今内府實雅公綱卿ニイタルマテ此庶子總領アヒワカチテ共ニ當代マデ十世ナリ西園寺家ノ曩祖公實卿ノ息ニ通季ヨリイマ大納言公名マテ十四代コノ一流ニ持明院京極橋本ナドイヒテ數輩コレアリ菊亭ノ家ヲバ今出川ト號ス是モ通季卿ヨリ今大納言教季ニ至マテ十四世洞院ノ家是モ通季卿ヨリ今内府實照ニ至マテ十三世

四辻ノ家ヲハ藪內ト號ス是モ通季卿ヨリ今宰相季俊マテ十二代
正親町ノ家ヲハ裏筑地ト號スコレモ通季卿ヨリ今持季卿マテ十三世其外淸水谷小倉河野公照滋野井教國一條等イツレモ通季卿苗裔ナリ德大寺家ノ曩祖公實卿ノ息實能公々々ヨリ今ノ左大將公有卿マテ十二代大方閑院ノ流此家々ナリ何モ上代執柄ノ後胤トシテ古今ノ朝牂綿々タリ

久我ノ家源家ナリ村上天皇ノ皇子中務卿具平親王源姓ヲ給ハラセ給ヒテ受繼テ今大納言通尙卿マテ十七代此門葉ニハ土御門三條坊門中院堀川愛宕千種六條唐橋等ナリ又北畠ト稱シテ伊勢國司此氏族也具ニシルスニアタワス殊ニ中古歌道ノ名匠タリシ通光通具ナトモ此先人ナリ

花山院藤氏ナリハ曩祖京極攝政太政大臣師實公ノ息左大臣家忠公ヨリ今持忠卿マテ十四代此門葉中山ノ始ハ內大臣忠親公ナリ忠親公ヨリ今亞相親相卿于時傳奏マテ十世ナリ彼忠親公ハ扶桑ニナラヒナキ廣才博覽ノ英雄ニテ侍シカハ當時朝廷公事モ大半當家ノ記錄ヲ本トセラル丶ヲ飛鳥井ノ家モ花山ノ後榮ナリ參議雅經卿ヲ曩祖トシテ其子敎定雅有雅孝雅緣雅世

今ノ黄門雅親マテ八世ナリ專和歌蹴鞠ノ二道ヲ家業トス
難波ノ家モ雅經連枝刑部卿宗長ノ苗裔今宗敦マテ八世コレモ蹴鞠ヲ累世ノ業トス
如此三家督ヲ凡家ト稱ス此三胤正嫡タルニヲヒテハ官加階ノ昇進弱年ナレドモ傍觀ニ超越シテ先途ニ滯ラズ太政大臣則闕ノ官ニマウノホリヲ頗拔群ノ佳名也サレハ大臣ノ家ヲ清花ト號ス和語ニハカケナヒク台《ホシ》ノ位トイヒ三台槐門蓮府丞相僕射鼎臣ナト稱シテ左右大臣ノ三級ヲ三脚ノ鼎ニタトヘ侍故ニ君モ不次ノ賞ヲヽコナハレ臣又扈從ノ媚ヲナスナリ

一武家

征夷大將軍源義政御先祖ハ忝クモ清和天皇ノ御孫經基王ヲハ六孫王ト申キ彼經基王天德五年六月十五日源朝臣ノ姓ヲ給セタマヒ其御子攝津守滿仲ヲハ多田ノマンチウト號ス其子左馬頭賴信々々ノ子伊豫守賴義々々ノ子伊豫守義家ヲハ八幡太郎義家ト號シ次男甲斐守義綱ハ賀茂次郎三男義光ハ新羅三郎ト號シテ各子孫アリ當代弓馬ノ御師範ニマイル

小笠原其外武田佐竹ナトハ皆新羅三郎ノ末葉也然ルニ義家ヨリ義國義康義兼義氏泰氏頼氏家氏マテ累代ニ至リテ足利治部大輔尊氏等持院贈左大臣ノ御時建武年中ニ御世ヲサメル其御次ヲハ征夷大將軍義詮寶匧院殿ト申奉ル其御次太政大臣准三后義滿公法名道義鹿園院殿贈太相國ト申奉ル其御次征夷大將軍義量ト申奉シカハ御世ヲ早セサセ給ヒ內府ニ先立マヒラセ給ヒテ長得院殿ト申侍キカクテ去應永三十五年戊申正月十八日義持ノ將軍御薨逝之間普廣院贈太相國義敎公法名道惠御猶子ノ儀ニテ御相續アリテ年號ヲ正長ト改メラル又普廣院殿ノ若公征夷大將軍義勝ト申奉シハ御年十歲ニテ嘉吉三年癸亥七月廿一日カクレサセ給ヒテ慶雲院殿ト申奉ル公方樣御腹カラノ御兄ニワタラセ給ヒシ間スナハチ御世ヲ繼セヲワシマス然レハ等持院殿ヨリ今七世ニ當ラセ給フ又關東ノ主君ニ等持院殿ノ御息左兵衛督基氏瑞泉寺殿ト申ヲ下マヒラセラレテ左兵衛督持氏長春院マテ五世也公方樣御曩祖左馬頭義兼ノ息遠江守義純ハ畠山ノ御始也其舍弟近江守義胤ハ桃井ノ始足利左馬頭四郎義繼ハ吉良ノ始上總介長氏ハ今川ノ始尾張守家氏ハ斯波《シハ》石橋ノ始次郎義顯ハ澁

川四郎頼茂ハ石塔宮内卿律師公深ハ一色ノ始律師義辨ハ上野ノ始法印賢寶ハ小俣已上兄弟三人者出家之人也六郎基氏ハ加子《カコ》ノ始以上七人ハ左衛門佐泰氏ノ息也又新田山名里見等ノ先祖ニ義重ト申侍ルハ足利義、御伯父也又仁木細川ノ先祖ハ足利矢田ノ判官代義清ト申義兼ノ舍弟也兼又新田ノ惣領大館次郎家氏ト申ハ新田大炊助義兼ノ曾孫ナリ家氏ヨリ今ノ大館兵庫頭敎氏マテ六代歟此外大島大井田竹林牛澤鳥山堀口一井得川戶賀島岩松吉見等イツレモ御當家ノ累葉タリ具サニ注スニ及ハス

一名家

諸家ノ中ニ先祖ヨリ近衛司ヲ經テ中將少將ヨリ昇進シ侍リテ武官ヲ兼劔笏ヲ帶スルヲハ羽林次將トイヒテ敘爵ノ始侍從ニ任ス又文筆ヲ面トシテ儒道ヲ學ヒ辨官ヲ經テ萬事ヲ奉行スルヲハ辨カタト稱シテ敘爵ノハシメ五位ニ敘メ大夫ト號スシカレハ左右ノ辨ニ各大中ニ〇アリ其階級ヲ經テ公卿ニ至侍ルモ卿相ノ始宰相ニアカリ侍マテハ左右ノ大辨ヲ兼ヌルコト古今ノ例也辨官ノ唐名ハ蘭者タ、即等也羽林方ニモ宰相中將相兼テ任スル事其家ノ先蹤當時ニ當リテ花族ナリ多分三家ノ餘流タル

人ニナニカシノ宰相中將ト稱シ侍也宰相ヲハ參議トモ相公又ハ八座ナト申也勸修寺家ノ曩祖良門高藤トイヒ侍ルヨリ今黃門教秀卿マテ廿二世此門葉ニ萬里小路吉田甘露寺親長清閑寺葉室小川坊城中御門等也

日野ノ家ノ曩祖眞夏濱雄トイヒシヨリ當日野裏松ト號大納言勝光卿マテ十八世此一家ニモ烏丸大納言資任勘解由小路綱光唐橋ト號町大納言資廣武者小路柳原于時別當法性寺似繪書等數輩アリ

四條家ノ始ハ房前公ノ息左大臣魚名中比ハ中御門藤中納言家成卿其後隆房隆親等也魚名公ヨリ今鷲尾中將隆頼朝臣マテ廿三世此累葉ニモ油小路大納言隆夏按察大納言隆盛北畠ト號中將隆富西大路ト號等也

山科ノ始ハ大納言實教公家成卿息實教ヨリ今九世飛驒國司小島姉小路等モ此門葉タリ

冷泉家二條流ト號ス先祖長家卿ノ曾孫俊成卿其子權中納言定家次ニ爲家次ニ爲相此時ヨリ冷泉ト號次ニ爲秀次ニ爲尹爲之今爲富卿也御子左ノ一流ハ爲家ノ長子爲氏次ニ爲世爲冬爲重爲右ニ至リテ斷絕シ畢倭歌ノ名家タル故ニ世擧テコレヲシレリ

世尊寺ノ曩祖侍從大納言行成卿ハ日本無双ノ右筆タル條世以テ知所也
本朝三迹トハ佐理行成道風ト五代也
綾小路宇田源氏此親昵也但彼ハ郢曲ヲ家業トス庭田ノ流同之
中御門松本ト號先祖右大臣頼宗公々々々ヨリ大納言宗卿公マテ十五世也高倉ノ先人參議清經ヨリ今藤中納言永豊マテ廿代此外水無瀬モ、楊梅栗田口大宮五辻玉櫛ナトイヒテ藤氏譜代ノ名家ヲヽシトイヘトモ世澆季ニクタリハテヽ名ノミアリテ其實ナシ
菅家ノ事忝聖廟ノ御末トシテ稽古鑽仰ヲ專トス彼家ノ祖神ムカシノ聖代ニ風月ノ主トシテマコトニ權化ノ御作文トモヲハシマシケルニ今猶儒業ヲヽトサス記典文章ノ博士トシテ朝ノ侍讀タリ此門葉數輩アリトイヱトモ坊城ノ菅中納言益長卿家嫡タリ庶流ニハ五條爲清菅二位長政卿西坊城ト號ス壬生坊城北野長者在直等也

一諸道外記　官務　典藥　陰陽
諸道ノ中ニ大小ノ外記史ハ清原中原兩氏ニ累代ノ業也當代清少納言業忠眞人ハムカシノ清大外記頼業カ苗裔ナリ中家ニハ師郷法名覺須師世師藤

等也イツレモ經典ノ儒者ト稱ス明法明經道ノ博士ニ任シ天下ノ公事ヲ記錄シ四書五經等ノ讀書ニ參任ス其外公武ノ御沙汰賞罰ノ次第御尋ニ付テ舊例ヲ勘エシルシ申重職也

官ノ長者職ノ事槻氏ニ累代相續也晨照宿禰同咁富五條坊門壬生居住ス是ハ前官務也當官務長與宿禰ハ五條大宮ニ私宅アリ日本國中ノ神社佛寺ノ草創ヲヨヒ五畿七道ノ庄園田畠等ニ付テ古今ノ法令ヲ尋下サルニシタカヒ文書ヲ引勘テ申アクル事此家ノ公役ナリ仍官外記ヲ兩局ト號ス

醫家ハ和氣丹波ノ兩氏ニ傳テ朝恩ニ浴シ家業ヲ嗜侍ルナリ典藥頭施藥院使ナトノツカサヲナシタマハセテ月次日次ノ御藥ヲ調進セシムトナリ

陽陰ハ賀茂安倍ノ兩氏ニ重代ナリイツレモ朝家ノ御器トシテ御祈禱御身固《カタメ》反閇《ハイ》ナンドニ拜趨ヲ致ス曆博士算博士漏尅博士天文道博士陰陽頭諸陵頭ナトノ司アリコレラモ醫陰兩局ト號シアルニ賀氏在貞同在盛縣主ハ先祖ヨリ曆道ヲ面トシテ毎歲御曆ヲ調進セシム安氏有季ハ晴明苗

裔安倍泰親カ後胤也當流ニハ天文道ヲ宗トシテ天變地妖コトキノ怪忌ヲ占ナヒ申テ勘文ヲ奉ル但コレハヲヨソノ定ニシテ時ニシタカヒヌレハイツレニ仰付ラルヽモ上意ニアルヘキ哉
神祇伯ノ家幷伊勢ノ祭主造宮使或ハ吉田平野大原野等ノ神主或ハ賀茂下カモハ鴨ナリ八幡ノ社務ヲヨヒ日吉春日等ノ神官等ニハ神宮ノ社例幷ニ神事祭禮等ノ儀ヲ御尋アリ又太神宮兩季ノ御祭春日祭ノ勅使日吉ノ祭禮石清水ノ放生會ニ上卿參議辨次將御道師以下參向ノ事時ノ貫首頭中將ノ事歟奉行之辨職事歟職人ノ等勅定ヲ奉リテ兼日ニ御教書ヲナス

右數箇之條目或人所望ニヨリテ筆ニマカセ書付侍リ短才愚慮ノ上老耄至極之間定而參差之子細アルベキ歟可耻
　長祿二年戊寅三月十四日　　空藏六十四歳書

右大森文學士所藏本を以て校合了
　明治三十六年十月　　堀田璋左右

續々群書類從

古書保存會集

文筆部

日本國丞相藤原公捨經之記

非敎無以求佛語非禪無以悟佛心囿於名相蔽於玄關未見其得也必曰頓悟自心明見自性拔永劫之疑蹈大方之表則知敎非佛語也禪非佛心也吾心之常分耳得不爲出塵大丈夫之能事哉雖然佛距中華雪嶺沙漠之外跨闊逾十萬里禪敎所化之國所備之機莫不係於時韜光鶴樹千有餘載而大敎東漸更五百年而正宗荐至使不以敎乘誘熟之而正宗驟至則靑天霹靂得不駭怪於當時梁迄宋與閱歲既久道傳器受不易絲毫派列五宗之後倏翕倏張濟北一燈實爲震耀正續堀起而振之是爲十六世光明雋偉奔走海內學者指蹵徑爲道之所在而迫趨之猶夕陽之滸道人圓尒來自日本一語投機擢置近侍坐閱爾朞挾正續之道而歸大坐故山一香供凌霄示不忘本竊謂曰域名相之學與宋相埒而正宗之傳則

兆於覺阿向金牛作舞處勘破瞎堂國人歆艷蔚爲之宗逮今尒公益佐與之與有力也將見一燈傳無盡燈燁然不夜先以謂係乎時者厥有旨哉公重爲先攝政藤原道家見知特加師禮而道家之子左丞相實經稟父之志崇篤敎門欲報先妣准三后大夫人之德也相與聚族而謀之課其兒女昆弟親書法華等經四部總三十二卷貯以層匣貫以霞綃縷金鈿鋄極窺天巧尊經也裒昇濟之具報罔極之恩率本於孝噫不事外慕而手書佛經可謂知所向矣圓尒重惟先師之恩德一豪亡報陳請是經歸鎭徑山正續先師圓照塔院如經所謂是中已有如來全身舍利者豈細故哉丞相欣然諾之其亦喜法寶之有所歸而聖善之有所託矣尒公與余敦同稟之義屬了惠被　旨此山也拳々致書附以四十二臂旃檀大士重以斯經爲託囑爲之記將以紀實行遠嘗試爲尒言曰先師握單傳直指之柄掃文字語言之學今公以是報之餘又從而爲記得不厚辱於師門貽咻於衆楚若曰碎單傳直指者此經也破文字語言此經也則强爲爾記之

大宋寶祐三年三月朢慶元府太白名山天童景德禪寺住持嗣祖比丘了惠記

續々群書類從

合戰部

大津籠城合戰記

夫三國闢テ、我國ハ國常立尊ヨリ御統々續在シモ誠ニ神德ノ御勲功難有、唐土ハ伏義ヨリ前ハ我國ノ未渾沌ノ時ナラメ、天地ト別レテ地神生マレ、西土ノ地トナレリ、唐土ハ伏義ヨリ始リテ、又神農出デ帝位ヲ嗣シ也、此時示牙角有シトアリ、夫ヨリ又黃帝ノ時ニシテ、漸ヤク具足セシト見ヘタリ、此三帝モ其統皆別々ニシテ即位ス、　夏商周ト互ニ位ヲ奪フテ繼シガ、又天下十二國ニ別レ、互ニ討チ討レテ六國ト成、又六國ヲ秦亡シテ四海一統セシヲ、只三世ニシテ前漢之高祖亡シテ十三代續

古書保存會集

シヲ、又後漢起リテ是ヲ奪ヒ、十三代ニシテ天下呉魏蜀ノ三ツニ別レ、又二ツニ別レ、天下樣々ナリシガ、今漸ク淸一國ト成治リシト見ヘタリ、我國日ノ本ハ國ハ六十四州ト別ルト雖トモ、神代ヨリ宗源ハ一ニシテ動キナキ、尤色々ノ惡逆賊ノ爲ニ都ヲ開キ玉ヒシ事モ有シナレトモ、一君ノ御統ハ續在ス、今攝家淸花トイフ共、皆神祖ヨリ傳ハリ玉フ、誠ヤ神德ノ御慈ミト難有事トイフ斗ナシ、然ニ武將ニテハ互ニ威ヲ爭ヒウチ討レ亂ニナリシガ、家康公ヨリ以來、弓ハ袋太刀ハ鞘ニ納リシハ、誠ニ目出度難有御事ナリ、往昔源頼朝ヨリ武將始リ、織田信長迄ハ彼國十二國ニ別シ如ク亂レ、北

條武田今川上杉佐竹佐々木朝倉島津大友龍造寺北畠其外ノ面々互ニ威ヲ爭ヒ、ウチ討レ追々ニ亡ブ、家康公モ三州ヨリ出玉ヒテ、今川ノ助ヲ借リ、依テ所々ヲ切取リ玉ヒ勇猛ヲ振ヒ、今川上洛ノ時モ御加勢有シガ、義元モ桶峽間ニテ信長ニ亡サレシガ、吊軍之評儀モナク打捨玉フ、夫ヨリ信長諸所ノ六敵ヲ討シナレドモ、又明智ガ惡逆ニ信長モ亡ビシナレバ、最早家康公天下之主タルベキニ、秀吉トイフ大勇之將有テ、早速主敵明智ヲ一戰ニ亡シ、天下一統ニ秀吉ニナビク、依レ之家康公モ關八州ヲ領シテ、五老ノ隨一ニ隨順シ、威勢ハ秀吉公同樣ニシテ、太閤ニ辛戰ヲ進メ、諸國ヲ切平ゲ、太閤ハ武威ニ任セ、朝鮮マデ征伐有シ也、其砌秀吉公豊前國內裏ノ沖俎板瀨ニテ御難ノ事モ有シ、其時色々ノ取沙汰モ有シトカヤ、秀吉公御運強ク、毛利右京太夫秀元ノ船ニ隱玉ヒテ難ヲ遁サセ玉フ、ナレ共太閤モ運ハ限有、慶長三年八月十八日御他界マシ〳〵最早家康公時節ト思召セ共、加藤福島毛利石田片桐大谷トイフ舊功臣忠誠之者有、中ニモ加藤ガ勇片桐智謀誠忠ヲ恐玉ヒ、石田ハ自然ト亡ベキヲ悟リ玉ヒ、手强キ毛利加藤ニハ毒ヲ盛リ、石田怒氣ヲ含ム樣ニナシケレバ、石田家康公ヲ妬ミ、此度一揆ヲ起セシハ堤ニ穴ヲ開シ蟻同前、此關ケ原ヨリ追々豊臣家ノ衰微ト成テ、天下ハ家康公ノ御手ニ入シ也、是ヲ以テ見ル時ハ、今ノ世治リシハ太閤ノ辛戰ニ有、濡手デ粟トヤラ、能クモ御辛抱御氣長クナシ玉ヒシナリ、コノ關ケ原ニ續又秀賴公ト御取結、夏ハ兩度ノ御心苦ヨリ今如レ是治リシハ難有事也、可レ仰尊ムベシ、就レ夫此大津籠城京極宰相高次公纔六萬石ノ小身、軍勢纔三千五百石ノ勢ヲ以テ四萬七千人ノ大軍ヲ引受、九月三日ヨリ同十五日迄晝夜ノ別チナク攻付ラレシヲ、要害淺間成ニテ防玉フ、高次公ノ武勇諸卒ノ忠誠勲功ノ程感シテモ猶餘リアリ詞ニモ述難ク、雖レ及ニ御落城ニ大津ニ於テ四萬餘人關ヶ原ヘ出スシテ戰ニ付、大坂迄上リシ軍勢此由ヲ聞テ控ヘ居レバ、大坂近邊マデ來リシ西國勢大軍充滿セシ事ヲ聞テ、押詰テモ居所ナシト途中ヨリ引返シ、關ヶ原ヘ出ザル軍勢何萬ゾヤ、此大津ノ城ナク、立花始メ此大軍關ヶ原ヘ押寄セバ、內府公モ危ク御難儀ナルヘキニ、是モ御運ノナス處カ、此功ヲ思召シ、高野ヘ入シ高次公ヘ井伊ヨリ數通ノ御呼出、高次公モ辭退御斷申上シ故、伊那侍從幷ニ道阿彌兩人ヲ以テ、御兩卿ヨリ此度ノ勲功御禮モ被申度、是非下山可致被仰遣、度々御辭退モ恐多ク、無レ據所ニ下山シテ三井寺ニ於テ御目見、其時戰功之段御懇之御意ニテ、此度爲レ賞若州一圓ニ被レ下其後又近江ニテモ御加恩有リ、面目ヲ施シ、今ニ御家御相續御繁榮ニ在ス事、末萬歲ニテ目出度御代ソ限ナシ、今御家ニ祿ヲ仕ナガラ、大津御籠城九月三日ヨリ十五日迄大敵ヲ防玉フト斗聞ク已、合戰ノ樣ヲ知ル人少シ、依レ之或書之中ニ有シ內ヘ末之世ニ至ル迄御先祖ノ御辛戰、又御家臣之面々之忠誠勲功ヲ言傳ヘニナレカシト、モトラヌ筆ニ書キ連ラネ侍ナリ、

文化二乙丑年仲秋吉旦

西讃道人述

大津宰相高次公籠城合戰之次第

一太閤秀吉公御逝去、秀賴公大坂御城被爲移シ後、上杉景勝隱謀之沙汰有テ、討手之御評議有レ之、石田ヲ初メ、毛利輝元、增田長盛之面々家康公ヲ討手ニ進メ討死サセ、左モ無トモ、上方表片付ル積ニテ、討手之儀進ルニ付、無二據所一家康公慶長五年子六月十六日景勝御退治之爲、大坂御城御首途有レ之、秀賴公モ御暇乞之爲西之丸ニ被レ爲レ入、家康公ハ大坂御城西丸ヲ御發馬有テ、伏見ヘ被レ爲レ入、伏見ニ一日御滯留、御城代鳥井彥右衞門家政、内藤彌次右衞門家長、息小一郎御留守被二仰付一、松平主殿家忠、松平五右衞門政近、岩間兵庫頭ニ鉄炮三百挺ヲ添爲二警固一被二差置一、翌十八日伏見御出馬、晝大津宰相高次之城ヘ御入有高次御馳走申上、兼テ關東於二御進伐一ハ御供可レ仕旨申上置レシ事故、發足之儀被二申上一、然ルニ内府公上方西國之事無二御心元一被二思召一シ條、大津ニ殘ラレ、西國違變之事有之ニ於テハ、計略賴思召ノ旨、上意ニ依テ、今日高次ヨリ密談時刻移リ、高次家來之者共御目見可レ仕旨上意有テ、黑田伊豫、安養寺入道父子、山田大炊、赤尾伊豆、尼子宮内、尼子藏人、堀備中、佐々内記、今村掃部、銚子五郎兵衞、淺見藤右衞門、村瀨善右衞門、中井民部、由井周防、小關甚右衞門、其外數多御目見仕ル、内府公上意ニハ、能者多被二抱置一、假令西國變有共、心安被二思召一之由、御家來之面々御懇之御意有テ、午刻大津ヲ被爲立、高次モ勢田迄奉送シタリ

然ルニ大谷刑部少輔父子三人、朽木、小川等馳加リ、高次家康方ノ色見ヘシ故、大津ヘ押寄、既ニ一戰ニ及ントス、然ルニ大谷思慮シテ、高次ハ智謀武勇ノ名將ナリ、數代恩顧之郎等共楯籠レバ小勢成リトモ這モ金鉄ノ如シ、早速ノ功成難ト、朽木河内守ヲ以テ申入ルハ、貴殿ハ秀賴公トハ親類ナル故、今度ノ征伐ニハ爲二名代一可レ有二東征一處ナ

リ、然ルニ親ミヲ捨テ疎ニ被レ與事ハ更ニ心得ズ、急ギ東國合體ヲ變ジ、北國表ノ可レ爲ニ大將軍一ト、朽木再三諫言ス、高次秀頼公ヘ何ノ異心可レ有レ之、今度之事三成私トシテ動亂ヲナス、何ゾ彼ガ惡意ニ與スベキ、家康公トハ親ミ交ル事不レ淺、殊ニ約諾之事有レ之、違變ズベカラズト申サル、處ニ、家老之者共諫テ曰、内府公當城ヘ入御之時、被レ仰候事有リ、高次ハ若年ナレバ思慮之不レ足事有ベシ、皆共ニ能ク思慮シテ可レ致ニ輔佐一トノ上意有リシモ此事ニコソ候、此城ノ搆ヘ淺間也、然ルニ此大軍ヲ以テ攻ルニ於テハ、敗北一兩日ニハ不レ可レ過、左樣ニテハ關東ノ御爲ニ無レ益、敵ハ彌勢ヲ増シ可レ申、一旦彼ガ申ス旨ニ被レ任、此人數ヲ通シテ後、城ノ要害被ニ仰付一、籠城有テ追々下ル西國勢ヲ押留兵糧運送ヲ攻、東行ノ賊徒京大坂ノ通路ヲ止メハ、西國勢東國ニ一溜モ成ベカラズ、然ルニ東西ヨリ押寄討捕玉フコト可レ爲ニ大功一、又人質ノ事、若君大坂ヘ被レ遣事ハ、又不レ苦御事ナリ、秀頼公淀殿何レモ余所ナラヌ御中、何ニ御苦敷事ノ候ト諫言ス、高次モ此道理ニ服シテ、和平ノ事河州ニ諾ス故、惣軍圍ミヲ解、則一子熊麿後若狹守忠高ト號ス幷家老ノ子供四人、大坂方ヘ被レ渡、吉繼受取、家來寺田久右衞門ヲ差添、大坂ヘ遣ス

高次寵愛ノ一子ヲ爲レ謀敵陣ヘ遣シ、寄手ノ軍勢悉ク勢州ヘ押通ル、大谷ハ北國表ヘ出張ス、石田ハ佐和山城ヘ歸ル、世ノ風説ニ京極宰相高次ハ秀頼公ニ御緣有ト雖ドモ、關東ニ志有テ未北國ヘ下向非ザル由ヲ聞テ、此大津ノ城内府方ヘ成時ハ、味方ノ通路諸々ノ便ヲ失フ事也、此京極殿志二變ニシテ、大小一變薄キ人ナリ、油斷仕タル時ハ内府方ニ極リ、夫ニ連テ關東ヨリモ出來ルベシ、今ノ内早ク味方ニ引付ント大津ニ立寄ル、古今無双ノ横着物也、京極敵味方ノアヤ知レザルニ行懸ル不敵也、石田也其身ノ軍勢三千五百人ハ大津ノ町屋ニ

殘置テ、小性只一人召具シテ、城內ニ行對面ヲ願フ、宰相高次ハ無二之關東方ト雖モ、西國ハ目ニ余ル大軍也、如何有ント思フ節也、城內ヘ入ズシテ三ノ丸ノ門外ヘ出テ對面ス、石田申ハ京極殿ニハ古太閤御緣深シ、御幼年之秀賴公モ賴ニ思召ル、處ナリ、此度北國ノ惣押トシテ御發向有ベキノ處、今ニ御延引只今浮說最中ナリ、人ノ疑多キ時ハ御家ノ障ナリ、第一類ノ事ナレバ、何迚麁忽有ヘギ、偏ニ只北國管領ト被ニ思召一ナリ、又某事代々御被官ノ筋目ナレバ、向後迚モ爭疎畧ニ存ヘキ、高次公茂其筋ヲ思召ハ難レ有奉レ存ルト禮ヲ盡シテ申ス、是ハ久敷近江ノ領主、又石田ハ久敷百姓地下人ヨリ出シユヘ、如斯申タルト見ヘタリ、此時ニ京極ノ家臣安養寺入道三郎左衛門、是御當家運ヲ開ク根元也、三成今足長ニ當城ニ來ル社、擧天ノ與フル處ナリ急召捕、座敷牢ニ入、囚人トシテ當城ニ栢籠、關東ヘ此旨註進申サバ、宰相殿ハ武勇ノ名ヲ擧ケ玉フ已ナラズ、過分增地有ベシ、組下ニハ、年老ノ安養寺ナレトモ、石田壹人ハ手ノ內ニ有、平ニ〳〵ト進ル是最上之謀略也、然ルニ黑田伊豫石田ト合體故不ニ同心一、イヤ〳〵麁忽之事有ベカラズ石田壹人殺スノミナランヤ、若此義ニ及バヽ、大坂ヨリ大軍來ルベキゾ、又佐和山ヨリモ子供家臣即時ニ取圍ムニ付責テ十日廿日ノ覺悟ハ無クテ叶可カラズ、當城纔二千余ノ軍兵ヲ以テ、大軍トノ戰心得難事也ト評定スル、時ニ安養寺入道申ハ、イヤ〳〵三成壹人生捕ハ、大坂ノ城ニテモ只アキレ仰天シテ、何ノ分モ有間敷、其內ニハ內府ヨリ加勢モ來ルベシ、其內ニ間違敵ニ圍レナバ、迯ルル方ナク是非ニ不レ及、君臣相共ニ石田ヲ殺シテ腹切ベキナリ、平ニ〳〵ト進ルト雖モ、衆議一變セズ、高次公ハ石田ニ何ノ事モ言ハス、早々發足スベシト而已、御返答、石田ハ城內ヲ退去、大津町家ノ軍兵ヲ引具シテ、佐和山ニ歸リケリ、石田歸シテ

高次公ハ安養寺入道ニ下知シテ、人馬幷兵糧等用意、一兩日ノ支度可レ仕旨申付ル、人皆不審ヲ立、人數ヲ押出シケリ、

一子熊麿ニ寺西左衞門ト云フ家來ヲ添差出シ故、輝元ヲ初、石田、長束安堵ニ思ヒ、此度前田利長兄弟無二ノ關東方タル間、之ヲ押ヘラルベキ旨差圖ニ及ブ故、大津ノ城ニハ黑田伊豫、赤尾伊豆守、安養寺門齋ヲ殘シ置テ城ヲ守ラセ、其身ハ山田大炊介等先陣サセ、人數二千餘人引卒シテ北國ヘ出陣ニ及レタリ、然ルニ四五日ヲ過、三成ヨリ人ヲ申送リケルハ、大津ハ味方通路ノ城地ナリ、依テ大坂ヨリ御人數ヲ籠ラルベキ、早々城地ヲ開キ渡セト催促ス、石田ガ使ハ大津ニ來テ事ノ子細ヲ演說ニ及ブ所、黑田伊豫ハ元ヨリ石田一味故ニ、使ニ向テ元ヨリ日本六十四州ハ皆將軍ノ御領地ナリ、此度上ノ御用ニ付明渡セトノ趣、尤主人ハ留守ナレ共、違背致サルベキ子細ナケレバ、畏奉ルト挨拶ニ及フ處ニ、安養寺門齋、由井少齋ノ二人是ヲ聞テ、松ノ丸殿ヲ初トシテ宰相殿御母堂、奧方、修理殿奧方モオハシマスニ、此城ヲ主人ヘモ伺ハズ、我儘ニ差上ントハ何事ゾ、假令御邊ガ心安ク受合テモ、我々共ノ有レ之中ハ、主人ヨリ御差圖ナキ內ハ渡サンコト思ヒモ寄ラズト言ケルニ、黑田怒テ上ノ城ヲ上ヘ上ルニ何事ノ有ベキト、角ヲ立テ相互ニ爭フ所ニ、赤尾伊豆ツト出來リ、伊豫ヲ礑ト白眼デ、惣ゾ御邊ハ石田ガ爲ニ媚ビ諂フテ、先達テモ石田ガ當城ヘ來ル折節、生捕ントスルヲモ妨タリ、此度城地ヲ渡サント被レ申事心得難シ、所詮論ハ面倒ナリト、伊豫守ノ兩手ヲ無手トツカミ、下間ノ內ニ追入候、兎角高次差圖ナキ內、當城ヲ渡サン事不レ成レ罷ト返答ニ及ブ、依テ輝元長束大キニ驚キ再三催促ニ及ブト雖トモ、更ニ承引セズシテ、早打ヲ以テ高次ノ方ヘ右之次第注進ニ及タリ、此時宰相高次ハ、此諸將等ハ未北國ニ下向無內、然

ルニ利長細呂木ヨリ引返サレタル風聞故、直ニ越前北ノ庄ニ趣カレタリケルニ、大谷吉隆ニ對面セシガ、我等ガ謀ヲ以テ前田兄弟ヲ退ケタリ、乍レ去是ハ各一且下着有ル迄ノ暫時ノ謀略ニテ、長久ノ手便ニ非ズ、利長兄弟再ビ當國ニ進ムベシ、其時各諸共ニ兄弟ニ向フテ花ヤカニ一戰ニ及ブベシト評議シテ待處ニ、石田ガ早打ヲ走ラセ來テ、「德川家之先手之大將、福島池田淺野加藤田中ヲ始トシテ、深ク進ンデ岐阜八月二十三日及犬山ヲ責落シ、合渡川ノ一戰ニ味方打負、杉江勘兵衛、渡邊龍助討死ニ及ブ、依テ大垣之城中騷動大方ナラズ、剰ヘ敵將大垣ニ間近キ赤坂ノ岡山ニ陣取リタレバ、唯今ニモ家康出陣ニ及レナバ、大垣トテモ保チ難キ有樣也、早々其地ヲ捨置、大垣ニ來リ御下知有テ玉ハルベシ、」トノ趣故、吉隆手足ヲ打テ以ノ外驚キ、大垣ハ味方ノ根本タリ、捨置ヘキ處ニアラズト、其身ハ取物モ取アヘズ、美濃國ヘ趣シガ、件ノ高次等ノ諸大將モ趣キ所ヲバ捨置テ、早速大垣ヘ來ラレヨト差圖ニ及故、北國備ノ諸大將皆々中ノ河内ヘ懸リ、美濃國ヘ趣ク處ニ、吉隆ハ元ヨリ智勇兼備ノ良將無双ノ者故ニ、密ニ杤木河内守元信今丹州福知山三萬二千石土佐守先祖虎ノ御門ノ内也ヲ招キ、私ニ語ケルハ、今大津宰相ハ秀頼公ノ御外戚ニテ、大閤ノ厚恩ヲ受タル人ナレトモ、高次ノ奥方ノ妹ハ江戸中納言ノ内室ニテ、關東ヘモ由緒有、然ハ油斷スベキニアラズ、御邊ハ元ヨリ佐々木ノ餘流、高次ニ親シケレバ、相備ニ命ズル間、油斷ナク心ヲ付、若シ怪敷子細モアラバ、諸將ト共ニ忽ニ討取ラレト下知シテ、美濃國ヘ趣ク、元信樣々心ヲ配リ、高次ノ備先ニ進レタリ、然ルニ九月朔日ニハ、宰相高次越前ノ東野トイフ處ニ着陣ニ及レシガ、赤尾安養寺抔ガ飛脚ハ城地ヲ明ヨト催促ノ使ノ次第ヲ注進ス高次是ヲ披見ノ後、先手之山田大炊ヲ召招キ、此一通ヲ見セシメ、總シテ此度ノ一亂ハ石田ガ奸計ニテ秀賴公ヘ忠義之様ニモテナシ、實ハ己天下ヲ奪ント謀ルト雖モ、諸大名其奸斗ヲ不レ知シテ石田メニ欺カル、我々元ヨリ是ヲ知ル故、先達テ關東ヘ心ヲ寄也、大津ノ城ニ楯籠ント思得共、時節ヲ待テ居ル處ニ、我々ノ留守ヲ伺ヒ居城ヲ奪ヒ取ントス、今城ヲ奪ハレテハ武門ノ耻辱、依テ明朝ハ大津ノ城ヘ歸ラント思フ也、兼テ用意仕レ、乍レ去我相備朽木河内守元信ハ正シク大谷ガ差圖ニテ我陣中隱目付ト覺ユレバ、退口ノ妨センモ難レ計内々用意アレト内談ノ處ヘ、朽木元信ノ方ヨリ使者ヲ以テ、高次ニハ明朝何時ニ打立レ候哉ト、刻限問答ノ使來ル、是ハ人數込合マジキ爲之高次莞爾ト笑テ、是社屈竟ノ事ナレバ、其返答ニ一刻モ早ク美濃國ヘ罷越ント存ル故、二番鷄ノ鳴頃ニハ人數ヲ押出スベキ積也ト返答故河内守先陣ナレバ其夜六ツ半頃ニ人數ヲ繰出シ打立タリ、依レ之高次ハ一番鳥ノ唱フ頃ニ人數ヲ押出シ、美濃路ニ向ズシテ鹽津通ニ押懸リタレバ、峠ヲ打越テ海津ノ浦ヘ押出シ船ニ取乘リ九月三日ノ丑刻歸城ニ及レタリシニ、折節爰ニ立花左近將監宗茂ハ筑後柳川之領主也、武勇大ニ勝タル大將大友之統ニシテ、高橋下總守ガ立花山ニ居住シテ立花ヲ名乘ケリ、此節ハ柳川ニ居住シ、此度石田ガ亂ニハ秀賴公御賴ト計リ心得テ、關ヶ原ヘ打テ出ント、今筑紫上野介廣門同道ニテ、其夜粟津ニ陣取テ居ラレシ趣聞ヘタリ、高次大ニ悦ビ宗茂廣門我々カ歸城ヲ知ルマジ、唯今ニ夜討セバ必定敵ヲ追立ベシ、用意セヨト下知之所ニ石田一味ノ黑田伊豫ガ是ヲ聞テ大ニ驚キ、何卒此夜討ノ計略ヲ止メント進出、仰尤乍レ去立花ハ西國第一ノ猛將、世ニ知レタル武勇ノ達人、中々油斷有間敷、味方籠城ノ手初ニ打負ル物ナラバ、士卒之鋭氣ヲ拆クベシ、此事決シテ御無用ト諫ル所ヘ、赤尾伊豆守進出テ、勇將モ猛將モ何程ノ事カ有ン、明日ヨリ關東一味ノ御旗ヲ立ラレナバ、間近キ大坂ヨリ數萬ノ敵ノ責來也、然ハ何ゾ立花如キヲ恐レンヤ、殿ノ御意コソ尤ナレト、急ニ夜討ヲ謀ルヲ、黑田問返シテ、赤尾ノ勇氣去ル事ナリ、然共味方ノ人數越前ヨリ長途ヲ打テ物ノ役ニ立可カラズト言フヲ、山田大炊介御供ノ人數ノ勞レテ役ニ立ズバ、城中ノ人數ヲ以テ打破ランニ、何事ノ有ヘキト樣々爭論スル中ニ、程ナク其夜明ル故夜討叶ハズ、赤尾山田安養寺ノ面々相談シテ、兎角黑田ハ味方ニ有ナガラ敵方ヘ心ヲ寄ルト見ヘタレバ、合戰ノ折節ニハ敵兵ヲ城中ヘ引入ンモ難レ斗ク、引捕ヘ人質ノ郭ヘ追込タリ、

九月四日ノ早朝、高次公齋藤庄左衛門、若宮兵助兩人ニ下知ヲ傳ヘ、兵糧竹木ヲ取集メ、又家中ノ人質ヲ取固メ守リ籠城ノ用意有、藍原助右衛門ト言者ニ下知シテ、關寺ノ惣門ヲ差固メ、往來ノ通路ヲ塞キ、城中物忩シテ上ヲ下ヘト返ス程ニ、此事暫時ニ大坂ヘ聞ヘタレバ、淀殿大ニ驚キ孝藏主ト言尼ヲ以テ高次ノ奧方ヘ口上ニ、宰相殿濃州路發向ヲ押止リ、其ノ處籠城ノ聞ヘ有若シ關東一味ニ及レバ上樣ヘ筋目有ニモセヨ情ナク責落シ、女童悉ク責殺サルベシニアラズヤ、先達テ人質ニ出サレタル熊麿モ、忽ニ殺サルベキ趣也、今ノ内關東一味ノ手ヲ離レ、上樣ヘ御忠義有テハ、淀殿モ如何斗御歡有ベシト細々ト申送リケル、是輝元之斗略也、若高次心得無キ趣ナラバ、忽ニ責落サント寄手ノ手配抔シテ扣ヘタリ、此時毛利輝元ノ叔父ニ毛利大藏太輔元康ト言人有、元就ノ七男智謀サカ〳〵敷物早キ人數也、此事ヲ聞ト等シク大津ヘ乘付見ルニ、關寺ノ惣門ヲ差固メ往來ヲ止メタルヨリ、梶村八左衛門ト言物頭ニ下知ヲ傳ヘテ言、高次此惣門ヲ打テ兵糧竹木鹽味噌藁ノ類ヲ取集メ城中ヘ込ント斗ト見ル、汝則此門ヲ破リ大津城下ノ町々ヲ悉ク燒立、兵糧雜穀ノ類ヲ悉ク燒テ捨ヨト、差圖ニ依テ梶村士卒ニ下知ヲ傳ヘ、大急ニ門

ニ馳來ルニ、ケ樣ニ火急ニ敵人ノ來ルヘシトハ思ハネト、藍原助右衛門カ手ノ者ニ下知シテ城中ヘ町家ノ雜具ヲ運バセル最中故防クベキ者ナクシテ忽門ヲ乘取ラレ、剩助右衛門生捕ラル、梶村八左衛門惣門ヲ乘破リ足輕ニ下知ヲ傳ヘテ、八方ニ火ヲ掛テ燒立ント用意ス、此時町ニモ悉燒ル、ナラバ城中火急ノ籠城モ萬事欠難義スベキ所、其頃多賀孫左衛門ト言浪人大津ノ町ニ住居セリ元ハ多賀豊後守高忠ノ孫ニテ、父ヲバ多賀彦兵衛ト言テ、織田信澄ノ老臣タリシガ、信澄至テ暴惡ノ性質ニテ、罪ナキニ家臣ヲ切腹生害セシメタリ、彦兵衛度々諫ル故ニ、後彦兵衛ヲ深ク惡ミ是ヲ害セント斗ラレケル、折節信澄ハ在京、彦兵衛ハ信澄ノ領地近江ノ大津ニ居タリシニ、信澄秘藏之鷹有シガ、俄ニ煩出シテ無レ程落タリ、信澄之ヲ聞テ大ニ怒リ、彦兵衛ガ鷹ノ養生麁末ニセシヨリ落タリ迚切腹致サセタリ、依テ孫左衛門モ其罪ノ身ニ及ハンヲ恐レテ密ニ立退、德永法印ノ在所ニ下リテ隱レ居タルヲ、多賀ハ佐々木一族故ニ高次數年懇意タリ、故ニ大津ノ城下ニ來テ住居シテ居タリシガ、今城中ヘ兵糧以下取入ザル先ニ、敵軍大津ノ町ニテ燒拂ハヽ、籠城甚難義ナラント了簡シテ、髻ヲ切拂ヒ隣家之道心者ノ衣ヲハギ取、惣門ニ走リ行見ルニ、梶村八左衛門床机ニ掛リ、權柄顏ニテアノ出家ヲ連來レト差圖ス、孫左衛門少モ臆セズ跪ク、梶村御坊ハ何ノ爲此邊ヲ徘徊スルト問、愚僧ハ三井寺ノ衆徒勸請ノ爲美濃國ヘ罷越セシガ、久々煩漸々旦那塲廻ノ爲大津ヘ立越タルニ、何事ヤラン明松ニテ立騒グハ此方ハ火付ノ親方如何ナル子細ヤト問、梶村聞テ三井寺ノ出家ト有ハ早々當所ヲ立退レヨ、唯今大津ノ町々ハ不レ殘燒拂フ程ト言、孫左衛門其時ニ夫ハ何故、梶村申ハ高次關東一味ノ聞ヘ、其上城中ヘ財寶雜具ヲ込ル燒捨ン爲ナリ、孫左衛門進出、夫ハ散々ノ了簡、子細ハ此大津ノ町ハ昔ヨリ園城寺延暦寺ノ檀那多キ所ナリ、然ルニ諸道具ヲモ除サセズ理不盡ニ燒立玉ハヽ、此事ヲ知ラセニ叡山三井寺ヘ趣ン、此兩寺ハ昔ヨリ衆徒ノ心猛々敷テ、武士ニモ劣ヌ荒者ノ寄合ナレバ、忽ニ起リ立、京極殿ノ味方ト成、後詰加勢スル時ハ由々敷大事御笑止ノ事ナリト、誠顔ニ欺クニ、梶村大ニ驚キ我全ク理不盡ニ放火セントハ思ハ子トモ、アノ者惣門ヲ固メ我等ガ人數ヲ拒ミ、城内ヘ悉ク家財雜具ヲ取入ントスル故ニ、如レ斯ノ仕合ナリト答ケルニ、孫左衞門是ヲ見テ打笑ヒ、アノ者ハ當所百石町トイフ所ノ塗師屋助右衞門ト申者成ガ平生力身立ヲ致スユヘ左樣ノ事モ有ベキト言ナガラ、助右衞門ニ向テ、御手前常々入ラザル武士立ヲ好ミ、刀脇指ヲ帶シテ騷カルヽ故、斯樣ノ時モ御役人ノ疑ヒヲ懸ルヽ、當所ノ災ヲ引出シ其身モ難義ヲセラルヽ事笑止千萬、是ニヨツテ向後タシナミ玉ヘト挨拶シテ、梶村ニ向ヒ是ハ我等擔方ニテ御氣遣ノ者ニアラズ、我等召連歸ルベシ、未敵トモ味方モ知レザル京極殿ノ城下ヲ押付テ放火有ハ、天下ノ大事ヲ引出サルト言者也、早々人數ヲ門外ヘ出サレヨ、燒失スルハ何時ニテモ自由ノ事ニ候ヘバ、何事モ愚僧ニ任セ置ルベシ、御爲惡クハ斗ハシト誠シ顏ニ欺キタルニ、梶村尤トヤ思ヒケン、事ノ次第主人元康ノ方ヘ伺ヒタルニ、申ス旨モ尤ナレバ、今少シ見合ヨト下知スル間、終ニ人數ヲ惣門ノ外ヘ出シタリ、孫左衞門ハ敵兵ノ引取ト早速惣門ヲ打セ、齋藤庄左衞門、若宮兵助抔ニ言付、町家〳〵兵糧鹽味噌其外竹木ナド諸色悉ク奪取テ城ニ籠ラセ、京町口尾花川口ヲ堀切柵三ヲ付、支度既ニ出來ヌレバ、敵ノ燒ヌ先ニ自燒セヨト、京町鳥町百石町中町濱町松本抔トイフ所ヲ悉ク燒拂フテ、城中ニ楯籠ル事夥シキ事共也（九月七日ノコト）

扨此時大垣ヨリハ輝元ノ下知トシテ、高次ノ返答次第、暫時ニ城ヲ責落セト討手ノ諸將ヲ命ジ、此面々暫ク大阪ニ扣ヘ其樣子ヲ伺ヒタリ、淀殿ノ使幸藏主ハ此時城中ヘ趣キ、高次ノ奥方ヘ段々ノ口上ヲ演說シタルニ、奥方ノ返答ニハ宰相殿ハ越前ヨリ歸リ玉フ後、軍用ニ鬧敷シテ松之丸殿初メ妾抔ニモ未對面ナキ故、夫ノ心中知レ難シ、直々ニ宰相殿ニ逢參ラセ事ノ樣ヲ懇ロニ申サレヨト有之故、高次ノ見參ニ入タシト立入ルニ、籠城ノ手ツカイ鬧敷暫クノ暇モ惜キ故、對面ハ不レ叶トノ返答故、無二是非一大阪ヘ立歸ルヲ通サン迚、關寺ノ惣門ヲ開キシニ、毛利家ノ軍勢明ルト等シク壹番ニ込入タリ、是ヲ見テ城兵三田村安右衛門、尼子勝左衛門、今村掃部、丸毛萬三郎、赤尾久助、淺見藤右衛門、多賀孫左衛門、伊達左兵衛之面々ハ京町口之東西ヲ守、山田三左衛門、赤尾伊豆守、友岡新兵衛、本鄉數馬、由井太郎左衛門、鹽津外記ノ面々ハ三井寺尾花川口ノ兩口ヲ固メ、佐々加賀、龍崎圖書、安養寺長門等ハ二丸口ニテ扣ヘテ、城兵三千餘人相集テ居タルガ、毛利家ノ兵關寺ノ總門ヨリ込入ルト等シク、城兵數十人是ヲ退出サントト馳出ル所ニ、立花宗茂膳所ヨリ取テ返ス、高木ノ邊迄旗ノ手ヲ進ラル、ヲ見ルヨリモ、敵ハ多勢ノ寄來ルゾ跡ヲ取切レバ由々敷大事、城ニ籠テ戰ト皆々城中ヘ入テ堅ク固メタリ、扨兼々大坂ニ扣ヘタル寄手ノ諸大將、輝元ノ陣代、毛利大藏大輔元康、堅田兵部少輔廣澄、增田ガ陣代增田作右衛門安俊高田遠江守直滿、秀頼公ノ撿使、伊藤丹後守長實、同左馬介長秀、速水甲斐守時之、福住兵庫頭守治、郡主馬首宗保、三輪嘉左衛門可正其外弓鐵砲ノ者彼是都合七千人三井寺尾花川口ヘ迫ル久留米侍從秀包、小出大隅守三幸、宗對馬守侍從義智ノ陣代、柳川豐前守調澄、多賀出雲守高賢、石川掃部頭賴明、南條中務少輔忠成、杉若越後守、垣屋隱岐守、木下備中守、同信濃守、荒木伊太夫、橫濱民部少輔、杉浦壹岐守、其勢壹万余人京町口、立花宗茂、筑紫上野介廣門三千人ハ濱町口ヨリ我モ〳〵ト亂入ル、其外芦浦ノ観音寺ノ岸邊ヨリハ數十艘ノ兵船ヲ以テ押寄ル、寄手ノ總勢都合三万七千余人、旗馬印ハ雲ヲ掠メ、金大皷山谷ヲ響シテ責來ル故、ナマジイニ城ヲ離レ戰ハバ、大軍附入センモ覺束ナキ程ニ迚、城兵終ニ城中三ノ丸ヘ引退テ門ヲ固ヲ扣タリ、

此時高次神君ノ御味方トシテ大津ニ楯籠ル趣ヲ關東ヘ注進ニ被及タルニ御答、

其表之様子切々被仰越候就今度之仕合申談之筋ハ一途ノ御心底難申候此方急度上洛申候條以面上可申達伊那侍從殿具ニ申渡候猶井伊兵部少輔被申候間令省略候恐々謹言

七月廿六日　家康

大津宰相殿

扨此時西國ヨリ馳登ル諸將追々ニ加ツテ、四萬三千餘人ニナリ、九月九日巳ノ刻ヨリ大津ノ城ヲ十重廿重ニ取卷喚キ呼ンデ責懸ル、此大津ノ城ト云フハ則、一方湖ノ手當ナレバ、三方ハ平地ニ續ク平地ニナン、殊更地形低ク、關寺ノ麓三井寺ノ邊ヨリ見下セバ、城中蟻ノ這迄モ見ユル斗要害至極淺間ナル程ニ、寄手ハ城ノ淺間ナルヲ見侮リテ、寄ルト等シク楯竹木ノ用意モナク、曳々聲ヲ發シテ蟻蜂ノ群ル如ク責懸ル、其勢セキ切タル大水ノ勢ニテ、唯今此城微塵ニ成ルヨト見タル處ニ、城將高次六万石ノ小身ニハアリト雖、武勇ノ心懸深クシテ、屈竟ノ名アル勇士ヲ數多召抱タレバ、此猛勢ガ一同ニ攻掛ル勢ニ少モ恐レズ、靜リ返テ鬨ヲモ發セズ、敵ヲ間近ク引付テ、一度ニドット競聲ヲ擧テ、四方ノ狹間ヲ一度ニサット拔クト見ヘシガ、弓鉄炮ヲ組揃ヘ、寄手ノ人數ガ込重タル眞中ヘ矢玉惜マズ散々ニツルベ掛ル、其響天地ニ響キ、矢玉ノ飛來ルコトハ水雲ノ降來ル如ク、散々ニ打出シ射

出ス、元ヨリ寄手ハ大軍タリ、當麻竹圍ノ眞中ヘ玉鑓早ク打出セバ、人ニ外レバ馬ヲ射倒シ、馬ニ外レバ人ニ當ル、元ヨリ寄手ハ要害ノ淺間ナルヲ見侮リ、攻具ノ用意ニモ不及シテ攻掛シ事ナレバ、見ル間ニ四五百人將棊倒シニバラ〳〵ト打伏ラレ後陣ノ軍勢射マクメラレテ進ミ行ズ、人ヲ小楯ニ取ン迚押合ヒヘシ合ヒ、野白ニ成タル處ヲ見澄シテ、四方ノ門ヲ一度ニハツト押開キ、城中ノ三千餘人眞黑ニ成テ突テ出、渦卷タル大勢ノ眞中ヘ馳入ルト見ヘタリケルガ、雲雷ノ空中ニ轟ク如ク、面モ振ラズ散々ニ切テ廻ル、其中ニモ赤尾伊豆守ハ赤糸威ノ鎧ニ同シ毛ノ三枚甲、猩々皮ノ陣羽織ニ茜ノ母衣掛、青貝柄ノ二間鎗ヲ馬ノ平首ニ引付テ、栗毛ノ馬ニ一策加ヘテ乘出セバ、山田大炊ハ黑糸ノ鎧ニ同シ毛ノ甲ヲ戴、黑羅紗ノ陣羽織ニ黑母衣打掛ケ、十文字ノ鎗引提、靑ノ馬ニ乘タルガ、五百餘人ノ選兵ヲ前後ニ從ヘ、寄手雲霞ノ如ク大勢ノ眞中ヘ會釋モナク馳セ入ヲ、元ヨリ大軍ノ寄手ナレバ、我討取ント四方八面眞中ニ取込ル、赤尾山田ノ兩人ハ大音聲ヲ以テ、此一戰ニ打負バ城ハ忽落ベキゾ、多歳ノ君恩ヲ報ズベキハ此時ナルゾ、死ネヤ〳〵ト呼テ、或ハ卍又ハ巴ノ字ニ圓形方形手先ヲ廻シ、鍔ヲ破リ百練千鍛、爰ヲ最期ト敵味方ノ曳ヤ聲、打合スル太刀ノ鍔音山川ヲ傾ケ、天地ヲ動シ、半時斗攻戰ヒ兩軍ノ踏立ル武者ホコリ馬煙リ日ヲ掠メ行ト、血ハ地ニ溢レ散々ニ攻戰フ、流石多勢ト言ナガラ、必死ノ切先堪難クシテ、先驅の寄手三千余人、必死ノ鎗先鋭ケレバ、ドツト崩レ、後備ニ崩レ懸ル、城方ノ山田赤尾ハ勝ニ乘テ、隙間ナク追立〳〵戰ヘバ、二陣モ保ズドツト崩テ迯退ク、山田赤尾ハ素ヨリ智勇備リ武邊場數ノ勇士ナレバ、寄手ヲ手輕ク追捨テ、勝鬨作リテ城中ヘ引返ス、然共寄手ハ多勢ニシテ要害ハ淺間ナリ、假令樊噲ガ籠共何程ノ事有ント、寄手之軍勢虎口ヲ赦メズ、入替〳〵九月九日ヨリ十一日ノ未ノ刻迄、晝夜ノ境ナク揉立〳〵責惱スヲ、城兵少モ氣ヲ屈セズ、敵近付バ切テ出テ追退ケ、塀ニ付バ突落シ、一命限リト防ク故、三日三夜ノ城攻寄手ノ方ヨリ手負死人六千余人討取共、マズ塀ノ一重迚モ破レネバ、此城今ノ體タラクニテ中々急ニ落難シ、暫ク陣場ヲ退ケ士卒ノ方ヲモ休メテ後ニ責落ト、諸手ノ陣ヲ引揚テ暫ク息ヲ繼ケリ、

城中ニ於テハ赤尾伊豆守、山田大炊并三田村安右衛門ノ面々相集リテ相談ニ及ケルハ、敵ハ數日晝夜ヲ分ズ當城ヲ攻タレバ、今霄ハ勞レテ物ノ役ニ立ベガラズ、夜討セン抔トハ思ヒモ寄ラズ、殊ニ城方ハ小勢ナレバ、今霄勞レテ居ルヲ幸ニ油斷セン、此程ノ眠リヲ覺シ、城邊近キ敵陣ヘ夜討セント評議シテ、城中夜討ニ馴タル屈竟ノ兵ヲ五百人撰出シ、面々襟ニ勇ノ字ヲ書印タルヲ袖印ト定メテ、山田赤尾二百人ヲ隨ヘ兩ノ門ヲ忍ヤカニ押開キ、其夜ノ丑ノ刻斗ニ打出タリ、又此時一方ヘ三田村安右衛門、由井太郎左衛門、尼子八郎左衛門、服部幸六郎ノ面々三百人ヲ引卒シテ、北ノ門ヲ押開キ、是モ同樣ニ打出タリ、山田赤尾ノ兩人ハ橋際ニツト立テ寄手ノ陣場ヲ見渡タリ、察セシニ違ハズ寄手ハ數日ノ勞ニテ、夜討ナトノ出ベシトハ思ヒモ寄ラズ城中モシン〳〵ト篝火白ケテ渡タリ、山田赤尾仕澄タリト、筑紫上野介廣門ノ陣ニ間近ク忍ヒ寄……ヲ以テ陣屋ノ軒ニ火ヲ掛タルニ、折節風烈シクシテ暫時ニ黑煙ヲ突テ燒上ル、火ノ下ニ鬨ノ聲ヲドツト作リテ拔連切テ入、散々ニ切テ上ル、廣門ノ軍共數日ノ勞殊更夜討ノ有ヘキトモ思モ寄ラザル事ナレバ、前後モ知ラズ寢イビキノ處ヘ不意ヲ討レ、ソリヤ夜討ゾト騷ギ立、甲斗ヲ着ルモ有、弓ヲ持テ矢ヲ持ズ、不意ナル事故狼狽騷立、赤尾山田心得タリト蜘手カク繩十方無人廣門ノ三千人立足モナク追立ラレ、四方八面蜘ノ

子ヲ散ラス如クナリ、山田赤尾十分ニ打勝テ捨置タル廣門ガ旗馬印ヲ奪ヒ、勝閧作リ城ノ中門ニ引返シケリ、

扨一所ニ忍出タル三田村安右衛門、田井太郎左衛門等ハ面々城門ヲ出デ、一ノ虎口ニ扣タル立花家茂ノ陣中ヘ鬨ヲ作テ責掛タリ、家茂素ヨリ智勇兼備ノ猛將油斷ナクシテ、足輕ニ繩襷掛サセ、早合打懸ル、此早合ハ繩襷ヲ掛サセ繩ノ目ニ玉薬ヲハサミ打セシト也次ニ兵士騎兵鎗長刀ヲ組付テ、魏々堂々トシテ扣タリ、夜討ノ城兵案ニ相違シ進兼テ尻込ス、三田村勇猛ノ者ナレバ大音上テ堅鐵城ナク共、武士タル者ノ敵ヲ見捨テ備ヲ廻ス事ヤ有、何程ノ事有ン、掛レ〱ト下知ノ下ヨリ、鎗追取一番ニ馳懸ル、本鄕數馬ヲ初トシテ、此勇氣ニ勵サレ一度ニ喚キ馳廻ル間、近ク引付組並ヘタル鐵炮一度ニツルベ掛ル、壹番ニ進タル本鄕數馬ヲ初トシテ、犇々ト五十騎斗打倒サル、是ニヘキ易シテ人ヲ楯ニ働得ズ、進兼テ目斗キロキロ、京極方ノ今村大聲揚戰場ヘ出ル者ノ、弓鐵炮ニ恐レテ手抦ノ働ナルベキカ、我々ニ續ケト呼ハリ、鎗ヲリウ〱ト振廻シ、一番ニ馳掛レバ、引繼テ箕浦佐渡(備後カ)三田村安右衛門人ニ掛先ヲサセジト一文字ニ馳懸ルニ、隨ヒタル三百人風雨ノ如キ玉矢ヲ事共セス、無二無三ニ切テ入ル中ニモ、丸毛万五郎ト名乘テ、黃糸ノ甲冑黑羅紗ノ陣羽織大長刀リウ〱ト水車ニ振廻シ、甲ノ天ペン眞甲眉庇左右ノ小手大袖高股或ハ兼閉ノ金物下●敬ノ外レ馬ノ胸カヒ平目前足當ル處ノ嫌ヒナク突落シ薙拂ヒ、走馬ノ如ク刃身ヲ振テ、顯レ隱レ走廻ル、其有樣一人當千離倫絕類ノ有樣ナルニヘキ易シテ、流石ノ立花勢中ヲ披テ通スル處ニ、立花ノ陣屋ヨリ六尺有餘ノ仁王ノ如キ大男、內早ニ明星ノ如キ眼ヲ見出シ、鎖帷子ノ上下黑皮威頰髮カキ上大音ニ、哀レ目覺シキ働哉、是ハ宗茂ガ良等十時攝津ト名乘テ、暗ノ勝負セント言モ果ズ、三尺八寸重子厚キ

ダンビラ物リウ〳〵ト鐘旭ノ荒タル如ク、力足踏ンデ馳懸ル、丸毛寛爾ト打笑ヒ、天晴能敵也、イデ物見セント、血シホニ成タル大長刀振廻シテ切テ懸ル、十時之ヲ見ルヨリモ、件ノ太刀ヲ眞甲ニ差カザシ走リ來テ一刀ニ切、丸毛長刀ニテ拂ヒ除、十時ガ胸板ニ鐵壁モ通レトリウ〳〵ト突ヲ、十時事共セズ件ノ大太刀ニテ拂ヒ切、丸毛ガ長刀ノ蛭卷ノ邊ヨリ眞二ツニ切折ル、萬五郎太刀ヲ拔ントスルニ、隙間モアラセズツト馳寄、無手ト組ミ少モ丸毛ヲ働セズ、暗ニ捻伏腰ヨリ早繩取出シ、高手小手ニ搦上ル、中江式部是ヲ見ルヨリ韋駄天ノ如ク欠來リ、其者返セト言ト見ヘシガ、詞ノ下ヨリ十時ガ綿嚙ノ外レヲ一刀切ルニ、十時急度振返リ、大ノ眼ヲクツト見開キ、推參ナリト詞ノ下、件ノ太刀ヲ以テハツシト打、式部頭ヲ縮メテ其太刀影ヲ支ヘシト見ヘシガ、打据ラレ何カハ以テタマルベキ、式部ハ尻居ニトフト打伏ラレ立モ揚ラズ、一朝ノ露ト消タリケリ、箕浦備後ハ剛敵三人討取テ一息繼デ扣ユル處ニ、目前ニ十時ガ働ク有樣ヲ見ルヨリモ、首投捨テ一文字ニ走リ來テ無手ト組、備後ハ素ヨリ剛力ノ名ヲ取タル者ナルヲ、十時更ニ物トモセズ綿嚙摑ンデ曳ト押伏立處ニ生捕タリ、此時城方三田村安右衛門立花家ニ名ヲ取タル山崎孫左衛門ト言者ト鎗ヲ組デ散々ニ責戰ヒ、山崎ヲ突伏テ首取ントスル處ニ、丸毛箕浦兩人十時ガ爲ニ生捕レシヲ見ルヨリモ、南無三寶ト驚ク、十時ヲ目ガケ一散ニ追懸ルニ、過テ小石ニツマヅキドフト伏スヲ、起シモ立ズ立花ノ勢ノ中村井平六繩掛テ引立、大音揚テ、今宵夜討之大將ヲバ村井平六生捕タリ、高ラカニ名乘ルヲ、安右衛門ガ嫡子三田村兵助ハ生年十八歲、父ニ劣ラヌ屈竟ノ剛强者ナル程ニ、今宵ノ夜討ニ比類ナキ働シテ、敵三人切テ落シ、氣色奪テ扣ユル處ニ、村井平六ト名乘ヲ聞テ、踊上テ大ニ驚キ、唯今父ヲ敵方ヘ生捕ラレ、何面目ニ生テ人ニ面ヲ合セン、出テ討死ニ及ベシト獨言シテ、渦巻立花勢ノ眞中ヘワット言テ欠入ッ、、鎗ヲ以テ叩キ立〳〵突伏無人ノ地ヘ入タル如ク、往來ニ馳走シテ顯レ隱レ七轉八倒手ヲ碎テ血戰スルニ、天命ニヤ叶ケン、宗茂ノ本陣ヘ行ン爲ニ村井兵六安右衞門ヲ引テ行ニハタト出逢タリ、兵助天ノ與ヘゴザンナレト、憤怒ノ猛威ニ響ク十項羽百樊噲ノ猛勇ヲ爰ニ寫シテ、手ヲ支ユル奴原ヲ弓手馬手ヘ薙伏突伏、村井ニ向テ其者返セト呼タリ、村井是ヲ急度見ルニ、怒ル眼ニ血ヲ注ギ、無念ノ氣色面ニ顯ハレ、如何ナル鬼神モ擱ヒシガン有樣ナレバ、村井大ニ驚キ此人ガ入用ナラバ熨斗ハ無ケレト進上申ニ、我等ガ命ハ御免〳〵ト迯退ク、此時兵助ガ若黨三人跡ヨリ續テ、安右衞門ガ襟ノ繩切解キ、其中ニ兵助ハ平六ニ追迫リ、返セ戻セト呼ハリナガラ後ヨリノッ懸ツテ、平六ガ振返ル處ヲ、一ト刃ハッシト切、村井ガ甲ノ吹返ヨリ右ノヲトガイノ外レ迄シタ、カニ切下ゲケレバ、ウントモ言ハズ倒レ伏ス、此時ニ安右衞門ハ十死ヲ迯レ一生ヲ保チ、勇氣懷天ヲ呑ンデ、鎗追取走懸リ〳〵一命限リト責戰、然共立花勢備ヲ固メ、荒手ニ操替〳〵戰フ故、今ハ早是迄也ト引揚ント敵兵ヲ突拂〳〵城中ヘ引揚ルヲ、立花勢ハ勢ニ乘テ短兵急ニ追立ル故、物別叶ハズシテ夜討ニ出タル城兵壹人モ不レ殘討死ト見ヘタル處ニ、城中ヨリ安養寺門齋五百餘人ノ士卒ヲ隨ヘ、迎ヒ備整々ト扣ユル故、武邊手練ノ立花勢追止ル塲ヲ守テ、勝鬨作テ引返ス、依テ物別ト成、其夜モ程ナク明離レバ、九月十二日寄手ノ諸將會合シテ、要害淺間ノ敵城ヲ左斗ノ大軍ニテ數日掛テ落得ズト有シ時ハ、輝元ヲ初トシテ諸將ノ思ハク耻シシ、長良山ニ大筒石火矢ヲ組付城ノ要害塀矢倉ヲ打ヒシギ、其後ニ惣乘シテ忽城ヲ攻落サント評議シテ、長良山ニ大筒數千挺組付、城ヲ目ノ下ニ見下シテ込メ替〳〵散々ニ打込タリ、サレバ炮聲天地ニ響、百千ノ雷ノ鳴カ如クナルニ依テ、山岳モ是ガ爲ニ動キ、大箭空シクシテ掛ルガ如ク、烟氣天ニ散テ日ノ光ヲ隱シ、火箭炮……類城中ニ滿々テ、所々彼所ニ燃ヘ立共、高次素ヨリ無双ノ強將タル間少モ恐レズ、雜兵ニ下知ヲ傳ヘテ無二隙間一是ヲ打消サセ、防戰怠リナキ所ニ、亦々千餘挺ノ小筒ヲ一度ニ放シケレバ、其聲天地ヲ震ヒ動シ、左ナガラ百千ノ雷ノ一度ニ鳴落ルガ如ク、數百ノ飛玉一度ニ發シ、鐵片星碎ケテ落ルガ如ク、飛來ル故、火矢ヲ防ク雜兵此時弓手馬手ニ將棊倒シ打伏ラレ、塀矢倉ノ士悉ク打落サレ、二枚斗ニ成タル程ニ、塀裏ノ武者ハ走リテ敵ヲ防グ城兵幾人有トイフ迄モ寄手ノ方ニ見透ス故、高次下知シテ本丸殿屋ノ奧ヲ閱サセシメシテ是ヲ立掛敵ヲ防グ、此時城上ノ高櫓ニ前夜奪ヒ取タル筑紫上野介ノ旗馬印ヲ押立聲々ニ罵リ笑タリ、立花ノ手ノ軍士共廣門ノ旗馬印ヲ奪レシトハ夢ニモ知ラズ、南無三寶廣門ガ軍卒ハ城中ヘ込入シゾ、劣ルナ負ルナ乘ヤ〳〵トメン鳥羽ノ如ク、仕寄タル楯竹束ヲ犇々ト踏倒シ、眞先ニ馳掛レバ、是ニ續ク筑紫上野介、多賀出雲守、久留米侍從秀包、横濱民部少輔、垣尾隱岐守、南條中務其外長盛輝元等ノ諸軍勢劣ラジ負ジト競ヒ進ミ、城ノ中ヘ飛入〳〵、塀下ヘ取スガル事蟻蜂ノ群タル如ク、八方一圓ニ攻掛ル、城兵モ爰ヲ詮度ト鐵砲ヲ以テ打落シ、鎗長刀ニテ突落ス、寄手ハ大勢タル故ニ、手負死人ヲ物トモセズ、乘越踏越石垣ヲ傳ヒ走リ、塀ノ腕木ニ取付バ、城中必死ノ兵ノ爰ヲ最期ト防グニ依テ、流石ノ大軍素肌ノ城ヲ見上テ、一息續デ扣ヘシ處ニ、宗茂ノ先手ノ大將立花吉衞門此有樣ヲ見テ齒カミヲ鳴シ、言甲斐ナキ人々ノ有樣哉、イデ物見セント呼ハツテ、馬乘放シ、采配腰ニ收メ、大音揚ゲ、宜化天皇ノ御子左大臣家宿公ノ後胤孫ニ立花吉衞門成家當城ノ一番乗ト呼ハッテ、猛虎ノ怒レル有様ニテ石垣ニ這上ルヲ、城中ヨリ突落シ突落サント、鎗長刀ヲ打拂〳〵スルト雖トモ少モ臆セズ、突出ス鎗長刀ヲ引奪ヒヒラ〳〵ト傳ヒ登レバ、吉右衛門ガ郎等末松久右衛門、重松加右衛門主人ニ負ジ劣ラジト引續、走セ付登ルヲ散々ニ突立、亦ハ薙拂ヒスル故ニ、末松始重松堀底ニ突落サレ、吉右衛門モ二ケ所ノ鎗疵蒙リテ、流ル、血ハ瀧津瀬ノ如クナレトモ少シモ臆セズ、散々ニ働ハ森田孫兵衛、安部半内、東郷太之助、金生十右衛門、安部作右衛門、庄司清助、竹原小十郎、後藤久内、原長右衛門、河崎庄助、寒田半左衛門、大塚九右衛門、笠原喜助、有竹清兵衛、眞鍋重助ヲ初トシテ忽ニ討死シ、又ハ手疵ヲ蒙レトモ物トモセズ、吉右衛難ナク腕木ニ手ヲ掛テ塀垣ニ乗上ル、

此吉右衛門ハ宗茂ノ一族ニテ、秀吉卿ヨリ筑後ノ城島ヲ給ル故、家人ニハ非ズ、後ニ家來ト成、

此時ノ感狀

今度大津城責ノ刻、進ニ先陣一勵ニ粉骨一二ケ所御蒙疵候段、乍ニ毎度一突雄ノ至、不レ可レ勝ニ斗一、雖レ然無時節方般心中而已ニ打過候、何樣斯天運可レ顯ニ御志一候、當時爲ニ感謝一被レ望候如意ノ甲弁筑紫月毛進シ候、年來秘藏之儀可レ被レ得ニ其意一候恐々謹言、

九月十三日　　宗　茂

立花吉右衛門殿

扨是ニ續テ多賀出雲守高賢ノ軍勢雲霞ノ如ク、曳ト聲ヲ發シテ乗入バ、塀裏矢切ヲ堅メタル今村掃部四方ニ下知シ、散々ニ責戰ヒ命ヲ捨テ防ゲバ、彼ハ大軍、味方ハ小勢、城兵爰彼所ニ討死シテコラヘ難ヤ有ケン、京口ヲ昇越シホルト見ヘタルガ、ドツト崩テ二ノ丸指シテ迯入タリ、今村掃部是ヲ見テ血眼ニナリ、コハ口惜キ仕合哉、假令命ハ失フトモ息ノ根逼セン程ハ破ラレジト鎗追取、迯殘リ

タル兵士二十騎斗ヲ弓手馬手ニ隨ヘテ、寄手ノ乘込眞中ヘ會釋モナシ馳入〳〵、死物狂ト言儘ニ散々ニ馳掛リ身ヲ揉ンデ戰バ、相隨ヒタル者共モ顯レ隱レ七轉八倒聚散離合雷光ノ如ク、散々ニ切テ廻レバ、多勢ニ無勢敵シ難ク、從卒盡ク討死シテ、掃頭壹人ニ成タル程ニ、今ハ是非ナク近付敵ヲカケ拂テ二ノ丸ヘ馳入タリ、此中寄手ニ四方ヨリ競來テ、三井寺口、尾花川口諸共ニ我先ニ乘取ラント喚キ呼ンデ攻立レバ、城中ノ山田三左衛門、山田大炊介、赤尾伊豆守、友岡新兵衛、鹽津外記、赤尾久助爰ヲ最期ト踏コタヘ、揉合〳〵黑烟ヲ立攻戰フ、太刀ノ鍔音瓦ノ曳々聲山彥ニ和シテ、追ツ追レツ散々ニ揉合中ニ、久留米侍從秀包ノ先手ノ大將篦雅樂、石垣ヲ傳ヒテ壹番ニ二ノ丸ヘ乘込ヲ、赤尾伊豆走掛テ鐵壁モ通レト突バ、胸板ヲ强ク突レテ眞逆樣ニ掘底ニ落入タリ、是ヲモ恐レズ、秀包ノ旗大將野津源左衛門釘貫書タル主人ノ旗ヲ城中ヘ投入テ、續テ塀ヲ乘ル處ヲ、山田大炊介走掛リ長刀ヲ水車ニ廻シテ欠落ス、然共京口既ニ多賀立花ノ多勢ニ揉破ラレ、宗茂ノ勇士由井大炊、中江新八、河田伊助、立花五左衛門、内田監物、由井平兵衛、谷田龜右衛門、兒玉市助、伊藤覺兵衛、太田小兵衛、足立彌六、大橋才藏、安部半七ヲ初トシテ、橫合ヨリ込入テ切テ掛レバ、流石猛勇ノ京極勢、前後ノ敵ニ僻易シテ、二ノ丸ヘドツト崩レテ引退ク、三井寺口ヲバ三田村安右衛門、尼子勝左衛門、淺見藤右衛門、多賀孫左衛門、伊達左兵衛、日本彥右衛門士卒ヲ勵シ、散々ニ防ギ戰フ處ヲ此手ノ寄手毛利大藏大輔元康、堅田兵部少輔廣澄、伊藤丹後守長實、同左馬介長孝、逸見甲斐守時久等士卒ヲ下知シテ、短兵急ニ攻登ル、城方ノ多賀孫左衛門、淺見藤左衛門、日本彥右衛門、伊達左兵衛ノ面々ハ中ニモ勝レテ塀裏ヨリ强ク進ミ塀垣ニ腹這シテ乘上ル敵兵ヲ、鎗ヲ以テナグリ落シ〳〵戰フ所ニ、壹番ニ京口破レ尾花川口モ破レタレバ、二ケ所ノ敵兵雲霞ノ如ク三ノ丸ヘ入亂レテ、後ヨリ攻掛ル故、三田村安右衛門、尼子勝右衛門コラヘ兼テ、二ノ丸ヘ引取レトモ、多賀淺見日本伊達ノ輩ハ相口掛合、更ニ一足モ退ズ、爰ヲ最期ト戰フタルニ、敵ヨリ打出ス弓鐵砲雨カ雷ノ如クナレバ、伊達左兵衛カ弓手ノ肩先打貫カレトツト伏、然レドモ三人ノ兵ハ少モ恐レズ防居タルニ、城中込入タル敵兵既ニ近付故、淺見藤左衛門左ノ方ノ塀下ヘ飛下リ、日本彥左衛門多賀孫左衛門ト押並ンデ敵ヲ防デ居タリシガ、是ヲ見テ淺見殿引故ニ、我等モ爰ヲ下ル也、後日ニ壹番ニ迯タリト言ル、ナト詞ヲツガイテ飛下ル、其時ニ孫左衛門淺見ニ向テ大音揚、其元ハ賤ガ岳ノ一戰ニ武功有ト聞及ブ、其働ニハ似モ付ズ此處ヲ迯ル、ト呼ハレバ、藤左衛門嘲笑ヒ、武功立者ハ掛べキ時ニハ掛、引べキ處ニ引者也、アレ見玉ヘ味方不レ殘引拂ヒ、敵ノ軍勢數萬人城中ヘ込入テ、二ノ丸ノ塀際迄攻寄タリト言ヘバ、多賀モ是非ナク淺見ト共ニ引揚ルヲ、敵無二隙間一追慕ヒテ、我討取レト馳掛ル、兩人共素ヨリ武勇ノ決出ノ者ナレバ、少シモ臆セズ近付敵ヲ突落シ〳〵散々ニ戰ヒシガ、寄手ハ大軍ナル故ニ後ニハ兩人押隔ラレ別々ニ成、二ノ丸ノ東ノ木戸ヘ引返セバ、淺見藤左衛門ハ近付敵ヲ切拂ヒ切拂ヒ、二ノ丸ノ門前ヘ行掛ケシニ、敵兵數千人橋ノ上ニ押詰タリ、藤左衛門今ハ是迄ト覺悟シテ、渦卷敵中ヘ走リ入テ名乘モセズ、散々ニ切テ廻ル、其有樣鬼神ノ荒タル如ク、弓手馬手ヘ敵七人ヲ切倒シ、八人目ニ當ル敵ハ無手ト引組投倒シ、首ヲ搔ント内甲ヲ見タルニ、增田ガ家人中村金六トテ、兼テ入魂ノ者ナル故、寛爾ト笑フテ引立タリ、金六ガ言味方カ樣ニ滿々タレバ犬死ヲ致サルベシ、我々ト共ニ此虎口ヲ遁レ退レヨ、銘々一命ノ危サヲ遁レ坂本ヘ退ク、亂後中村金六ハ越前秀康卿ヘ五千石ニテ被二召抱一、又多賀孫左衛門ハ二ノ丸ノ城ニ添テ引處、所々敵兵數十騎馳掛リ、我討取ント競ヒ掛ルヲ、物々敷有樣哉、イデ物見セント、血ニ染タル鎗ヲリウ〳〵ト振廻ン馳掛リ、鬼神ヲ振テ矢庭ニ七人突伏タレバ、是ニ避易シテ暫タメラフ所ニ、又新手ノ敵兵六七十騎ムラ〳〵ト走リ掛リ、孫左衛門モ精力勞レ、鎗ヲ杖ニ突立テ居タリシガ此躰ヲ見テ、今ハ是迄イデ討死ナスベシト獨言シテ馳向フ所ニ、城兵三田村安右衛門、河合庄治郎郎等二十人斗ヲ誘ヒ來テ、群タル敵ニ馳掛レバ、孫左衛門是ニ勇力蘇生シテ、眞先ニ馳掛リ、鎗ヲ以弓手馬手ヘ散々ニ叩キ立、猪ノ荒タル如ク馳廻ル所ニ、寄手ノ中ヨリ黑糸威ノ鎧ニ同ジ毛ノ甲金ノ舛ノ前立物シタル大ノ男走來テ無手ト組、孫左衛門、鎗ヲ捨テ左ノ手ニテ鎧ノ上帶右ノ手ニテ綿嚙ヘ掛ケ曳ト引立、跡ヨリ續ク三田村安右衛門ニ向テ此敵ハ如何セント呼ハルニ、勵キ塲所也、首ヲ可レ取所ニ非ズト呼ハル程ニ、ウント落テ振廻シ弓手ノ方ヘ取廻シ敵ノ群ル眞中ヘ投込タリケレバ、此强力ニ避易シテ敵兵暗ク崩ル、隙ニ、二ノ丸ノ道仕門ヨリ引取タルニ、引繼テ寄手ノ勢二三百透間モナク門ノ扉ニ附タル處ヲ、多賀孫左衛門、中井淸右衛門蹴放チノ下ヨリ鎗ヲ以テ敵ノ足ヲ薙キ倒ス、是ニ依テ敵越事不レ叶シテ、門ニ火ヲ掛燒破ラントスル處ニ、孫左衛門戸板ヲ門ノ扉ニモタセ踏ヘテ上ニ登レバ、中井淸右衛門、長屋新助、中井源兵衛、高木半右衛門爰ヲ詮度ト水ヲ汲ム、孫左衛門ハ此水ヲ受取テ、格子ヨリ水ヲヤリ放シニ、敵ノ天窻ノ上ヘ投カケ〳〵防グ故、寄手コラヘ兼テ五六丁引揚タリ、如斯三ノ丸塀ヨリ破レ、二ノ丸ヘ諸軍勢ノツボムヲ見テ、高次大ニ氣色ヲ損テ、櫓ノ上ヨリ急飛下リ、馬ニ打乘走出シテ、大音ヲ以テ何迚三ノ丸ヲ脆ク捨テ二ノ丸ニツボミタルゾ敵兵ニ三ノ丸ノ其内ニ仕寄ヲ附ラル、者ナラバ、味方ノ勢屈ス可シ、其門披レ、高次ガアノ敵ヲ追拂テ見スベキゾト大音聲ニ下知有ル處ニ、安養寺三郎右衛門入道門齋京極備後守一萬五千石丹後峯山木挽町四丁目木村傳左衛門迚(三百石)走來テ轡ニ取付、人ナケノ殿ノ仰哉、乍レ去千騎一騎ニナッテコソ、大將自分ノ御一戰ハ有ベキ也、某老後ノ思出ニ一戰仕ラン、御見物有ベキト二ノ丸ノ門押開キ、三ノ丸ヘ切テ出レバ、銚子數盃之助ヲ初トシテ、三百余人眞丸ニ成テ突出タリ、

此數盃之助　元五郎兵衛ト言テ、關白秀次卿ノ侍、大酒ヲ好ミ數盃之助ト自分ニ名乘リ、或時秀次卿ノ御前ニテ大酒シテ、肴ニ鹿ノ頭ヲ給ル、長サ三尺五寸有シト也、

扨數盃之助出立ハ、黑糸威ノ甲冑ニ、栗色ノシハ革ニ、金ノ口筋付タル陣羽織、長サ三尺五寸一尺斗モ廻ルベキ雪ノ如キノ白熊ノ指物、十文字ノ鎗引提テ、進ミ出タル武者振勝テ見事也、成程ニ寄手ハ是ヲ見ルヨリモ、コハヤ大將高次ノ打出ラレシト、我討取ント立花家ノ勇士我モ〳〵ト進ム、中ニモ立花五郎左衛門、内田監物、由井平兵衛、谷田喜右衛門、兒玉市助、伊藤角兵衛、太田半兵衛、足立彌六、大橋才藏、安部半七ナド名ヲ得タル者共カ眞先ニ馳懸ル、引續テ寄手ノ猛勢二ノ丸ヲ乘取ント進タリ、安養寺門齋ハ萠黃糸ノ胴丸ニ、澁染ノ手拭ヲ以テ鉢卷シメ、糟毛ノ馬ニ逞シキ貝鞍置テ打乘、大太刀ヲ稻妻ノ如ク打振テ、渦卷タル敵中ヘ會釋モナク破リ入、散々ニ戰シガ、勇士死ヲ善道ニ守ルト言ハ此將ノ事成ゾヤ、大將既ニ櫓ヨリ味方ノ剛臆御覽有ゾ、面々名譽ヲ振切テ討死セヨヤ人々、死ヤ〳〵ト呼ハッテ、卒ヲ勵シ、龍ノ如クニ馬ヲ踊セ、猛虎ノ如キ身ヲ振ヒ、敵兵ヲ弓手馬ニ掛伏〳〵、顯レ隱レテ血戰スレバ、其勢サン然トシテ當リ難ク、中ヲ開テ通ス處ニ、立花ノ陣中ヨリ洗革ノ猪ニ朱ノトツハイノ甲ヲ猪首ニ着シ

大身ノ鎗ヲ引提タル武者一人、内田監物ト名乘テ突テ掛ル、安養寺少モ疑氣セズ、件ノ長刀ヲリウ〳〵ト振廻シテ渡リ合、上段下段羽翼□破軍ノ術ヲ振ヒテ戰ヒシガ、門齋終ニ件ノ鎗ニ付入テ、長刀ヲ内甲ニ突入、曳ヤト聲ヲ出スト見ヘシガ、眞甲二ツニ突破タレバ内田監物馬ヨリ逆様ニトウト落ル、透間モナク立花方足立彌六ト名乘テ、一文字ニ進來テ一鎗突、門齋身ヲ披テ突ナラセテ、長刀ヲ取直シテ横ニ拂フニ、彌六腰ノ骨ヲ拂ハレテ眞逆様ニ落ル、其隙ニ太田小兵衛進來テ門齋ガ左ヲリ曳々聲ヲ掛ハツシト切、門齋余リニ手本近キ敵故ニ長刀投捨、打レナガラツカト乘入馬上ニ無手ト引組デ兩馬ガ間ニトフト落ル、上ニナリ下ニ成散々ニ捻合處ニ、立花ノ軍聲ノ内軍士吉田善右衛門走リ來テ、門齋ヲ討ントスル處ヲ、數盃之助カケ來テ吉田喜右衛門ヲ突伏ル所ニ、立花方ヨリ由布平兵衛走リ來テ城方數盃之助ヲ突伏ル、其隙ニ門齋太田小兵衛ガ首取テ立揚ル處ニ、此有様ヲ見首投捨テ平兵衛ニ馳懸ル、平兵衛怒リ切掛ルヲ、門齋拔合受ツ流シツ付入テ、ハツシト切ニ、由布ガ右ノ腕首打落シ、漸テ引寄其首ヲカキ落ス、此時宗茂ノ先手大將立花吉右衛門、城下諸卒ヲ進メ二ノ丸ヲ攻破ラント馳懸ル、門齋モ不レ恐薙刀追取立揚リ掛合テ散々ニ戰ヘバ、城兵モ追々欠出〳〵攻戰ヒ、歿ヲ最期ト戰フ程ニ、立花ノ勇臣長德太兵衛太神息ノ三尺斗ノ名刀ヲ以テ散々ニ切テ廻ル、清田又兵衛太刀打振薙立〳〵走リ廻ル、門齋精力ヲ振テ戰ヘトモ、七十餘ノ老人入替〳〵攻ル故、今ハ是迄トヤ思ヒケン、近付敵ヲ前後左右ヘ追散シ、二ノ丸ヘ走リ入テ城門ヲ閉タリケリ、然トモ寄手ハ大軍タル故ニ喚キ呼ンデ二ノ丸ヲモ攻落サント進ムヲ見テ、赤尾伊豆守、山田大炊、友岡新兵衛、鹽津外記二百八拾騎ノ士卒ヲ引連レ城門ヲ押開テ再ビトツト突テ出、渦卷タル敵中ヘ眞一文字ニ馳入テ、突立打立竪横無盡一往一來人數ヲ亂サズ陰ニ閉テ突破ル、其勢ヒ猛虎ノ荒タル如ニシテ敵シ難ク、流石ノ大軍中ヲ開テ通ス所ヲ、左知ツタリト呼ハツテ、山田大炊介十文字ノ鎗ヲ甲ノ直向ニ差カザシ、參ル〳〵ト呼ハツテ眞先ニ馳懸リ、騎馬武者二人忽鎗ツケタリ、是ヲ山田ガ尾花川口ノ鎗トイフ、其有樣四邊ヲ拂テ見ヘタリケレバ、大炊ガ兄三左衛門是ヲ見テ、イデ某モ一戰セン、ソコ退セト乍レ言、素鎗追取一文字ニ馳出ル處ニ、此時敵ノ鐵炮雨雷ノ如クナレバ、玉一ツ飛來テ三左衛門ガ内甲ニハツト當ル、腦碎テ弟大炊介カ鎗ノ柄ニ倒レ掛ルヲ、大炊介鎗ノ鎌ニ三左衛門ガ上帶ヲ引掛ケ、兄ノ首ヲ敵ノ手ヘ渡スマジト呼ハツテ、キリ〳〵ト振ヨト見ヘシガ、後ノ方ヘ投出ス、赤尾伊豆モ手ヲ碎テ散々ニ攻戰ヒ、敵ヲ討事都合六人、依而寄手バラ〳〵ト逼退ク、兩人モ思フ程戰ツテ息切レ其身モ勞レシ故、二ノ丸ヘ引返サレバ、橋詰迄引返スニ、門ノ戸指固メタレバ、兩人大ニ驚テ大音揚、明ヨ〳〵ト呼ハル處ヲ、由井少齋櫓ノ上ヨリ顔差出シ、寄手ノ方ヘ指ザシテ、アレヲ見ラレヨ、敵ノ多勢ガ後ヨリ進タレバ、各ヲ助ント門ヲ開バ忽敵ニ附入レン、昔六條ノ合戰ニ、武者奉行野村越中守門破ノ明智十兵衛ニ下知ヲナシ、本國寺ノ門外ヘ味方ノ將數十人立出タル例モ有ハ、各ニ此城ハ替難シ、夫迄ノ運命ト覺悟シテ討死アレト呼ハツタリ、赤尾山田ノ兩人是ヲ聞テ大ニ怒リ、其儀ナレバ花ヤカニ一戰シテ見スベキ者ヲト罵リテ、朱ニ成タル五十余人ヲ左右ニシテ、少モ疑氣セズ扣タリ、寄手ハ之ヲ見ルヨリモ、我討取ント眞黑ニ成テ馳掛ル、山田赤尾ノ兩人ハ敵近付ヨト目ト目ト急度見合テ、討殘サレタル五十四人ヲ弓手馬手ニ引連群タル敵中ヘ會釋モナク馳入ル死物狂ヒニ、得物〳〵ヲ引提テ突テ掛ル其勢ヒ、大水ノ桶ヲ切テ出來ルガ如クワツト喚テ面モ振ズ馳入テ、東西ヲ打拂ヒ南北ヘ追廻シ、駈抜入交リ合、爰ニ顯レ彼所ニ隠レ火花ヲ散シ、聚散離合ノ其有樣、須臾ニ變シ前ニ有カトスレバ忽焉トシテ後ニ有、味方ト思ヘバ敵也、十方ニ分身シテ萬卒ニ同ジク當レル、其樣雷光ノ激スル如ク戰ヘバ、流石ノ大軍足並ヲ立兼テ眞先懸タル寄手ノ勢ムラ〳〵ト逭退ク、山田赤尾ノ兩人ハ近付敵ヲ追退ケ、流ル、汗ヲ押拭ヒ、扇子ヲ開テ押遣ヒ、暫ク息ヲ繼處ニ、寄手ノ中ヨリ其尺六尺斗ナル大男、ツブラナシニテ塗立タル物ノ具ニ赤白切サキノ指物シテ、多賀出雲守高賢ガ家來兩岡兵庫ト名乘カケテ突テ掛ル、赤尾伊豆穂長ノ鎗追取テリウ〳〵ト振廻、具所ノ幸也ト走リ掛テ上段下段散々ニ突合シガ、寄レ組ント押並ベテ引組、押倒シテ首ヲカキ落ス、其隙ニ野島大郎兵衞ト名乘テカケ來ルヲ、山田大炊十文字ヲ打振テ馳合ヒ、竈破軍ノ手ヲ碎テ攻戰フト見ヘケルガ、曳ヤツト嗔ト見ヘシニ、野島太郎兵衞ノ咽ノ鎖突切テ、タチ〳〵ト廻テ動ト倒ル、、敵五六十騎一度ニ突テ掛ル、此時赤尾山田カ五十余騎纔ニ十五六人ニ打ナサレ、各戰勞レテ動得ス、既ニカウヨト見ヘタル處ニ、赤尾山田ガ後ヨリ六尺ユカタノ大坊主、洗革ノ鎧ニ鉢巻シテ、奥村道通ト名乘テ、穂ノ長サ二尺一寸ノ大身ノ鎗リウ〳〵ト叩キ立、弓手馬手ニ六七人突伏ル、是ニ恐レテ進得ズ、敵方ニ淺田吉之進ト名乘、大長刀引提馳掛ル、道通能敵也、イデ物見セント走リ掛ルニ、鐵炮來テ道通ガ内甲ニ當レバ、ガバト倒ル、、淺田ハ起シモ立ズ首ヲ打、山田怒テ緩怠ナク淺田ナレバ迚鬼神ニハヨモアラジト、大文字リウ〳〵ト振廻シ、鎌ヲ服胸ノ邊ニクツト引掛倒シ、矢庭ニ首ヲカキ落ス、此勢ニ恐レ敵兵虎口ヲ退ク、山田赤尾戰ヒ勞レ、二ノ丸ノ橋ノ際ニ差出タル石垣ヲ小柝ニ取テ扣ルニ、敵兵又々馳掛ントス、此時ハ郎等悉ク討死シテ漸十人斗也、今ハカフヨト見ユル山田少モ恐レズ、敵兵ト間四五間隔タルニ氣ヲ屈セズ、穗長ノ鎗ヲ下ニ置、敵ノ方ヘ足ヲ投出シ草鞋ノ紐ヲ結ビ直ス、敵兵是ヲ見テ、是ハ憶ニ石垣ノ影ニ兵ヲ伏セ置、引寄テ討べキ斗略ナルベシト、初ノ手並ニコリ〳〵シテ進ミ得ズ、少シ敵ト物別レノ樣子故、少齋クヾリヲ開キ、山田赤尾ヲ招入ル、依レ之兩人ハ十死ヲ出テ一生ヲ保チタリ、扨モ寄手ハ二ノ丸ヲ攻取ント、士卒ヲ勵シ攻掛ルヲ、城兵モ命ヲ捨テ散々ニ防戰ヲ爲ス、依レ之弓鐵炮石材木雨霰ノ如ク打出ス、寄手ノ大將石川掃頭ハ、鐵炮ニ當リテ深手ヲ負ヒ、此處ニテ時ノ間ニ手負死人五六百人有リ、日ハ暮カヽル、寄手モ攻アグミ攻口ヲクツロゲ、三ノ丸ニ仕寄ヲ付テ陣ヲ張ル、今宵モ夜スガラ長良山ヨリ石火矢大筒ヲ隙ナク打掛ル故、天地モ震動スル如ク、暫時モ鳴止隙ナクシテ、塀矢倉悉ク打倒サレ打破ラレルトモ、高次兼テ勇備ヲ好ミ賞罪私ナク諸士ヲ愛セラル、良將故、是程烈敷城攻ニ各一命ヲ顧ズ責テ、柱九郎左衛門ト言者ノ外ニ狹間ヲクヾリタル者一人モナク、命ヲ捨テ防戰ス、サレドモ城地ハ淺間ニ成リヌ、今ハ防グニ手便盡テ、夜明ナバ高次城中ヨリ打出、花ヤカニ討死ノ戰ニ及ント、諸士モ覺悟ヲ極メ、夜スガラ最期ノ酒宴ニ及ビシハ哀レニモ勇々敷次第也、扨此時城中ノ兵卒二百余人討レ、疵ヲ蒙ル者多シ、寄手ハ松浦伊豫守ヲ初、宗徒ノ兵數多討レ、雜兵死傷二千余人ナリ、去程ニ城中矢玉兵糧既ニ盡、可勢樣ナク最早落城ニ及ントス、爰ニ新庄東玉齋ト言者有、先祖代々京極ノ家臣、其身ハ信長公秀吉公ノ時ヨリ今ニ至迄遊客ノ如ク居タリケルガ、此度京極ノ嫡家滅亡セン事ヲ哀ミ、高野山木食上人ト斗リ、大坂ヘ申入ヌ、寄手ノ將ニ談ジ、城中ノ家老黑田伊豫、津川内記後佐々加賀ト云ト通シテ和平ヲ取斗フ、

新庄駿河守弟東玉齋扱ノ仕方不レ立旨ニテ後改

易長子吉兵衛ヲ後ニ被ニ召出一、當時新庄右近牛込原町千石、新庄帶刀駿河臺七千石高野山木食興山上人阿野津ヲ初、所々ノ關東方ヲ進メテ、降參ナサシメタレバ、後日ノ御咎ヲ恐レテ、石州飯造寺トイフ寺ニテ弟子ノ僧ニ下知シテ入定ス、

斯テ高次出張セント思ヒシ處ニ、大坂ヨリ新庄東玉齋高野山木食興山上人城中ヘ來テ高次ニ對面シテ、此度輝元ヲ始大老奉行ノ面々天下ノ爲ニ軍勢ヲ催促ス、其下知ヲ背キ、御籠城其罪ナキニ非ズ、叛逆ニ等シカルベシ、古人モ過テ改ルニ憚ル勿レト言ヘリ、御和談ヲ被レ遂、御老母女中熊若丸ノ一命ヲモ救ヒ玉ヘト言、高次辛〳〵ト嘲笑ヒ、當時九歳ノ秀頼公天下ヲ黑白ニ御存ニ及ベキカ、是ハ內府ノ權勢ノ勝レタルヲ疎ミ、輝元等ノ私ノ合戰ヲ天下ノ爲ト事々敷罵渡ルト言者也、此理ヲ案スル者ハ內府ニ隨ヒ、又右ノ辨舌ニ欺ル、者ハ輝元秀家石田等ニ隨フ也、其上傳程ノ者ガ一旦籠城ニ及ナガラ、通リ掛ノ敵ノ爲ニ押詰ラレ、マウ〳〵ト首ヲタレテ降參ニ及ベキカ、存モ寄ズト挨拶ス、其時仰誠ニ去事ナレド矢竹ニ思召候トテモ、城池如斯淺間ナレバ御運ヲ披レン事叶間敷ト上人申セバ、高次其時興山ヲ礑ト白眼、御坊ハ緩怠ナル一言、士ハ籠城ニ及ビ城ノ危キ程ニ迚ノメ〳〵ト城ヲ渡シテ降參スルハ、腰拔ノ業ニシテ、武門ノ耻辱トイフ者也、高次ヲ去程ノ臆病者ト存ルカ、其上纔ノ口上ニ籠リテ運ヲ開シ類ハ多シ、天ノ時モ地ノ理モ人ノ和ニハシク可カラズ、恩顧必死ノ郎等ニ下知ヲ傳ヘ、高次ガ一命限リノ一戰ニ及ンニ、集リ勢ノ二三萬ヲ物ノ數トモ思フベキカ、如期候攻戰ヒ其上ニモ叶ハヌ節ニ及ブナラバ、腹切テ死ル迄ナリ、城中ノ勢ヲ拂十死一生ノ戰ヒセンニ、掛口ノ妨ソ、早々大坂ヘ歸ラレヨ、長居セバ軍神ノ血祭ニ、シヤ首切テ捨ベキゾト、居丈高ニ申サレケレバ、猛將ノ威ニ恐レ興山東玉齋二言トモ返シ

得ズ、這々城外ヘ迯退、此事ヲ大坂ヘ言送ラント評議ノ折節、淀殿モ大津ノ危キ由ヲ聞召、再ビ孝藏主ト海津ノ局ヲ以テ、是非〳〵寄手ト和談アレトノ便故、與山東玉齋打連立テ、城中ニ立入テ諫レトモ、高次對面ニ及レス追返ス、然ル所ニ寄手ノ打出ス石火矢天地ヲ崩シテ鳴渡リ、本丸ノ三重ノ高櫓ノ柱ヲ打折、松ノ丸殿ノ召仕ル、女中二人死ス、松ノ丸殿色々ト和談ヲ願ハルト雖トモ、高次更ニ得心ナキヲ、自害セント樣々歎カレ、黒田津川ノ兩人與山東玉齋抔申談、尼子藏人ヲ寄手ノ陣ヘ遣シ、既ニ和平ノ事高次同意セシト僞リ、寄手ノ圍ヲ解シメ、兩人モヒタスラ諫ル故、城中ノ統領ノ兩臣强ク諫ルノ上ハ、無レ力出城シテ高野山ヘ登山スベシト、無二是非一十五日及レ朝城ヲ出デ、、三井寺ノ靈光院ヘ趣キ、其日ニ玉水ニ至ル、其朝開城之時、長濱表ニ相圖ノ火元相見、御利運最早登迄ニ及間敷處ナレトモ、我存念達セズト登山ニ及ハレケリ、

扨登山ニ付高次公ヨリ小坂坊ヘ御墨付御供之連判、

今度爰元ノ義不慮之仕合、不及是非候、就レ夫我等事一先寺住居仕候ニ付テ、其地ヘ近日可罷越候、悉皆頼入存候間御肝煎ニ任申候、常々ノ馳走ニテ送以下有之事候間、於樣子可レ被二心安一候、隨而御山麓之在所ニ召連候者共、二三百置申度候、足弱以下モ少々可有之候間、左樣ノ御分別候テ可然在所御案內頼申候、貴坊御知音衆被二仰談一此度之儀ニ候間、何樣ニモ御馳走頼入候、尚安猍寺門齋方ヨリ可申越候、恐惶謹言、

九月十五日　大津宰相高次判

高野小坂坊山床下

大津宰相近日其御寺ヘ可二罷越一候、御宿以下御馳走頼入候、委細高次ヨリ以二墨付一被レ申候、供衆上下三百斗可レ有レ之候、女子茂少々有之事ニ

候間、麓之在所御案内ニテ可レ然在處宿ニ取申度候ナカキ間ニテハ有レ之間敷候、廿日卅日程ノ義ニ候間、悉皆御肝煎奉レ賴候、御坊中貴坊近所ニ私父子之宿モ取申度候間、是又奉レ賴候、恐惶謹言、

九月十五日　門齋判

高野山小阪坊人々御中

紀州高野山往生院小阪坊、自前之宿坊ニ付テ、今度不慮ニ令二登山一候所、諸事御造作御馳走令二滿足一候、然ハ乍二些少一米百石每年令二寄進一候、永代相違有間敷候、就中京極一門幷家中之者共迄不レ殘小坂坊ニ申付、末代記錄爲二證文一如レ是ニ候依テ如件、

九月廿四日　高次判

高野山小坂坊參

今度宰相不慮ニ登山被レ仕候ニ付、各罷登候所、小坂坊御馳走御末坊迄御造作大慶此事ニ候、然

間今度宰相供仕罷登候者共、小坂坊永代宿坊ニ定申候、不可有相違候、爲レ其如レ是ニ候、恐惶謹言、

慶長五子年　登山之供中

九月廿四日　黑田伊豫

津川内記

尼子忠兵衛　黑田四郎兵衛　尼子庄左（勝右イ）衛門
安瀬寺門齋　山田大炊　今村和泉
赤尾伊豆　寺村（林）吉（善イ）右衛門　河合（毛勝イ）庄治郎
唯少廉（齋イ）　中江（井イ）淸右衛門　堀采女
草山傳左衛門　小足茂左衛門　安瀬寺半左衛門
淺香九（久イ）右衛門　三田村安右衛門　大橋九兵衛
赤尾九助　丸毛孫五郎　中善太夫
本鄕作右衛門　林三郎右衛門　内藤八右衛門
和介次郎兵衛　木村喜兵衛　田中勘助
内藤次郎助　佐川孫兵衛　日夏久左衛門（助イ）
杉山次郎九郎　古賀喜八郎　岡村半治

奥村勝七　加納忠治郎　井口久《助イ》三郎
小崎《嶋》平《チイ》兵衛　村山彦兵衛　弓削齋助《(郎)イ》
草山左太郎　太田橋兵衛　安叛寺　八五郎
堀休意齋
右ハ供ニテ登山殘ハ山下迄參候
抑大津ノ城攻ル勢三萬餘人、爰ニ差留リ通得ザル勢、京伏見大阪ニ充滿シヌ、中途ヨリ引返セシモ有シトナリ、此勢直ニ通リ濃州ハ出ルニ於テハ、石田ガ勢ヒ龍ノ雲ヲ得タルガ如ク、兵氣甚强カランニ、此城ニ支ヘラレ、關ケ原ヘ出張介二遲滯一ニ依テ、石田脆ク敗北ス、是極運ノ致ス所ナリ、又高次公モ今一時コタヘナバ御存念ヲモ可レ遂ニ、少ノ違ニテ御開城、是非モナキ次第ナリ、乍レ去御武功有之ニ付、高野山ヘ再三御使有レ共、御辭退ノ處、後井伊直政御使被二仰付一登山ニ又々辭退故、直政其時申ハ、四五萬ノ上方勢關ケ原着陣セズ、殊ニ立花猛將ヲ押ヘラレシハ、皆高次卿ノ御武功、御禮被レ申度ト有色々諫メラル、故、高次是非ナク大阪ヘ參向、依レ之高次ニ若狹國一圓ニ下サル、初六萬石、舍弟修理介高知ニ丹後國一ケ國被レ下、京極家繁榮マシ〳〵ケリ、

右以某氏寫本校合了

明治三十六年十一月　堀田璋左右

大津籠城合戰記 終

続々群書類従　公事部　古書保存會集

綸旨抄

綸旨抄部類第一　上卿要

●下外記部上

惡書云者可各別事不分別如之類也

其外廣瀬龍田大神山科等祭以冷支于可行之申云正應之比雅藤卿爲藏人頭　宣下之也如此類歟可尋也

庭訓云

凡　宣下事於本儀者所詮如職事口　宣可書也但職事若惡書之者不下知先可尋也但如宜者一字相違所存事亦如任官事只以略儀即下職事狀常事也斯則無疑殆能事也

退案此事下職事狀事小舍人等慥持來官外記返報者如此沙汰尤可有便而近來小舍人不調持來返報事十度之一二度也然者書改可遣之歟

●下外記部　次第不同後日可淸書

○諸社行幸行事〻

宣旨

參議藤原朝臣親檢非違使左衞門權少尉平朝臣慶繁令行石淸水賀茂

兩社　行幸事

右　宣旨可被下知之狀如件

嘉祿三年十月十八日　大納言源通具

中大外記文亭

宣旨

可令參議平朝臣行平野大原野兩社　行幸事

右　宣旨早可被下知之狀如件

十二月廿一日　中宮權大夫二合定房

淸大外記文亭

宣旨

檢非違使左衞門少尉平業房件人宜令行　行幸平野大原野兩社事

右 宣旨早可被下知之状如件

二月十五日　大納言判定房

清大外記文亭

奉
口宣一枚
右可被下知之状如件
十一月八日 權中納言判
大外記局

○禁色事

正應元年十一月八日 宣旨

藏人正六位上左兵衞權少尉橘邦賢

宜聽着禁色

權中納言藤原實泰奉

建曆二年五月廿一日 宣旨

藏人頭左近衞權中將藤原朝臣俊通　宜聽着禁色

權中納言藤原實宣

建久七年十二月廿七日 宣旨

藏人蔭孫正六位上大學權助平朝臣棟基　宜聽着禁色

中納言泰通

宣旨

藏人頭正四位下行右近衛權中將藤原朝臣基氏　宜聽着禁色事
右宜旨可令下知給之狀如件
寛喜二年四月八日　權中納言賴賢 資敷
大外記殿
宜旨
藏人頭權右中辨從四位上平朝臣信範　仰宜聽着禁色
右宣旨早可被下知之狀如件
仁安二
二月十四日　權中納言實家
奉　大外記殿
宣旨
右近衛權少將藤原朝臣賴經　宜聽着禁色
右宣旨早可被下知之狀如件
嘉祿二年三月十二日　權中納言源具實
中大外記文亭
奉

宣旨
藏人正五位下右衞門權佐兼中宮權大進長房　宣聽着禁色
右　宣旨早可被下知之狀如件
十二月廿九日　　權中納言兼光
大外記殿

宣旨
左少將師經朝臣禁色事
右　宣旨早可被下知之狀如件
正月廿三日　　民部卿經房
中大外記殿

口
宣藏人式部丞源仲家聽着禁色事一紙獻之早可被下知之狀如件
二月三日　　權中納言隆房
奉　中大外記殿

口
宣一紙藏人左衞門尉三善俊衡宜聽着禁色事如此早可被下知之狀如件
建長六
十二月廿七日　　權中納言源基具

中大外記殿

宣旨

藏人正六位上行大膳亮藤原朝臣基明　宣聽着禁色事

右可被下知之狀如件

十二月廿日　權中納言資長

奉　清大外記殿

宣旨

藏人頭正四位下行左近衛權中將藤原朝臣公隆　宣聽着禁色

右　宣旨早可被下知之狀如件

保延二年十二月廿八日　權中納言實光

謹奉　大外記殿

嘉元二年正月十一日　宣旨

左近衛權少將源朝臣親實　宣聽着禁色

藏人頭左近衛權中將藤原親繼奉

口宣一紙左近少將源親實朝臣禁色事獻之早任仰詞可被下知之狀如件

正月十二日　　　權中納言判實躬卿奉

四位大外記殿

○勅授帶劒事

宣旨

權中納言源朝臣可聽　勅授帶劒事

右　宣旨早可被下知之狀如件

建長四月廿五日　　　權中納言二合基具也

大外記文亭

嘉元元年十二月廿九日　宣旨

權中納言源朝臣雅

宜聽帶劒

權中納言藤原實躬奉

口宣一紙

右奉入如件

十二月廿九日　權中納言判

奉　四位大外記局

○牛車事

宣旨

皇太弟傳宜聽乘牛車出入公門事

右　宣旨早可被下知之狀如件

建永元年九月廿四日　　權中納言資實

大外記殿

權僧正惠信

宣聽牛車

右任仰詞早可被傳下知之狀如件

正月廿九日　　權大納言判重通

大外記殿

宣旨

前大僧正慈圓

宣聽乘牛車於入宮中

右　宣旨早可被下知之狀如件

建保六年十一月廿四日　　權中納言宗行

四位大外記殿

口職事狀―不見宣一紙座主牛車獻之可被下知之狀如件

實治
八月十二日　　　權中納言判公持

大外記局

○公事延引幷停止事

職事頭亮雅藤朝臣口宣因之

正應三年三月廿八日　宣旨

來月廣瀨龍田大神山科等祭依穢

延引以次支干被遂行者宜令下知

豫事所司

皇后宮權大夫藤原實泰奉奉

來月廣瀨龍田大神山科等祭依穢延
引以次支干可逐行之由令被宣下須
加下知之處於廣瀨龍田條者非支干
祭日以四日四日(式日也)必每年付年中
行事、、月同前候至大神山科等祭
者可爲次支干之條無相違候若職事
不分別被　宣下候乎先例廣瀨龍田
祭延引之時以吉日可行之由每度被
載候可爲何樣候哉念重承存可下知
候師顯誠恐謹言
三月卅日辰時　大外記中原師顯請文
內々言上
口宣一枚謹返上候令改直給可被
下候歟如何師顯重恐惶謹言

口宣二枚

來月廣瀨龍田祭依穢延引同九月以後擇吉日可令行之大神山科旁以

次支干可遂行者宜令下知豫事所司

右宣旨謹奉入如件

正應三年三月卅日　　　皇后宮權大夫判

大外記局

宣旨

松尾社司等言上末社各社旅所依有穢氣來五月祭延引事（副法家勘狀差圖等）

仰以下申日令行彼祭

右宣旨可被下知之狀如件

八月二日　權中納言忠親

奉　大外記局

宣旨

官寮占卜申今年北野祭事

仰任占卜趣令停止

右宣旨早可被下知之狀如例

永久三

十一月十五日　權中納言判實國

大外記局

永萬三年八月十五日　宣旨

依二條院御事駒引之儀宜令停止

權中納言俊通

○天文密奏事

宣旨
從五位上行漏剋博士安倍朝臣時職
仰宜令進天文密奏
右　宣旨早可被下知之状如例
治承四年正月廿四日　　權大納言宗家
奉　大外記局

宣旨
正五位下行掃部助安倍朝臣有光申請殊蒙　天恩因准先例依重代奉
公勞被下　宣旨進天文密奏事
仰依請
右　宣旨奉入如件
文永三
十月卅日　　權大納言定實
大外記殿

○改姓改名事

獻上

右兵衛少尉平盛資改名事
仰依請
右早可被下知之狀如件
六月十九日　皇后宮權大夫判
大外記殿

宣旨
左衛門少志文家成親申因准先例成親本名被返國親事
仰依請
右宣旨早可被下知之狀如例
仁安三
三月九日　權中納言判忠親

宣旨
右兵衛督藤原朝臣申改男藏人防鴨河使右少辨正五位下兼行左衛門權佐家實名字爲資實事
仰依請
右宣旨早可被下知之狀如件

十二月廿八日　右衞門督隆房

大外記殿

奉

此宣旨狀被下宣旨字不宣不可用

宣旨

散位從五位下中原朝臣康能申改康能可爲久能之由被下　宣旨

右　宣旨奉下如件

月　日　權中納言判

大外記殿

宣旨

神祇少史齋部友平改名事

右　宣旨可被下知之狀如件

四月廿九日　中宮權大夫判公繼

大外記殿

此宣旨名不見不甘心

宣旨

散位從五位下源朝臣家國申改本姓源爲藤原事

仰依請
右　宣旨早可被下知之狀如件
七月卅日　權中納言宗行
新大外記殿
宣旨
治部少丞巨勢宿禰道國申請改巨勢道國可爲藤原能廣事
仰依請
右　宣旨早可被下知之狀如件
永久三
後十月十三日　權中納言判
大外記殿
奉
宣旨
左兵衛少尉藤原貞兼申請改名字事
仰依請
右　宣旨早可被下知之狀如件

正月廿四日　右兵衛督兼光

奉　大外記殿

宣旨

前上野介藤原頼高申請因准先例改名字頼高爲敎房事

仰依請

右宣旨可被下知之狀如件

十二月廿六日　權中納言兼光

大外記殿

宣旨

少納言藤原能貸申改名字爲基良事

仰依請

右宣旨早可被下知之狀如件

四月十一日　權中納言作名親宗

中大外記殿

宣旨

典藥頭重長朝臣申因准先例從五位下信康改本名欲康明事

仰依請

右　宣旨早可被下知之狀如件

八月廿日　　權中納言判兼雅

謹奉　大外記局

宣旨

少判事坂上明基申請改本姓可爲中原事

仰依請

右　宣旨奉入如件

八月十八日　　權中納言雅賴

清大外記殿

職事以中將實冬狀目之

○諸院宮被申合爵事

奉

宣旨

安嘉門院被申請返上年々御給未補外國三分二人同二分四人以正

六位上賀茂朝臣在香叙爵狀
仰令勘給否幷例
右
宣旨早可被勘申之狀如件
四月廿八日　入道太政大臣殿
權中納言判
清大外記局

獻上
覆奏文
大外記師季勘申安嘉門院被申
返上年〻未補外國三分二人二
分四人以正六位上賀茂朝臣在
香被爵事副本解
右可令覆奏給之狀如件
五月一日　皇后宮權太夫公守
右頭中將殿

一奉入
宣旨三枚
八條院被申返上年々御給未補以藤原行俊叙爵事
高松院被申以鴨長經同事
皇后宮職被申以源重房同事
仰令勘給否幷例
右
宣旨奉入如件
承安三
四月七日　權中納言判
清大外記殿

宣旨

大皇大后宮職被申返上年々内外宮未給以鴨縣主知時叙爵事
仰令勘給否幷例
右宣旨奉入如件
承安三
八月三日　中宮権大夫判
奉　淸大外記局
奉入
前女御道子家申返上年々未給申爵事
仰令候
右宣旨奉入如件
五月八日　權大納言判
奉入　大外記文亭
宣旨
外記勘申正親町院被申請返上年々御給未補以正六位上藤原朝臣
重能叙爵事
仰賜從五位下位記

此宣旨尤不審猶可勘見之

右奉入如件

五月一日　　權中納言藤二合師繼

奉　大外記局

宣旨

大皇大后職被申請返上年々未給外國三分四人以正六位上平朝臣

信宗叙爵事

仰令勘給否幷例

權大納言藤原朝臣申請改男散位從四位下資能可爲定季事

仰依請

右　宣旨奉之狀如件

十二月廿四日　　左衞門督隆房

奉　中大外記殿

宣旨

東二條院被申請返上年々給未補内官二人以正六位上大中臣朝臣祐

遠被叙爵事

副本解
右　宣旨奉入如件
三月十五日
四位大外記殿
權中納言判公實

○任官事　付。轉任。還任。敍留

正應元年十月十一日　宣旨
從五位下賀茂在昭
宣任縫殿權助
大中臣基綱
宣任左京權亮

口　宣二枚早可被下知之狀
如件
十月十三日　權中納言判
大外記局

權中納言藤原實泰奉

令判安榮
宣任左近將監
正應元年十一月十三日　宣旨
令判友安

宣任右馬允　　權中納言藤原實泰奉

宣旨

官勘申以大炊官人大江盛元被還任左辨官史生闕事副續文

仰依請

右早可被勘申之狀如件　此詞不審也

永萬二

二月十四日　　權中納言顯長

清大外記殿

宣旨

官勘申大舍人寮申以官人代中原國貞被遷補左右辨官史生闕事

仰任續文依請

右宣旨奉入如件

七月十八日　　右衞門督判時忠

奉　清大外記局

已上兩通者先尋闕否幷例於官之後續文如此被　宣下

宣旨
左衛門府申以右辨官史生從七位上大江朝臣信盛被兼補府生事
仰令勘闕否
右宣旨可被勘申之狀如件
十月二日　權中納言隆作、房名、
中大外記殿

宣旨
內藏寮申以官人代從七位上紀朝臣範久被拜任史生闕事
仰依請
右宣旨早可被下知之狀如件
三月十四日　權中納言忠經
奉　中大外記殿

宣旨
官勘申大學寮申請史生從七位上中原康成望申左右辨官史生闕否
幷例事

仰任續文依請

右　宣旨早可被下知之狀如件

六月廿一日　　權中納言 通作、資名、

大外記殿

宣旨

左近府申以番長多宿禰久行被補府生事

左衞門府申以番長立花宿禰月守被補府生事 已上續文 副兵部省

仰已上依請

右　宣旨早可被下知之狀如件

六月三日　　權中納言 親作、宗名、

中大外記殿

宣旨

右近衞府申請以從七位上菅原

朝臣清直被任補止府生闕事

仰依請

●續文副下然而不書

宣旨載爲宜說旨前右府命之

「宣勘申大膳職申請以官人代、、

、、事

仰依請

右　宣旨早可被下知之狀如件

十二月七日　權中納言判定躬

奉　四位大外記局

右　宣旨奉入如件
　四月四日
四位大外記殿
　　　　　　　　權中納言定實

○轉任

「口　宣一枚
右衛門大尉中原職隆可轉左事
右謹奉入早可被下知之狀如件
十一月十九日　皇后宮大夫判「實季」家君也
大外記局

「口　宣一紙藤井友信宜任掃部允左兵衛尉獻之
尙廉光淸宜任左衛門尉事
早任仰詞可被下知之狀如件
　十二月九日　權中納言判實躬
四位大外記殿

「宣旨
　右衛門府生安倍資淸
仰可轉任同志
康和四年七月廿一日　　民部卿源判

「宣旨
右近衛將監小野光時宜爲左事

右　宣旨可令下知之狀如件
嘉禎二年十月廿三日　　　　　　　　　　　　權中納言盛兼
大外記殿

宣旨
左近衞權中將藤原公蔭朝臣宜爲右
右　宣旨奉入如件
弘長四年正月廿八日　　　　　　　　　　　　權中納言定實
四位大外記殿

宣旨
石清水放生會左近衞權少將藤原朝臣實清供奉右近陣事
右　宣旨可被下知之狀如件
嘉祿三年八月十日　　　　　　　　　　　　　中納言源通具
中大外記文亭

○叙留
承久三年二月十日　宣旨

從五位下菅原朝臣長成左近將監如元

中納言兼中宮大夫藤原公宣

○還任

宣旨

前左近衛權中將藤原長相朝臣宜令還任本官事

右　宣旨奉入可被下知之狀如件

八月十三日　　權中納言判家君也

大外記局

天福元年六月十日　宣旨

前左少將藤原致房朝臣宜令還任本職

權中納言伊平

正元々年七月廿二日　宣旨

正六位上中原章國宜令本定左衛門少尉

權中納言源定實奉

○造曆事

獻上
宣旨
陰陽頭賀茂朝臣申請曆博士相共造進御曆事
仰依請
右　宣旨奉入如件
後十月廿五日　權中納言判通方
大外記殿

宣旨
曆道申請殊蒙　本不闕字天恩因准先例被下　宣旨以在文朝臣所帶造曆
宣旨讓與散位正五位下賀茂在任相共造進三種御曆事
仰依請
右　宣旨早可被下知之狀如件
六月八日　權中納言判本實躬
奉　四位大外記殿
本云
此宣旨或下、辨、兩、說、歟示合前右府下外記了抑宣旨ニハ天恩宣

旨宣下等不闕字爲一説云〻仍今度不闕字尚可尋家例但右
宣旨ノ所ハ闕字也云々
此事家君度〻令下弁歟

○大甞會檢校事

宣旨

中納言源朝臣可爲大甞會檢校事

右　宣旨早可被下知之狀如件

十月九日　　　權中納言時繼

中大外記局

○補淳和奬學院別當事

宣旨

權大納言源朝臣○通宣爲奬學院別當

右　宣旨可被下知之狀如件

永久三年四月十日　　　權中納言判

大外記殿

○橘氏是定事

宣旨一枚
橘氏申請以正二位行權大納言藤原朝臣定行氏爵事
副下本解
仰依請
右宣旨謹奉入如件
十二月廿二日　　　　按察使判家君也
大外記殿

奉
宣旨
橘氏々人等申請以權大納言兼右近衞大將藤原朝臣佘定行氏爵事
仰依請
右宣旨可被下知之狀如件
文治二年五月二日　　　　權大納言二合宗家
奉　大外記殿

○本座事職事爲兼朝臣ハ藤原ト書不書朝臣字然而上卿佘書加之給云々

正應元年十一月八日　宣旨
前權大納言藤原朝臣實　宣列本座
權中納言藤原實泰奉

奉
口宣
前權大納言藤原朝臣
仰宜令列本座
右宣旨早可被下知之狀如件
六月六日　權大納言判宗家
奉　大外記局

宣旨
前權大納言源朝臣雅　宜令列本座
右宣旨奉入如件
弘長二年十二月廿七日　權中納言定實
大外記殿

建保二年十二月廿一日　宣旨
按察使藤原朝臣宜令列本座事
権大納言源通具奉

○諸社恠異事

宣旨
賀茂別雷社司言上當社寶殿東脇師子形破損事
同言上酒殿竈神令鳴事
仰已上令勘例
右　宣旨早可被勘申之狀如件
五月廿一日　皇后宮権大夫判家君也
大外記局

宣旨
春日社司等言上於社頭射鹿事副本解
仰召出先犯之輩遂行大祓且令官外記勘例
右　宣旨如此先例早可被勘之狀如件

壽永二
六月廿七日　　　　權中納言判

淸大外記殿

宣旨

感神院所司等言上御供所前櫻木中炎火出來事

右申可被勘之狀如件

永萬二
三月卅日　　　　權中納言判

宣旨

鴨御祖社注進玉垣之外鳥居內虹立事在本解

仰令勘例

右　宣旨早可被勘申之狀如件

八月六日　　　　權大納言判實國

奉　大外記局

宣旨

鴨御祖社司言上羽蟻出來事

梅宮社司言上松木折倒事

此宣旨被副下職事狀歟

仰已上令勘例

右奉入如件

嘉應二
四月十九日　　權中納言二合

奉

宣旨

日前國縣社司等言上國縣社寶殿舍屋燒亡事

副社司等解狀官外記勘文

右宣旨早任仰詞可被下知之狀如件

長寬二
二月十九日　　內大臣判

奉　大外記殿

○寶藏開檢事

宣旨

東大寺勅封藏遣左少辨藤原朝臣光經監物典鎰等宜令開檢

右　宣旨早可被下知之狀如件

延慶三年十二月八日　　左兵衛督判奉

大外記局
本云
正慶元年十一月廿五日書寫之前內府本也自去年雖借請于今忌却仍忩所書寫也
權大納言藤原判

綸旨抄部類第二　上卿要

●下外記部下

○學問料事
○對策問頭博士事
○解官停任罷所職事
○怠狀事付返給事
○副下口　宣事
○方略試事
○可列官次事
○文章得業生事
○諸道准得業生事
○除服事
○一宣旨他事相交事
○左右馬寮御監事
○源氏長者事

○學問料事　或下辨

宣旨

在良朝臣申請以男時登學問料事

仰依請

康和元

七月六日　　　　　民部卿

大外記文亭

宣旨

右中辨藤原俊經朝臣申男親經學問料事

仰依請

右

宣旨早可被下知之狀如件

二月廿六日　　　　太皇大后宮權大夫判公保

謹奉　大外記局

宣旨

宮內大輔藤原朝臣資宣申請令男正六位上言光賜學問料繼家業事

仰令賜勸學院料

右奉入如件
　正月十三日　中納言二合師継
奉　大外記殿

○文章得業生獻策事

紀傳云策他道云課試
勘、年、限、之、時、下、辨、官、覆、奏、之、後、依、
請、之、由、仰、外、記、或尚下辨
宣旨　可勘例之由先仰弁
式部省勘申文章得業生菅原宗
賢課試事
依任續文依請
右　宣旨可被下知之狀如件
　正月十九日　皇后宮權大夫判家君也
大外記殿
宣旨

「奉入
宣旨
文章博士菅原資宗在輔等朝臣
申請殊蒙　天恩以學生正六位
上藤原廣國被補文章得業生藤
原資冬課試替事副本解
仰依請
右　宣旨奉入如件
　二月十五日　皇后宮大夫判家君也
大外記局

式部省勘申文章得業生範光課試年限事
仰依請
右奉入如件
仁安元
十月十二日　　　權中納言資長
奉　清大外記殿
「奉
宣旨
式部省勘申文章博士藤原俊經朝臣所申同得業生藤原資宗課試事
仰任續文依請
右　宣旨早可被下知之狀如件
仁安二
二月廿八日　　　中納言判宗家
奉　大外記殿
「宣旨
式部省勘申文章得業生藤原長衡同敦倫等年限幷例事
仰任續文依請

右　宣旨早可被下知之狀如件

正月十二日　　權中納言作名

中大外記殿

宣旨二枚

文章博士藤原親經朝臣等申令課試文章得業生藤原長衡

事同朝臣申令課試同敦倫事

仰令勘例

右　宣旨可令勘申之狀如件

正月四日　　權中納言作名親宗

大外記殿

奉

宣旨

學生正六位上菅原朝臣在冬申請殊蒙　天恩因准先例以給料學生

六ヶ年勞被補文章得業生事

仰依請

右　宣旨早可被下知之狀如件
十二月廿七日　　　　權中納言判實躬
奉　四位大外記文亭

○對策問頭博士事

宣旨
丹波掾藤原範光申以彈正大弼菅原貞衡朝臣爲同頭博士奉冊試事
仰依請

右　宣旨早可被下知之狀如件
仁安元
十一月廿一日　　　　權中納言資長
謹奉　清大外記殿

奉

宣旨
文章得業生藤原資宗申請內藏頭長光朝臣爲問頭博士遂策試事
仰依請

右　宣旨早可被下知之狀如件

三月八日　中納言宗家

奉　大外記殿

宣旨

文章得業生大江匡時申請問頭事

仰依請

右早可被下知之狀如件

五月廿四日　權中納言季仲

謹奉　大外記殿

宣旨

文章得業生藤原敦尚中以左京權大夫長守朝臣爲同頭博士事

仰依請

右　宣旨早可被下知之狀如件

六月一日　權中納言作名親宗

○明經明法算道等准得業事

奉

宣旨
明經博士等申請學生中原基光准得業生課試事
仰依請
右 宣旨早可被下知之狀如件
二月十八日　　權中納言兼光
中大外記殿

○解官停任幷罷所職事
宣旨
左京進藤原爲國申依身病被罷所帶職事
仰依請
右 宣旨如此仍執達如件
八月廿七日　權中納言二合實宗
清大外記局

正安四年十一月六日　宣旨
檢非違使左衛門少志紀有宣

「口 宣一枚檢非違使有宣解官事
如此早可被下知之狀如件
十一月六日　權大納言判
大外記局

宜令解却見任
權大納言藤原判 奉家君

宣旨
正親少佑大江盛房申依病被罷
所帯職事
仰令取闕
右
宣旨奉入如件
正月廿七日　權中納言判 家宗
大外記殿

宣旨三枚
大舎人允大江清重内膳典膳中
原成保等各罷所帯職事
仰依請
右
宣旨早可被下知之状如件
治承四
正月廿四日　權中納言判 成範

師顯請文禮帋
退言上
如蒙仰廷尉補任之時御下知宣
被闕官候之時　宣下當局候加
之本官相共　宣下之時粥如然
候也師顯重誠恐謹言

追申
此宣旨今日十二日巳刻到來之狀
而依爲重事載　宣下日也檢非違
使斗被補之時下知官之横覺候然
而解官之時不可及仰兩方候乎但
又可計承候也

宣旨
右少史中原忠明同公基依不仕解却
見任
壽永元年八月廿三日
權中納言二合實守

宣旨
檢非違使左衞門少志中原章職
宜令解却見任

清大外記局
「宣旨
右近將監源光景依身病被罷所
帶事
仰取闕
右
宣旨可被下知之狀如件
正月廿九日　權中納言作名通資
中大外記殿

「宣旨
右衞門志大中臣親重申依身病
罷所帶職事
仰依請
右
宣旨早可被下知之狀如件
正月廿四日　左衞門督隆房
大外記殿

右
宣旨可被下知之狀如件
寛喜十一年六月十一日
權中納言賴資
大外記殿

「宣旨
右衞門權佐藤原朝臣光方申被罷
所帶職事
仰依請
右
宣旨早可被下知之狀如件
五月十一日　中宮權大夫判定房
大外記文亨

「宣旨
西市佑大江親康申依病被罷所帶
宜事
仰依請
右
宣旨任仰詞下知如件
永萬二
三月二日　權中納言判俊通
大外記殿

宣旨
筑後守藤原朝臣知家申請罷所帯職事
仰令取闕
右　宣旨早可被下知之状如件
十一月卅日　　　　　　　　　　　　　　　　　　　　　　　　　　　　　　　　　　　　　　權中納言資實
大外記殿
嘉元二年三月十八日　宣旨
中務權大輔平兼顯
侍從藤原基定
以上宜解却見任　　　　　　　　　　　　　　　　　　　　　　　　　　　　　　　　　　　　　　　權中納言藤原實躬奉

○除服事

正治二年三月十日　宣旨
權中納言藤原朝臣宗　宜令除服從公事
左衛門督判公繼

左大臣宜令除服從公事
右　宣旨可被下知之狀如件
建保三月廿九日
權中納言判範朝
大外記殿

嘉元二年九月十六日　宣旨
權大納言藤原朝臣公
正二位藤原朝臣明
正二位藤原朝臣方
正二位藤原朝臣雅
從二位平朝臣經
正三位藤原朝臣長
參議藤原朝臣守
已上除　後深草院御服宜從公事

嘉元二年九月十六日　宣旨
權中納言藤原實躬奉

前播磨守藤原隆政朝臣
左近權中將藤原家相朝臣
左近權中將藤原具良朝臣
散位藤原光方朝臣
散位平惟繼
右衞門權佐藤原資冬
已上除後深草院御服宜從公事
權中納言藤原實躬奉

「正應五年十一月二日　宣旨
太宰權帥藤原朝臣
正二位藤原朝臣衡
正二位藤原朝臣賴
從三（二歟）位藤原朝臣永
正三位藤原朝臣宗
散位藤原宗光朝臣
左中將源師行朝臣
右中將藤原實躬朝臣
左中將藤原親氏朝臣
前備前守藤原爲冬
已上除前大宮院御服宜從公事
權中納言藤原爲方奉

○怠狀事　同返給事

宣旨
藏人宮內權大輔藤原宣房同中宮權大進藤原宗行等去廿三日　行幸
還宮時令掌侍一人懃勵衆役事既違例宜令怠狀事
右　宣旨早可被下知之狀如件
建永元年十月廿六日　權中納言資實
大外記殿

建暦三年八月九日　宣旨
左近衞權中將藤原宗經朝臣
藤原忠定朝臣
右近衞權中將源雅淸朝臣
件等人去六日　行幸於路次供雨皮之間奉向御輿之方有違者宜令進
怠狀
權中納言源通具
宣旨
右京大夫定實朝臣辨申奉幣使注文字子細事
仰令進過
右　宣旨可令下知給之狀如件
康和五年十二月六日
左衞門督判雅俊
奉　大外記亭

○返給事
宣旨
中宮權大夫藤原朝臣宗行申去廿三日　行幸掌侍役違例怠狀事

仰懲將來返給

右　宣旨可被下知之狀如件

建永元

十月廿九日　　權中納言資實

大外記殿

宣旨

藏人民部權少輔藤原朝臣資賴怠狀事

仰懲將來令返給

右　宣旨早可被下知之狀如件

建广三

六月六日　　權中納言判實宣

大外記殿

宣旨

右馬頭藤原隆衡朝臣辨申去月十一日伊勢幣木牽進神馬一疋怠狀事

仰誡將來令返給

右　宣旨早可被下知之狀如件

十月三日　　民部卿判經房

大外記殿

○一宣旨他事相交事

宣旨二枚

官勘申式部省申請以史生中原國元被遷補左右辨官史生闕事副本解

仰依請

刑部録藤原資行申請被罷所帶官事

仰令取闕

右宣旨早可被下知之狀如件

二月廿九日　　權中納言顯長

淸大外記殿

奉

宣旨

女御家申返上年々外國三分四人以藤原俊親被叙爵事

仰令勘給否

內匠屬秦忌寸末久申罷所帶官事已上副本解

仰依請

右　宣旨早可被下知之狀如件

仁安元
十月廿七日　　　　權中納言宗家奉

奉　大外記殿

奉入

宣旨三枚

散位中原朝臣長兼申改長兼爲職國事

掃部少允藤原宗光申罷所帶職事

內御書所衆藤原季光申仰式部省奉擬文章生試事

仰已上依請

右　宣旨早可被下知之狀如件

八月廿九日　　　　權中納言二合雅賴

宣旨

大皇大后宮職被請申返上年々未給外國三分四人以正六位上平朝
臣信宗敘爵事

仰令勘給否幷例
權大納言藤原朝臣申請改男散位從四位下資能可爲兼季事
仰依請
右宣旨奉之狀如件
十二月廿四日　　左衞門督隆房
奉　中大外記殿

○副下口宣消息事

口宣一枚如此早可被下知之狀如件
永萬二
六月十四日　　權中納言判
奉　大外記局

口宣一枚早可被下知之狀如件
七月廿二日　　權中納言判公保
謹奉　大外記局

口宣一枚獻之可被下知之狀如件
永萬二
七月廿二日　　左衞門督隆季

奉　清大外記文亭

口　宣一枚如此早可被下知之状如件

四月八日　　權中納言判實國

奉　大外記局

宣旨一通奉之早任仰詞可被下知之状如件

六月廿二日　　權中納言二合資長

清大外記殿

口　宣一枚

右早可被下知之状如件

九月廿二日　　權中納言判忠親

大外記殿

口　宣一紙奉之早可被傳彈正檢非違使等之状如件

正月廿四日　　權中納訂判光雅

大外記殿

口　宣一枚

右宣旨早可被下知之狀如件

長寬二

十二月廿九日　　　　內大臣判

奉　大外記殿

口　宣一紙獻之於仰詞者下知之後可被返送之狀如件

建厂三

六月六日　　　　權中納言判實宣

大外記殿

口　宣一紙奉入如件

二月廿二日　　　　權大納言宗能

奉　大外記局

奉

口　宣一紙

右奉入如件

四月十五日　　　　權中納言判定能

奉　中大外記殿

口　宣一紙奉之敍記事可被傳內記之狀如件

正月廿三日　中納言判經通

大外記殿

口宣一紙被下之依略儀内々奉　闕字　仰詞可被返送之状如件

二月七日　權大納言判冬通被歟

大外記局

口宣

大中臣知經宜如間爲正四位本事

右宣旨奉入加件

十二月卅日　權中納言通成

中大外記殿

○左右馬寮御監事

嘉元二年正月五日　宣旨

以左大將爲左馬寮御監

權中納言藤原實躬奉

口宣一紙

嘉元、―

左近衛大將藤原朝臣

宜爲左馬寮御監

權中納言―

光定下

任職事仰詞雖　宣下猶此定可下

知歟

右奉入如件
正月五日
奉　四位大外記局
権中納言判奉

○方略事

奉入
宣旨
大藏卿菅原朝臣申請因准先例以男文章生在仲被下方略宣下事副本解
仰依請
右　宣旨早可被下知之狀如件
正月廿四日
大外記局
皇后宮權大夫判家君

奉入 宣旨 從三位藤原朝臣申請以男文章生伊範被下方略　宣旨事副本解 右　宣旨謹奉入如件 二月三日　皇后宮權大夫判家君 奉　大外記局	

奉
宣旨三枚

藏人文章生正六位上源朝臣仲章申因准先例依文學幷奉公勞被下
宣旨奉方略試事
仰依請
式部權大輔菅原敦綱朝臣申以男文章生長綱方略秀才給䉼中洛事
仰令給穀倉院䉼
文章博士藤原業實光輔等朝臣請以內御書所衆蔭孫正六位上藤原
朝臣敦倫被給學問䉼事
仰令給勸學院䉼
右　宣旨早可被下知之狀如件
七月十二日　　右兵衞督宣光
大外記殿

宣旨
文章生菅原親綱申依宦學勞奉方略試事
仰依請
右　宣旨早可被下知之狀如件

八月十四日　權中納言作、名、親宗

大外記殿

○源氏長者事

職事仰詞如此

正應元年九月十二日　宣旨

內大臣　宜爲源氏長者

權中納言藤原實泰奉

口　宜如此早可被下知之狀如件

九月十二日　權中納言判

『大外記殿』

謹返上

宣旨

內大臣宜爲源氏長者事

右宣旨非先例勾當之施行乃所返上如件師顯誠恐謹言

正應元年九月十二日　大外記中原師顯

口宣二枚早可被下知之狀如件

九月十五日　權中納言判

追申 長者　宣下事雖新儀可被准藤氏之由且時儀候歟仍下知官外記候之處於辨者已令　宣下候之由出請文〻外記講非先例當局之施行返上　宣旨此上何樣可候乎爲以皮是非尤可被決置候歟爲御爲知外記請文進覽候也

權大納言家君

○可列官次事

宣旨

關白太政大臣　宜列太政大臣上

右謹奉獻如件

正安三年七月七日

大外記局

寫本表帋有之
嘉元三年三月二日始之部類者也
「三條公茂」
權中納言藤原判

同前内府本云
延慶三年四月廿七日借三條大納言本書寫之加之又少々撰而拾之訖將又同體同文章等除之了
權中納言公賢

文安四年六月日借請德大寺大納言公有本書寫之了
校合了
右大將判

右以内相府家本實量公左府禪閤眞跡令書寫之左道之料帋右筆又難見分者歟窺餘暇可令清書不造外見了
文明第十一仲春廿一日昨日午刻立筆今日早旦終功者也
參議從三位行右近衞權中將藤原朝臣判　廿五オ

天正六年五月廿五日以中院相公羽林本連々馳筆而已可清書者也
左衞門督藤原言經

綸旨抄部類第三 上卿要

●下辨官上

○諸社損色事
○行御卜事
○神事違例事
○諸社上卿事
○諸造營事
○諸佛事〻
○以松堂舍爲御祈願所事
○灌頂阿闍梨事
○六月會講師事
○諸用途事
○成功事
○賜官府事

○諸社恠異事
○恠異祈禱事
○諸祭事
○補諸社司付同解却
○造宮雜事〻
○維摩會不足米事
○置阿闍梨事
○戒和上事
○法務事
○諸國重任事
○臨時勅裁事
○諸雜訴事

○條〻載一宣旨事

○文章生課試事

○沙彌免無度緣責令登壇受戒事

○寶藏開檢事

●辨官部

○諸社損色事

宣旨

鴨御祖社大神宮社司等申欲早爲被遂修造任先規被下官使檢見舍屋

破損被定損色功程事副本解

仰依請

右

宣旨早可令下知給之狀如件

十月七日　　　　春宮大夫通―重

左中辨殿

口宣一紙松尾社損色功程事獻之任仰詞

可被下知之狀如件

十一月廿四日　　　　權中納言實躬奉

嘉元〻年十一月廿三日　宣旨

松尾社可被修造差遣官使令註進

損色功程

藏人頭右近衞權中將藤原實任奉

右中辨殿

○諸社恠異事

宣旨

官寮卜申祭主神祇權大副爲繼卿言上　豐受大神宮禰宜等註進當宮東寶殿棟下損幷御板敷有物失間事
仰且令大宮注進神事違例穢氣不信不淨且祈謝　公家御愼火事口舌病事及天下動搖事
右　宣旨早可令下知給之狀如件
六月五日　　皇后宮權大夫｜家君也
左中辨殿

宣旨
北野宮寺言上內陣鳴板幷大蛇出現事副解狀等
仰令勘例
右　宣旨早可令下知之狀如件
二月七日　　皇后宮權大夫｜家君也
右少弁殿

獻上
宣旨
出雲國司言上杵築社神殿顚倒事副本解等
仰令勘例
右　宣旨早可令下知之狀如件
永祚元
六月廿八日　　花園左大臣｜

左中辨殿

宣旨

官寮卜申平野社言上怪異事

仰且令本社注進神與不淨不信且下知諸國可愼口舌矣

右可令下知給之狀如件

永治元
五月十三日　　中納言判

謹上　左中辨殿

宣旨

祭主淸親朝臣言上豐受大神宮禰宜等注進御膳御井內蝦祭保被流

事副次第解狀

仰令勘例

右　宣旨早可被下知之狀仍件

永治
六月八日　　左衞門督判

左中辨殿

獻上

大神宮司言上豊受大神宮禰宜等注進高宮御東竝御帳土代御帷濕
損事有次第解
仰令勘例
右　宣旨早可令下知之狀如件
應保二年十二月五日申時　　　內大臣—實能
謹上　左少辨殿

獻上
宣旨
祭主能隆朝臣言上大神宮司禰
宜等注進當宮造替御遷宮心御
柱所奉卷付布或破損或不卷滿事
同言上大神宮司豊受宮禰宜等
言上注進早可被修造當宮荒垣
門左右柱四本根朽損間同御門
東方揖北三寸許傾倚事

宣旨
神祇權大副大中臣能隆朝臣言上
大神宮豊受禰宜等注進當宮櫪。(本マヽ)飼仁毛御馬一疋今月十九日
午時斃損事
右　宣旨早可令下知給之狀如件
文治五
七月十日　　　權中納言通—親
權辨殿

仰可上令勘例但於心御杜卷布事者令造宮使辨申子細

右　宣旨早可令下知給之狀如件

文治五
四月三日　　　　　　　　　　　　　權中納言兼光

權辨殿

〇行御卜事

宣旨二通

祭主卿申大神宮恠異事文〻在狀解

仰且令勘例且行御卜

右早可被下知之狀如件

永厂元
五月十四日

謹上　權辨殿

獻上

宣旨

賀茂別當社司等注進言上神殿不令開給事副本解

仰令勘例行御卜

右　宣旨可被下知之狀如件

二月廿七日　　權中納言公貫

右少辨殿

抑宜字先賢所爲不問（同歟）而三條內大臣殿御所爲後日可具之無宜字尤可追彼例也兼又副本解ト書之此事次不書爲善之由前右府被命之間存其旨後々　略之而同內大臣殿令書之給猶可守家例也

宣旨

鴨御祖社司等言上恠異事

仰宜令勘例行御卜

右宣旨早可令下知給之狀如件

九月十一日　權中納言實躬奉

右中辨殿

○恠異祈禱事

宣旨

官寮卜申祭主神祇權大副爲繼卿言上豐受大神宮禰宜等注進當宮東寶殿棟下損並御板敷有物失間事

仰且令本宮注進神事違例穢氣不信不淨且祈謝公家御愼火事口舌病事及天下動搖事

右　宣旨早可令下知給之狀如件
六月五日　　　　皇后宮權大夫家君也
左中辨殿

宣旨
官寮卜申祭主卿申大神宮言上豊受大神宮禰宜等注進今月二日申時
見付當宮古宮所西大椌內鹿頭幷骨間依件穢不供二宮朝夕御饌兼
亦一半三日御河年貢魚漁進神事同五日御節式日可延引事副次第解幷外記勘文
仰且註進神事違例且祈請公家御藥恠所病事同卜申祭主卿申大神宮
司言上禰宜等注進別宮荒祭宮內人物忌等申當宮御殿濕損竝御被
及御敍屋帳鼠喰損事副次第解幷外記勘文
仰御殿濕損任例修造御被帳等於宮調進
右　宣旨早可被下知之狀如件
五月廿八日　　　　權大納言重通
謹上　權右中辨殿
獻上

宣旨一通

祭主師親朝臣言上豐受大神宮別宮高宮御殿内天井覆御帳幷御板敷上寫置柸天兼亦御裝束等濕損事

仰且仰本宮注進神事穢氣不淨違例且祈請公家御愼及天下驚恐事兼又假殿御遷宮遲怠幷九月恠異十一月言上之條辨申子細於稅御倉者令宮司修補御裝束等任例調進

右宣旨早可被下知之狀如件

十二月廿四日　　内大臣判實能

謹上　左少辨殿

宣旨

官外記勘申神祇官陰陽寮卜申鴨御祖社司等言上御蔭山神寶御鞭取穢事

仰下知本社且注進神事違例穢氣不倍祈謝公家御愼及恠所幷天下動搖鬪諍口舌事兼又所取穢御鞭早令調獻同勘申同卜申同社司等言上御手洗河中虹立事

仰同下知本社且注進神事違例不信不諍且祈謝公家御藥事及天下口舌病事
右宣旨等早可被下知之狀如件
九月卅日　權中納言實躬奉
右中辨殿

○神事違例事

獻上
宣旨
粟田宮司申神事違例四ヶ條事副本解
一幣料庭積不法事
仰云內藏寮任式數令辨備
一御殿竝築垣傾倚破損事
仰被定造宮使之間可令社家加修理
一竈殿未作事
仰令催促成功之人

一庄々年貢米濟事
仰令催濟庄家

右
宣旨可令下知給之狀如件
建久四
後八月廿八日　　民部卿經房
謹上　左中辨殿

○諸祭事
宣旨
四角祭日時事
右早可令下知給之狀如件
五月三日　　權中納言判兼光
右中辨殿

○諸社上卿事
嘉元二年五月廿日　宣旨
權大納言藤原朝臣師　宜令行伊勢大神宮事
權中納言藤原實躬奉

宣旨
右大臣　宣令行伊勢二所大神宮事
右宣旨早可被下知之狀如件
嘉元三
三月三日　　權中納言實躬奉
右中辨殿

○補諸社司　付同解却

宣旨
伯耆國二宮神主中原永知申請長任神主職事
仰依請
右宣旨早可令下知給之狀如件
正月廿三日　　權中納言判顯時
謹上　左少辨殿

嘉元二年四月五日
正四位上賀茂縣主遠久　宜爲賀茂社禰宜
正五位下賀茂〻〻景久　宜爲同社權禰宜

正五位下賀茂〻〻能秀　宜爲片岡社禰宜
從五位上賀茂〻〻久宗　宜爲同社祝
從五位上賀茂〻〻忠久　宜爲貴布禰社禰宜
從五位上賀茂〻〻保元　宜爲同社祝
從五位下賀茂〻〻近平　宜爲太田社禰宜
從五位下賀茂〻〻久藤　宜爲同社祝
從五位下賀茂〻〻能雄　宜爲若宮禰宜
從五位下賀茂〻〻基久　宜爲同社祝
從五位下賀茂〻〻師久　宜爲奈良社禰宜
從五位下賀茂〻〻仲久　宜爲同社祝
從五位下賀茂〻〻康兼
宜爲澤田社禰宜
從五位下賀茂〻〻信久
宜爲氏神社禰宜
權中納言藤原實躬奉

口宣一紙
右奉入如件
八月五日　權中納言實躬
左中辨殿

○解却

嘉元二年六月廿九日　宣旨

八幡宮寺俗別當紀兼幸朝臣

宜止解却所職

權中納言藤原實躬奉

口　宣一紙獻之早可令下知
給之狀如件
六月廿九日　權中納言實躬
右少辨殿

○諸造營事

獻上
宣旨
催造無怨寺事官使等申二ヶ條事
一請被裁下爲肥前國司再在廳官八等背度々　宣旨稱不堪田乍令下知
副文書案
木屋許擬馳直任限事下定
仰任先　宣旨催令造進
一請被下給月時守期日令催造內寺礎立柱上棟事
仰令勘日時
右可令下知給之狀如件

永久五
九月十三日　　　　　　　　權中納言作名
謹上　左少辨殿

宣旨
駿河守藤原朝臣雅永申請被下　宣旨於所司令覆勘太政官西廳南
門等造畢事
仰遣使
右　宣旨可被下知之狀如件
四月十六日　　　　　　　權中納言判實長
權辨殿

○造宮雜事〻

獻上
宣旨
住吉社司等申請任先例令攝津國司勤行造營雜事
仰依請
右　宣旨早可令下知給之狀如件

建久三
六月八日　　　　　　　　　　　權中納言經房
謹上　右中辨殿

○諸佛事〻
維摩會試經文獻之可令下知給須面前獻之處依有其煩內々所獻之不可
爲例候歟謹言
建久四
十月十一日　　　　　　　　　　　左大臣判實房
左中辨殿

○維摩會不足米事
奉
宣旨
興福寺申維摩會不足米事
仰依請
右　宣旨可被下知之狀如件
十月十六日　　　　　　　　　　　左大臣判隆忠
左少辨殿

○以松堂舍爲御祈願所事

宣旨

入道前太政大臣申妙音院爲御祈願所事

仰依請

右　宣旨早可被下知之狀如件

建久三

七月八日　左大臣判實房

左中辨殿

○置阿闍梨事

獻上

宣旨

聖護院檢校權僧正覺忠申請兩院可加置阿闍梨三人事

仰依請

右　宣旨可被下知之狀如件

元广二

四月廿八日　權大納言

左少辨殿

嘉元二年六月三日　宣旨
金剛輪院
宜寄置阿闍梨三口
權中納言藤原實躬奉

口宣一紙
右奉入如件
六月三日　權中納言實躬
左少辨殿

○灌頂阿闍梨事
宣旨
前大僧正法印大和尚位禪助申請入道無品親王寬性授與傳法灌頂職位事
仰依請
右宣旨早可被下知之狀如件
嘉元三二月廿一日　權中納言實躬奉
右少辨殿

○戒和上事
宣旨
延曆寺申請以權大僧都法印大和尚位快全令勤仕當年秋季受戒和

尙事

仰依請

右　宣旨早可令下知給之狀如件

十一月八日　　　　權中納言實躬奉

右少辨殿

○六月會講師事

嘉元二年五月十七日　　宣旨

傳灯大師心聽

件人宜爲延曆寺當年六月會講

師　　　　權中納言藤原實躬奉

○法務事

嘉元二年六月廿七日　　宣旨

前權僧正實超　宜知行法務事

權中納言藤原實躬奉

口　宣一紙

右奉入如件

五月十七日　　權中納言實躬奉

左少辨殿

口　宣一紙

宣奉入如件

六月廿七日　　權中納言

右少辨殿

○諸用途事

宣旨

内藏寮申請自今日可被行招魂祭三ヶ夜用途粁事

仰依請

右　宣旨可被下知之狀如件

六月廿九日　　左衛門督公敎

謹上　左中辨殿

宣旨

内藏寮申七瀬御祓用途料事

仰依請

右可令下知之狀如件

元厂元

三月十四日　　中納言判忠雅

謹上　權右中辨殿

宣旨三枚

内藏寮申春日祭幣粁事

同申防解火災七瀬代厄祭等用途事
同申除目御修法用途料事各在請奏
仰以上依請
右早可令　宣下給之狀如件
永万三
正月十五日
左衛門督公光
左少辨殿
宣旨
參議藤原朝臣公繼上總介平親長美作守藤原朝兼等申五節舞姫用途事
大哥所申新嘗會召人等饗祿事
已上仰令勘例
右早可被下知之狀如件
建久元
十一月十三日
權大納言兼房
左中辨殿
此中職事直令下知者文候歟由覺悟若僻事候歟然者擇出可返給

勅無仰詞ニ天未練此中投入之間不審無極之故也

宣旨
左大將藤原朝臣申五節舞姫用途事
仰令勘例
右早可被下知之狀如件
十一月十六日　權大納言
左中辨殿

○諸國重任事

宣旨
和泉守惟宗朝臣貞光申請依國內已弊可被下重任　宣旨
仰依請
右早可被下知之狀如件
永久二
四月廿七日　權大納言光賴
左少辨殿

○成功事

宣旨
藤原盛泰申父前大舎人頭兼盛民部丞遐年上進納造興福寺廻廊用
途四千疋可拝任左右兵衛尉最前闕事
仰依請
右宣旨可被下知之狀如件
建久四
閏八月九日　左大臣實房
左中辨殿

○臨時勅裁事

宣旨
左京職申二ヶ條
宣旨
近江守範兼朝臣申請參期以前責事副續文
仰依請
右早可令下知給之狀如件
永厂元
二月十七日　左衛門督光頼

謹上　權右中辨殿

宣旨

宮勘申和泉守惟宗朝臣貞光申任先例被停止諸院宮御菜米諸司納
物幷官行事所藏人所臨時召物使等參期以前責事

仰

右宣旨早可被下知之狀如件

三月八日　　　　　　　　　　權中納言雅敎

權辨殿

○賜官府事

獻上

宣旨

藤原範子申請以私領字美含庄永爲石淸水御領可範子領掌由被官
符上賜官使打定傍示事

仰依請

右宣旨早可令下知給之狀如件

六月廿三日　　　　　　　　　　　　　　　　　　　　　　　　　　権中納言定能

謹上　権右中辨殿

献上

宣旨

大炊寮供御院預正六位上左衛門少尉磯部宿禰信貞申請殊蒙　天

裁因准先例且依代々　宣旨且任行種讓爲當寮供御預河内國石河

東條郡幷佐備御稻田及山城國粟園等子々孫々相傳領狀由被成下

宣旨事

仰依請

右　宣旨早可令下知給之狀如件

三月十七日　　　　　　　　　　　　　　　　　　　　　　　　　　権中納言公貫

権右中辨殿

○諸雜訴事

献上

宣旨

鹿島社司等訴申爲散位平淸光郎等家宗被毀害當宮神人行任國次
等事
仰付國司令召進彼犯人
右
宣旨早可令下知給之狀如件
保延七年七月十六日　　　　權中納言實光
謹上　左中辨殿

宣旨二枚
相模紀伊兩國申請參期以前責事
仰以上令勘例
右
宣旨早可令下知給之狀如件
三月廿日　　　　中納言判忠雅
謹上　權右少辨殿

宣旨
祭主能隆朝臣申、、、、、事
仰令問成勝寺所司

右　宣旨可被下知之狀如件

十月八日　内大臣判忠親

奉　左中辨殿

宣旨

住吉社司等訴申早被仰下使廳任法被行罪科紀伊國浦海賊殺害神戸百姓搜取船幷雜物等事副解狀等

仰令問彼寬盛

右　宣旨早可令下知之狀如件

八月四日　左兵衞督公光

謹上　左中辨殿

○條々載一宣旨事

宣旨二枚

近江守藤原實淸朝臣申大炊寮年料米究濟上切宛旁公用事副主稅寮續文

仰依請

沙彌覺阿申筑前守奇宮寺惣領事副證文

仰問石淸水檢校勝淸
右　宣旨早可令下知給之狀如件
永万元
三月卅日　　　　　　中納言判雅教
左少辨殿
獻上
宣旨
修理職弁申鴨御祖社司訴申職領丹波國大布施杣材木事副續文案
右可令　奏聞給之狀如件
伊賀守源朝臣信平申雜事五ヶ條
一任信廣例被免濟物事
仰除所々臨時召物外依請
一被停止諸司納物過式數責事
一停止諸方使京都責任切符被徵國中名〻事
一停止諸方濟物參期以前責事
一賜拒押使責催難濟名〻事

仰已上任先例依請
右可令下知給之狀如件
安元二
十二月十日
權中納言判

○沙彌免無度緣責令登壇受戒事
正應元年十月廿九日　宣旨
沙彌慈慶
宜免無度緣責令祭壇受戒
權中納言藤原實泰奉

口　宣返獻之可令下知給之狀如件
十月廿九日　權中納言判
如此書之表書許請文定ノ樣ニ書天
返遣奉行職事藏人辨顯世也職事仰
詞無相違

○文章生課試事
同得業生同事
勘例覆奏之後可依請由獻重　宣下仰外記
宣旨
文章博士菅原長輔貢宗朝臣申請特蒙　天恩因准先例令課試文章
得業生正六位上行伯耆權大掾菅原朝臣家賢事副本解
仰令勘例幷年限

右　宣旨早令下知給之狀如件

正月六日　　皇后宮權大夫判家君

左少辨殿

○寶藏開檢事

宣旨

東大寺　勅封藏遣左少辨藤原朝臣光經監物典鎰等宜令開檢

右　宣旨早可被下知之狀如件

延慶三年十二月八日　　左兵衛督判奉

權左中辨殿

綸旨抄部類第四　上卿要

●下辨官下

宣旨或・下外記歟但多者如此

○補文章得業生事

宣旨

文章博士藤原敦周朝臣等申請以學生菅原長守被補文章得業生事

仰依請

右　宣旨可被下知之状如件

安元二

正月廿日　　權中納言判

右少辨殿

○補史生事

宣旨

內藏寮申以官人代紀朝臣經則被拜《本》史生闕事

右　宣旨早可令下知給之状如件

三月三日　　權中納言判親宗

右中辨殿

宣旨

西市司申請因准先例以官人代從七位上紀朝臣重持被遷補左右辨
官史生闕事
仰令勘闕否幷例
右　宣旨早可令下知給之狀如件
六月廿四日　　權中納言實躬
右少辨殿

○鹿島使事

宣旨
內藏寮史生中原尚氏申請被下　宣旨於支配國〻募正卒分所納物內
被進濟當年鹿島香取兩社幣帛料事
同申請被分下　宣下於東山東海兩道諸國令勤仕同幣帛使上下向供
給祗候雜事〻
右可令下知給之狀如件
四月十二日　　皇后宮權大夫判家君
右少辨殿

宣旨
勸學院學生正六位上藤原朝臣重親申請被分下　宣旨於東海東山兩道諸國令勤仕鹿島香取兩社幣帛使上下向逓送祗候雜事粮新引馬等事
仰依請
右　宣旨早可令下知給之狀如件
四月十二日　皇后宮權大夫判

宣旨
勸學院學生差進當年鹿島香取兩社幣帛使等事
學生正六位上藤原朝臣重親
仰賜官府
右　宣旨可令下知之狀如件
四月十二日　皇后宮權大夫判
右少辨殿
宣旨

内藏寮史生從七位上中原朝臣親有申請殊蒙　天裁任先例募正藏卒分所納物內且不顧過用且不拘濟物免除　宣旨以見色可進濟之由被下　宣旨於支配國〻當年鹿島香取兩社幣帛析幷負駄等事

仰依請

右　宣旨早可下知給之狀如件

二月廿八日　　　　權中納言實躬

右中辨殿

宣旨

勸學院學生正六位下藤原朝臣重親申請殊蒙　天裁因准先例令催勤鹿島香取兩社幣帛使上下向逆送袓候雜事粮析曳馬等於東山東海兩道諸國事

仰依請

右　宣旨早可被下知之狀如件

二月廿九日　　　　權中納言實躬

左中辨殿

宣旨

勸學院差進鹿島香取兩社幣帛使事學生正六位上藤原朝臣重親

仰令賜官府

右宣旨早可令下知給之狀如件

二月廿九日　　　　　　權中納言實躬

左中辨殿

○御願寺辨事

正安四年五月十九日　宣旨

右少辨平朝臣惟輔

宜令行圓宗法勝圓勝等寺事

中納言藤原朝臣經

左中辨藤原定資朝臣

宜令行尊勝寺事

左中辨藤原定資朝臣

宜令行最勝寺事

口宣如此可令下知給也仍執達如件

五月十九日　　　　權大納言實泰

右中辨殿

權中納言藤原朝臣師

宜令行延勝寺事

右中辨藤原光定朝臣

宜令行最勝光蓮華王兩院事

權大納言藤原判奉

嘉元二年九月廿九日　宣旨

左少辨藤原經世朝臣

宜令行最勝寺事

權中納言藤原實躬奉

○諸寺補別當事　付重任

嘉元二年十二月廿九日　宣旨

權僧正尋覺

宜爲興福寺別當

權大納言兼陸奥出羽按察使藤原判

宣旨

口宣一紙

右奉入如件

九月廿九日　權中納言實躬

右中辨殿

口宣一枚興福寺別當事

獻之早可令下知給之狀如件

十二月廿九日　按察使實奉

左少辨殿

嘉元二年二月廿七日　宣旨

權僧正宗親

宜爲法隆寺別當

權中納言藤原實躬

無品慈助親王
宜爲無動寺幷楞嚴院三昧院檢校職事
右可令下知給之狀如件
正應三年三月六日
皇后宮權大夫判
辨殿
嘉元二年十月七日　宣旨
權大僧都實壽
宜爲西大寺別當
口　宣一帋
右奉入如件
左少辨殿
權中納言藤原實躬奉
嘉元二年十二月十二日　宣旨
前權僧正宗親
宜爲法華寺別當
法印權大僧都公靑
宜爲法隆寺別當
口　宣一紙
右奉入如件
左少辨殿
權中納言藤原實躬奉

○重任

宣旨

太宰府天滿宮安樂寺氏人等申請殊蒙　天裁因准先例被下　宣旨

自明後年以別當慶圓令重任執行寺務事

仰依請

右　宣旨早可令下知給之狀如件

六月十二日　權中納言實躬

右少辨殿

○補檢非違使事　付解官

口宣一紙左衛門大志中原章房檢非違使事獻之早

任仰詞可令下知給之狀如件

三月廿一日　權中納言實躬

右少辨殿

嘉元二年三月十八日　宣旨

左衛門大志中原章房

檢非違使如舊

藏人中宮大進藤原隆長奉

○解官

口宣一紙檢非違使左衛門少尉平景國宜解却其職事

獻之早任仰詞可令下知給之狀如件

四月十八日　權中納言實躬

右少辨殿

嘉元二年四月十五日　宣旨
檢非違使左衛門少尉平景國賀茂祭
供奉偏好進差頻背嚴制宜解却其職
藏人頭右近衛權中將藤原實任

○舛米事

宣旨

沙門忍性申請因准先例被下官符不論神社佛寺權門勢家庄園運上物本於室泊尼崎渡部三ヶ所限十ヶ年取別壹升料米築莫住島金島舟泊事副本解

仰依請

右　宣旨可令下知給之狀如件

九月十四日　皇后宮權大夫判

左少辨殿

獻上

宣旨

內山平泉寺衆徒等申請敦賀津着岸船石別升米同雜物等勸進被相

延《(ママ)》令五ヶ年遂當寺營作事

仰依請

右　宣旨早可令下知給之狀如件

三月廿六日　　　　　　　權中納言公貫

權右中辨殿

○僧官位事

正應元年九月廿五日　宣旨

權僧正慈玄

宜轉僧正

權律師賢成

慶賢

已上宜任權少僧都

大法師覺惠

宜叙法橋

權中納言藤原判

宣旨
法眼實卯
宣任權少僧都者
右可被下知之狀如件
正應元年十月十九日

弘安九年二月廿八日　宣旨
權律師靜運
宣爲權少僧都
大法師宗眞（圓宗辭退 權僧正替）
宣爲權律師
權中納言藤原公貫奉

嘉元二年七月十一日　宣旨
法印權大僧都實辨
宣任權僧正
權中納言藤原實躬奉

權中納言判

口宣一紙獻之早可令下知給之狀如件
二月廿八日　權中納言公貫
左少辨殿

口宣一紙
右奉入如件
七月十一日　權中納言實躬
右少辨殿
追申
以成惠權僧正辭退替所被任也可令爲知給

○解官事

嘉元二年三月廿二日　宣旨
權少僧都長辨
宜令解却見任
藏人頭右近衛權中將藤原親氏奉

口宣一紙權少僧都長辨宜令解却事獻之
早任仰詞可令下知之狀如件

獻上
宣旨二枚
仰任續文依請
右依治部卿之命獻上如件
九月晦日　左兵衛尉藤原懷、

宣旨　仰依請
右依中宮大夫命所獻上如件
正月十三日　大膳權亮維信

謹上　右中辨殿

○補檢校阿闍梨事

宣旨

延暦寺前唐院申請因准先例以慈助法親王被補當院檢校阿闍梨職事

仰依請

右　宣旨早可令下知給之狀如件

七月廿一日　　皇后宮權大夫判

右中辨殿

○公事延引事

正應三年三月廿八日　宣旨

來月廣瀨龍田祭依穢延引同九日以後以吉日可遂行之由宜令下知給

事所司

正應三年三月廿八日　宣旨　　藏人頭春宮藤原雅藤奉

來月大神山科等祭依穢延引以次支干可遂行之由宜令下知給事所司
藏人頭春宮亮藤原雅藤奉

奉入
口宣二枚
右以略儀仰詞內〻奉入〻早可下知給之狀如件
三月廿八日　皇后宮權大夫判
左中辨殿

○天文密奏事

宣旨
從四位下行陰陽博士晴匡朝臣申請特蒙　天恩因准先例被下　宣
旨進天文密奏事
仰依請
右　宣旨早可令下知給之狀如件
二月三日　權中納言實躬
左少辨殿

○檢非違使叙留事

宣旨

從五位下行左衛門少尉藤原朝臣

行元　檢非違使如舊

右可令下知給之狀如件

正應四年三月廿八日　皇后宮大夫—

左中辨殿

正応四年三月廿八日　宣旨 左衛門少尉藤原行元 宜令叙從五位下檢非違使如舊 藏人頭中宮亮平仲兼奉

○段米事

謹獻

近江守從五位下藤原朝臣實益申請殊蒙　天裁因准先例依日吉八王子三宮兩社造營三代御起請地三社領外不論神社佛寺權門勢家庄園充催段別三升米八木終土請任度々宣旨且停國役且賜官使催濟地利河內國寫田二町事副宣旨幷國司廳宣案文

仰且遣官使催濟地利且任先例停止國役請任先例賜官使催濟地利同國要劇田貳拾壹町陸段事

仰下知國任代々例早令催濟
右　宣旨可令下知給之狀如件
三月九日　　皇后宮權大夫師時
謹上　左少辨殿

宣旨
吉祥院所司等二ヶ條事
一淡路國司使亂院領鮎原庄責己庄家事
仰且從停止且令國司申子細副本解
一同國司丨事
仰令國司紀返
一信濃守藤原丨事副本解
仰依請
右可令　宣下給之狀如件
保延二年十二月廿六日　　大皇大后宮大夫師頼
謹上　右中辨殿

獻上
宣旨
美濃守基仲申被停參期本以前責事
備中守爲淸申同事
仰已上依請
右宣旨早可被下知之狀如件
永𠩞元四月十七日　權大納言重通
謹上　權辨殿
三月廿三日　權中納言實躬
右少辨殿

○補擀學院別當事

宣旨
內大臣
宜爲丼學院別當
右可令下知給之狀如件

九月廿二日　　　　権中納言判

右少辨殿

〇源氏長者事

正應元年九月十二日　宣旨

内大臣

宣爲源氏長者

権中納言藤原實泰奉

口　宣如此早可令下知給之狀如件

九月十二日　　権中納言判

右少辨殿

〇副下仰詞文章事

獻上

宣旨

仰詞相副獻上如件

五月廿一日　　中納言判

謹上　左中辨殿

宣旨如此早可令下知之狀如件

三月廿四日　　中宮権大夫雅通

權右少辨殿

獻上

宣旨仰詞幷調度文書在目録

右任仰旨可令下知給之狀如件

六月十六日　權大納言宗輔

謹上　左中辨殿

獻上

宣旨一紙

右相副仰詞獻上之早可令下知給之狀如件

七月三日　權中納言實光

謹上　左中辨殿

口

宣一紙獻之早可令下知給之狀如件

二月九日　民部卿經房

謹上　左中辨殿

成勝寺上座事　綸旨加一見返獻之早可令下知給仍執達如件

五月三日　民部卿經房

口　宣一枚獻之早可被下知之狀如件

三月十四日　權大納言判

左中辨殿

宣旨書一枚獻之可被下知之狀如件

三月十七日　左大臣判

右中辨殿

口　宣一枚在次第解獻之早可被下知之狀如件

八月十八日　內大臣判

右中辨殿

功事在本解幷具書

仰依請

右　宣旨早可令下知給之狀如件

四月七日　按察使判

右少辨殿

○可列官次事　此事傳外記仰〻彈正〻檢非違使〻歟猶可勘決

宣旨

關白前太政大臣

宣列太政大臣上

右早可令下知給執達如件

正安三年七月七日　　　權大納言判

左少辨殿

○造宮使事

正安三年八月五日　宣旨

從五位下大中臣朝臣久世

件人宜補造伊勢太神宮使

　　　藏人頭大藏卿藤原經繼奉

口宣一紙大中臣久世造宮使事獻之可令下知給仍執達如件

八月五日　　　權大納言實泰

左少辨殿

○衾　宣旨事

乾元々年十二月七日　宣旨
延暦寺住侶頼存猥莅本社祭禮奉射大宮神輿科條不輕罪責有重觸仰門主雖召其身忽緒朝威剰構虚病勘之舊規先儒未難擒給訪之事左史未記又未記早仰檢非違使幷武略輩等宜搦進其身

乾元々年十二月七日　宣旨
延暦寺住侶辨豪猥莅本社祭禮奉射大宮神輿爲其罪雖召其身忽拋止觀稽古之業既有叡山逐電之聞早仰五畿七道諸國邊山宜搦進其身縦削跡於台嶽之外誰家全命縱隱形於卒出之中何處容身綺因綸渟敦莫怠慢

藏人右京權大夫平仲高奉

口　宣二枚如此早可令下知給之狀如件
十二月七日　　權大納言判
右少辨殿

追申

以略儀職事仰詞獻之下知之後可被返送候哉

延慶三年五月六日　宣旨
石山寺堂衆禪竟圓眞實音道惠良蜜等忽令違背學侶剩擬致害座主造
意既以露顯其身遁霜刑而晦跡逐電准不違浮雲〻〻章條所誡罪科尤
深早仰五畿七道地頭守護京職使廳諸寺邊山殊加搜索宜令搦其身若
致容合寄宿之輩亦與同罪
藏人頭宮内卿藤原國房奉

口宣一紙如此早可令下知給之狀如件
五月八日　權中納言公秀
右中辨殿
追申
以略儀職事仰詞獻之下知之後可被返送候哉

本
前内府本云
又同文章少々除之了
文安四年六月日借請德大寺大納言本書寫了

本下外記部上同下下内記部上同下
　下弁官部上同下

六帖也而爲三卷　實量公也右大將判

一校了

右一冊者以中院宰相中將通勝卿本頓寫之重而可加淸書而已

天正六勝五天中三日　權中納言兼左衞門督藤原言經

右奧書之本借請山科三品師言卿令書寫了

寶曆二年初秋　正三位通枝

『同加獨校了』

右以星野博士秘藏本校合了　堀田璋左右

越後國内輪弓箭老師物語聞書付

一永正二乙丑年長尾越後守道室爲景公七千の勢を卒て越中へ御働被成所に石田右衛門北條六千貫領大須加内膳屋彦三千貫領五十嵐彼等三人申合逆心仕石田大須加は敵方へなり五十嵐は裏切の手段仕於滑川表ニ味方の諸手敗軍に及人數あまた亡び爲景もすでに御生害可有所に飯沼源太高梨源五郎抽粉骨敵を切崩御命にかわり其場を不去討死を遂る此隙に爲景公大津より小船に乗り佐渡へ除き給ふ佐州の高位爲景公御姪聟とあり御馳走にて翌年に佐州アイ川に御逗留也

一此時府中の御城には越の駿河守城代並ミナリ飯沼日向守を差添御留守居なる故あふなけなし殊に秀景は爲景公の伯父にて然も弓箭功者の侍大將なる故五十嵐等案内仕り能登越中兩國の勢を手引致し越後へ取かけせり合合戰度々に及といへども御城丈夫に持詰被申候

一中郡與板筋は高梨播磨守人數を以次の年粉骨を勵す長尾藏人米山田尻の人數を引付高梨と手を合せ防戰隙なく忠節被致候

一右の如く御譜代の面々忠勤を被抽候に付て永正七年に終逆徒悉く御退治有て歸國の御本意を被遂候

一胎田常陸助と申者元來越前半國持て朝倉に打負牢人仕り越後へ罷下り御家を望申に付て父子三人共に召出され總領久三郎は御側に少年の刻被召仕五十嵐分八千貫給り次男久五郎には頸引郡三千貫被下父の常陸介には三條の地六千貫給はる是によつて胎田本國より譜代の者共連々呼越手勢一萬計も持目代に罷成り候

一文龜二壬戌年正月御誕生の若君犬千代丸と申永正四年御七歳にて御元服あつて平藏景康公と申に長尾藏人を親父としてかしつき申此藏人死去に付て其後胎田常陸介を景康公の御親父に被課付次に大永四甲申年御誕生の猿千代殿親父には久三郎を被課付猿千代殿享祿元戊子御七歳にて元服佐平次之助景房公と申其後三庚寅八月十五日御誕生の若君を虎千代丸と申奉る天文五丙申年御七歳にて御元服喜平次景虎公と申奉

る御親父には胎田次男久五郎を被課付如此なれば胎田家門彌時を得て
榮へはびこり國の御仕置にいたる迄彼胎田が計ひをいなむ者なし
一天文七戊戌年道室爲景公越中仙段野合戰にて御討死五年目天文十一年
三月十三日胎田父子企謀叛平藏景康公を奉討此時景康公御年四拾一歳
にて逆臣胎田か手にかゝり墓なくならせ玉ふ景房公十九歳景虎公十三
歳兄第二の丸迄御除き被成所に討手の者共透間なく押掛申故景房公返
し合給ひ逆徒餘多切亡し主従六人枕を並て討死也景虎公も共に御働被
成とて返させ玉ふ所を小島勘左衞門と申悴者走り寄御袖を扣大將の公
達たらん人は御身を全ふして時を待思ひの儘に逆徒を　なされ御きや
う養にも御備あらん社本意なるにかゝる御振廻は未練のわざ也とて人
紛にいさなひ奉り除んとしけれともかたき大勢群重り前後の透間を窺
ふ所に御門の番に居合たる山岸六助と申足輕小さかしき者にて番所の
敷板引起し奉隱置程なく夜に入は騷動の紛に林泉寺へ落し奉る折節板
尾の常安守見舞に參り合され其夜の内に供奉申杤尾の本庄美作守か館
へ御座を移さる

一胎田思の儘に御家をくつかへし頓て御本城に入かはり彌猛威につのり己が親類縁者の者共所領をわりくれ方々の城に主付申候殊に叛逆の一両年以前に佞奸の分別を以て柿崎泉州舎弟彌三郎を聟にとり御譜代衆迄かたらい込右の企誠に冥加不憚振舞也

一景虎公は眞海と申湯殿の行者（本書堯太公の御事と有）案内者に被成諸邦御行脚とも聞かゝる所に山東郡の内宮本肝煎の門屋に永井牢人茶賣文七と申者訴人仕喜平次様は本庄か館に忍ひおはします由ひそかに申聞するに付天文十三甲辰胎田一族戸田讃岐新藤松尾を先手として其勢五千餘の人數を催し枋尾へ押寄所に上田入道より加勢として樋口主税金子新助齋木栗林に貳千三百の勢を付て後詰をはたし敵を討取其枝三百七拾二其内戸屋殿は枋尾の金井討捕る松尾頭は上田衆星野と云者討捕り味方の大利に罷成り候然れ共胎田右尤申如く親類一族を取立方々の詰りに入わたり罷在候故少も弱げを見せ不申候先黒瀧の城には胎田親類森備前守新山には家老山下又左衛門村松の城に野木大膳安田の城には篠塚惣左衛門菅名（谷か）の城に三輪堂式部少新潟に森岡十左衛門如此一族親類城を蹈

今作苅羽

へさせ大半越後を手に入申故殊の外六ヶ敷敵に相成候
一國中の逆徒如此威を振ひ地爭い明暮止時なき由神保良衡是を傳聞て彌よろこび胎田と內通申かわし市振イトイ川邊迄度々押寄働き申候得共山本寺井與守山浦兩士大將北陸筋を押て抽軍忠ヲ我請取の越中口を堅固に持かため終に敵を入たてす忠筋《キン》を勵す
一天文十四乙巳年九月上旬胎田父子三人己か持分觸催し一萬八千の着到を記杤尾へ働く大將には惣領美濃守に七千の勢付て指向る久三郎は五千の勢を以て上田を押へ罷在り常陸助は諸方手合の爲とて餘千ノ人數を隱て三條に扣罷在森備前守山下又左衞門兩士大將をは苅輪の城へ籠中郡の御味方を防く如此方々手分を調杤尾を取卷申所に府中本城の留守居栫崎彌三郎御忠節として胎田監物を討て手に立者共四拾餘人討取其外雜兵男女撫切に仕御本城堅固に抱被申候彼胎田監物は常陸助か從弟なるを撰出し留主を申付其上栫崎彌三郎を去ル天文十年に聟に仕加增を遣し監物に相添出陣の留主を預ケ申候彌三郎無是非逆徒に與する事を無本意存詰此度常陸助出陣仕と追付斷を述妻女の暇をいたし胎田方

へ贈り其返事を請取て右の通忠節を仕る也然テ米山町内笠島の勢幷に庄官社人以下迄駈催し八千の着到を以て泉州兄弟幷に家子に山田主稅山口縫殿藤田長藏を武主として以上五手に作り山東部に出て働により敵退散仕所を城中より突て出悉く追討手打取る美濃守漸其場を遁れ新山へ引て入る久三郎は黑瀧へつぼみ常陸は三條に楯籠罷在候本庄彌三郎加治七郎（後に遠江守と改む）中條越前黑河竹俣各若手と申ながら近年の弓箭に鍛練を得晝夜のせり合にかた〱粉骨を被抽付而味方次第に御勝利重り胎田方一兩年此方めり色に見へ申候

一天文十五丙午年五月十五日新發田尾張守を旗頭として右の衆申合三手に分る菅谷安田村松へ同日に押寄三日の間に三の城を攻落し被得勝利同十九日に本庄美作守一手を以て茢輪の城へ押詰廿一日に攻落す如此逆徒大半仕詰られ屋形樣府中の御城へ御本座をうつさる

一天文十六年二月胎田爲御誅罰御馬を被出越の郡に御陣をすへられ新山黑瀧を押三條の城へ御取詰被成大手の大將には新發田尾張守相備本庄彌次郎加治遠江守色部修理大夫竹俣筑後同二ノ見の大將齋藤下總守相

備中條越前守黒河右衛門直江新五搦手の御先越之越河守秀景新津孫次郎平賀久七郎後志摩と號す高梨源三郎枇井清七後讃岐と號す同二ノ見の大將本庄美作守相備高梨日向守唐崎右馬の助新津丹波大關阿波右の外の衆御旗本に御附三條ネコヤを取卷ける所に敵人數を三手に分て一手は城を守りのこる備を以大手搦手へ突て出候所をすかさず押寄追崩し付入に乗取敵徒悉く切崩し忽に御本意を被遂候此勢に新山黒瀧をも御押詰可然と各被申上候得共如何思召けん三條番手丈夫に被入置三月初に御馬入候

一天文十七戊申年正月一日の夜高梨源三郎一分の覺悟を以て新山の城へ押寄夜込に乗取城中男女悉く切捨無比類忠節也殘黨黒瀧一所楯籠能在也

一同年五月廿六日御出馬にて黒瀧の城御攻被成二夜三日の間に揉落し胎田一族悉く誅戮被成景康公の御追善に被備越後平均に治る也

一飯沼頼清身構して出仕の兩使を被立御不審候得ば村上天皇より越後の山東郡永代守護不入の御判御座候間向後互に被課合べきならば此方申分無之との返事也右近年の御働度々の合戰にも不出合候事不屆の上に

右の返答旁以不可指置とて則御攻つぶし被成其跡を直江大和守に被課付候

一天文二十三甲寅越中へ御發向岩瀨滑川迄御手に被入八月に川中島御陣也

一關東の管領上杉則正居城平井の北條に取られ當國へ賴參被成候に付而永祿元戊午年より關東へ御出勢の所に佐竹殿幷太田三樂入道御味方被申出仕有て被抽忠節候故關八州大半御手に屬す

一永祿六年より越中へ御出勢度々の手並を見せ同十年には無二にはみ入被遂有無の合戰終に舊敵の神保良衡一族悉く御追罰被成亡父道室公の御追善に被備然而黑中は不及申能州不殘御手に被入加賀は松任迄御一扁なり

一此以後關東表の御働幷甲斐の國主晴信と取合の事は國爭亂擊の弓箭になり候故四國九國迄も其隱れ無之心掛の武士は委細に聞及存罷在もあり又其身直に走り廻り覺たるもあまねく有之と見へたり越國內輪弓矢の儀は世間へ聢と知れ不申候萬休子孫の爲とて新《アラ》增《マス》スウヨウの所斗を

書付七郎兵衛伯父に渡す由年號に自然覺違も可有之候得共有筋は少も相違有之間敷候努々他見有間敷候也

正保三丙戌十一月廿三日　加治七郎兵衛

延寶八五月十一日　澤崎門入

近藤氏書上

近藏登助貞用

謹上

一三河國不殘　權現樣御手ニ屬候得共遠江國未敵方ニ而御座候時近藤石見守菅沼次郎右衛門鈴木三郎大夫此三人の者共御味方に參忠功有之於者御褒美可被下旨御判被成下其寫ニ曰

敬白起請文之事

今度兩三人以。馳。夫。井谷筋遠州可打出之旨本望也就其所之出置知行分之事永無相違爲不入扶助畢若從甲州彼被知行分如何樣之被申樣候共進退引掛見放申間敷也其外之義不及申候右之旨若於僞者梵天帝釋四大天王別而富士白山惣而日本國中神祇之可蒙御罰者也仍如件

永祿十一年十二月十二日　家康御在判

菅沼次郎左衛門殿

近藤石見守殿

鈴木三郎大夫殿

御判寫

今度遠州入付而最前兩三人以忠節井谷筋令案内可引出之旨感悅之至也其上彼忠節付出置知行事

一井谷跡職新知本知一圓出置事

一二俣左衞門跡職一圓之事　但是は五百貫文之事

一高園曾子方之事　一高梨　一氣賀鄕　一カンマの鄕

一マンコク橋ツメ共　一山田　一川合　一カヤバ

一國領　一野邊　一カウサウ　一アンマノ鄕

一人見幷新橋小澤渡り

右被書付之分何も爲不入無相違永爲私領出置所也幷於此地田原三百貫文可出置也井谷領外以此書付之内貳千貫文任替地可出置也若從甲州如何樣之被申事候共以起請文申定上者近退掛候而申斷無相違可出置也其上縱何方成共何樣之忠節以先判形出置候於此上者相違有間敷者也仍如件

十二月十二日　　家康御在判

菅沼次郎右衛門殿

近藤石見守殿

鈴木三郎太夫殿

右之御判に相添菅沼新八郎方より秀○候其寫ニ云

今度井谷調議走廻之段本望至極候然は山吉田鄕之儀半分之納百姓共無相違進之候彼半分爲相當艱父鄕五拾貫之分相添進置者也此上は向後別而無御等閑前々之意趣無之互眞實可申合候今度岡崎より被出候知行方之儀僞有間布候拙者證人立候上者虚言有間敷候若此旨於僞者梵天帝釋四大天王別而富士白山愛宕地藏阿彌陀佛御罰今生後生深可蒙者也仍如件

永祿十一年極月十三日　　菅沼新八郎定盈

新八郎家來
今泉四郎兵衛延傳

近藤石見守殿

鈴木三郎太夫殿

右之外石見守康用知行分書付

一宇利村　一黒田村　一小波多村　一下宇利村　一度々村
一壺乘村　一吉川村　一津氣村

合貳百貳拾壹貫文

一權現樣岡崎御被爲成　御座遠州御手ニ可被爲入由被仰付候其時分石見守康用三州宇利之城ニ罷在忰平右衛門秀用を同國山野吉田村へ差遣シ遠州井谷筋山川道筋之案内念比に見置せ菅沼次郎右衛門鈴木三郎太夫致相談　權現樣へ樣子申上致御案内者遠州井谷筋三年之内御手ニ入其よりサカヘノ城堀江の城濱松城何れも御手ニ屬申候其節右之三人御先手仕候其以後石見守康用三州宇利之城居住仕候處後甲州一揆發し取懸申候之處以少人數持堅敵數多討捕手負申候右の働　權現樣御感被思召
御感狀被下置頂戴仕候此外度々働仕數ヶ所手負行歩叶不申候事

一遠江國不殘　權現樣御手屬其より甲州信玄押ニ參州山野吉田菅沼次郎右衛門鈴木三郎太夫近藤石見守右三人被爲置其時分井谷三人と申候平右衛門秀用度々働仕候事

一近藤平右衛門秀用後石見守と申候働仕候場所を遠州堀江の城にてすはだにて鑓合其後本多の内押籠高名仕候事
一江州小谷合戰の時高名仕候事
一味方原御合戰の以後信玄をさかへに越爭候山縣三郎兵衛井平村と申所にて致越年罷在候時石見守秀用郎等長瀬與兵衛と申者を召連在〻隱居爰かしこにて敵六人討捕候を山縣三郎兵衛承り所々の百姓共穿鑿仕由近藤石見守承右之者共討申候由矢文を射申候事
一長篠鳶の巢酒井左衛門尉人數遣し攻崩申候時石見守案內者仕走廻申候事
一遠州横須賀高天神の城御責被成候時首七ッ討取申候事
一遠州すわの原の城甲州勝頼持被申候を　權現樣御責被成候時　御前ニ而一番乘仕候事
一駿州田中の城勝頼持被申候を　權現樣御責被成候時大手の橋詰鑓合仕候事不詳可考
一甲州ヲツコツ陣の致御供石見守秀用走廻り家中の者共に敵討とらせ申

候
一長久手御陣の時分井伊兵部少輔被為付罷立候合戦の刻兵部少石見守と所致相談旗を立敵追拂勝利得被申候事
一小田原御陣の時井伊兵部少付罷立候三王篠曲輪兵部少乗捕可申由申候付石見守秀用忍入様子を見置兵部少乗取申候事
一奥州九ノ戸逆心の時兵部少付罷立候九ノ戸城兵部少責被申候時城中より敵鑓を持防申候處石見守兵部少に斷木戸に付敵つき出し申鑓奪取兵部少輔見せ申候事
一大坂兩度の御陣の時者石見守秀用同心五拾人被仰付御旗本罷在候
一小田原御陣之時登之助秀用親石見守秀用と一所ニ三王篠曲輪乗込十七歳の時三屋甚内と申者を討取申候　權現様と太閤様右之高名被仰上候ニ付而石垣山被召出　御目見仕為御褒美黒毛馬拜領仕候兵部少輔家中向坂傳藏と申者も致高名登之助と一所に致　御目見為御褒美御馬拜領仕候奥州御陣の時登之助季用岩付ニ而致　御目見御奉公仕候事
一高麗陣の時は登之助季用致御小姓名古屋迄御供仕候事

一關ヶ原御陣之時は登之助季用御歩行頭仕御旗本罷在候伏見被爲成御着城爲本知井谷三千石餘以下缺文

毛利家様子

毛利興元三千貫之本地也其子少輔太郎廣元死去同子息幸松八歳ニ而病死
然間毛利之家及退轉ニ付廣元依爲親類多地伊右馬頭元就同舍弟相合左馬
助兩人之間家中之者共心々に相隨相合を惣領に可被立と心を合處元就聞
付則召寄座中に而相合腹切せ一味之者共悉討果毛利之家相續仕候其後安
藝半國之主武田刑部少輔被取合罷成候所武田家中熊谷伊豆守元就一味仕
候而終武田討果安藝一國知行備後國侍共被相隨候所元就以才學防州大内
旗本に引。成元就同前に在山口仕候然所出雲國尼子大内と取合ニ罷成依手
寄元就居城吉田郡山取卷青野山と申所に陣取候所元就大内義隆え被申合
爲後卷陶尾張守差越對陣取數度之及合戰尼子終失勝利敗軍仕候以其競大
内義隆雲州取出元就先懸仕以調略國中味方引成尼子居城富田要害を取卷
候所備後之侍共致謀叛尼子依一味仕大内不相叶取退被申候其後大内義隆
家中に申事出來候而陶義隆に腹切せ豊後國大友次男義長を陶呼越五六年
之間大内家に仕居其節大内家老内藤隆春杉相良を初其外家老之者共陶取

合に罷成候所其時元就内藤と一味被申諸堺に城取付嚴島にも元就城を拵人數差籠候陶取渡責口を寄候之所元就一族悉取渡後巻被仕候小早川左衛門隆景先懸仕三浦越中と申者と鑓を合隆景自身三浦を討捕陶をは彌山え追上悉討果夫より直に防州すまと申所え取渡内藤其外老中と申合三日之内に周防長門任存分候一兩年過大友と元就取合長門國赤間關迄元就小早川吉川罷出候所豊前國門司之城從豊後相抱候隆景先懸仕船手を以指合門司之城下町悉燒候之處從城中罷出候を小早川内井上伯耆守合戰仕盡手柄於鑓下敵數輩討取候於豊前國度々合戰雖有之終無勝負和談成互引退候又一兩年過尼子方小笠原彈正雄長を取詰數日籠城相抱候故和談仕元就に屬申候石見半國知行仕福屋と申者居城え可取懸り相催候所雲州明渡石見國存分に申付られ候其後尼子と合戰出雲國中成調略尼子刑部少輔元就一味可仕と内證候所尼子三郎四郎義久聞付兩人に腹切申候打續元就は出雲國島根と申所に七年在陣仕候毎年二度三度致働引退候所城中より本多豊前三刀屋藏人大西十兵衛付送池田惣六を討捕得勝利候佐世伊豆守其外呼取尼子居城富田月山之要害取巻候所に不相叶終隱に成尼子兄弟三人共に藝

州え被下毛利家人に罷成候其後又大友と元就取合筑前國立花之城豊後より相抱候所元就隆景吉川罷下取詰候刻豊後より肥後筑後相催郡次道筋以多勢後巻雖仕候立花之城元就被任存分候所山中鹿介尼子一族召連出雲伯耆悉任存分候豊後よりは大内太郎左衛門と申仁周防山口へ指渡所々働所成申により立花の城には小早川内浦兵部少輔殘置元就小早川吉川引退山口に而大内太郎左衛門を討果不移時日出雲へ取向日郡と申在所にて度々合戰有之鹿之助を追拂雲州如前ゝ任存分候三年過元就死去に依隆元嫡男輝元家督被存隆景不相替諸沙汰仕無相違候又備前浦上と宇喜多取合毛利は宇喜多と一味を仕浦上家中成調略明石三郎左衛門同飛驒守其外年寄共味方に引成浦上不相叶天神山を明退上方え罷上り候夫より信長羽柴藤殿吉取次に而毛利被申談候刻　公方様至備後國鞆御動座之故無是非拘被申候に付而信長と毛利之間も隔申候然ば大坂え兵粮差籠門跡え心を可付と被相催候所川口え信長より大船三艘被懸置通路無之候所小早川内浦兵部少輔井上伯耆守以船數差寄彼舟切取大阪え兵粮差籠候自其播州別所小三郎紀州雑賀鈴木孫市と申合大坂え心を付被申候へ共門跡父子之間申分出

來候而大門跡信長え一味に付而大坂え一着す其節別所孫左衛門謀判仕三木之城相果候翌年讚岐之香川を數年小早川被抱置候本國可仕と相催候所彼國長尾幷羽床以多勢境目取出成行候を井上伯耆守着渡するうす山と申所にて合戰仕候敵數輩討捕得勝利候長尾羽床不及力隆景え相隨候又翌年播州上月の城に尼子孫四郎同助四郎山中鹿之助住城仕候を宇喜多小早川申合致彼城を取卷候所爲後卷羽柴筑前殿以多勢御下向候而度々合戰御座候頓而無程筑前殿御引上ヶ孫四郎助四郎兩人共に腹切鹿之助者毛利家人に可成と申藝州至吉田下候を備中之阿部と申所にて河合新右衛門と申者討果候其後宇喜多と毛利取合に成申候而諸境に城を取付備前兒島蜂須へ隆景取懸於城下及合戰宇喜多與太郎討捕得勝利候刻宇喜多八郎信長公へ加勢之儀申越羽柴筑前守殿御下向候而備中國高松の城御取卷之時明智日向守柴田修理亮を被討果天下筑前守殿御存知之故毛利小早川も上洛仕隨御下知候

前九鬼長門守守隆公御働抜書

慶長五年庚子長尾景勝殿逆意の時　權現樣會津表え御發向被爲成に付長門守殿も御供にて小山迄御越の處に於上方石田治部少等蜂起し美濃路より攻下り候依之　權現樣上方へ御歸陣の刻長門守義は御先へ參り參州吉田迄池田三右衛門殿と同道仕それより勢州へ渡海し伊勢路の敵を可追拂由被　仰付候就夫參州吉田迄同道致され三右衛殿え長門守殿御申候は今勢州へ罷越無二の忠節を盡し候共誰か其働を見て可爲後證候哉願くは御内侍一兩人御付ヶ被遣以後の證據にも被成被下候樣にと御望有之に付三左衛門殿御内石丸雲哲と云仁を御付候則雲哲を伴ひ吉田より勢州へ渡海の處長門守殿在所志州鳥羽の城にて紀州新宮城主堀ノ内安房守殿大勢を引連九鬼大隅殿に屬し楯籠候故に鳥羽の城へ即時入事難成に付志州畔乘《アノリ》の古城を俄に取立手勢を入候右大隅殿は先年より長門守殿へ家督相渡隱居にて候處に治部少より一命をこひ偏に賴候へ共隱居の身にて候故可然侍一人も持不申其上年老身つかれ候へは一味も益なき我にて候とて同心

無之候處に再三使を越し隱居たるの上手勢無之は尤に候左候はゝ堀内安房守を其方の手に付可申候間彼人數を以て軍の下知を賴候由頻に望候により此上は老命を惜に似りとて治部少に同心候也是に依て堀内安房志州鳥羽城え引越し大隅殿に屬し楯籠候長門守殿は志州畔乘の古城相構の刻勢州桑名の氏家内膳西國船を引入伊勢路へ廻候間其段長門守殿聞屆ヶ則兵船を出し志州國府村表に於て遂一戰敵の船三艘乘取敵數多討取其中にて頭分の侍十三人の頭を持せ片山又太夫と云者を相添候て　權現樣へ捧上候處に關か原へ御發向の中途於遠州中泉片山又太夫右の旨趣申上西國侍之頭捧上ヶ候處に當御陣初首の由　上意御機嫌能御悅被爲成片山又太夫被　召出御盃を被下其上御羽織白き綸子に後ろに萌黃にて葵の丸の御紋御座候を致拜領候長門守殿へは　御感狀幷御書別紙に一通被下候此御感狀末代迄家の寶なれば子孫宗領に可相傳の由にて今長門守殿に有之候右之如く亂世に長門守殿始終御味方仕二心無御働候　權現樣御感被爲成天下靜謐後南伊勢五郡領知可被下旨御證文御判ヲ被下候然レ共後に父大隅守殿一命ニかへて御訴訟候故領知は御受不被成候此御證文の　御判も御感

状と同く家の寳と致し不殘子孫總領に相傳て今長門守殿に有之候
右志州畔乘の古城を取立長門守殿は西國船と合戰候時畔乘の城の留守に置候豊田五郎右衛門と云家老大隅殿安房守殿へ潛に使を遣し畔乘の城は我々預罷在候長門殿留守の間此方へ御攻入候へ左候はゝ當城へ引入可申由申遣候安房守殿は同心候得共大隅殿大に立腹候て彼五郎右衛門と云者長門守後見之爲に我付たる者也然に今長門守を背て預りの城へ引入を可成手立寔に侍に非す我目かね違ふて彼を家老に付たる事無念也彼が留守を窺んより人數を出し懸合戰國へと被申候間引入の段相違し其後賀茂村にて長門守殿安房守殿一戰有之郎從互に數多討れ兩方へ引退候其後濃州關ヶ原に於て石田治部少輔敗北仕候に付て治部少方一味の者皆城を明け逐電候九鬼大隅殿堀内安房守殿も鳥羽の城を明御退候則長門守殿鳥羽の城え御越有所の仕置等云付其後鳥羽の城に豊田五郎右衛門を留守に置長門守殿は京都へ御上り　權現樣へ御目見の以後池田三左衛門殿を御頼み候て今度大隅守治部少一味仕候段　御憎み深く御座可有候某不肖候といへども前後御下に罷在候に付天下靜謐の後南伊勢五郡の地可被下由の御

判を頂戴仕候此御賞に替父大隅守一命を於被下候は生々世々の御厚恩たるべき由御訴訟有之處に三左衛門殿被仰候は訴訟の段尤もに候御機嫌を伺ひ御序を以て可申上候併福島左衛門太夫殿今度忠心不淺により別て御懇の間彼人をも御頼候はゞ彌可然由三左衛門殿御指圖により福島左衛門を御頼候へは如何にも心よく御請負候て御機嫌の時分を伺ひ左衛門太夫殿大隅殿儀を被仰上處に則御訴訟相叶長門守殿を被爲召今度の忠節御感に思召候間望に任せ大隅守命を御助け被下其上於勢州御加增貳萬石被下候

右大隅守殿は志州執取と云所に隱れ居住の處に鳥羽の城の留守に置候豐田五郎右衛門と申家老前方に畔乘の城にて引入の手立相違し其上大隅殿怒りの樣子聞及今度長門守殿父子對面の上は我身の難遁れ難し如何にもして大隅殿切腹なさせ二度父子の對面無之樣にと才覺を成し大隅守殿桃取村に隱れて住居の樣を聞知し在所の者を呼よせ大隅殿を能々馳走し又他所へ御出無之樣に可相守の由申含其後青山豐前と云者を呼五郎右衛門僞て申は今度大隅殿治部少に同心の事　上の御憎み深により石丸雲哲を

御下し被成大隅殿をいそき尋出すべき由嚴敷御穿鑿にて候就夫其方彼桃取へ參り右の趣大隅殿へ申速に御切腹成させ其方介錯可仕旨長門守殿より被仰付間早々桃取へ可參旨五郎右衛門巧み僞り豊前に申付候彼五郎右衛門妻は大隅殿の娘長門守の姉聟にて家の重臣たるに依て常々長門守殿名代に家中を支配し諸事を云付る家老なれば豊前も凝を不成して難儀の御使迷惑と云ながら桃取へ參り右の旨を具に申候處大隅殿豊前に對面しての玉ひけるは軍已に敗る上は其覺悟有之也今度の合戰子の在所を離て敵と成事ひが事の樣なれ共一命を望事再三にて默止難きによつて治部少に同心せし也ヶ樣の事も先例なきにも非ず昔保元比主上新院と御位爭ひ合戰の時源義朝公主上方の大將にておわせし時新院より義朝公の父爲義隠居にて候しを御頼み被成により已事を不得して新院の御方に伺公し父子敵と成玉ふ此等の事は普く人の知る所也凡子の道は親に在ては親の爲に命を不惜君に仕ては君の爲に命を捨其身の在所にて死を致之是士の道也今長門守君に仕て二心なく忠を專とせり是我本意にて平生願い教る所也我齡傾き子又忠孝の道を不缺然は我思殘事無之也速に可切腹早々行水

の湯を湧し候へ其間に最期の碁を一番打べしとて常に打し相手を召心よげに一番打て早く湯を取候へとて行水し豊前を召て其方我介錯仕其後頭を京都に可捧旨被申渡候然る處に豊前申候は數年の御恩御馴染深く候により今我手にて御身へ刀を當て申事中々致へくも不被存候左候へはとて仰を違背も如何に候爰に石山無右衛門と申者御存知の如く比類なき働度々仕る勇士にて候只今我に伴ひ罷在候此者を被召出御介錯被仰付候儀は如何可有御座候やと申けれは大隅殿其志を感入彼無右衛門は可然者也とて召出し介錯可仕旨云付て卽切腹候也遺言の如く御頭を桶に入勢州明星が茶屋と云所迄持て出候處に此所に於て御赦免の御教書に行逢て明星茶屋は鳥羽の城より道のり五里の地也今一日餘の遲速にて切腹の事殘多仕合に候

右の趣於京都長門守殿御聞候て御暇を請ひ志州へ御歸り豊田五郎右衛門を搦取色々責て後しはり首を切獄門にさらし候其後大隅殿法名によつて常安寺と云寺を立一千部の法華經を眞讀し後世を吊毎月忌日の供養一生無懈怠し也

慶長十九年大坂御陣の刻船にて大坂川口へ急ぎ可被向旨従権現様被　仰付三國丸と云大船其外の大船五艘早船五拾餘艘相催し大坂河口番手に罷在諸國船大坂へ入候を改候　同十一月十九日大坂新家へ押寄せ新家を取堅め陣場に仕候　同十一月廿六日大坂葭島へ押寄終日鐵砲軍仕葭島を取堅陣場に仕候　同十一月廿八日敵より大坂福島に井樓を上ケめくら船を出し候間翌日福島へ取かけ井樓を攻破り生捕三人首七つ大坂船奉行佐々淡路か船印し鳥毛の棒めくら船福島丸デンボウ丸と申大船乘取て勝山岡山へ注進申上候處に　御感の上意被仰下候此時九鬼數馬と申家老討死仕其外士卒數多被疵候其段達　上聞御膏薬を拜領仕候　同十二月朔日難波橋まて攻入先手は高麗橋迄遣し鐵砲軍仕翌日五分一と申島を陣場に仕石火矢を仕懸難波橋へ指遣し三日うたせ申候處に同月五日にめくら船を仕立木津口へ廻し鐵砲うたせ可申旨従　權現樣被　仰付候故則めくら船三艘仕木津口へ過し候てめくら橋のつめにて鐵炮うたせ申郎等數多討死手負申候

翌年大坂御陣の刻如去年大坂河口へ番船をかけ自身は尼崎に有之候處に

大坂葭島表に隠伏の者共可改の旨従被　台徳院様被　仰付候則於葭島生捕数百人指上申候

續々群書類從

裝束部

古書保存會集

（按ニ異本ニハ、表著之類、下著之類、裳袴之類、身具之類、車馬具之類ノ五類別ニ分チ、各類項ノ下ニ或ハ袍或ハ下襲、或ハ袴、或ハ冠、或ハ車等ノ種類ヲ揭グタレドモ今ハ之ヲ略ス）

裝束色彙總目

凡例

一此抄ニハ諸ノ装束ノ中染綵●（綵諸本作漆）リテ名ヲ爲ス者ヲ載ス。其名ツクル所色ニ因ルニ非ザル、假令ハ小忌揩練ノ類トイヘドモ其定レル色アル者ハ之レヲ載ス。其色ニ因レル名目ト雖染綵●ルニ非ザル、假令バ赤地錦靴氈烏皮舃ナド云類ハ載セズ。

一色ノ名目是ニ盡ベキニハ非ズ。諸家記錄（記錄下佐黒二本ノ類二字有）渉獵盡シ難シ。故ニ唯装束ノ書及卷ノ中ニ取テ一切ニ他ノ書ニ撰バズ。又色ゴトニ用ユル物ト用キザル物アリ、故ニ色ノ名ノ下各其用ユル物ヲ注ス。但是モ亦装束ノ書及卷ノ中ノ所見ニ從フ而已。(異本ニ「此等ノ書ニ出タル名目ノ中、色ニ因ル品ハ略殘ス所ナシ。此中ニテ各其出所ヲ名目ノ下ニ記ス」ノ文字ヲ加フ)

一同色ト雖、二名以上アル者ハ累リニ之ヲ擧テ甲《カレ》ト乙《コレ》ト同色ノ由ヲ注ス。又一色ノ名二部以上ニ亙ル者ハ、其要トスル所ノ名ニ從フテ之ヲ注ス。假令ハ蓁紫ハ紫ノ部ニ載セ、緋ノ纐ハ緋部ニ載ル類ナリ。若其要トスル所ナキ者ハ、下ノ字ニ從フ部ヲ配ス●●（佐黒二本無）假令黄丹ハ丹ノ部ニ載セ蘇芳深紫ハ紫ノ部ニ載ル類ナリ(異本云「蘇芳深紫ハ紫ノ部ニ載又二書以上ニ出タル名目ハ左ノ列次ニ從ヒ上ニ列セル書ニ據テコレヲ記ス假令、衣服令ト同義解トニ出タル名目ハ衣服令而已ニ據テ義解ヲ略シ、義解ト縫殿寮式トニ出タルハ義解ニ據テ式ヲ略スル類也。其書卷ノ列次左ノ如シ。

衣服令	同義解
延喜縫殿寮式	同彈正臺式
衣服令集解	西宮記装束部
假字装束抄 雅亮	次將装束抄 定家卿
禁祕御抄装束篇	宸翰装束抄 伏見院
三中口傳装束篇	飾抄
物具装束抄 花山家	名目抄装束篇 東山
桃花蘂葉 胡曹抄附	衣服令抄 後成恩寺
女官飾抄	逍遥院装束抄 無名同
三條装束抄 無名同	三內祕記 三光院
後稱念院装束抄	永仁連署記
撰塵装束抄	衞府具記
袍紋記	装束道具抄
深窓祕抄	著用装束抄』

裝束色彙卷第一目錄

色名類

黄丹下佐黒二本袍字有

装束色彙巻第一

○色名類第一

○白部第一

上《ウヘ》白キ　女房之重

女官飾抄曰上白キ六紅ノ濃キ薄キ一重子青キ濃キ薄キ一重子薄色ノ濃キ薄キ一重子共ニ七重ナリ云々案スルニ上白キ六トハ上白キニ六ト云意也叚上ノ衣一重白クテ夫ヨリ下ハ彼此ノ色六重也白キヲ共ニ數ヘテハ七重ナリ

○丹部第二

黄丹

縫殿寮式曰黄丹綾一匹紅花大十斤八两支子一斗二升酢一斗麩五升藁四圍薪一百八十斤帛一匹紅花大七斤支子九升酢七升麩四升藁三圍薪一百七十斤羅

一匹ノ用度同レシ帛。絲一絇ニ紅花大二斤八兩、支子三升、酢二升三合、麩二升、藁一圍、薪六十斤。

青丹 狩衣 衣

桃花蘂葉及逍遙院裝束抄ニ曰、青丹濃青丹ハ黃ヲサス表裏白云云。案スルニ此文差誤アルベシ。蘂葉ノ方ニハ濃青ニハト記シテ、濃青丹ト記サズ。逍遙院抄ニハ濃青丹ト記シタリ。蓋此文青丹ノ淺深ニハ非ズシテ、其青丹ト云フ表ノ色濃青ニ黃ヲサストノ義ナルベシ。惣シテ此等ノ色ノ註釋大略表ヲ一行、裏ヲ一行ニ記シタレバ、是モ濃ノ字ヨリ表ノ字マデ表ノ色ヲ一行ニ記シ、裏白ノ二字ニテ裏ノ色ヲ一行ニ記セルヲ傳寫誤リテ、ハノ字ヲ加ヘ如此クセルナルベシ。

紺青丹 衣

所見ナシ、蓋青丹ノ濃シテ紺ニ近キ色ナルベシ。

紫部第三

深《コ》紫 袍甲衣指貫 裙褶位袋

縫殿寮式曰、深紫綾一匹ニ紫草三十斤、酢二升、灰二石、薪三百六十斤。帛一匹紫草三十斤、酢一升、(羅一匹紫草卅斤、酢一升、灰二石、薪三百斤)灰二石薪三百斤。絞紗一匹紫草十五斤、酢三合、灰四斗六升、薪一百二十斤。絲一絇紫草十七斤、酢二合、灰二斗五升、薪六十斤。貲布《サヨミ》一端紫草五十斤、酢一升、灰一石二斗、薪二百四十斤。葛布一端、紫草二十三斤、酢二合、灰一斗七升、薪六十斤。

同 袍

桃花蘂葉曰、袍フシ金《カネ》(フシ金蘂葉作附子がね)ニテ染ム、濃紫ノ由也、但フシ金ハ臭クテ早ク朽ルニ依テ近比故實ノ女工《ク》アリテ、下ヲ蘇芳ノ木ヲ能煎ジテ夫ニテ染テ、上ヲ藤ノ枝若ハ葉ヲ煎ジテ染ルガ、色モ美《ウツ》クシクテ臭クモ無ト云リ。藤ノ木無レバ柘榴ノ皮ニテモ染ト云リ云云。三內祕記曰、袍四位以上ハ紫フシカネ染也云云。裝束道具抄ニ曰、袍下ヲ赤ク染、上ニ黑ミヲカケテフカ紫ニ染ラレ候、サレドモ今四位ヨリ上ハ大方黒茶ニ染ラレ候、黒キトテモ染様替ルコトニ候、今ハ大方皆黒茶ニ染申候故、少シ違候歟云云。如此ク世ニ因テ替リアリ。皆縫殿寮式ノ染様ヲ轉セル者ナリ。

貞丈云縫殿寮式ノ深紫ハ甚濃クシテクロクナル也後代ニ其黒キヲ似セテフシカネニテ染テ深紫ノ代ニ用ルナリ。

浅紫《ウス》　袍直衣直垂衣袴裙位袋袈裟靴鞄（裙佐黒二本作裙帯、又靴作鞍）

縫殿寮式曰、浅紫綾一匹紫草五斤、酢二升、灰五斗、薪六十斤。帛一匹紫草五斤、酢一升五合、灰五斗、薪六十斤。羅一匹用度同レ帛。綾紗一匹紫草五斤、酢六合、灰一斗二升、薪六十斤。纐帛一匹紫草五斤、酢一升、灰二斗五升、薪六十斤。絲一絇紫草五斤、酢三合、灰一斗、薪三十斤。貲布一端紫草七斤、酢八合、灰一斗八升、薪六十斤。葛布一端紫草七斤、酢六合灰一斗五升、薪六十斤。

深滅紫《コシツメ》　袈裟

縫殿寮式曰、深滅紫綾一匹紫草八斤、酢一升、灰一石、薪百二十斤。帛一匹紫草八斤、酢一升、灰一石、薪百二十斤。絲一絇紫草八斤、酢二合、灰三斗、薪九十斤。

中《ナカ》滅紫

縫殿寮式曰、中滅紫綾一匹紫草八斤、酢八合、灰八斗、薪九十斤。帛一匹紫草八斤、酢七合、灰七斗、薪九十斤。絲一絇紫草七斤、酢一合、灰一斗五升、薪二十斤。

浅《ウス》滅紫

縫殿寮式曰、浅滅紫絲一絇紫草一斤、灰一升、薪三斤。

蓁紫　袍

此事分明ニ釋セルヲ見ズ。蓋蓁ハ古誤リテハギト訓ジ萬葉集ナドニ榛ト通ジ用ユ。榛ノ花純紫ナレバ摺テ紫色ト爲ベシ。衣服令服色ノ制ノ條上ニ紫アルガ故ニ(故ニ下佐黑二本之ニ字有)別タンガタメニ、蓁紫トシルス歟。若然ラバ、榛摺ト云フト同物ナルベシ。

中紫　袍

(自此以下下欄滅紫之條迄佐黑二本欠)深紫ト淺紫ノ間、其染草ノ分量ハ見エズ。又清少納言枕草紙曰、白橿ナド云物ハ深山木ノ中ニモ最ケドホクテ三位二位ノ表ノ衣染ル折バカリゾ葉ヲダニ八ノ見ルメル云々。此時ノ二三位ノ袍ハ中紫(衣服令ノ淺紫也)ナリ。然レバ是モ紫ヲ轉ジテ白橿ノ葉ニテ染タル歟。

貞丈云清少納言枕草紙ハ一條院御代ノ事ヲ記セリ其比既ニ延喜式ノ染式亂レテ白カシノ葉ニテ二位三位ノ淺紫ノ袍ヲ似セ染ルコト出來シト見エタリ。

紫　大袖小袖直衣狩衣水干半臂大帷衣指貫狩袴帽子扇位袋緒髻絲頸總縟鞍帊

紫草ニテ染ル事ハ明白ナリ。然レドモ其分量ノ定ニハ及ベカラズ。又袍ノ如ク轉ジテ黑クスベカラズ。

濃紫　衣

深紫ニ同シ

滅紫　袍半臂

深滅紫、中滅紫、淺滅紫ノ三ヲ通ジテ稱スルト見エタリ。

同　半臂

桃花蘂葉曰、半臂冬ハ綾ヲフシ金ニ染テ板引ニシテ著之。滅紫色ノ半臂ト名ツク。裏アリ、夏ハ生ノ穀、又フシ金ニテ染之云云。案ズルニ延喜式ノ比マデニ、滅紫ノ半臂ト云ハ上ニ註スガ如ク紫草ヲ以テ染メ、後世ハ黑ク染ルト見エタリ。是紫ノ袍ヲ黑ク染ルト同ジ。

蘇芳深紫　帶

蘇芳深淺紫緑纐裙ニ准スルニ是蘇芳ト深紫トノ二色ヲ交ユルナルベシ。

紫絲毛　車

絲毛ハ、絲葺ノ轉音ニテ絲ヲ以テ葺クノ云ヒナリ。故ニ延喜式ニハ絲葺ト書ク。

紫絲 簾

是紫絲ヲ以テ編タル簾ト見エタリ。

紫下濃《スソゴ》 鞦

凡下濃トハ源氏物語ニスソゴノ御几帳ト有ルヲ、花鳥餘情ニスソゴトハ、几帳ノ帷上《カミ》ハ白ク裔《スソ》ハ紫或ハ紺ニ染タルナリト云ヘリ。物具装束抄ノ車ノ下簾ニ、蘇芳末濃青末濃ナドアリ。車ノ古圖ヲ見ニ、其下簾多クハ上ヲ白クシ、下ヲ蘇芳青紫等ノ色ニス、其下ノ色ニ從フテ、蘇芳末濃、青末濃、紫末濃ナド云ト見エタリ。何レモ上ハ白カルベシ。但棟末濃ト云ハ、上ヲ棟ニシテ下ヲ紫ニセルナルベシ。花鳥餘情ニ見エタリ。棟ハ薄紫ナレバ、裔ノ練色ナルヲ末濃ト云ベカラザルガ故ト見エタリ。

紫地 緒平

地トハ全體ヲ染タルヲ云、又緂ハイロドルト訓ズ。緂トハ地ヲ白クシテ中ヘ染入タルヲ云、此ヲ以テ地ト緂トノ差別ヲ爲ナリ。

（佐黑二本自紫緂以下至九頁上欄紫薄様衣條間缺）

紫緂 緒平

右ニ注ス。

紫村濃 女房之重

假字装束抄曰、紫村濃紫匂ヒテ三ッ青キ濃薄二ッ。

同 袴

此事分明ニ釋セルヲ見ズ。蓋村濃トハ字ノ如ク深《コキ》ト淺《ウスキ》ト村ニ染タルヲ云ベシ。紅葉ノ淺深交ハルヲ村濃ノ紅葉ト云ルナドニテモ准知スベキ歟。且女房ノ重ニ紫村濃ナド云ルモ紫ノ淺深ヲ重ネタルヲ云ナリ。

貞丈云村字ハ備訓也本字ハ斑也ムラトハムラガルノ略語也ムラカルトハアツマルヲ云紫ムラゴ其外スベテムラコト云ハ地ハ白クテ所々ニ飛散テコキ色ノアツマリタルヲ云也其形雲ノ如クニテ端ハチラケタリウスキ色ハ交ハラ

ズコキ色バカリアツマル也本文ニ淺深交ト云ハアヤマリ也淺色ハ交ザル也村コノ紅葉ト云モ淺深交ヲ云ニ非ズ只色ツキタル所モアリ色ツカヌ所モアルヲ染物ニナゾラヘテムラゴノ紅葉ト云也。

同 鞦縄差

右ニ准ズルニ、蓋濃紫ト薄紫トヲ村ニ打交タルヲ云ベシ。

紫薄様 女房之重

假字装束抄ニ曰、紫ノ薄様上ヨリ下ヘ薄クテ三ツ白キ二ツ云云。女官飾抄曰、上紫白キヲ重ヌ。

同 衣

右ニ准ズルニ、表紫裏白ナルベシ。裏ノ白キガ表ニ映ジテ紫ノ薄キ様ナルニ依テノ名ト見エタリ。

紫匂 女房之重

假字装束抄曰、紫匂上《ウヘ》濃紫ヨリ下ヘ薄ク匂ヒテ云云。女官飾抄曰、上紫ニ薄紫ヲ重ヌ。

貞丈云スベテ匂ト云ハ上下ニ拘ラズ白ヨリウスキ色ニ移リ次ニ中色ニ移リ次ニコキ色ニ移リユクヲ云ナリコキヨリ中色ニウツリ次ニウス色ニ移リ次ニ白色ニ移リユクモ亦同ジ、ホノ〳〵ト移リユクヲ匂ト云也タキ物ノ香ノ初ハカスカニカホリ中比ハサダカニカホリ後ニハ又カスカニカホリテキエユクニタトヘテ匂ト云ナリ眉ヲツクル黛ヲ上ハコクシテ下ハホノ〳〵トチラスヲ匂ト云モ亦同意也。

同 狩衣衣指貫

右ニ准ズルニ、表紫裏薄紫ナルベシ。惣テ何色ニテモ其色ト其色ノ薄キトヲ重タルヲ匂ト云ナリ。

同 袖括

右ニ准ズルニ、紫ノ絲ト薄紫ノ絲トヲ村ナク打交タルナルベシ。

緋部第四

深緋　袍蔭脊位袋袈裟位緒袋

縫殿寮式曰、深緋綾一匹茜大四十斤、紫草三十斤、米五升、灰三石、薪八百四十斤。帛一匹茜大二十五斤、紫草二十三斤、米四升、灰二石、薪六百斤。貲布一端茜大十六斤、紫草十四斤、米三升、灰一石五斗、薪三百六十斤。葛布一端茜大七斤、米八合、灰四斗、薪九十斤、紫草七斤。

同　袍

桃花蘂葉曰、四位ノ袍ニ紫ヲ多ク入テ染タレバ、三位ノ袍ニ似タルベシ。是ニ因テ四位ノ人モ三位ノ袍ヲ用ユ云云。如此ナレバ初ハ式ノ如ク染タレドモ、後ニハ紫草ヲ增テ其色紫ニ似タル故ニ四位以上皆同色ト成タルト見エタリ。

貞丈云縫殿寮ノ深緋ハ甚濃クシテ黑クナル也其黑キヲ似セテフシカネニテ染ル也深紫モフシカネニシ似セ染ルユヘ一位ノ袍モ四位ノ袍モ同色ニナリタリ今世如此也又桃花蘂葉ノ趣ハ四位ノ深緋ノ袍ニ紫草ヲ多ク入テ染タレハ二位三位ノ淺紫ノ袍ニ紛レタルナリ。

淺緋　袍位袋位袋緒

縫殿寮式曰、淺緋綾一匹茜大三十斤、米五升、灰二石、薪三百六十斤。帛一匹茜大二十五斤、米四升、灰二石、薪三百六十斤。葛布一端茜大十斤、米一升、灰四斗、薪九十斤。

緋　衫袴綱刀緒鞦

深緋淺緋ノ二ツヲ通ジ稱スルト見エタリ。

同　小忌ノ紐

縫殿寮式曰、新嘗祭小齋諸司靑摺布衫三百十二領、緋紐料四丈。（模飯料米二斗四升八勺本ニ除之）貲布六端一丈二尺、山藍五十四圍半。生絲四絢、紅花大十五斤五兩、薪六荷、稾六圍、酢六升四合云云。又曰、中宮小齋人靑摺細布衫四十九領、佐渡布衫四十領、緋紐料、（模飯料米七升）貲布一端三丈三尺七寸、山藍十五圍、紅花大七斤

（四匁本ニ除之）六兩二銖、酢一升九合、薪三荷、槀三圍云云。案ズルニ延喜式ノ比ニ緋ノ字ヲ用ヰタルハ皆茜染ニシテ、上ニ注セルガ如シ、然レドモ此文ヲ考フルニ、此紅花ハ緋紐ヲ染ル料ト見エタリ、然レバ是ノミハ紅染ナルベシ。

緋纈　刀緒

纈ノ字ユハダ、又ク、リゾメト訓ス。字書ニモ纈繫レテ繒染テ爲レ文也トアリ。今俗ニ云シボリ是ナリ。

貞丈云刀ハ刀子也短シテ鐔入サル刀也後代鞘巻ト云ヒ又腰刀ト云是也延喜彈正式凡衞府舍人刀緒云々又曰凡刀子及長五寸以上得輙帶但衞府者聽之云々上古ハ刀子ヲ帶セシコトヲ知ベシ。

緑緋　位袋緒

衣服令義解曰、以二緑緋二色一相雜而爲レ緒《ルナリ》也。

紅部第五

韓紅　袍單

縫殿寮式曰韓紅花綾一匹花大十斤、酢一斗、麩一斗、槀三圍、薪一百八十斤。帛一匹紅花大六斤、酢六升麩六升、槀二圍、薪一百二十斤。羅一匹紅花大七斤、酢七升、麩五升、槀二圍半、薪一百五十斤。紗一匹紅花大二斤、酢二升、麩二升、槀大半圍、薪四十斤。絲一絇紅花大一斤、酢七合、麩二升、槀半圍、薪三十斤。貲布一端紅花大四斤、酢一升二合、槀一圍、薪六十斤。細布一端紅花大五斤、酢六升、槀二圍、薪百五十斤。調布准此。

中紅

縫殿寮式曰、中紅花貲布一端紅花大一斤四兩、酢八合、槀四圍、（●一歟）薪四十斤。

退紅《アラゾメ》　袍衫衣　被衣

縫殿寮式曰、退紅帛一匹紅花小八兩、酢一合、槀半圍、薪三十斤。絲一絇紅花小二兩二分、酢三匁、槀小半圍、薪二十斤。細布一端紅花大四兩、酢二合、槀半圍、薪三十斤。調布一端紅花（案スルニ十ノ字衍字歟）大十四兩、酢一合六匁、槀半圍、薪三十斤。

貞丈云桃染ノ條參考スベシ又洗染ノ條參考スベシ退紅ノ二字クレナヰヲシリゾケルトヨム、紅退テ色ウスクナリタル意ナリ是ヲアラソメト云ヒ洗染ノ略語ニテ紅ノ色ヲ洗ヒ退タル意也又是ヲ桃染ト云ハ其色ウス紅ニテ桃花ノ色ニ似タル故也

紅　袍狩衣直垂下襲袙單衣大帷袴大口狩袴裾甍間塞

韓紅、中紅、退紅ノ三ヲ通稱スルト見エタリ。

紅花　衣

右ニ同ジ。

皆紅　衣

常ノ紅ナルベシ。紅數品ノ中ニ或ハ紅ノ匂、紅ノ薄樣ナド、テ表ハ紅ナレドモ、裏薄紅又ハ白キナド有レバ、之ニ別テル名ニテ表裏共ニ紅ニテ、且薄カラヌヲ全紅ノ義ニテ皆紅ト云ナルベシ。

紅綟　袖括（佐黑二本作袖緒結）

紫綟ニ準ジテ知ベシ。

紅装束

後稱念院装束抄曰改メテ濃装束一著ニ紅装束一事ヲ多上階後著之半臂下襲濃装束時無相違紅打袙近代尋常ノ時強不著歟萌木袙二若クハ一ツ或薄色安元御賀三位中將殿如レ此（如此下佐黑二本紅單字有）衣表袴裏赤赤大口檜扇云云。然レバ表袴ノ裏及大口赤ク褶單紅ナルニ依テ紅装束ト名ヅクルト見エタリ。本自濃装束ハ幼年ノ常ノ束帶、紅装束ハ壯年以後ノ常ノ束帶ノ色目ニシテ異ナル色アルニハ非ズ。

妻紅　間塞

妻ハ瓜ノ借訓ニテ端ヲ云。惣地ヲ白ク其端ヲ紅ニセルヲ蝙蝠ナドニ妻紅トイヘバ、他物モ之ニ準ズベシ。

貞丈云蝙蝠ハ末廣扇也カハホリトヨム

深紅 袍袴

韓紅ニ同ジ。

浅紅 袍

退紅ニ同ジ。

紅ノ薄様 女房之重

假字装束抄曰、紅薄様紅匂ヒテ三ツ白キ二ツ云云。女官飾抄ニ曰、上紅ニ白キヲ重ヌ。

同 衣

右ノ文及紫薄様ニ准ズルニ、表紅裏白ナルベシ。

紅匂 女房之重

假字装束抄及女官飾抄曰、紅匂上《ウヘ》紅匂ヒテ下ヘ薄ク匂ヒテ。

同 衣

右ノ文及紫匂ニ准ズルニ表紅裏薄紅ナルベシ。

萌木紫紅等打交 袖括

字ノ如クナルベシ。但必シモ三色ナガラ打交ユルニハ非ズシテ此三色ノ内二色ヲ用テモ同ジカルベシ、何《イカニ》トナレバ等ノ字ヲ加ヘタレバナリ。

黒紅 直垂衣

今世黒紅色ト称シテ、直垂等ニ用ユル所ノ色之ニハ異ナルベカラズ。

纁部第六

纁 袍

爾雅ニ曰、一染謂二之縓一〔今之紅也〕線再染謂二之赬一〔染赤〕三染謂二之纁一〔纁絳也〕云々。衣服令曰、纁義解曰、纁者三染絳也。集解釋曰、纁說文絳淺也、俗ニ云二蘇比一也。古記曰、纁謂二蒲比一也云々。如此クナレバ三度染タル紅ナリ。又集解釋ニ、俗ニ蘇比ト云ヨシ、蘇比ハ鵄ナルベシ、今俗川蟬ト云此羽ノ色ニ實ニ纁トモ云ベキ色アリ、然レバ古記ニ蒲比ト書タルハ傳寫ノ誤ナルベシ。

緑部第七

深緑 袍衫褶位袋 位袋緒刀緒

縫殿寮式曰、深緑綾一匹藍十圍、刈安草大三斤、灰二斗、薪二百四十斤。帛一匹藍十圍、刈安草大二斤、灰一斗、薪一百二十斤。絲一絇藍三圍、刈安草大九兩薪六十斤。

中緑　袍

縫殿寮式曰、中緑綾一匹藍六圍、黄蘗大二斤、薪九十斤。帛一匹藍五圍、黄蘗大一斤八兩、薪三十斤。絲一絇藍一圍、黄蘗十九兩、(十九兩可作大九兩)薪三十斤。

淺緑　袍褶位袋

縫殿寮式曰、淺緑綾一匹藍半圍、黄蘗二斤八兩。帛一匹藍半圍黄蘗大二斤。纈帛一匹藍半圍、黄蘗大二斤。絲三絇藍小半圍、黄蘗大二斤。

青緑

縫殿寮式曰、青緑帛一匹藍四圍、黄蘗二斤、薪四十斤。

青淺緑

縫殿寮式曰、青淺緑絲一絇黄淺緑亦同藍小半圍黄蘗八兩

黄淺緑

右ニ注スルガ如クナレバ、若クハ青淺緑ト一色二名歟、疑アリ。

緑　袍褶摺鷂位袋緒鞍帊

深緑中緑淺緑ノ三ツヲ通シ稱スルト見エタリ。

緑下濃　褶

紫下濃ニ准ジテ知ベシ。

蘇芳深淺紫緑纈　裙(裙黒本作裾)

衣服令義解曰、五色交絲以爲二纈文一也云々。同集解一説曰、深淺者只就二紫一色一而則三色云々。案ズルニ義解ノ説是ニシテ、集解ノ一説非ナリ。深淺ノ字緑ノ字ニ就カザルナラバ緑ノ字ハ深淺ノ字ヨリ上ニ在ベシ。是蘇芳深紫淺紫深緑淺緑ノ五色ヲ以テ纈ニセルナリ。纈ハ緋ノ纈ニ准ジテ知ベシ。

淺紫深紫　帶

右ニ准ズルニ是淺紫ト深緑トノ二色ヲ交フルナ

ルベシ。

蘇芳淺紫深淺綠纈 裙(裙黑本作裾)

右ニ准ズルニ是蘇芳ト淺紫ト深綠ト淺綠トノ四色ヲ以纈ニセルナルベシ。

綠纈 裙(裙黑本作裾)

右ニ准ジテ知ベシ。

紺 部第八

紺 袍衫狩衣 袴老懸緒

釋名曰、紺含也謂青而含赤色也云々。至リテ深青ニハ紅ヲ含ム者也。今世青黑ヲ以テ紺ト爲ル者モ、深青ノ義歟。令式ノ比ノ紺モ猶深青ナ(以テ下佐本深字有)ルベシ、其染草詳ナラザレドモ藍ヲ以テ染ルナルベシ。

紺ノ纈 裙

緋ノ纈ニ准ジテ知ベシ。

紺地 平緒

紫地ニ准ジテ知ベシ。

紺綾 平緒 手綱

紫綾ニ准ジテ知ベシ。

縹 部第九

深縹 袍直衣狩衣衣 褶位袋位袋緒

縫殿寮式曰、深縹綾一匹藍十圍、薪六十斤。帛一匹藍十圍、薪一百二十斤。絲一絇、藍四圍、薪四十斤。貲布一端乾藍二斗、灰一斗、薪三十斤。

中縹

縫殿寮式曰、中縹綾一匹藍七圍、薪九十斤。帛一匹藍五圍、薪六十斤。絲一絇藍二圍、薪三十斤。

次縹

縫殿寮式曰、次縹帛一匹藍四圍、薪六十斤。絲一絇藍一圍、大半薪二十斤。

淺縹 袍直衣狩衣衣 褶位袋刀緒(衣褶二字佐本無)

縫殿寮式曰、淺縹綾一匹、藍一圍、薪三十斤。帛一匹藍半圍、薪三十斤。絲一絇藍大半圍、薪二十斤。

縹　狩衣衣指貫扇ノ紙
深縹中縹淺縹ノ三ッヲ通稱スルト見エタリ。

緑縹纐　裙（裙字佐本無黑本作裾）（此條以黑本補）
蘇芳深淺紫緑ノ纐ニ准ズルニ、是緑ト縹トノ二色ヲ以纐ニセルナルベシ。

縹纐　裙
緋ノ纐ニ准ジテ知ベシ。

縹緂　手綱
紫緂ニ准ジテ知ベシ。

圓縹　狩衣
宸翰裝束抄曰、花田狩衣圓花田ト號シテ、（貞丈云圓トハ一圓之義也）面裏共ニ同也。（也黑本作色）老者ハ白裏云々物具裝束抄曰、花田狩衣面裏同、宿老人用白裏云云然レバ花田ノ狩衣ニ花田ノ裏ヲ付レバ表裏全縹ナル故ニ、圓花田ト稱シテ白裏ニ別ツト見エタリ。

淺縹纐　刀緒
緋纐ニ准ジテ知ベシ。

黄部第十

深黄　袍
縫殿寮式曰、深黄綾一匹、刈安草大五斤、灰一斗五升、薪六十斤。帛一匹、刈安草大三斤。灰八升、薪三十斤。絲一絇刈安草大一斤、灰三斗、薪二十斤。

淺《ウス》黄　袍
縫殿寮式曰、淺黄綾一匹、刈安草大三斤八兩、灰一斗二升、薪三十斤。帛一匹刈安草大二斤。（薪分量式ニ見エズ）絲一絇刈安草大十一兩、灰二斗、薪二十斤。

同　袍
飾抄曰、淺黄親王著御或祕記曰、雅仁親王元服、諸卿等相談曰、無品親王著ニ黄衣一、或曰謂ニ之淺黄一、專不ニ分明一。宗能卿曰、是黄色之薄也。予曰、或記曰、親王著ニ黄衣一、注曰其淺黄色歟也、世稱ニ之黄衣一、或記曰、著ニ緑袍一ヲ云々以レ之推レ之猶淺黄色歟。指貫體也宗能曰、淺黄者是心喪色也、豈可レ用哉。餘人

更不ニ口入一。予、心中雖レ存下無ニ其謂一之由(由下佐黑二本更字有)、不出ニ口外一、歸亭後勘ニ日記一、長和二年三月廿三日行成記曰、新冠兩王著ニ黃衣一、其淺黃色也稱ニ之黃衣一、寛治元六二御暦曰、著ニ綠表衣一給云々。改ニ著男御裝束一、綠御袍淺黃也、世稱ニ之黃衣一云々。又曰通方案、先年六條宮元服之時、袍色有ニ御沙汰一、薄女郎花色之有黃氣者云々。台記曰、久安六年十月廿三日新大納言傳ニ法皇詔一曰、重仁親王元服夜袍色如何、其意趣宜ニ載レ狀奏聞一者、報狀ニ曰無品親王黃衣之由見ニ西宮抄一、臨時中、又縫殿寮式有ニ所見一、淺黃卽薄黃之由也、可レ用ニ薄黃色一者。十二月大、一日癸卯傳聞、今日重仁親王加ニ元服一被レ用ニ黃袍一、如余所レ奏云々。世俗淺深秘抄曰無品親王袍色薄黃與淺黃也、是先賢異議區也、或又紫云々倩案ニ此事一ヲ猶可レ爲ニ薄黃一、但聊可レ有ニ青氣一云云。此外或ハ薄黃ト爲シ、或ハ淺葱《アサギ》ト爲說々枚擧スベカラズ。黃ヲ用ユル時ハ、上ニ注セル深黃淺黃ノ染色ニシテ、淺葱ヲ用ユル時ハ、淺縹ナルベシ、然レドモ淺葱ナリト云說ハ最然ルベカラズ、淺黃ヲ淺葱ナリト云ンハ、猶訓讀ニテ混スルコトモ有ベシ、青衣ヲ黃衣ト稱スル事ハ、古今イマダ聞ズ、彼西宮抄ノ文ニハ、無品親王、孫王、綾源氏及良家子孫、弱冠者著レ之、公卿子孫(自無官時至十八頁上欄七行有此案歟十八行黑本缺但轉入次條)候ニ殿上一、無官時用ニ黃衣一トアリ。是親王ニ限ラズ無位ノ用ユル義ト見エタリ。則衣服令ニ、無位黃袍ト云ト義同ジ、黃袍ハ深黃淺黃ノ間心ニ任セテ用ユベシ、故ニ式ニ淺深ノ染色ヲ擧タリ。其染草ハ並ニ刈安草バカリナリ。當時刈安草ヲ以染タル帛ヲ見ニ、專黃ニシテ少シハ青キ氣モアリ、是世俗淺深祕抄ニ、可レ爲ニ薄黃一(黃衣佐本作黃色)但聊可レ有ニ青氣一ト云ル是ナリ。然レバ令式西宮記皆黃衣ニシテ、淺葱ニハ非ズ、又行成記ニ淺黃也トアルヲ、飾抄花鳥餘情ナトニ引用キテ行成卿ノ淺葱ト心得ラレタル事ト爲モ分明ナラズ、彼卿ノ所謂淺黄モ、式ノ淺黄ト同ジク薄黄ノ義ナル事モ量リ難シ、此ヲ以テ淺葱ノ證ト爲ベキ事ニハアラズ、唯飾抄ニ引ル寛治元年御暦ノ如キハ綠御袍淺黄色也ト錄シタレハ、是ハ明ニ淺葱ノコトナリ、此事愚昧記ニモ有テ、保延ニ法皇御元服之時著二綠衣一給了、見二寛治元年大殿記一云々輔仁親王元服也。舊記等注淺黄也、付淺字有此案歟、猶不レ可レ然淺黄薄黄色ト見エタリ。然レバ綠袍ヲ用キタルハ保延ヨリ初マレル歟固ニ愚昧記ノ説ノ如ク舊記等淺黄ト錄セルニ依テ淺葱ニ思ヒ誤リタルナルベシ。中古ヨリノ公卿妄ニ家記日記ヲ尊信シテ令式ヲ閲セヌ人多ケレバ此誤アルベシ。抑無品親王ノ黄衣ヲ用ユル事ハ、西宮記ヨリ出タリ。彈正臺式ノ如クナレバ紫ヲ用ユベシ、此間改制アル歟、又ハ差誤アル歟ナルベシ。

貞丈按壺井義知官職浮説或問ノ答曰令格式等ノ所見無品親王黄袍ヲ着シタマフノ文ヲ知ラズ夫衣服令ニ無位黄袍ト擧ラレタルハ是文位ナキ勳位ノ人文位ノ中ニ行立ノ爲ニ擧ラレタルヤウニ見エタリ何ゾ是ヲ推テ無品親王黄袍ノ證トスベケンヤ按無品親王ハ仕官ニアラサル故ニ于時服制ナシ且令條元ヨリ親王諸臣其差別有テ必シモ品ト位ト一致ナラズ但延喜彈正式曰凡無品親王諸王内親王女王等衣服色親王着紫以下孫王准二五位一諸王准六位其服色者用纁ト見エタリ以下孫王トハ二世ノ無位也只諸王トハ三世以下ノ無位ト聞エタリ然ハ無品親王モ亦必紫ノ袍ヲ着シタマフベキカ恐クハ西宮記無品ト云ト無位ト云ヲ不論シテナベテ黄袍トシルサシムル者是推量附會ノ御説ニアラズヤ其ヨリ以降世々ノ家説皆其誤ヲ傳タマヒタル歟祕抄ノ御説延喜彈正式ヲ擧テ論シ給ト雖モ親王着紫ト云ル上ニ再ヒ無品ノ字ノナキガ故ニ此親王者四品以上ノ事也ト宣マヒヌ

若是四品以上ノ親王ニ於テハ無品親王ノ下ニハアラジ恐ナガラモ此一事ニ於テハ覺束ナキ御說ノ樣ニ覺エタリ已ニ上ニ無品親王トアル時ハ豈無品ノ字ナキ事ヲ疑ハセ給ハンヤ父一條禪閤ノ令御抄黃袍ノ御說モ亦不落着ノ樣ニ見エタリ然レトモ後世此儀絕エテ四品以上及無品モ同ジ袍ヲ着サシムルモノハ自然ト宜シキニ叶フ歟抑黃衣ノ濫觴持統天皇七年春正月辛卯朔壬辰是日詔令天下百姓服黃色衣奴皂衣云云又元明天皇和銅五年十二月辛丑制無位朝服自今以後着襴黃袍云云國史所見如此此外無品親王黃袍ノ格制未ダ勘フル所ナケレハ予ハ猶紫ニヨランカシ蓋顧ニ西宮記別ニヨル所アリヤシバラク後ノ君子ヲ俟ツ而已云云右義知カ說善盡セリ西宮記始テ紫衣ヲ誤テ黃衣トセシヨリ後再誤テ淺葱トシ三タヒ誤テ綠トス展轉シテ誤ヲ重ネシ者也

同　直衣直垂衣指貫　袖括手綱腹帶

袍ノ淺黃ハ右ニ注スガ如ク刈安草ニテ染ルユエ即薄黃也、縫殿寮式ニ淺黃トアル是ナリウスキト訓スベシ、アサギト訓スベカラズ。中古以來直衣直垂衣指貫ナドノ色ニ淺黃ト記セルハ淺縹ナリ、アサキト訓スベシ、ウスキト訓スベカラズ、淺黃ノ字ヲ用ユルハ借訓ニシテ正字ニアルベカラズ或人ノ曰淺黃ハ本字淺葱ナルベシ爾雅ニ青謂之葱トアリ。蓋菜ノ葱其葉淺《ウス》青シ、故ニ淺靑ヲ淺葱ト云ト云リ。此說然ルベシ。又彈正臺式ニ淺杉染ト云アリ。名目抄ニ花田淺木色也ト見エ。桃花蘂葉ニ花田衣淺木ト記セリ。此等ヲ案スレバ本義淺杉ニテモ有シ歟、何《イツレ》ニテモ淺縹ノ染草ニ同ジカルベシ。

黃　袍狩衣褐淨衣　袷單衣袴鞦帊

縫殿寮式ノ深黃淺黃ニ同ジク刈安染ナルベシ。

黃青裏ニ　狩衣下　襲衣

宸翰装束抄ニ曰、黄青裏是ハ號二枯色一ト面香裏青。按ズルニ香ハ黄ノ誤ナルベシ

黄地 鞁表帯

黄ハ上ニ同ジ、地ハ紫地ニ准ジテ知ベシ、又飾抄ニ、鞁ノ表帯秋黄地青文トアレバ表帯ノ黄地ニハ青文ノ定ト見エタリ。

淺黄末濃 下簾

淺黄ハ淺縹也、末濃ハ紫下濃ニ准ジテ知ベシ。

貞丈云淺縹ノ色ヲアサキト云ハ淺葱ノ字ヲ用ベシ、淺黄ニテハ黄ノウス色也古記ニハ妄リニ淺黄ノ字ヲ用キ來レリ。

淺黄色濃薄打交 袖括

字ノ如ク濃淺黄ノ絲ト薄淺黄ノ絲トノ打交ナルベシ、此淺黄モ淺縹ナリ。

濃淺黄 直衣

淺縹ノ中ニテ又色ノ淺深ヲ以テ濃淺黄薄淺黄ト差別セルノミ。

薄淺黄 直衣

右ニ注ス。

萌黄 狩衣直垂水干半尻袙衣袴指貫狩袴日隆ノ緒下襲女房之重

今ノ萌黄ニ同ジカルベシ（又萠黄狩衣ハ裏面同（括孤内據黑本補）前ナルヨシ）宸翰装束抄物具装束抄等ニ見エタリ。

貞丈云、萌黄或ハ萌木ト書ク此木ノ字ヲ用ルヲ善トス首夏ノ比新葉ノ萌出タル色也黄ノ字ヲ用タルハ其義疎シ。

櫻萌黄 狩衣下襲衣

宸翰装束抄曰、櫻萌黄面萌木裏紫云々。飾抄曰面萌黄裏花田云云。物具装束抄曰面萌木裏濃二藍（濃字據装束抄補）云云。同一本曰、面青裏花色云云。桃花蘂葉及女官飾抄曰、表萌木裏赤花云云。此説々ノ可否定ム可カラズ。書及名ニ依テ義ヲ取レバ裏紫ニ據ベキ歟。

薄萌黄 女房之重

假字装束抄曰、薄萌黄表ハ皆薄青ニテ裏ノ少濃

ナリ。

同　衣

右ニ准ズルニ常ノ萌黄ノ薄キト見エタリ。又桃花蘂葉及逍遙院装束抄ニ、苗色薄萌木トアリ。苗色ヲ參考スベシ。

濃萌黄　衣指貫

字ノ如ク萌黄色ノ濃ナルベシ。

萌黄匂　女房之重

假字装束抄曰、萌黄匂上ハ薄クテ下ヘ濃匂ヒテ。（匂ヒテ三字佐黒本無）

同　衣

右ノ文及紫匂ニ准ズルニ、表薄萌黄裏萌黄ナルベシ。

同　差縄

右ニ准ズルニ、薄萌黄ト萌黄ヲ打交タルナルベシ。

萌黄打交　差縄

萌黄一色ナレバ、（濃上黑本是モ二字有）濃萌黄ト薄萌黄ヲ打交タルナルベシ。然レバ大略右ニ同ジ。

裏勝《マサリ》萌黄　衣

裏勝紅梅ニ准ズルニ表萌黄裏濃萌黄ナルベシ。

萌黄地　平緒

紫地ニ准ジテ知ベシ。

青部第十一

青　大袖小袖

假字装束抄ニ曰、大袖小袖、四位ノ袍《ウヘノキヌ》ノ赤ミタルニ蘇芳ノ裏ヲ附ク青色ノモアリ云云。飾抄曰、大袖小袖橡麴塵紫有三色云々。此文ヲ合考ルニ、四位ノ袍ノ赤ミタルト云ハ、橡ト云ニ同ジク青色ト云ハ麴塵ト云ニ同ジキト見エタリ。然レバ青トアルモ麴塵ニテ青白ノ橡ニ同ジキト見エタリ。

同　水干背子單袴指貫裙狩衣帯扇弓ノ樺心葉代ノ絲（弓佐黒二本作子）

是ハ緑縹二色ノ内ナルベシ。但二色ノ内何レトモ定メ難シ。又青キ水干ニハ、白裏ヲ附ル事ニヤ。永仁連署記ニ、水干狩衣而青、(而佐黑二本作面)練貫ナラバ裏白カルベシト見エタリ。

貞丈云青ノ本色ハ純藍色ニテ黄色ノ交サル也綠ハ藍ニ黄色交リタル也延喜縫殿寮式純藍色ニテ黄色ヲ交サルヲ縹ト云凡裝束抄ニ花田ト云者是也又凡裝束抄ニ青ト云フハ綠也此書草名類木名類ニ青ト云者皆綠也是草木ノ葉ニ象ル也然レバ青ト稱スルハ綠色ト知ベシ。

青色　袍

衣服令集解釋曰、蒲萄青色也云云。同古記曰、蒲萄謂青色云云。然レバ蒲萄ニ同ジ。

貞丈云蒲萄部參考スベシ。

同　大袖小袖狩衣背子衣(此一條據諸本補)

是亦青白橡ナルベシ、青ノ下ニ注スルガ如シ。

又背子ハ赤色ノ條ヲ參考スベシ。

同　下襲頸總

是亦綠縹二色ノ内ナルベシ。

篠青　衣

桃花蘂葉及逍遙院裝束抄曰、篠青同レ柳。

薄青　狩衣衣

宸翰裝束抄及三條裝束抄曰、薄青狩衣裏同色、若年壯年ノ人用之、老者ハ不用之、白裏ハ壯年ノ人モ官ニヨリ依レ事用レ之云云。名目抄曰、薄青經青緯白云云桃花蘂葉曰經白緯青云云。兩說經緯ノ相違アリ。其可否ヲ定ムベカラズ。然ドモ香貫白薄色ナド皆緯ニ白ヲ用キタリ。且名目抄ハ蘂葉ヨリ先ダチタレバ經青緯白ノ說ニ從フベキ歟。

青摺　袍衫背子袴扇

縫殿寮式曰、青摺布衫三百十二領、料山藍五十四圍半云云。又曰、青摺細布衫四十九領、料山藍十五圍云云。假字裝束抄曰、青摺ハ狩衣ノ尻長キニ山藍ト云物シテ、竹桐ニ鳳凰ヲ摺タリ云云。飾抄曰、續飯ヲ裹布ニテ形木ノ上ヲ叩イテ布ヲ面ノ上ニ押付テ、覆物踏レ之、其後形ノ上ニ山藍ヲ葉計取集テ摺レ之、木ニテ以レ墨硯ヲ摺樣ニ摺也。朽墨吉ト云云。無二山藍一時用二麥ノ葉目汲志木一云云ト。此式ノ文ヲ考フルニ、山藍一園ヲ以衫數領ヲ摺ベシ。全身ヲ摺ニハ非ズシテ唯形ヲ付ル事假字裝束抄(飾抄字佐本無)飾抄ノ如シ。

貞丈云、青摺ト云名ハ花摺ニ對スル也、青摺ハ葉ニテ摺タル也青摺モ常ニ著スル也、然ルニ青摺ト云ヘバ唯大嘗會新嘗會ノ時著スル小忌ノ衫ノ事ト思フハ誤也、サレバ延喜縫殿寮式ニ新嘗祭小齋諸司青摺布ト記サレタリ唯青摺トノミニテハ紛ル、故ナルベシ

青綵 平緒 手綱

青ハ綠縹二色ノ内ナルベシ、綵ハ紫綵ニ准ジテ知ルベシ。

比金青 狩衣

物具裝束抄曰、比金青面經黑青緯黃。或說經黃緯黑青ト云云、是定說カ云云。桃花蘂葉及逍遙院裝束抄曰、表青黃裏二藍云云、此可否定ム可カラズ。但物具抄ニ、經黃緯黑青是定說カトアレバ、此說ニ從フヲ義ニ近シト爲ベキ歟。裏ハ二藍ノ外他ノ說ナシ。

貞丈云裝束抄ニ、比金襖蟲襖白襖ナド、書タルアリ是青ノ字ヲ用ベキニ襖ノ字ヲ用タリ、誤也、古記ニハ字ヲ用ルニ妄ナルコトアリ襖ハ服ノ名也、色ノ名ニアラズ。

蟲青 狩衣

桃花蘂葉及逍遙院裝束抄曰、蟲青表青黑ミ裏二藍、又薄色。

青絲毛 車

青ハ綠縹二色ノ内ナルベシ。絲毛ハ紫絲毛ニ准ジテ知ベシ。

同 簾

是青絲ヲ以編タル簾ト見エタリ是モ青ハ綠縹二色ノ内ナルベシ。

青地 袍表帯

青ハ縹二色ノ内ナルベシ。地ハ紫地ニ准ジテ知ベシ。又飾抄ニ、袍表帯夏青地紫文トアレバ、表帯ノ青地ニハ紫文ノ定ト見エタリ。

青下濃 裳下簾

青ハ右ニ同ジカルベシ。下濃ハ紫下濃ニ准ジテ知ベシ。

蘇芳青相交緂 袍表帯

青ハ右同ジカルベシ緂ハ紫緂ニ准ジテ知ベシ。是字ノ如ク蘇芳ト青トヲ以相交テ緂ヲ爲《セ》ルト見エタリ。

藤青相交 差縄

藤ハ狩衣衣等ニ藤ト云ハ、經緯表裏ニテノ名ナレバ、絲ヲ染ルニハ此定ヲ用キ難シ。今世藤色トテ染ル所一色アリ。其色狩衣衣等ノ藤ノ經緯表裏ヲ一ニセル色ニ同ジキガ如シ。今此《コヽ》ニ藤ト云ハ、則當世ノ藤色ナルベシ、青ハ上ニ同ジカルベシ、是字ノ如ク藤色ノ絲ト青絲トヲ打交タルナルベシ。

青村濃 鞦

青ハ右ニ同ジカルベシ村濃ハ紫村濃ニ准ジテ知ベシ。

青綵色 背子

未詳ナラズ。青ハ右ニ同ジカルベシ。又西宮記ヲ案ズルニ、是皇后ノ禮服也、天皇ハ袞龍ノ御衣、皇太子ハ赤キニ龍ノ形ヲ繡、如此ノ類ナレバ是モ地ヲ青色ニシテ他ノ色ヲ以テ文ヲ綵レル物ナランカ。青キヲ以綵レルニハ非ザルベシ。

濃青 衣

右ニ同ジキ青ノ濃色ナルベシ。

白青 狩衣

右ニ同ジキ青ノ至リテ淺キ色ヲ云歟。

地青香文 狩衣

右ニ同ジキ青ノ絲ヲ經トシ、香ノ絲ヲ緯トシテ織時ハ、地合ヒ靑ク文様《モヤウ》香色ト爲ベキ歟。

薄靑文濃　衣

濃ハ濃靑ト見エタリ。此薄靑濃靑ノ靑モ、並ニ右ニ同ジカルベシ。是亦薄靑ノ絲ヲ經トシ、濃靑ノ絲ヲ緯トシテ織時ハ、地合ヒ薄靑ク文様《モヤウ》濃靑ト爲ベキ歟。

赤部第十二

赤　大袖小袖裙褶

西宮記曰、天皇禮服赤、大袖縫ニ日月山龍虎猿等形ニ同色小袖云々。三條裝束抄曰、大袖ハ垂頸《タリクビ》、色ハ緋ナリ、練ノ文アリ。日月星山龍華蟲宗彝火以上八章大袖ニアリ。小袖ハアケ、頸色大袖ニ同ジ、縫ノ文ナシ云云。此文ヲ合セ考フルニ、大袖小袖ニ赤ト云ハ緋ト見エタリ。裙褶同ジク緋ナルベシ。

同　單大帷袴大口扇手綱

單大帷ニ赤ト云ハ紅ナルベシ。上代ノ制凡下著ニハ紅多クシテ、緋蘇芳等ハ至リテ希也。且、宸翰裝束抄ニ、赤大帷ト云ト、紅ノ大帷ト云ト。其文ヲ考フルニ一物也、又袴ハ西宮記ノ所見騎《ノリ》尻《ジリ》ノ用ユル所ナリ、古來騎尻ナドハ多ク美服ヲ用ユルコトナレバ、是モ紅ニ近キ歟。又大口ハ宸翰抄曰赤大口常ニ著用スルノハ、生ノ平絹紅ニ染テ如レ常大口ニ縫也云云。桃花蘂葉曰、赤大口生平絹紅ニ染テ用レ之云云。然レバ是モ紅ナル事明也。今ニ至ルマデ紅ニ染テ赤大口ト稱ス。又扇モ古圖(古圖佐黑二本作方圓)ノ綵色ニ紅ヲ用キタル多ケレバ、是モ紅ナラン歟。又手綱モ今ニ至ルマデ紅多ケレバ是モ紅ナラン歟。

同　小忌ノ紐

假字裝束抄ニ曰、赤紐ハ濃打一筋、蘇芳一筋アルナリ云云。餝抄曰、赤紐濃打並蘇芳打也云云。然レバ二色ヲ一筋ヅヽ用ユルナリ。上ノ緋紐ノ條ニ注セル縫殿寮式ト異ナルハ、時代ニ依テノ違ト見エタリ。

同　沓

赤漆沓ト云ト同ジク、朱漆ニテ漆《ヌル》ナルベシ。

同

赤色　袍狩衣背子下襲衣

西宮記曰、赤色袍、主上及一上卿内宴時服レ之云云。逍遙院装束抄ニ曰、赤色袍赤白ノ橡ト稱ス云云。然レバ此赤色ノ袍ハ赤白ノ橡ニ同ジ。又狩衣ノ赤色モ是ニ同ジカルベシ、但宸翰装束抄ニ、赤色狩衣裏同色也云云。物具装束抄ニ、赤色狩衣面赤裏二藍云々。トアレバ狩衣ニハ裏ノ定モ有ト見エタリ。又背子ノ赤色モ是ニ同ジ。凡女ノ色ヲ聴サル、ト云ハ、青色赤色背子ヲ著ル事也。其青色トハ青白ノ橡ヲ云ナレバ、赤色ハ赤白橡ナルコト明ナリ。又下襲ノ赤色ハ二品アリ。桃花蘂葉下襲ノ條ニ、赤色櫨ニ茜ヲマゼタル色也トアルハ、（時モ佐黒二本作明ニ）時モ赤白橡也。又衣ノ赤色モ、桃花蘂葉及逍遙院装束抄衣色目ノ條ニ櫨ト茜トニテ染也アクトサストアレバ是モ又赤白橡ナリ。

同　袍狩衣下襲衣

後稱念院装束抄曰、京極大殿寛治二年正月十九日行幸赤色袍織物、知足院殿天仁二年九月六日高陽院競馬行幸、赤色袍織物云云。名目抄曰、赤色經紫緯赤云云。桃花蘂葉及逍遙院装束抄曰、赤色織物ハ經紫緯赤云云。此等皆右ノ赤色ヲ織物ニスル時ノ定ナリ。

同　袍

假字装束抄曰、童殿上《ウヘ》ノコト、ワキアケ《腋開》（ノ黒本作テ）ノ装束物ノ具常ノ如シ。表衣赤色ナリ。常ノ五位ノ表衣ノ赤ミタル様也云云。然レバ此赤色ハ淺（淺黒本作淺緋）ノ少シ深《コ》キ物ト見エタリ。

同　袍下襲

飾抄曰、袍四位以上橡、五位有二蘇芳氣一、六位緑、廷尉佐大夫外記、史大夫尉等著赤色、近代四位五位無二差別一不レ知二故實一云云。赤色淺深隨二家習一

著レ之。當時大外記淸中（淸原中原也）兩家有二淺深一也。師重朝臣良業眞人（眞黑本作直）又如此、大夫尉又如レ此云云。此赤色ハ蘇芳ナルベシ。下襲小忌紐等ニ蘇芳ヲ赤ト稱セル例多シ。且五位有二蘇芳氣一ト云者四位以上ノ橡ヲ借ニシ、大夫外記史等ノ赤色ヲ守リテ橡ニ蘇芳ノ氣ヲ加フルコト、見エタレバ、下ニ赤色ト云ルハ、蘇芳ト見エタリ。抑當世ハ四位以上フシ金染、五位ハ蘇芳ニテ四位ト五位ト同ジカラズ。中比ハ此禮亂レテ五位モフシ金ヲ著タルト見エテ、續世繼物語ニモ橡ノ衣ハ王ノ四位ノ色ニテ只人《タゞヒト》ノ四位ト王ノ五位トハ黑アケ《緋》ヲ著、只人ノ五位ハアケノ衣ニテ美シク有ベキヲ、今ノ人心オヨスゲニテカ四位ハ王ノ衣ニ成リ、五位ハ四位ノ衣ヲ著ルナルベシト見エタリ、然シテ飾抄ノ如クナレバ五位ノ中ニテモ廷尉外記史等ハ蘇芳ヲ用ユルナルベシ。（文據黑本補）又下襲ハ宸翰裝束抄曰、夏ノ下襲ハ薄物、文遠菱色蘇芳或稱二赤色一云云。飾抄曰、夏下襲赤色宿老濃有二黑氣一、若人蘇芳有二赤色一云云。然レバ、夏ノ蘇芳ノ下襲ナル事明ナリ。右ニ注セル赤色ノ下襲トハ同ジカラズ

同　簾

此赤色未詳ナラズ。若クハ紅歟。又桃花蘂葉曰、赤色簾錦緣《ヘリ》。江記曰、執柄以後紫織物、以前蘇芳織物云云。然レバ緣ハ此定アリ。赤色ヲ以テ緣トスルニハ非ズ。

赤衾　衣

假字裝束抄曰、赤衾ト云ハ、ダウサノ濃蘇芳色ナル衣ヲ云ナリ。

貞丈云タウサハ明磬也。

赤絲毛　車

赤ハ紅ナラン歟絲毛ハ紫絲毛ニ准ジテ知ベシ。

赤漆　沓

赤沓ニ同ジカルベシ。

朱部第十三

朱 末額

朱ハ紅緋ノ間分明ナラズ。但アケト訓スルヲ以テ察スルニ緋ナラン歟。

朱漆 魚袋鞦

魚袋ハ、本ヨリ朱漆ニテ漆《ヌル》ナルベシ。鞦モ飾抄(飾抄作鞦赤滑或朱漆)ニ鞦赤革朱漆トアリ、是モ革(革黒本作草)ナレバ朱漆ニテ漆ナルベシ。

黒部十四

黒 袍半臂

袍ハ宸翰装束抄ニ曰、四位已上ハ称ニ黒袍ニト。フシカネニテ染之云云。然レバ後代ノ深紫ニ同ジ。又半臂ハ桃花蘂葉ニ曰、黒半臂表濃打裏水色云云。又或装束抄曰、黒半臂表濃打附子金染裏水色。夏附子金染也云云。然レバ後世ノ滅紫ニ同ジク袍半臂共ニ五倍子鐵漿染ナリ。

同 袍直衣袴帯

凶服ニ用ユルハ凶服ノ橡ニ同ジカルベシ。

同 幘

黒ハ橡染ニテ家人奴婢ノ袍ノ橡ノ色ニ同ジカランカ。古ノ黒キ色橡ノ外ハ通用スルヲ見ズ。夫空頂黒幘ハ天皇皇太子御元服ノ時、加冠以前ニ著御ノ物ニテ、末額ノ如ク御首ヲ巻ノ絹ナレバ、凶服ノ黒色ニ同ジカル可ラザル歟。

同 沓

玉海ニ曰、壽永元年五月十五日余始テ出仕ス。橡ノ直衣綀指貫、白帷重服冠黒沓等也云云。(染佐黒二本作漆)(沓佐黒二本作淺沓)案ズルニ通例淺沓皆黒染ナレバ、常ノ沓ヲ特ニ黒沓ト称スベキニ非ズ。是沓ノ裏ノ敷物ノ黒キヲ云ト見エタリ。敷物ハ通例其表袴ノ切ヲ用ユ。(服者ハ王公ナレバ黒キ單ノ袍ノ切ヲ用ヰ)括弧内脱落據佐黒本補、四位五位ハ、本色ノ薄キヲ用ユル由或抄ニ見エタリ。然レバ此黒モ凶服ノ橡ニ同ジカルベシ。

黒染 半臂

黒半臂ニ同ジカルベシ。

同　剱

黒漆ニ同ジカルベシ。

黒服　直衣 狩衣

名目抄喪服篇ニアリ。然レバ凶服ノ橡ニ同ジカルベシ。

黒装束　直衣 狩衣

右ニ同ジ。

黒色　衣

是モ喪服ナレバ凶服ノ橡ニ同ジカルベシ。

黒漆　剱 魚袋 箙

剱ハ飾抄ニ曰、黒漆剱諒闇帯レ之、金具等抜二替吉服ノ剱ノ具一テ也。装束無文紫。或藍革云々。剱ノ柄白佐女如レ常。重服同黒鞘、金物黒漆、白革装束、柄黒佐女云云。保元二年十一月廿八日中山曰、剱柄黒佐女、鞘黒漆、金物黒漆、白革装束、柄金物等塗レテ墨用レ之。督殿如レシ此ノ云云。案ズルニ諒闇ノ時ハ鞘バカリ黒漆、重服ノ時ハ金物佐女等モ黒漆ト見エタリ。並ニ漆《ウルシ》ニテ漆《ヌル》ベシ。但保元云云ノ文ノ如キハ、柄及金物等ハ墨ヲ塗テ之ヲ用ユ。何ニテモ黒ケレバ可ナルト見エタリ。然レドモ本義ハ漆ヲ用フベキヲ苟且ノ為ニ墨ヲ用ユルナルベシ。又魚袋箙(箙據佐黒二本補)ハ本ヨリ漆ニテヌルベシ。

貞丈云、黒漆剱ト衣服令ニ所謂烏装横刀及管見記保安御禊行幸次第司判官主典所佩ノ黒造剱トハ異ナルヘシ蓋吉服ハ有文、凶服無文也

黒筵　車

西宮記曰、重服公卿乗二黒筵車一云云。筵ハ張筵トテ雨フル時、車ヲ覆フ筵也。重服ノ公卿ハ、雨フラヌ時モ之ヲ覆ヒ、其筵ヲ黒クスルト見エタリ。其黒クスルニハ墨ヲ用ユル歟。

黒樋　剱

飾抄曰、京極大殿常被レ帯下有二黒樋一剱上、件剱銀細

樋上下沃《イル》レ之、中黒地蒔繪處々唐草、上下沃懸地云云。案ズルニ、是銀ノ上ナレバ漆ニテ黒漆ニスルト見エタリ。

青黒 狩衣

假字装束抄曰、青黒ト云シ物ハ蟲ノ青ガ今少シ濃キニ青裏附テ武者ナドノ著物ナリ。

薄黒 指貫

是モ喪服ナレバ、凶服ノ橡ニ同ジカルベシ。其正黒ニ非ザルカ故ニ薄黒トモ云ナルベシ。

烏部第十五

烏 舄

衣服令集解曰、烏舄此非皮也云云。然レバ烏皮舄ナド、ハ同ジカラズシテ染成セル物ト見エタリ。蓋家人奴婢ノ袍ノ橡ノ色ニ同ジカラン歟。

皁部第十六

皁 袍幞頭綟

家人奴婢ノ袍(袍ノ據佐黒二本補)ノ橡ノ色ニ同ジカルベシ。猶凶服ノ橡ノ條ニ注ス

同 袍

是モ喪服ナレバ凶服ノ橡ノ色ニ同ジカルベシ。

装束色彙巻一 終

装束色彙巻第二目録

木名類

通計百十五品

装束色彙巻第二

木名部第二

梅部第一

梅 狩衣下襲衣

物具装束抄及桃花蘂葉曰、梅表白裏蘇芳。

同 女房之重

假字装束抄曰、梅表ハ皆白クテ裏皆濃蘇芳。

裏梅 下襲半臂

飾抄曰、裏梅面白、裏蘇芳云云。案ズルニ是他ノ抄ニ所レ謂梅也。唯飾抄ニハ是ヲ裏梅ト稱ス。蓋梅ハ(補)裏梅一重梅等ノ通稱ナレドモ、專ニ梅ト(梅ト佐本無)稱スルハ裏梅ノ事ナルト見エタリ。

一重梅 衣

藻鹽草及桃花蘂葉ニ曰。一重梅表白、裏紅、雪下紅梅ト號ス。

梅重 狩衣衣

藻鹽草及桃花蘂葉曰、梅重表濃紅、裏紅梅。

同 女房之重

假字装束抄ニ曰、梅重上白キ紅梅勾ヒテ紅一ツ濃蘇芳云云。同片假字附ニ曰、梅重ハ上紅梅ナルモ、赤色ナルモアリ。

梅重 衣 (佐黑二本作梅裏)

藻鹽草曰、梅重表濃紅、裏紅梅、次第ニホメル梅ノウヲキヌトモ云ナリ。

紅梅 直衣狩衣下襲半臂袙單服紗小袖袴狩袴弓韘日隂緒

飾抄及逍遙院装束抄曰、紅梅下重面紅梅、裏蘇芳打也云云。物具装束抄曰、紅梅狩衣面經紅緯白裏云云案スルニ裏ノ下紫ノ字チ脫セル歟藻鹽草及桃花蘂葉曰、紅梅ノ衣表紅裏紫云云。此說々ノ可否定メ難シ但往時紅梅ト云色ハ今云紅梅ノ如クニハ非ズシテ、薄紅ナル色ト見エタリ。何《イカン》トナレバ紅衣紅梅ヨリハ色濃也ト云ル書多ク、又表紅梅裏紅ノ衣ヲ裏勝《マサリ》紅梅ト云類アレバ、經紅緯白ト云說合フベキ歟。又裏ヲ附ル物ハ裏紫ナルベキ歟。又後世ノ書ニ紅梅ト云ルハ、今云紅梅色ナルモ有ベシ。

紅梅重 衣

案ニ、櫻ト云ト櫻重ト云モ同色ナレバ、紅梅重ハ紅梅ニ同ジカラン歟。但裏ナクバ有ベカラズ。

紅梅地 平緒袍衣帶

紫地ニ准ジテ知ベシ。

莟紅梅 衣

桃花蘂葉及女官飾抄曰、莟紅梅表紅梅裏蘇芳。

裏勝紅梅 狩衣衣

桃花蘂葉曰裏勝紅梅裏紅云云。逍遙院裝束抄曰、裏倍《マサリ》ノ紅梅、表紅梅裏紅。

裏濃紅梅 衣

裏勝《リノ》紅梅ニ同ジカルベシ。

雪下紅梅 衣礒（衣礒二字佐本無）

一重梅ニ同ジ、又雪ノ下トバカリモ稱ス。

薄紅梅 狩衣單衣

紅梅ノ表裏ノ色、並ニ淺《ウス》キナルベシ。

紅梅匂 衣女房之重

女房ノ重ニ紅梅匂ト云ハ、假字裝束抄曰、上ハ薄クテ下ヘ濃ク匂ヒテ云云。女官飾抄曰、上紅梅ニ薄紅梅ヲ重ヌ云云。然レバ一說ハ上薄紅梅下常ノ紅梅。一說ハ上常ノ紅梅、下薄紅梅ニテ二說區々ナルニ似タレドモ、惣テ何色ニテモ匂ト云ハ、其色ト其色ノ薄キヲ重ヌルヲ云テ、必イヅレヲ上イヅレヲ下ト定マレルニモ非ザルヤラン。紅匂ハ下薄ク萌黃匂ハ上薄シ、然レバ紅梅ナド上薄キヲモ匂ト云ベク、下薄キヲモ匂ト名ツクベキ歟。衣モ此重ノ色ニ准ジテ表紅梅、裏薄紅梅ニテモ、表薄紅梅裏紅梅ニテモ然ルベシ、但假字裝束抄ニ、下ヘ濃匂ヒテト云ルハ、上ノ薄キニ對シテノ濃キナリ、常ノ紅梅ヨリ濃ヲハ用ユベカラズ、然ル時ハ裏勝リニ混ズレバナリ。
貞丈按、今紅梅ト云ハ赤黒ヲ兼タル色也古代紅梅ト云ヒシハ即直ニ紅梅ノ花ノ色ニテウス紅ヲ云ナリ桃ノ衣ノ事ヲモシホ草ニ表裏紅梅或表白裏紅ト云桃花蘂葉ニ表韓紅裏紅梅或表白裏紅モアリト云桃ノ衣ハ桃ノ花ノ色ニカタドル桃ノ花ハウス紅ナリ、ソレヲ象ドル具ニ紅梅ヲ用タリ然レバ古代紅梅ト云レハウス紅ニテ桃色ヨリモ少コキ色ヲ云ナルベシ今紅梅ト云ハ花ノ色ニアラズシテ紅梅ノ木ノ色ナルベシ

柳部第二

柳　狩衣汗衫下襲衣懸帯
宸翰装束抄及物具装束抄曰、柳面白裏青云云。假字装束抄曰、柳ノ下襲トテ著ハ、裏ハ青黒色ニ染ル也、豆染ト申ス云云。桃花蘂葉曰、柳ノ張下襲裏ノ色有二厚薄一云云。此説皆表白裏青也。裏薄青ト云。又裏青黒色ト云モ厚薄ノ違而已。是乃桃花蘂葉ニ云ル裏ノ色有二厚薄一ト云義ナルベシ。

同　女房之重
假字装束抄曰、柳表ハ皆白クテ、裏皆薄青。又裏匂ヒテ表ハ白クテ下ヘ濃匂フ也云云。案ズルニ又ト云以下ハ、柳ノ中ニモ裏ノ色ノ厚薄ヲ重ネテ匂ハスアリト見エタリ。

白柳　帯
所見ナシ。蓋柳ノ薄キ色歟。

黄柳　下襲衣
餝抄曰、黄柳面薄黄、如二練色一裏濃黄打也。

薄柳　下襲
假字装束抄曰、御堂供養千僧ナドノ堂童子ノ染分トテ左右分チテ柳躑躅トテアル柳ノ案スルニノハハノ誤ナルベシ常ノ薄柳也。躑躅ト云ハ、常ノ下襲ヲ云也云云。然レバ薄柳ト云モ常ノ柳ニ同ジ事ト見エタリ。蓋柳ハ表白裏青ニテ、其色甚淺ケレバ(淺ケレバ四字佐本作淺シサレバ)薄柳ト

モ云ベシ。且柳ノ下ニ註セルガ如ク、下襲ノ柳ハ其裏或ハ深青ナレバ、之ニ別タントテ常ノ青裏ナルヲ、薄柳ト云ベキ事也。

柳　重

藻鹽草曰、柳重表裏薄青ナリ。

花柳　衣

藻鹽草曰、花柳表白シ、裏青云云。然レバ常ノ柳ニ同ジ。

青柳　衣

藻鹽草曰、青柳裏表濃青。

櫻部第三

櫻　直衣狩衣細長 下襲半臂衣

假字裝束抄曰、櫻ノ下襲トテキル、表ハ唐綾織物ナレドモ裏ハ濃紫ニ染ルナリ。花ノ櫻ニハ非ズ云云。物具裝束抄曰、櫻面白裏二藍云云。同一本曰、表白裏花色楊裏是也云云。藻藍草曰、櫻表白裏紫ナルベシ云云。花鳥餘情曰、櫻色ハ面ハ白ク裏ハ濃蘇芳也云云。桃花蘂葉及逍遙院裝束抄曰、櫻下襲表白裏蒲萄染云云。兩抄又曰、櫻ノ衣表白（花佐本作色）裏赤花云云。如此說々同ジカラズ。夫假字裝束抄ニ、表ノ色ヲ云ザルハ是モ表ハ白ト見エタリ。然レバ諸說共ニ表ハ白ナレドモ、裏ハ一樣ナラズ、蓋櫻ノ樣々左ニ列セルガ如ク其數アリ。而シテイヅレニテモ櫻トバカリハ稱スベキ事ナレバ、各一種ヲ指テ櫻ト稱セルモ量リ難シ。但其中ニモ專ニ櫻ト稱スル色アルベシ。上ノ諸說ノ中書ニ依テ信ヲ取ラバ、裏濃紫ヲ用ユベシ。但名ニ依テ義ヲ取ラバ、裏赤花（花佐本作色）ニテ有ベキ歟。

樺櫻　狩衣下襲衣

宸翰裝束抄曰、樺櫻面薄蘇芳、裏濃蘇芳云云。物具裝束抄ニ曰、樺櫻面薄色、裏濃二藍ト。桃花蘂葉及逍遙院裝束抄曰、樺櫻表蘇芳、裏赤花云云。藻鹽草曰樺櫻、表紫裏青云云。此說々ノ可否定ム可ラズ。右ノ櫻ニ准ジ、及名ニ依テ義ヲ取ラバ表蘇芳裏赤花(花佐本作色)ニテ有べキ歟。

白櫻　狩衣　下襲

宸翰装束抄曰、白櫻表裏共白、或又裏紫也。

花櫻　衣

桃花蘂葉曰、花櫻表白裏青。

薄花櫻　衣

藻鹽草及桃花蘂葉曰、薄花櫻表白裏紅。

櫻重　衣

女官飾抄曰、櫻重表白裏赤花。

櫻蓋　女房之重

假字装束抄曰、櫻蓋トテ櫻ノ衣櫻萌黄ノ表著《ウハギ》樺櫻ノ背子《カラキヌ》ナドヲ著云云。

案ズルニ蟲食ノ所ハ單ノ色ヲ云タルナルベシ。衣表著單背子皆色々ノ櫻ナル故ニ櫻蓋ト云ト見エタリ。假字抄ノ文ノ最末ニナド、アレバ必衣ハ櫻表著ハ櫻萌黄、背子ハ樺櫻ト限リタルニハ非ズシテ、櫻樺、櫻白、櫻紅、櫻花、櫻薄花、櫻、櫻萌黄等ノ内四色ヲ衣表著單背子ニ用ユル事ト見エタリ。其中ニモ多分ハ假字抄ニ擧タル定ニ用ユベシ。

紅櫻　衣

桃花蘂葉曰、紅櫻面紅裏紫。

松櫻

藻鹽草曰、松櫻面紫裏薄紫。

桃部第四

桃　衣

藻鹽草曰、桃衣表裏紅梅、或ハ表白裏紅モアリ云云。桃花蘂葉曰、桃表韓紅裏紅梅、或表白裏紅モアリ云云。

貞丈云此條ニ云紅梅ハ今ノ紅梅ニ非ズ、古代ノ紅梅ニテウス紅ノコキヲ云也、前ノ紅梅ノ條ニ云如シ

桃染　衫

案ズルニ、桃花ノ色ハ淺紅也。今モ猶淺紅ヲ桃

色ト稱ス。又桃染ノ二字桃花褐ノ三字、並ニ古來アラゾメト訓シ來ル事誤ニ非ジ、然レバ其色退紅ニ同ジ、右ニ擧タル桃衣モ、表白裏紅ヲ合セテハ自淺紅ナリ。

蝦手部第五

若蝦手　狩衣下襲單衣

物具裝束抄曰、若蝦手面裏共薄青云云。桃花蘂葉曰、若蝦手表薄青裏薄紅云云。又曰、表薄青裏薄紅ニテ有ベキ歟云云。又曰、異說表薄萌黃裏薄紅梅云云。逍遙院裝束抄曰、若蝦手面薄青裏紅、又一說裏薄紅乎云云。藻鹽草曰、若蝦手面薄萌黃裏薄紅梅云云。假字裝束抄曰、薄青狩衣、四月ニ若蝦手トテ美クシ云云。如此說々アレドモ假字抄ト物具抄トノミ直《タヽチ》ニ薄青トシテ、自餘ノ諸抄ハ大略同ジク表薄青裏薄紅ナリ。假字抄モ女房ノ重ニ重リテハ、左ニ注スルガ如シ。然レバ裏薄紅ト云ヤ義ニ近カラン。

同　女房之重

假字裝束抄曰、若蝦手皆薄萌黃紅　紅ノ上ニ裏ノ字チ脱スル歟

牡丹部第六

牡丹《ボウタン》　衣

藻鹽草及桃花蘂葉曰、牡丹表白裏紅梅。

同　女房之重

假字裝束抄曰、牡丹表皆薄キ蘇芳裏皆白シ。

橘部第七

盧橘　狩衣下襲衣

物具裝束抄曰、盧橘面經黃緯紅裏青云云。同一本、及桃花蘂葉曰、花橘面朽葉裏青云云。女官飾抄曰、花橘表タチハナ　案スルニ、タチハナハクチバノ誤ニシテ朽葉ナルベシ　裏青云云。案スルニ朽葉モ經紅緯黃ナレバ諸種大略一同ナリ。

同　女房之重

假字裝束抄曰、花橘山吹濃キ薄キ二ツ白キ一青キ。此下脱文アルヘシ

橘

藻鹽草曰、橘表白裏青シ云云。案ズルニ橘ト盧橘ト別ナルベカラズ。是乃盧橘ノ一説歟。

棟部第八　樗同

棟《アフチ》 狩衣下襲衣

物具装束抄曰、棟面薄色裏青云云。藻鹽草及桃花蘂葉曰、棟面紫裏薄紫云云。案ズルニ薄紫モ至リテ淺ケレバ青ニ類ス。平緒ナドニ樗緂ト云モ、青緂紫緂ノ相交ハルヲ云ヨシナレバ、表薄色裏青ト云者義ニ近キ歟。

貞丈云装束抄トモニアフチノ字ニ棟ノ字ヲモ樗ノ字ヲモ用ヒ來レドモ棟ヲ正字トス樗ハ別ノ木ナリ棟ハ五月比紫色ノチヒサキ花サク木ナリ清少納言枕册子ニ木ノサマゾニクゲナレド、アフチノ花イトオカシカレバ、ナニサマコトニサキテ必五月五日ニアフモオカシ云云。田舍ニテハセンダンノ木ト云、其實ヲ金鈴子ト云金ノ鈴ニ似タリ。

棟緂 平緒差縄組總

樗緂同、名目抄爲別種者非也飾抄及逍遙院装束抄曰、青緂或稱棟緂云云。（曰佐黑二本作云又樗緂佐本作棟樗）後稱念院装束抄曰、衣笠命ニ曰、樗緂青緂紫緂交也云云。又曰、仰云青緂有薄紫匂歟之由有一説、而多者青緂紫緂相交歟。此事猶不審前《サキノ》右右ノ下府ノ字ヲ脱スル歟公衡公二具所持皆兩緂相交云云。案ズルニ青緂ト云ハ綠縹等ナリ。棟緂ト云ハ、後稱念院抄ノ如クナルベシ、右ニ擧タル棟ナドモ薄色ニ青裏ヲ云ナレバ、棟ノ花ノ色ノ如クナルニ依テ、棟緂ト云義明ナリ。之ヲ卽青緂ト云トノ説ハ、其色ノ近キガ故ニ詳ニ別タザル説ナルベシ、其緂ハ紫緂ニ准ジテ知ベシ。

楮《カア》 衣

楮部第九

藻鹽草及桃花蘂葉曰、楮表裏萌黃。

櫨部第十

櫨《ハジ》 狩衣 衣

藻鹽草曰、櫨面黄裏薄萌黄或ハ黄也。

櫨染《ソメ》 手綱

字ノ如ク櫨ニテ染ルナルベシ。

櫨末濃《スソゴ》 鞦（鞦佐本無）

櫨ハ櫨染ナルベシ。末濃ハ紫下濃ニ准ジテ知ベシ。

櫨綵 平緒

櫨ハ櫨染ナルベシ。綵ハ紫綵ニ准ジテ知ベシ。

薄櫨綵 平緒

右ノ櫨綵ノ薄キ色ナルベシ。

櫨匂打交 差縄

他色ノ匂打交等ト同ジク、櫨染ノ絲ト薄[櫨]（據諸本補）染ノ絲トヲ打交タルナルベシ。

赤櫨 衣

所見ナシ。蓋右ニ擧タル櫨ノ衣（衣諸本作表）ニ赤ミノ入タルヲ云歟。

黄櫨 袍袴裳

縫殿寮式曰、黄櫨綾一匹、櫨十四斤、蘇芳十一斤、酢二升、灰三斛、薪八荷。帛一匹、紫[草]（草據貞亨延喜式本補）十五斤案スルニ此文差誤アルベシ酢一升、灰一斛、薪四荷。

葉部第十一

紅葉 下襲

餝抄曰、紅葉下襲十月十一日晴著之、青紅葉黄紅葉紅紅葉櫨紅葉蝦手紅葉色々在人情云云。然レバ紅葉ト云ハ、青紅葉以下ノ色々ヲ通ジテ稱スルコト、見エタリ。又藻鹽草ニ、紅葉表紅裏青シト見タルハ、一種指トコロアルノ異説ナルベシ。

紅葉重 女房之重

桃花蘂葉及逍遙院装束抄曰、紅葉重八ッ、黄三ッ、山吹濃キ薄キ一重紅ノ薄キ、濃キ一重蘇芳一ッ云云。

女官餝抄ニ曰、紅葉重八ッ黄色三ッ山吹薄キ濃キ一重紅ノ薄キ濃キ一重蘇芳一ッ合セテ八ナリ。

青紅葉 狩衣下襲衣

物具装束抄曰、青紅葉面萌黄裏黄云云。同キ一本及桃花蘂葉曰、青紅葉面青裏朽葉云云。藻塩草曰、青紅葉面青黄也裏紅云云。此可否定ム可ラズ。但面萌黄裏黄ト云ハ名ニ似ザル歟。

同　女房之重

假字装束抄曰、青紅葉青キ濃薄キ、□山吹紅云云。案ズルニ、蟲食ノ所ハ右ニ准ズルニ、黄ナルノ三言ナルベキ歟。

紅紅葉　下襲衣

所見ナシ。左ニ准ズルニ表ハ紅ナルベシ。且青紅葉ハ表青ク黄紅葉ハ表黄ナレバ傍(傍黒本作偏)例モ亦然リ。唯裏(裏佐本作裳)ノ色ハ如何トモ量リ難シ。左ノ紅紅葉ヲ昧フテ略知ベシ。

同　女房之重

假字装束抄曰、紅紅葉紅山吹黄ナル青キ濃薄キ

黄紅葉　狩衣下襲半臂衣

物具装束抄及桃花蘂葉曰、黄紅葉面黄裏蘇芳云云。物具抄一本曰、面黄裏黄云云。藻塩草曰、黄紅葉表黄裏青云云。案ズルニ表黄裏蘇芳ト云者義ニ近ク、且自餘ノ諸抄モ大略此定ナリ。表黄裏黄ニテハ、全ク黄衣ニシテ如何又裏青モ快カラス。

蝦手《カヘデ》紅葉　下襲衣　(自此條至四十一頁上欄六行勾ハカスナリ迄佐黒二本缺)

桃花蘂葉及女官飾抄曰、蝦手紅葉表薄青裏黄。

同　女房之重

假字装束抄曰、蝦手紅葉薄青二ッ黄ナル山吹紅。

花《ハツ》紅葉　下襲

深窓秘抄曰、花《ハツ》紅葉裏青面薄黄。

櫨紅葉　下襲衣

女官飾抄及逍遥院装束抄曰、櫨紅葉表蘇芳裏黄云云。逍遥院抄又曰、表蘇芳黒ミアリ裏黄云云、桃花蘂葉曰、櫨紅葉裏黄黒ミアリ云云。然レバ諸抄共ニ表蘇芳裏黄ニテ、其蘇芳ニ黒ミ有ルト云ハ、猶委キ説ナルベシ。又蘂葉ノ黒ミ有リト云

語ハ、裏黃ト云下ニ在レドモ、是モ表ノ事ニテ逍遙院裝束抄ト同ジカルベシ。

同 女房之重

假字裝束抄曰、櫨紅葉黃ナル一ッ山吹紅蘇芳云云。同片假字附曰、黃ナル一ッニテ山吹ヲ匂ハカスナリ。

モヂリ紅葉 女房之重

假字裝束抄曰、モヂリ紅葉青キ濃キ薄キ一ッ黃ナル(山吹紅佐本作山吹紅葉紅)山吹紅裏ハ蘇芳紅山吹濃薄キ云云。案ズルニ表ノ色ハ、五色ヲ擧テ裏ノ色ハ四色ヲ云ベキ事ニ非ズ。蓋表ハ青黃赤ト次第シ、裏ハ之ニ戻《モヂ》リテ赤黃青ト次第セルガ故ニ、モヂリ紅葉ト云ナラン歟。然レバ裏ハ蘇芳紅山吹青キ濃キ薄キト云脫文ナルベシ。暫之ニ從フテ解スル時ハ、モヂリ紅葉ト云重ハ、第一ノ衣表濃青裏蘇芳、其下ノ衣表薄青裏紅、其下ノ衣表黃裏山吹、其下ノ衣表山吹裏濃青、其下ノ衣表紅裏薄青ナリ。

朽葉 狩衣直垂 下襲衣裳

物具裝束抄曰、朽葉面經紅緯黃裏黃也。

同 狩袍 袴

是ハ染色ナレバ、右ノ朽葉同ジカルベカラズ。但經緯ノ色ヲ考ヘテ染色略知ベシ。且左ニ擧タル青朽葉、黃朽葉、赤朽葉、濃朽葉、薄朽葉等ノ通稱ナルベシ。

青朽葉 下襲半臂衣袴

餝抄曰、青朽葉下襲爲家卿少將之時著之、其色濃シ、前關白當時攝政宸勝講被著之有黃氣トクサ色也云云。同頭書曰、通成朝臣著青朽葉半臂下重、其色濃ハナヤカ也云云。又曰、兼高朝臣著青朽葉下重、其色薄青老者(老者餝抄作花色)トクサニ可染云云。又曰帥中納言著青朽葉下襲(下襲據餝抄補)其色薄云云。逍遙院裝束抄曰、青朽葉下襲木賊色ナリ云云。後稱念院裝束抄曰、青朽葉下襲照念院殿令注置給云、色猶可黃青《キ》ハ混苗色云云。桃花蘂葉曰、青朽葉衣表青

緯黄丹（案ズルニ丹ノ字ハ其本ニノ字ニテ助語ナリシチ唱ヘ寫ス者ノ誤リシナルベシ）黑ミアリ、裏ハ青云云。逍遙院裝束抄曰、靑朽葉衣面青緯黄裏青云云。案ズルニ青朽葉ノ衣表經青緯黄裏青ナレバ、下襲モ之ニ同ジカルベシ。唯染色ニスル時、飾抄ノ如クナルベシ。赤朽葉ニ准ズルニ尋常ノ朽葉ノ青キ方ニ寄タル色ニ染ムベキ歟。

黄朽葉　狩衣下襲衣

法曹至要抄曰、元慶五年十月十四日宣旨云、支子染深色ノ可ハ濫ニ黄丹ニ不レ得ニ服用ニ而年來以ニ茜紅ニ交ヘ染メ尤濫ニ其色ニ、自今以後茜若紅交ニ染ル支子ニ者不レ論ニ淺深ニ宜レ加ニ禁制ニ者。案《テイレバ》レ之著ニ件色ニ之時雖ニ禁制重ニ近來之作法或稱ニ款冬《ヤマフキ》色ニ著用之或號ニ黄朽葉[色]（據諸本補）ニト著用之已下男女任レ意隨レ望亦無ニ禁制ニ之云云。此文ヲ案ズルニ支子《クチナシ》ニ茜若クハ紅ヲ交テ黄朽葉[色]（據諸本補）ヲ染ベシ（黄黑本無）。又織物ニテハ上ノ朽葉ト同ジク經紅緯黄也。花山吹ノ下ニ注スガ如シ。但赤朽葉ニ准ズルニ、尋常ノ朽葉ヨリ黄ナル方ニ寄タル色ニ染ベシ。

赤朽葉　狩衣下襲衣

弄花曰、赤朽葉ハ尋常ノ朽葉ノ赤キ方ニ寄タル色ナリ。

濃朽葉　狩袴

左ニ准ズルニ、是乃赤朽葉ナルベシ。

薄朽葉　狩衣單衣

是乃黄朽葉ヲ云ト見エタリ。花山吹ノ下ニ注スガ如シ。

花葉色　下襲衣

飾抄及逍遙院裝束抄曰、花葉色經黄緯山吹大畧花山吹色裏青打也。

椿　衣

椿部第十二

藻鹽草及桃花蘂葉ニ曰、椿表蘇芳裏赤。

蘇芳部第十三

深蘇芳　汗衫婦人ノ帷衣袴指貫

縫殿寮式曰、深蘇芳綾一疋、蘇芳大一斤、酢八合、灰三斗、薪一百二十斤。帛一疋、蘇芳大十兩、酢七合、灰二斗、薪六十斤。纐帛一疋、蘇芳大十兩、酢七合、灰二斗、薪六十斤。絲一絇蘇芳小十三兩、酢二合、灰六斗、薪二十斤云云。古染ル所ハ如此ナレドモ、中古以來蘇芳濃蘇芳ヲバ濃色ト稱シテ五倍子鐵漿染ニスルナリ。

中蘇芳

縫殿寮式曰、中蘇芳綾一疋、蘇芳大八兩、酢六合、灰二斗、薪九十斤。帛一疋、蘇芳大六兩、酢三合、灰一斗五升、薪四十斤。絲一絇、蘇芳大二兩、酢一合、灰五升、薪二十斤。

淺蘇芳 下襲衣

縫殿寮式曰、淺蘇芳綾一疋、蘇芳小五兩、酢一合、灰八升、薪六十斤。帛一疋、蘇芳小三兩、酢五勺、灰五升、薪四十斤。絲一絇、蘇芳小一兩、酢三勺、灰二升、薪二十斤。

蘇芳 袍單袙狩衣衣狩袴直衣帶小忌ノ紐車ノ下簾

右ニ擧タル深中淺ノ三ノ蘇芳ヲ通ジ稱スルト見エタリ。

同 夏下襲

宸翰裝束抄ニ曰、夏ノ下襲ハ薄物文遠菱、色蘇芳或稱赤色。公卿常時用之云云。飾抄ニ曰、蘇芳下襲夏赤色、宿老濃有黑氣、若人蘇芳有ニ赤氣一〔氣黑本作色〕云云。案ズルニ夏ノ下襲ハ如此ク右ニ擧タル袍以下ト同ジク蘇芳ニテ染ム、但飾抄ニ據ニ、老者ハ色濃シテ黑キ氣アリ、若キ人ハ淺クシテ專赤シ。冬ノ下襲ハ同名ナレドモ大ニ異ナリ、左ニ注スガ如シ、

同 冬下襲

桃花蘂葉曰、蘇芳打下襲蘇芳ノ色ヲモ、紫ノ如ク附子金ニテ染、云レヌ事ナレド、久シク沙汰シツケタリ云云。又曰、蘇芳下襲表白瑩裏濃打云云。又曰、裏蘇芳打云云。又曰、裏蒲萄染打云云。

逍遙院装束抄曰、蘇芳下襲表白裏蘇芳ノ濃打也云云。案ズルニ、冬ノ下襲ハ如レ此表白瑩裏蘇芳ナルヲ、蘇芳ヲ以テ染ズシテ五倍子鐵漿ヲ以テ染來ル事久シ、故ニ裏濃打ト注セル抄多シ。又桃花蘂葉ノ一説ニ、裏蒲萄染打ト云ルハ類少ケレバ異説ナルベシ。抑躑躅ノ打下襲モ、表白瑩裏濃打ニシテ、其色ハ冬ノ下襲ニ異ナラズ、但綾織物ナレバ蘇芳ト稱シ、平絹(絹佐黑二本作緒)ナレバ躑躅ト稱スルナリ。

裏濃蘇芳　狩衣汗衫衣下襲袙袴

宸翰装束抄曰、裏濃蘇芳面薄蘇芳似樺櫻云云。然レバ裏ハ名ノ如ク濃蘇芳ト見エタリ。其蘇芳匂ヨリハ裏ノ色濃クアルベシ。

同　女房之重

假字装束抄曰、裏濃蘇芳表□蘇芳ノ裏濃蘇芳也云云。案ズルニ蟲食ノ所ハ、皆薄ノ四言ナルベシ。

蘇芳匂　狩衣衣

桃花蘂葉及逍遙院装束抄曰、蘇芳匂表蘇芳裏ニ黄ヲサス云云。紫匂及左ニ擧タル女房ノ重ニ準ズルニ、表薄蘇芳裏蘇芳ナルベシ。但表蘇芳裏[薄]據諸本補蘇芳ニスルコトモ有ベシ、紅梅匂ノ下ニ注スガ如シ。然レバ裏ニ黄ヲサスハ、裏ノ蘇芳ノ色ヲ薄クセンガ爲ト見エタリ。

蘇芳末濃　鞦下簾裳

紫下濃ニ準ジテ知ベシ。

蘇芳濃　差縄括袖䑺表帶丸緒

紫緂ニ準ジテ知ベシ。

櫨緂(據諸本補)蘇芳緂打交　差縄

字ノ如クナルベシ。

蘇芳目染　裳

目染ノ釋見及バズ。蓋今ノ鹿子《カノコ》染ノ如ク小キ纈《クヽリ》染ヲ云ナラン歟。

橡部第十四

橡《ツルバミ》袍

衣服令曰、家人奴婢橡、義解謂、橡櫟木實也、以レ橡染レ緇、俗云緣橡衣也云云。縫殿寮式曰、橡綾一疋、搗《カチ》橡二斗五升、茜大二斤、灰七升、薪二百二十斤。帛一疋、搗橡一斗五升、茜大二斤、灰五升、薪二百二十斤。絲一絇、搗橡六升、茜大六兩、灰二升、薪三十斤云云。是令ニ載タル家人奴婢ノ橡ノ袍ノ色ナルベシ。

同 袍大袖小袖

餝抄ニ曰、袍四位以上橡云云。四位以上トアレバ上ニ出セル濃紫ノ轉ジタル色ナリ。薩戒記ニモ、五倍子鐵漿ニテ染ル由見エタリ。然レバ中古以來ノ濃紫ト名ハ異ニシテ、實ハ同シ。此袍橡ニテ染ルニハ非ザレドモ、家人奴婢ノ著ル橡ト、其色略同ジキガ故ニ橡袍ト稱スル歟。又大袖小袖モ、橡ト云ハ是ト同ジカルベシ。假名装束抄曰、大袖小袖四位ノ袍ノ赤ミタルニ、蘇芳ノ裏ヲ付ク青色ノモアリ云云。餝抄曰、大袖小袖橡麴塵紫有三色云云。此文ヲ合セ考フルニ、四位ノ袍ノ赤ミタルト云ハ、橡ト云ニ同ジク、青色ト云ハ、麴塵ト云ニ同ジキト見エタリ。

同 袍直衣

續日本後紀曰、承和七年五月戊戌、天皇除素服、著堅絹御冠橡染御衣云云。是ヨリ前五月癸未、淳和太上天皇崩ジ、同甲申ヨリ仁明天皇素服ヲ著御アリテ、此日ニ至リ素服ヲ除キテ、橡染ヲ著御セラル、是猶一周ノ間ノ凶服ナリ。其證ハ彼紀ノ七年五月ヨリ八年六月マデノ文及西宮記装束ノ部ヲ參考スル時ハ明也、事煩シキガ故ニ此ニ略ス。夫中古以來ハ萬物名正シカラズシテ附子金染ヲ橡ト稱シ、或ハ深紫ト稱スル類多ケレドモ、續日本後紀ノ比ハ然ラズ、彼紀ノ比ヨリ橡染ト稱スルナレバ、正シク橡ニテ染ルト見エタリ。且天曆御紀曰西宮記ニ引天曆八年正月廿二日、侍臣女房等出二修明門外一、除二素服一著二皂衣一云云。此皂衣ト云ルモ橡ノ衣ナリ。橡ハ爾雅ニ據ニ栩《トチ》ト同ジ、字書ニ栩實《トクリ》爲二皂斗一、實ノ外有レ房可三以染二レ皂トアリ。皂ハ必橡染ナリ故ニ家人奴婢ノ橡衣ヲモ、日本書紀持統天皇七年紀ニ詔令三天下百姓服二黄色衣奴皂衣一トアリ。如此ナレバ凶服ノ橡モ奴婢ノ橡ト同ジク、橡ヲ以テ染ル歟。然レドモ、奴婢ノ橡令式ニ行ハレ、其令式ノ中間ナル承和ノ比ニ同色ヲ以テ乘輿ノ凶服トスル事穩ナラズ。蓋和歌ニ藤衣ト賦シ來リ、又凶服ノ鈍色ト混ジタル説ナドノ有ヲ以テ察スレバ、凶服ノ橡ハ、色淺キナルペシ、凡凶服ハ錫紵モ薄墨染鈍色モ青黑ク、又鼠色ナド云モ有テ多クハ淺黑ナリ。然レバ橡ニ茜ヲ加ヘテ深染ルヲ(奴婢ノ三字據諸本補)奴婢ノ橡トシ、茜ヲ加ヘズシテ淺ク染ルヲ凶服ノ橡トスルナラン歟。袍ニ限ラズ惣ジテ凶服ニ橡ト云ハ、皆此名ナルペシ。(ナルベシ佐本作ナラン)

青白橡　袍

縫殿寮式曰、青白橡綾一匹、刈安草大九十六斤、紫草六斤、灰三石、薪八百四十斤。帛一匹、刈安草大七十二斤、紫草四斤、灰二石、薪六百六十斤。絲一絇、刈安草大二斤、紫草一斤、灰七升、薪二十斤。貲布一端、刈安草大四十八斤、紫草五斤、灰一石一斗、薪六十斤。

赤白橡　袍

縫殿寮式曰、赤白橡綾一匹、黄櫨大九十斤、灰三石、茜大七斤、薪七百二十斤。帛一匹、黄櫨大七十斤、茜大五斤、灰二石、薪六百斤。絲一絇、黄櫨大五斤、灰一斗三升、茜大五兩、薪三十斤。貲布一端、黄櫨大十五斤、灰三斗五升、茜大一斤八兩、薪一百二十斤。

白橡　袍衫　背子

縫殿寮式年中御服ノ中及中宮年料ノ袍ノ中ニ、白橡何領ト擧、及西宮記ニ、臨時祭饗宴ノ門、天皇服ニ白橡御ノ服一ナド、アルハ、乘輿及中宮ノ御袍ナレバ右ノ青白橡赤白橡ノ二ツヲ通ジテ稱スルコトニテ、別ニ白橡トテ有ニハ非ザルト見エタリ。又彈正臺式、公私奴婢ノ服及女從衣等ノ色ノ中ニ、白橡トアルハ何樣ノ色ナルヤ考ヘ難シ。尤御袍中宮ノ御袍等ハ、綾ニテ女從ノ衣奴婢ノ服ハ帛布等ナルベケレバ、地合ヲ以テ差別シ、共ニ青赤二ツノ白橡ナリト云コトモ有ン、然レトモ縦地合ハ大ニ異ナリトモ、至尊ノ用ユル色ヲ至卑ノ用ユベキコトナラズ、且彈正臺式、公私奴婢服ノ條、女從ノ衣ノ條ニ並ビテ凡赤白橡袍聽ニ參議以上著用一ト云文アリ、然レバ女從奴婢ノ白橡トハ同ジカラザル歟、又衫ナドハ御袍ノ白橡ニ同ジカルベシ。背子《カラキヌ》モ赤色青色トテ常ニ稱スルアレバ、是モ同シク青白橡赤白橡ノ二ヲ云ト見エタリ。

黄橡　袍

僧尼令曰、木蘭義解曰木蘭者黄橡也。集解釋曰、木蘭者黄橡蒲萄等色是也。又色似緑而色鈍不レ明也。古記曰、木蘭謂黄橡蒲萄等色是云云。黄橡色ヲ釋セル文未見及バザレトモ、此等ノ文ニ據レバ、木蘭ノ色ヲ以テ略知ベシ。其木蘭緑ニ似テ色鈍シト云、並ニ蒲萄ヲ以解シタリ。蒲萄ハ紫色ノ最淺クシテ、青トモ云程ノ色ナレバ、是亦緑ニ似テ鈍シトモ云ベシ。〔黄橡モ略同ジカルベシ〕據諸本補蓋橡ノ淺キニ黄ヲ交エタル名歟。淺黒ニ黄ヲ入レバ、緑ニ似テ鈍クナルナリ。但木蘭ノ色モ後世稱スルハ之ニ異ナリ。其色ハ木蘭ノ下ニ注ス。

黒橡　袍

西宮記喪服條曰、帝王雖レ随下以レ日易レ月之制上、一周間（周佐本作月）依レ不レ臨レ朝不レ服ニ位袍一服黒橡衣云云。是上ニ擧タル凶服橡ニシテ、續日本後紀ニ、所謂除ニ素服一着ニ橡染御衣一ト云ト義同ジ。橡染本ヨリ黒ケレドモ、白橡トアルガ故ニ、是ニ對シテ黒橡ト云ナルベシ。別ニ色アルベカラズ。

青摺白橡　袍

西宮記曰、延喜御時、天皇御ニ右近馬場一、王卿大鷹ノ々飼者、著ニ地摺獵衣綺袴玉帶一、鶴鷹飼者青摺白橡袍綺袴玉帶巻纓云云。此文勢ヲ案ズルニ、青摺ト白橡ノ二ツニハ非ズシテ、青摺ノ白橡ナルト見エタリ。此白橡モ王卿ノ袍ナレバ、青赤ノ白橡ナルベシ。青摺トハ小忌ノ青摺ノ如ク、山藍ニテ摺ナルベシ。然レバ本ヨリ白橡ニ染テ其上ヲ青摺ニセル袍歟。(シヌ諸本作ス)其青摺ノ樣ハ、詳ニ青摺ノ下ニ注シヌ。

作目白　衫

未詳ナラズ。蓋作目ノ二字ハ、色ニハ拘ル可ラズ。

伊知比部第十五

伊知比《イチヒ》　差縄

伊知比ハ櫟也、櫟實ヲ以テ染タル色ヲ皂ト云、橡ト同ジ、然レバ橡染ノ差縄(遺佐黑二本作差)ナルベシ。且飾抄ニ不開物見、黒鞦伊知比遺縄トアリ物見ヲ開カザル事黒鞦ヲ用ユル事並ニ橡染ノ差縄ニ相應ノ事也

松部第十六

松重　狩衣下襲衣

宸翰装束抄及三條装束抄曰、松重面萠黄裏紫云云。物具装束抄曰、松重表青裏赤色云云。藻鹽草及桃花蘂葉曰、松重表青裏紫云云。蘂葉又曰、松重或(據佐黑二本補)裏青云云。案ズルニ表ハ青カルベキコト歟、[裏ハ]赤ト紫トハ可否定メ難シ。書及名ニ依テ義ヲ取レバ、紫ト云フヤ勝ルベカン。

同　女房之重

假字装束抄曰、松重上二ツ蘇芳ノ濃キ薄キ、萠黄ノ匂ヒタル三云云。同片假字附曰、松重ハ青キヲ上ニテ有ヲ、見ル樣ニオボユルハ僻事カ。

檜部第十七

檜皮《ヒハダ》 狩衣 衣

宸翰装束抄曰、檜皮表檜皮色、（或下佐二黒本文字有）裏同色也。或花田、裏兩說共無レ若事也。老者ハ白裏云云。物具装束抄曰、檜皮面紫裏同、宿老人白裏用云云。永仁連署記曰、檜皮面紫裏萠黄云云。此等ハ檜皮狩衣ノ說ナリ。又桃花蘂葉及逍遙院装束抄ニ曰、檜皮表蘇芳黑ミアリ、裏花田云云。藻鹽草ニ曰、檜皮表ハ、薄丁子染ナルナリ云云。此等ハ檜皮ノ衣ノ說ナリ。右ノ說ニ皆相似テ然カモ同ジカラズ其可否ヲ定ムベカラズ。

同 褐

檜皮ノ褐、西宮記ニ出ヅ。案ズルニ右ニ注セル狩衣衣ノ檜皮ハスデニ表裏ノ色ニ因テノ名ナリ。然レドモ西宮記ノ比ナレバ裏ニ拘ハル事ニハアラザルベシ。宸翰装束抄ニ、檜皮ノ狩衣ヲ面ヒハダ色、裏同色也トアレバ、別ニ檜皮トイフ色アリ、蓋檜樹ノ皮ノ色ナルベシ。桃花蘂葉及逍遙院装束抄ニ、檜皮ノ衣表蘇芳黑ミアリト云フヲ以テ察スレバ、蘇芳ニ黑ミヲ入レテ染ルナラン歟。

支子部第十八

黄支子《クチナシ》

縫殿寮式曰、黄支子綾一匹、支子一斗、薪三十斤。帛一匹、支子八升、薪二十斤。絲一絇、支子三升、薪二十斤。

淺支子

縫殿寮式曰、淺支子綾一匹、支子二升、紅花小三兩、酢一合、槀半圍、薪三十斤。帛一匹、支子三升、紅花小三兩、酢八勺、槀小半圍、薪六斤。絲一絇、支子七合、紅花小一兩、酢五勺、槀小半圍、薪三斤。

深支子 袍

縫殿寮式曰、深支子綾一匹、紅花大十二兩、支子一斗、酢五合槀半圍、薪三十斤。帛一匹、紅花大八兩、支子七升、酢四合槀半圍、薪三十斤。絲一絢、紅花小一斤、支子三升、酢一合五勺、槀小半圍、薪二十斤。

支子　衣

深支子ニテモ淺支子ニテモ、通ジテ稱スベシ。但中古以來衣ナドニ支子トアルハ、上ニ擧タル黃支子ナルベシ。

木蘭部第十九

木蘭地　直垂衣　指貫

逍遙院裝束抄曰、黑紅色ムクランジ《チ歟》ト云色ノ由或ハ申シ侍リシ云云。又曰、木蘭地黑紅色歟云云。然レバ中古以來木蘭ト稱スルハ、黑紅色ニシテ黃橡ノ下ニ注セルトハ異ナリ。

柑子部第二十

柑子色　單袴　大口

萱草色ノ下ニ注ス。

胡桃部第二十一

胡桃染　衫刀ノ緒

所見ナシ。蓋胡桃子ノ如キ色歟。

貞丈按胡桃染ハクルミノ核ノ色ナルベシ

栗部第二十二

栗色

藻鹽草曰、栗色赤黑シ、經ハ紫緯ハ紅歟云云。案ズルニ是左ニ擧タル落栗色ト一物歟。若然ラバ織物ニスル時ハ、此文ノ如ク、染色ニスル時ハ左ノ文ニ據ベキ歟。

落栗色（據諸本補）　衣

花鳥餘情曰、落栗トハ濃紅ノ黑ミ入タルホドニ染タルヲ云ベシ云云。源氏物語類字抄曰、落栗色トハ、濃紅ノ色云云。案ズルニ、濃紅ノ黑ミ入テ栗ノ子ノ如クナル色ナルベシ。猶右ノ栗色ノ下ニ注ス。

小栗色　狩衣

（據諸本補）假字裝束抄曰、秋ハ秘色ニ薄靑裏附テ、コクリ色トテオトナシキ人ハ著ナリ。

杉部第二十三

淺杉染　袴

未詳ナラズ。若ハ淺葱ヲ云歟。然レバ淺葱《アサギ》ノ本義葱ニ非ズシテ、杉ノ中略ノ名歟。淺葱ノコトハ淺黃ノ下ニ詳ナリ。

桑部第二十四

桑　袍

此色未詳ナラズ。但緗《シャウ》ト云色アリ。釋名曰、緗桑也、桑初生スル之色也云云。字書ニモ、緗淺黃色、如ニ桑之初生ニトアリ。然レバ桑モ緗ト同ジク、淺黃色歟。又當世桑染ト稱スルハ、桑子ノ色ニテ赤黑也。但衣服令ノ服色ヲ擧タル中、桑ハ黃ニ並ビテ緋紅等ニ並ハザレバ、淺黃義ニ近キ歟。

裝束色彙卷二終

裝束色彙卷第三目錄

草名類

裝束部

蓬部　第十三下　一品
百合部　第十四　一品
萩部　第十五　六品
海松部　第十六上　一品
スゝキ部　第十六下　尾花同　三品
女郎花部　第十七　二品
藤袴部　第十八　一品
桔梗部　第十九　一品
忍部　第二十　一品
龍膽部　第二十一　二品
苅萱部　第二十二　一品
菊部　第二十三　十二品
紫苑部　第二十四　二品
ツキ草部　第二十五　一品
槿部　第二十六　一品
枯部　第二十七　二品
木賊部　第二十八　四品

苔部　第二十九　一品
蒲萄部　第三十　音訓並同　二品
藍部　第三十一　九品
麴塵部　第三十二　三品
豆部　第三十三　一品
鬱金部　第三十四　一品
茜部　第三十五　一品

通計百十三品
（按總計百九品）

裝束色彙卷第三

草名類第三

草部第一

若草　衣

藻鹽草及桃花蘂葉曰、若草表薄青、裏濃青。

萱草色　衣袴

花鳥餘情曰、萱草色ハ柑子色ト大略同ジ、色ハ藍ニ蘇芳木ダウサヲ入レテ染ル由見エタリ。古キ繪ナドニハ少シ黄色ノ交ハル也云云。桃花蘂葉曰、萱草色柑子色ニ大略同ジ、蘇芳ニダウサヲ入テ染云云。兩書共ニ後成恩寺ノ抄ナレバ、詳ナルヲ取テ花鳥餘情ニ從フベシ。

ツキ草　衣

藻鹽草曰、ツキ草表花田、裏薄花田云云。桃花蘂葉曰、ツキ草表裏縹云云。案ズルニ、表裏縹ニテハ縹色ニ混ズ、裏薄花田ト云說可ナラン歟。

貞丈云、下ニ重テツキ草ノ部アリ

蕨部第二

早蕨　衣

藻鹽草曰、早蕨、表紫、裏青、桃花蘂葉同ジ。

藤部第三

藤　狩衣下襲衣（黑本無衣）

物具裝束抄曰、藤、面經青、緯黃、裏萠木云云。同一本及桃花蘂葉曰、藤、面薄紫、裏青云云。蘂葉一本曰、藤、表薄朽葉、裏青云云。案ズルニ、書及名ニ據レバ表薄紫、裏青說ヲ用ユベキ歟。

同　女房之重

假字裝束抄曰、藤薄色ノ匂ヒテ三ッ白キ表二ッガ裏青キ濃キ薄キ。

同　差繩

藤青打交ノ下ニ注ス（注ス佐黑二本作注スルガ如シ）

白藤　衣

藻鹽草及桃花蘂葉曰、白藤表淺(淺佐黑二本作薄)紫、裏濃紫。

藤重　狩衣 衣

藻鹽草及永仁連署記曰、藤重(重佐本作裏)表紫裏薄紫云云。女官飾抄曰、藤重表蘇芳裏青云云。案ズルニ藤花ノ色紫ナレバ、紫ノ表ニ薄紫ノ裏ノ重ヌルヲ藤重ト云ベキ義ナリ。但藤ト云ト藤重ト云ハ、傍例ヲ考フルニ同色ナルベキ事ナリ。今此《コヽ》ニ引トコロノ説、上ニ擧タル藤ノ説ト同ジカラザレハ、各別ノ如クナレトモ、諸抄藤ヲ擧タル書ニハ藤重ヲ載セズ。藤重ヲ記シタル抄ニハ、藤ヲ見《アラハ》サズ、然レバ藤ト藤重ハ一物ニシテ、此《コヽ》ニ引用キタル三ノ抄ハ、藤ノ異説ナラン歟。

菫部第四

菫《スミレ》　衣

藻鹽草及桃花蘂葉曰、菫、表紫裏薄紫。

壺菫　衣

藻鹽草及桃花蘂葉曰、壺菫、表紫裏薄青。

躑躅部第五

躑躅　下襲 汗衫 半臂 衣

台記曰、躑躅下襲、表蘇芳、裏紅打云云。桃花蘂葉曰、躑躅ノ染下襲、表蘇芳裏青打云云。同書及女官飾抄曰、躑躅衣、表蘇芳裏青云云。假字装束抄曰、下襲躑躅ト云ハ、常ノ下襲ヲ云ナリ云云。宸翰装束抄曰、面白粉張、裏濃蘇芳、中部花田ハ躑躅ノ下襲ト號シテ云云。桃花蘂葉曰、平絹ノ下襲ヲ躑躅ノ打下襲ト云、其モ裏ハ蘇芳ナルヲ、フシ金ニテ染ルナリ、夏ハ縠ノ遠菱ノ文蘇芳ニテ黑ム程染ム、夏ノ下襲ヲバ蘇芳ノ下襲ト名ヅケ侍レバ、自相違ナキナリ云云。同書ニ曰、躑躅ノ下襲、表白瑩中倍《べ》水色、裏濃打云云。同書及逍遙院装束抄曰、躑躅ノ下襲、表白瑩裏濃打云云。逍遙院装束抄曰、躑躅下襲平絹也、色ハ蘇芳ノ下襲ニ同ジ云云。同書曰、一説面白裏蘇芳或青トモ云云。如レ此色々ノ説アレドモ、下襲ニテハ表白裏蘇芳ニテ、其蘇芳ノ色ヲ五倍子鐵漿ニテ染ルヲ、躑躅下襲ト云事、中古以來ノ定式ニテ、今ニ至ルマデ猶然リ、此色ニテ綾織物ノ下襲ナレバ蘇芳下襲ト稱スル也。又台記ニ、表蘇芳裏(據諸本補)紅打ト云ルハ桃花蘂葉ニ、表蘇芳裏青ト云ルニ同ジク、是染下襲ノ躑躅ニテ、常ノ下襲ノ躑躅トハ同名異物也、案ズルニ躑躅ト名ヅケテ表白キハ頗義ニ遠シ、是常ノ下襲ニ限リタル事トミエタリ。染下襲及衣ニ、表蘇芳裏青ナレバ、汗衫(據諸本補)以下他物ニ躑躅ト云ハ、皆此色ナルベシ。台記ニ、裏紅打ト云ルハ、其説類少ケレバ用ヰ難シ、但延喜式ノ比ヨリ以往ニ躑躅ト云ルハ染色ナルベケレバ、躑躅染ト云ニ同ジカルベシ。

同　女房之重

假字裝束抄曰、紅匂ヒテ三ツ青キ濃淺キ二ツ。

躑躅染　袍

躑躅ト云染色所見ナシ。蓋上(據諸本補)ニ擧タル染下襲、及衣ノ表裏ノ色ヲ以テ准ジ量ルニ、蘇芳ノ濃シテ少シ黑ミタル程ナルヲヤ躑躅染ト云ベカラン、躑躅ノ花ノ色モ如此ナリ。

モチ躑躅　衣

藻鹽草及桃花蘂葉曰、モチ躑躅表紫裏紅。

同　女房之重

假字裝束抄曰、モチ躑躅蘇芳三ツ匂ニテ青□□□□スキ。案ズルニ此虫喰キコキウノ四言ニテ青キ濃キ薄キナルベシ

岩躑躅　衣

藻鹽草及桃花蘂葉曰、岩躑躅表紅裏紫。

白躑躅　衣

藻鹽草曰、白躑躅表白裏紫云云。桃花蘂葉曰、白躑躅表紅裏紫云云。案ズルニ、蘂葉ノ説ノ如クナレバ既ニ岩躑躅トノ差別見エズ、且白躑躅ノ名ニ似ズ藻鹽草ノ説ニ從フベシ。

紅躑躅　衣

女官飾抄曰、紅躑躅、表蘇芳裏紅。

山吹部第六　黄花欵冬並同

山吹　差縹

染成シテ欵冬色ト稱スル物アリ、黄朽葉ノ下ニ注ス。

同　下襲衣狩袴

藻鹽草曰、山吹衣、表朽葉裏黄云云。桃花蘂葉曰、欵冬表薄朽葉裏黄云云。又曰、花山吹、タヾ山吹トモ云（云佐黒二本無）云云。案ズルニ花山吹ノ色モ、諸說大略此色也。然レバ山吹、花山吹同物ナルベシ。但藻鹽草ニハ、山吹ノ外ニ花山吹ト云ヲ擧テ、其色同ジカラズ、然レドモ、彼書ノ花山吹ノ色、自餘ノ諸抄ト大ニ異ナレバ信ジガタシ。

花山吹　狩衣下襲衣

宸翰裝束抄曰、花山吹、面黄朽葉、織物ナラバ經紅緯黄用レ之ヲ、裏紅云云。物具裝束抄曰花山吹面經紅緯黄裏黄云云。同一本及桃花蘂葉曰、花山吹表薄朽葉裏黄云云。三條裝束抄曰、花山吹、表朽葉裏紅云云。藻鹽草曰花山吹表黄裏薄萠黄云云

此說々ノ可否定ムベカラズ。但表ノ色ハ朽葉ト云ヒ、薄朽葉ト云ヒ黄朽葉ト云モ、經紅緯黄ト云ニ異ナルベカラズ、表黄ト云ハ、異說ナルベシ、裏ノ色ハ、左ニ擧タル女房ノ衣ノ重ネ様、及タヾ山吹トモ云名ニ據ハ、紅ト云ンヨリ、黄ト云ヤ義ニ近カラン。

同　女房之重

假字裝束抄曰、花山吹、上ヨリ下マデ皆中□ロノ山吹ナリ。案ズルニ此虫食ハ、イノ字ニテ中色ナルベシ

青山吹　衣

藻鹽草及桃花蘂葉曰、青山吹、表靑裏黄。

裏山吹　狩衣下襲衵衣袴（袴佐本作衫）

宸翰裝束抄曰、裏山吹、面黄朽葉裏靑云云。物具裝束抄曰、裏山吹、面黄裏萠木、或ハ紅云云。桃花蘂葉及逍遙院裝束抄曰、裏山吹表黄裏紅云云。此說々ノ可否定ム可ラズ、書ニ依テ信ヲ取レバ、

左ニ擧タル女房ノ重ニ准ジテ、表黄裏濃山吹ヲ用ユベキ歟。蓋裏山吹ト云名ハ、裏濃山吹裏倍《マサリ》ノ山吹ナド云ベキノ略名歟。然アラバ表黄裏濃山吹ト云説、義ニモ 佐黒二本有 近カルベシ。

同 女房之重

假字装束抄曰、裏山吹表皆黄也。裏皆濃山吹。

山吹匂 衣

紫匂、及左ニ擧タル女房ノ重ニ准ズルニ、表山吹裏黄ナルベシ。

白山吹 下襲

未詳ナラズ。若クハ表白裏山吹色歟。

濃山吹 衣

字ノ如ク、山吹色ノ濃ナルベシ。

薄山吹 衣

字ノ如ク、山吹色ノ薄キナルベシ。

卯花部第七

卯花 狩衣 下襲 衣

物具装束抄曰、柳卯花同體云云。桃花蘂葉曰、卯花同レ柳ニ云云。物具抄一本曰、卯花面裏共ニ薄青云云。藻鹽草曰、卯花ノ衣、表裏白シ、或ハ表白ク裏青モアリ云云。案ズルニ、卯花柳ニ同ジク表白裏青ナルコト、諸抄ニ載タル所枚擧ス可ラズ、然ルニ面裏共ニ薄青ト云ハ異説ナルベシ、卯花ト云名ニ據レバ、表ハ白カルベキ事也。又表裏共ニ 佐本有 白シト云モ、白重ト差別ナキニ似タレバ、唯多分ニ從ツテ、表白裏青ヲ用ユベシ。

同 女房之重

假字装束抄曰、卯花表皆白クテ、裏白キニ黄ナル一ツ青キ濃キ薄キ二ツ云云。案ズルニ、狩衣下襲衣等ニテハ、卯花ト柳ト全ク同ジケレドモ、女房ノ重ニテハ少シ差別アリト見エタリ。

杜若部第八

杜若 狩衣 衣

物具装束抄曰、杜若面二藍裏萠木云云。桃花蘂葉

曰、杜若、表 萠黄裏[薄]（諸本有）紅梅云云。藻鹽草曰、杜若、表薄萠黄裏薄紅梅（薄佐黑二本作裏）云云。案ズルニ、物具抄ニ、面二藍裏萠黄ト云者、杜若ノ花葉ノ體ニ似テ、且左ニ擧タル女房ノ重ノ薄色ヲ上ニ重ネタルニモ大略相合ヒタレバ、是定說ナルベシ。

同 女房之重

假字裝束抄曰、杜若薄色匂ヒテ三ア□□紅云云。

案ズルニ此虫食ハホキノ二言ニテ靑キナルベシ

葵部第九

葵 衣

藻鹽草及桃花蘂葉曰、葵表薄靑裏薄紫。

薔薇部第十

薔薇 衣

藻鹽草及桃花蘂葉曰、薔薇、表紅裏紫。

菖蒲部第十一

菖蒲 狩衣下襲衣

物具裝束抄曰、菖蒲、面靑裏濃紅梅（衣諸本作面）云云。桃花蘂葉及女官飾抄曰、菖蒲衣靑裏紅梅。

同 女房之重

假字裝束抄曰菖蒲靑キ濃薄キ□紅梅濃薄キ。

菖蒲《アヤメ》重

藻鹽草曰、菖蒲重表栄種裏萠黄云云。案ズルニ、栄種トハ菘栄ノ花ノ色ナルベシ。

花菖蒲

藻鹽草曰、花菖蒲、表白シ裏萠黄。

根菖蒲 衣

藻鹽草及桃花蘂葉曰、根菖蒲、表白裏紅。

若菖蒲 女房之重

假字裝束抄曰、若菖蒲、表靑キ濃キ薄キ三ツ二ツガ裏白シ、白表二ツ裏紅梅ノ匂三ツ云云。案ズルニ、此文簡也、詳ニ云ヘバ、第一ノ衣《キヌ》表濃靑裏白、其下ノ衣表靑裏白、其下ノ衣表薄靑裏薄紅梅其下ノ衣表白裏紅梅其下ノ衣表白裏紅梅ナルベシ。

苗部第十二

苗色 下襲 衣

桃花蘂葉及逍遙院装束抄曰、苗色薄萠木。

若苗色 衣

藻鹽草曰、若苗色、表裏薄木賊云云。花鳥餘情曰、若苗色、薄青ノ少シ過タル色ナリ云云。河海曰、若苗青也云云。案ズルニ據諸本補河海ニ青トノミ云ルハ略說ナリ。木賊ト薄青トノ間ナル色ト見エタリ。(色ト見エタリ佐本作色ナリ)

瞿麥部第十三 上

瞿麥 狩衣下襲衣

物具装束抄曰、瞿麥、面薄蘇芳裏青云云。同一本曰、或云面用紅梅兩說也云云。桃花蘂葉曰、瞿麥、表紅梅裏青云云。同書異說曰、表裏紅云云。案ズルニ表ノ下脱字アルベシ藻鹽草曰、瞿麥表紅裏薄紫云云。假字装束(衣黑本作表)抄曰、衣裏濃蘇芳、春ハ瞿麥トテキル。夏モ瞿麥トテモ、又裏濃キ蘇芳トテモ、若キ人オサナキキル云云。此說々ノ可否定ム可カラズ。但自餘ノ抄ニモ、表紅梅裏青ト云說多シ。

同 女房之重

假字装束抄曰、表蘇芳匂ヒテ三ツ白表二ツ裏蘇芳紅々梅青キコキ薄キ白キ。

花瞿麥

藻鹽草曰、花瞿麥、表紫裏紅。

唐瞿麥

藻鹽草曰、唐瞿麥、(唐佐黑二本作花)表紫裏紅。

白ナデ 女房之重 (白ナデ佐本作白ナデシコ)

假字装束抄曰、白ナデ表皆白クテ、裏蘇芳紅々梅青キコキ薄キ白キ。

蓬部第十三 下

蓬 衣

藻鹽草及桃花蘂葉曰、蓬、表薄萠黄裏濃萠黄、或表白裏青モ有。

百合部第十四

百合 衣

藻鹽草及桃花蘂葉曰、百合、表赤裏朽葉。

萩部第十五

萩 狩衣下襲單衣

物具裝束抄曰、萩面薄紫裏青云云。桃花蘂葉及女官飾抄曰、萩表蘇芳裏青云云。藻鹽草曰、萩面青シ裏濃萠黄云云。此可否ヲ定ムベカラズ。

同 女房之重

假字裝束抄曰、薄色ニ［　　］經下ニ青キ重。案ズルニ此虫食ハアホノ二言ニテ青ナルベシ

夏萩 衣

藻鹽草及桃花蘂葉曰、夏萩表青裏紫。

萩重 衣

藻鹽草及桃花蘂葉曰、萩重表紫裏薄紫。

萩花 狩衣

永仁連署記曰、狩衣面紫裏白ヲバ、萩ノ花色ト申ス云云。案ズルニ、萩花ト云ハ、萩ト云ニ同ジカルベキ事也。然レバ、此ニ引用ユル連署記ノ説ハ、萩色ノ一説歟。

萩經青 下襲衣

桃花蘂葉及女官飾抄曰萩經青經青［表］表據女官飾抄補緯蘇芳裏青。

海松部第十六上

海松色 狩衣狩袴 衣

物具裝束抄曰、海松色、面色青黑ニテ如二海松一、裏白云云。永仁連署記曰、海松色、面濃萠黄、［裏薄萠木］據諸本補云云。桃花蘂葉曰、海松色、表萠木裏青云云。藻鹽草曰、海松色衣黑ミ入程ノ萠黄（衣黑本作表）云云。案ズルニ、青黑ニテ如海松ト云者義ニ近キ歟。但濃萠黄黑ミ入程ノ萠黄ト云モ略同ジカルベシ。

スヽキ部第十六下 尾花同

スヽキ 女房之重

假字裝束抄曰、スヽキ蘇芳ノコキ薄キ三ッ（單佐黑二本作草）［　　］薄キ白キ單 案ズルニ此虫食ハ青キコキノ五言ナルベシ 同片假字附曰、青キヲ上ニ重ネテ中□アリテ 案ズルニ此虫食ハノヘ字ニテ中重ナ

ベルシ下ノ蘇芳ノ單□□□匂ヒテ（案ズルニ此虫食ハ青キノ三言ナルベシ）ヤガテ蘇芳ノ單ト思フハ僻事ニヤ。

尾花 狩衣

左ニ擧タル花スヽキニ同ジカルベシ。

花スヽキ 衣

桃花蘂葉及藻鹽草曰、花スヽキ、表白裏薄花田。

女郎花部第十七

女郎花 狩衣下襲衣 （下佐累二本無）

物具裝束抄及桃花蘂葉曰、女郎花、表經青緯黄裏青云云。藻鹽草曰、女郎花、表青シ裏萠黄云云。自餘ノ諸抄及左ニ擧タル女房ノ重、皆物具抄ノ說ニ同ジ、藻鹽草ノ說獨異ナリ用ユ可ラズ。

同 女房之重

假字裝束抄曰、黄ナルニ青經下ニ青キ重云云。又曰表女郎花裏皆青シ。

藤袴部第十八

藤袴 衣

藻鹽草及桃花蘂葉曰、藤袴表紫裏同。

桔梗部第十九

桔梗 狩衣下襲衣

物具裝束抄曰、桔梗、面二藍裏青云云。藻鹽草及桃花蘂葉曰、桔梗表花田裏同云云。案ズルニ、表裏縹ニテハ圓《マル》縹ニ同ジカルベシ。面二藍ト云者、桔梗ノ花ニ似タルベシ。是正說歟。

忍部第二十

忍 衣

藻鹽草及桃花蘂葉曰、忍、表薄萠黄ニ有ベシ、裏青シ。或ハ摺リモ有ベシ云云。案ズルニ、摺モ有ベシト云モ、表ノ事ニシテ裏ノ事ニハ非ズ。忍衣ノ表、或ハ薄萠黄ニ染、或ハ忍草ノ葉ニテモ摺トミエタリ。其摺タルハ則所謂忍摺ナリ。是モ大略薄萠黄色ト爲ベシ。ナル（爲ベシ佐累二本無）

貞丈云公忠集ニキナカヘクダル人ニ白キ袋ニ青キ物シテスリテ火打ヲソヘヤルトテ「打見

テハ思出ヨト我宿ノ忍草シテスレルナリケリ」

龍膽部第二十一

龍膽《リンダウ》　狩衣衣

物具装束抄及桃花蘂葉曰、龍膽、面蘇芳裏青云云。物具抄一本曰、面黄裏青云云。藻鹽草曰、龍膽表濃花田裏紫云云。此可否定ム可ラズ。

同　女房之重

假字装束抄曰、龍膽杜若ニ同ジ。

苅萱部第二十二

苅萱

藻鹽草曰苅萱名バカリニテ色分チ知ラズ強著《アナガチ》ズ。

菊部第二十三

菊　狩衣下襲半臂衣

物具装束抄曰、菊、面白裏青或此色號葉菊云云。桃花蘂葉及逍遙院装束抄曰、菊、表白裏蘇芳云云。藻鹽草曰、菊表白シ裏紫云云。案ズルニ菊ト云ハ物名ニテ、葉菊、莟《ツボミ》菊、白菊、蘇芳菊、移菊、紅菊、[黄菊]據諸本補等ノ色々ヲ通ジテ稱スル歟。故ニ假字装束抄ニ、菊ノ様々ヲ記シテ數色ヲ擧タリ。紅葉ノ様々ト記シテ紅々葉櫨紅葉ナドヲ左ニ列ネタルニ同ジ。然レバ一色ニ限リタル菊ト云ハ有ベカラズ。今此ニ引用ユル説ノ中表白裏青ト云ハ是葉菊ナリ、表白裏蘇芳ト云ハ是白菊蘇芳菊ナリ、表白裏紫ト云モ白菊蘇芳菊ノ異説歟。

同　女房之重

女官飾抄曰、上五ッ蘇芳ノ匂下三ッ白シ云云。是モ亦右ニ論ゼルガ如シ。假字装束抄菊ノ様々ノ中ニ、表皆蘇芳ノ匂ウ[　]ナ白シ案ズルニ此虫食ハヲミノ二言ニテ裏皆ナルベシト云アリ。此文ト相似タリ。蓋指トコロノ一名ナラン。然レドモ假字抄ノ文、虫食多クシテ考フ可ラズ。

同　差縄

玉海治承二年十月晦日、右中將良通春日祭ノ勅使

發向條曰、菊ノ差繩、靑匂蘇芳匂各一筋有總云云。三條裝束抄曰、菊差繩、靑匂蘇芳匂也、各一筋總アリ云云。案ズルニ、靑匂一筋、蘇芳匂一筋、此二筋ヲ用ユルヲ菊差繩ト云ト見エタリ。凡狩衣衣等ニ菊ト云色種々アルガ中ニ、專用ユル色二アリ。表白裏靑、是ヲ葉菊ト云。表白裏蘇芳、是ヲ白菊又ハ蘇芳菊ト云。然レバ、差繩一筋ハ白ト靑トヲ打交テ靑匂トシ、一筋ハ白ト蘇芳トヲ打交テ蘇芳匂トシ、二筋ヲ兼テ菊ト名クルコト義明ナル歟。

菊打交《ウチマゼ》　差繩

右ニ准ズルニ、靑匂蘇芳ノ匂ヲ打交テ一筋ト爲ヲ云ト見エタリ。但靑匂、蘇芳匂、本ヨリ打交ナレバ是ヲ又打交ンニハ用意アルベシ。蓋差繩ノ絲ヲ十分トシ、五分ハ白絲、二分半ハ靑絲、二分半ハ蘇芳絲ヲ用キテ可ナラン歟。

葉菊　狩衣

物具裝束抄曰、菊面白裏靑或此色號ニス葉菊一ト。

莟《ツボミ》菊　衣

藻鹽草及桃花蘂葉曰、莟菊表紅裏黃。

白菊　狩衣

桃花蘂葉及逍遙院裝束抄曰、白菊、表白裏蘇芳、又號ニ蘇芳菊一。

蘇芳菊　狩衣　衣

右ニ注ス。（注佐黑二本作准）

黃菊　狩衣　衣（據諸本補狩衣衣）

物具裝束抄及藻鹽草曰、黃菊、面黃裏靑。

移ロヒ菊

物具裝束抄曰、移菊、面薄紫裏靑云云。桃花蘂葉及女官飾抄曰、移菊、表中紫裏靑云云。藻鹽草曰、移菊、面紫裏白シ、或ハ黃也云云。案ズルニ表ハ紫、中紫、薄紫イヅレニテモ菊花ノ移ヘル色ナレバ、可否定メ難シ、裏ハ白餘ノ菊、イヅレモ裏靑ナレバ白黃ト云ハ異説歟。

殘《ノコリ》菊

藻鹽草曰枯野ノ衣表裏薄青シ或ハ白クモアリ表ハ必黄也案ズルニ表裏ノ字ノ間ニ黄ノ字ヲ脱セルナルベシ殘菊色上ニ同ジ云云

菊重　狩衣

菊ニ同ジカルベシ。

紫苑部第二十四

紫苑　狩衣

物具装束抄曰、紫苑色狩衣、面濃薄色裏青云云。桃花蘂葉及逍遙院装束抄曰、紫苑色衣、表薄色裏青云云。藻鹽草曰、紫苑衣、面紫裏蘇芳云云。如此説々アレドモ、左ニ擧タル指貫ノ色ニ同ジカルベケレバ、表薄色裏青ト云者正説歟。

同　指貫

假字装束抄曰、薄色ノ冬ノ指貫、紫苑色トテ着ル。タヾシ紫苑色ハ僻事ナリ云云。又曰、紫苑色ノ指貫トテ九月バカリニ殿上人ナドノ着ルハ、表ハ薄色ノ夏ノ指貫ニテ、青裏ノ張裏ヲ附テ着ル也、之ヲ紫苑色トハ云ヲ、唯薄色ノ冬ノ指貫ヲ着タル見苦シタ々云云。次將装束抄曰、紫苑色ノ指貫、古人紫苑色ノ(色佐黑二本無)面青裏着之、近代只以ニ例ノ薄色ノ指貫一ヲ稱ニ紫苑色ニ着レ之云云。案ズルニ(據諸本補)表薄色裏青キヲ紫苑色ト云テ、後世常ノ薄色ノ指貫ヲ、直ニ紫苑ト稱スルト見エタリ。又河海ニハ、面薄紫、裏萠黄ト注セリ、然レドモ狩衣衣等モ多分ノ説裏青ナレバ、此河海ノ説及右ニ擧タル藻鹽草ノ説ハ異説ナルベシ。

ツキ草部第二十五

ツキ草　衣

藻鹽草曰、ツキ草、表縹(縹佐黑二本作練)裏薄縹云云。桃花蘂葉曰、ツキ草表裏縹云云。案ズルニ、表裏常ノ圓縹ニ同ジキハ如何、裏薄縹ト云者義ニ近キ歟。

貞丈云、ツキ草ハ鴨頭草ナリ、キトイ音相通スル故ツイ草トモ云イトユ相通ズル故轉ジテ俗ニツユ草ト云、其花ハナダ色ナリ。

又云、上ノ草名類第一草部ニツキ草アリ、又重テ此ニツキ草ヲ立タリ。

槿部第二十六

槿《アサカホ》 衣

藻鹽草曰、槿表縹裏同云云。桃花蘂葉曰、槿表裏縹。

枯部第二十七

枯色 狩衣

宸翰裝束抄曰、黄青裏狩衣、是ハ號ニ枯色一ト表香裏青（案ズルニ香ハ黄ノ誤ナルベシ）云云。物具裝束抄曰、枯色表黄裏青云云。桃花蘂葉及逍遙院裝束抄曰、枯色、表白裏薄色云云。案ズルニ、枯色ト云名ニ據レバ、表黄裏青ト云者義ニ近キ歟。

枯野 狩衣

藻鹽草曰、枯野衣表裏薄青シ、或ハ白クモアリ、（案ズルニ、表裏ノ字ノ間ニ黄字ヲ脱セルナルベキ歟）云云。案ズルニ、桃花蘂葉ノ衣ノ色々ノ中ニ、枯色ト枯野ヲ別ニ擧タリ、然レドモ其名及其色ヲ考フルニ、枯色枯野一物歟。

木賊部第二十八

木賊 狩衣下襲狩袴

藻鹽草曰、木賊面經黄緯青キ也、六位ナド用ヰ着《キル》也、裏白シ、或ハ共色ナリ云云。永仁連署記曰、木賊、狩衣表萠黄裏白云云。猶青朽葉ノ條參考スベシ。説々ノ可否定ムベカラズ。

黒木賊 衣

右ノ木賊ノ黒ミタルナルベシ。

青木賊 衣

右ノ木賊ノ青ミ勝タルナルベシ。

黄木賊 衣

右ノ木賊ノ黄ミ勝タルナルベシ。

苔部第二十九

苔色

藻鹽草曰、苔色濃萠黄也。

蒲萄部第三十 音訓並同

蒲萄　袍狩衣襖子下襲單大帷衣指貫

衣服令義解曰、蒲萄紫色之最淺キ者也云云。同集解釋曰、蒲萄青色也、俗云ニ鳩染ノ也。古記ニ曰、蒲萄謂ニ青色、鳩染是也。縫殿寮式曰、蒲萄綾一匹、紫草三斤、酢一合、灰四升、薪四十斤。帛一匹、紫草一斤、酢一合、灰二升、薪二十斤云云。案ズルニ、紫ノ最淺者ハ、薄青クシテ蒲萄ノ子鳩ノ毛ノ色ニ似タリ、故ニ青色鳩染ナド・モ稱スル也。其蒲萄色染爲《ナス》時ハ、上ノ文ニ從フベシ。又名目抄ニ曰、蒲萄、經赤緯紫歟云云。桃花蘂葉及逍遙院裝束抄曰、蒲萄表蘇芳、裏縹、又織物、經赤(赤據諸本補)緯紫云云。逍遙院抄又曰、蒲萄衣表蘇芳裏縹、當時着用ハ薄色指貫ノ色也云云。藻鹽草曰、蒲萄染、經紅緯紫云云。此等ハ織物ニシ、又ハ表裏アル時ノ定ナリ。上ニ擧タル染色ニハ似ザルガ如ク(如ク佐黑二本作似タ)ナレドモ諸抄如此ナレバ、僻事ニハ非ジ。又逍遙院抄ニ當時着用薄色指貫色也ト云ルハ、是亦染色ニシテ、紫色ノ最淺キド云ト同ジキト見エタリ。

貞丈云。令集解釋ニ青色也ト云ハ誤ナルベシ、延喜式ノ染式ニ紫草ヲ以テ染ム其外諸抄ノ説皆紫也、令義解ニ紫色之最淺者也ト云ニ合ヘリ、青色ト云ハ異説ナリ、夫木抄山家百首水邊杜若源仲正。「誰カ住ム山下水ノカキツハタ、ムベエビ染ノ色ニサキケリ、此歌ニモ紫ナリ又枕冊子ニ一ノ人ノ御アリキ春日マウデ、エビソメノオリモノスベテ紫ナルハ何モ〳〵メデタクコソアレ、花モ絲モ紙モ紫ノ花ノ中ニハカキツバタゾ少シニクキ色ハメデタシ。

唐《カラノ》蒲萄染　狩衣

案ズルニ、是一種ノ染色ニハ非ズシテ、唐綾ヲ蒲萄染ニセルナルベシ、

藍部第三十一

深藍

縫殿寮式曰、深藍色、絲一絇、藍一圍小半、黃蘗十四兩、薪二十斤。

中藍

縫殿寮式曰、中藍色、絲一絇、藍一圍、黃蘗十四兩、薪二十斤。

淺藍

縫殿寮式曰、淺藍色、綾一匹、藍半圍、黃蘗八兩。帛一匹、藍半圍、黃蘗八兩、絲一絇、藍小半圍、黃蘗八兩、

白藍

縫殿寮式曰、白藍色、絲一絇、藍小半圍、黃蘗七兩。

藍 襖子

藍トノミ稱スルハ、蓋淺藍歟。右ニ舉タル四色ノ藍ノ中、淺藍ニノミ綾帛ヲ染ル分量ヲ式ニ載セタリ。然レバ、衣服ニハ必淺藍ヲ用ユル歟。縫殿寮式年中御服ノ中ニモ、藍薄色ト云アリ、是則淺藍ナルベシ。其深藍、中藍、白藍等ヲ衣服ニ用ヰタルハ、イマダ見及バズ。

藍薄色 移

右ニ注ス

二《フタ》藍 直衣狩衣下襲半臂單婦人帷衣袴狩袴

宸翰裝束抄曰、二相トハ赤花青花ト相交ワ(ハ歟)ル色ナリ云云。桃花蘂葉曰、二藍以二赤花及青花一ヲ染ルヲ云也云云。青花ハ藍也、赤花ハ紅花也今ハ藍ニ染テ上ニ紅花ヲ薄ク附ル。

濃二藍 直衣

淺二藍 直衣

上ノ二藍ヲ色ノ淺深ニテ差別セル而已ナルベシ。

麴塵部第三十二

麴塵 袍大袖小袖衣指貫

桃花蘂葉曰、青色衣《キヌ》苅安ト紫トニアクヲサス。又號ス二麴塵一ト云云。或裝束抄曰、麴塵號二青色一。又號

山鳩色云云。然レバ青白橡ニ同ジ。又飾抄曰、麴塵天子常著御稱ニ黄櫨染一云云。逍遙院裝束抄曰、麴塵天子常ニメス黄櫨染ト稱ス、是染ルニハ、(貞丈云是延喜縫殿寮黄櫨染ノ染式ナリ麴塵ハ染式ナリ)綾一疋ニ櫨十四斤、蘇芳十一斤、酢二升、灰三石、薪八荷云云。此二抄ノ說ノ如クナレバ、黄櫨染ニ同ジカルベケレドモ、是ハ誤ナリ。江家次第石清水臨時ノ祭御禱ノ出御ニ、黄櫨御袍トアリ、次ニ御前ノ坐ノ出御ニ麴塵ノ御袍トアリ、次ニ舞ノ事ノ出御ニ青色不レ改トアリ。是黄櫨ト異ニシテ、青色ト同ジキ證也。抑麴塵ハ、青ニシテ且黄ノ色ノ名也。禮記ノ月令ニ曰、季春ノ月天子薦ニ麴衣于先帝一、註曰鞠衣ハ衣ノ色如ニ鞠花黄一也、又黄桑之服者、色麴塵象ニ桑葉始生之色一也云云。麴ノ花桑ノ始テ生スルハ皆青シテ且黄也、青白橡ハ紫草ト苅安草ヲ以テ染、是亦青シテ且黄也、黄櫨染ハ、櫨ト蘇芳ヲ以染、黄ニシテ且赤シ、何ゾ麴塵ノ名ヲ得ンヤ、當時用キラル、所モ、麴塵黄櫨染各別ナリ。

貞丈云、和漢朗詠集ニ墻柳誰家灑麴塵ト見エタリ是柳ノ弱葉ノ色ノ麴塵ニ似タルヲ云ナリ。

壺井義知カ官職浮說或問ニ或問云餝抄ト云ル裝束抄ニ麴塵天子常ニ着御黄櫨染ト稱スト見エタリ。又一說麴塵黄櫨染ハ別色ニシテ麴塵青色ハ一物二名ノ由也何レヲ以テ善トスルヤ。答云凡黄櫨ハ天皇ノ衣服ニシテ御在位ノ外着御ノ例ナシ其染式延喜縫殿寮ニ見エタリ、又麴塵其名傳テ古シ周禮禮記等ニ見エタリ蓋縫殿寮式ニ青白橡ト擧ラレタル是也又青色トモ稱シテ一物多名ノ物也是天皇褻ノ服御ニシテ上皇モ着御皇太子親王以下王臣モ着例枚擧ニ不レ遑然レバ麴塵ヲ青色トモ稱スルモノハ可ニシテ麴塵ヲ黄櫨染ト稱スルモノハ餝抄ノ誤ト覺ユ何ゾ其意謂アランヤ。

青色麴塵　袍

常ノ麴塵ナルベシ、其色青キガ故ニ、青色ノ二字ヲ附テモ稱スル歟。

貞丈云、常ノキクチンヨリハ靑氣ノ過タルヲ云ナルベシ。

青麴塵　褐背子汗衫下襲半臂袴裳（衫黑本作袴）

右ニ同ジカルベシ

豆部第三十三

豆染　下襲ノ裏

柳ノ下ニ注ス

鬱金部第三十四

鬱金染　水干

字ノ如ク鬱金ニテ染ルナルベシ。

茜部第三十五

茜　衵《アコメ》

淺緋ニ同ジカルベシ。惣テ緋ハ茜染ナレドモ、深緋ニハ、紫草ヲ加ヘテ染メ、淺緋ハ、茜バカリニテ染ム、茜ト稱スルニ紫草ハ加フベカラズ。

装束色彙卷第三終

装束色彙巻第四目録

雑名類

鐵部	第三十一	一品
カラカミ部	第三十二	三品
墨部	第三十三	一品
半部	第三十四	一品
兩部	第三十五	一品
二部	第三十六	二品
一部	第三十七	一品
片部	第三十八	一品
タクラヘ部	第三十九	一品
透部	第四十	一品
祕部	第四十一	一品
苦部	第四十二	一品
聽部	第四十三	一品
儲部	第四十四	一品
禁部	第四十五	一品
曳倍支部	第四十六	一品
打部	第四十七	二品
摺部	第四十八	二品
洗部	第四十九	一品
取部	第五十	一品
夾部	第五十一	一品
卷部	第五十二	一品
薄部	第五十三	一品
濃部	第五十四	四品
淺部	第五十五	一品
香部	第五十六	九品
錫部	第五十七	一品
素部	第五十八	一品

通計九十六品

裝束部

装束色彙巻四

雑名類第四

雪部第一

初雪　衣

藻鹽草曰、初雪表白シ是モ聊裏ウルミ色也、或ハ表白ク裏濃紅モアリ云云。桃花蘂葉曰、初雪是モ聊裏ウルミ色也雪ノ下是ニ同ジ、又表白ク裏紅梅云云。案ズルニ一重梅雪ノ下紅梅初雪雪ノ下イヅレモ表白裏紅、若クハ紅梅ニシテ四名一色也。其春用ユル時ハ一重梅ト云、十二月ノ比用ユル時ハ、雪ノ下紅梅ト云又雪ノ下トバカリモ云、雪ノ下ノ紅梅ト云ノ意ナリ。十一月ノ比用ユル時ハ初雪ト云是モ（據諸本補）初雪ノ下紅梅ト云ノ意也。然レバ裏濃紅ト云ヨリハ、裏紅梅ト云コソ（コソ佐本作カタ）義ニ近カルベケレ。又初雪雪ノ下ニハ裏モ白クテ聊ウルミ色ナルヲモ用ユ。此時ハ初雪ノ下ノ白梅雪ノ下ノ白梅ヲ意ニシテ一重梅雪ノ下ノ紅梅トハ同ジカラズ。然レバ初雪雪ノ下ハ白梅紅梅ニ亘ル名ナリ。

雪ノ下　狩衣 衣

藻鹽草曰、雪下表白シ初雪ト同ジ、又紅梅ヲモ云。又表白ク裏紅梅云云。桃花蘂葉及逍遙院装束抄曰、雪ノ下表白裏紅、中部同云云。猶詳ニ右ニ注ス。

同　女房 之重

假字装束抄曰、雪ノ下白キ、二ッ紅梅匂ヒテ三ッ。

空部第二

空色

藻鹽草曰、空色薄淺葱《アサギ》也。

水部第三

水色　下襲 衣

藻鹽草曰水色青キナリ。

貞丈云、此ニ青トアルハ藍色ヲ云也、緑ニ非ズ。

燭部第四

脂燭色　衣

藻鹽草曰、脂燭色緯紅經紫云云。桃花蘂葉曰、脂燭色緯紅經紫、火色ニ同ジ如何云云。然レバ火色モ織物ニスル時ハ、此經緯ニシテ脂燭色ト同ジキトミエタリ。但染タル火色ヲモ脂燭色ト云ニハ非ザルベシ。

火部第五

火色《ヒイロ》　衣　下襲

假字装束抄曰、掻練《カイネリ》ガサネノ下襲トテ、紅ノ濃打タル綾ノ表ニ單モンノフクサ張ノ裏ツケタルヲ着ル云云。飾抄曰、火色皆練已ニ似レ無ニ等差一、但如ニ長寛記一以ニ裏張一ヲ可レ稱ニ皆練《カイ》一歟云云。名目抄曰、火色下重色也、皆練同色也、往昔彼《モ》兩色織物有ニ迷事一歟云云。桃花蘂葉曰、掻練表裏紅打、或裏張又云ニ火色一ト云云。逍遙院装束抄曰、掻練表裏紅打、或裏張又云ニ火色一ト云云。後稱念院装束抄曰、（據諸本補）火色掻練ノ下襲（岡佐黑二本作同）岡御命ニ云、二色無ニ指セル差別事一歟六條殿松殿被ニ賭弓日一、一人ハ裏ヲ打、一人ハ掻練ナリケルトカヤ、兩人替リタリケレドモ、法性寺殿イヅレヲワロシトモ不レ被レ仰云云。助無智秘抄云、火ノ色ノ下重ハカイネリト替リタル物ナリ、火ノ色トハ、裏表共ニ打物只ニテ、中《ナカ》ベヲ入レタルナリ、カイネリトハ、只佐黑二本作尺恐誤裏ハ紅ノ張タルニテ中ベモナキナリ云云。應保元年二月十日中山内府記云、加伊練ハ稱ニ火色一ト。其體面ハ紅打、裏ハ如ニ紅ノ單一中倍《ナカベ》ハ紅色ヲバイヌル也云云。案ズルニヌハルノ誤リナルベシ經郷記云、掻練ノ下重火色ノ下重ハ各別物也、共ニ爲ニ赤色一之間人存ニ同物之由ヲ一歟、是不レ可レ然、掻練ハ張下重也、火色ハ頗色薄シ、掻練ハ赤色殊ニ深キ也云云。然レバ二色指タル差別無レ共、細ニ之ヲ別テハ、裏表共ニ打テ中倍ヲ入タルヲ火色ト云ヒ、裏ヲ張テ中倍モ無ヲ搔練ト云ト見エリ。又通ジテ稱スル說モ、强テ難ズベキニ非サル歟。又織物ノ時ハ、緯紅經紫ナルヨシ桃花蘂葉ニミエ、右ニモ注シタリ。

貞丈云、練ノ部參考スベシ

又云、赤染衞門家集云、丹波守ナクナリテ七日ノ誦經ニストテ、裝束トモトリイデタルニ、ムヅキキタリシカイネリガサネノシタガサネノアザヤカナリシニ「カサネテシ衣ノ色ノクレナヰハナミダニシメルソデトナリケリ。」

貞丈按、榮花物語御裳著ノ卷ニ賤シキサマシタル女トモクロカイネリキテ云云。又源氏物語初音ノ卷ニヒカリナク黑カイネリノサビ〳〵シクハリタル云云。同ヤドリ木ノ卷ニキヨゲナル細長トモシロキカイネリナドタヾアルニシタガヒテタヾナルキメアヤナド取出シタマフ云云。右ノ如ク黑カイネリ白カイネリトアレバ色々ノ搔練アルベシサレバカイネリト云ハ色ノ名ニアラズ裝束抄トモニ赤キ色ノ名トスルハ誤也、カイネリノカイハ助語也、取ルト云ヲカイトルト云モコムト云ヲカイコムト云ヒヤルト云ヲカイヤルトモ、スツルト云ヲカイスツルト云フ類ニテカイニ何ノイハレモナシ、タヾ詞也、ネリト云ハ絹ヲ練リタルナリ、練ザル絹ヲス、シト云ネリタル絹ヲカイネリト云。

虹部第六

虹色　衣

未詳ナラズ、若クハ虹蜺ノ色ニテ青ト赤トノ經緯ニテモ有ベキ歟。

當色部第七

當色　衣

桃花蘂葉及逍遙院裝束抄曰、當色ハ謂二位色一也、見ニ衣服令義解ニ云云。當色トハ、其位ニ定マリタル色ヲ云、故ニ位色トモ云、衣服令ニ、當色ト指タルハ、皇太子ハ黄丹親王四品以上諸王諸臣ノ一位ハ深紫、諸王ノ五位以上、諸臣ノ二三位ハ淺紫、諸臣ノ四位ハ深緋、同五位ハ淺緋、六位ハ深綠、七位ハ淺綠、八位ハ深縹、初位ハ淺縹、無位ハ黄、家人奴婢ハ橡是也。然レドモ中古ニ至テハ七位以下(據佐黑二本補)ノ階級モ廢レ、深紫以下ノ色モ轉變セリ。只中古以來ノ袍ノ色ノ三等ヲ以云ベシ。○三等トハ四位以上、五倍子鐵漿《カネ》、五位蘇芳、六位縹是ナリ。是皆各着ベキ袍ノ色ニシテ、下衣マデ位ニ依テノ定アルニハ非ザレドモ、當位ノ袍ノ色ナル故、當色位色ト名ヅクルト見エタリ。假令ハ四位以上ハ五倍子鐵漿衣ヲ、當色位色ト稱スルノミニシテ、必之ヲ着ト云ニハ非ズ、五位ノ蘇芳六位ノ縹モ、之ニ准ジテ知ベシ。

貞丈按位袍ノ外ニ又別ニ當色ト云アリ。餝抄舞人小忌付赤紐條ニ云、仁平元十一廿五祕記曰、臨時祭舞人隆長少將青摺私調レ之當色頸紙不合期故也下略又摺袴ノ條云、同以二公物一著用之、但下袴津賀利《ツガリ》絲私用意之云云(中略)仁平元十一廿五或祕記曰舞人隆長少將摺袴當色津賀利但私儲之濃袴私儲之當色袴麁惡之故也又舞人下襲付半臂條云、同可レ用二公物一仁安二三臨時祭故殿勤二仕舞人一令レ用二公物一也、或壯年結構之人私調之著用非レ無二先例一同首書曰仁平元十一廿五或記曰臨時祭舞人隆長半臂當色下重

○右ノ文ヲ以テ考ルニ公物ト云ヒ又當色ニ對シテ私ニ調之ト云ヘリ然レバ當色ト云ハ即公物也公物トハ其勤仕ノ事ニ付テ其裝束ヲ調テ公ヨリ配當シ給フ故公物ト云ヒ是ヲ當色ト云也紫式部日記榮花物語等ニ上東門院御產ノ事ヲ書ル章ニ宮ノ下部ミドリノキヌノ上ニ白キタウシキ着テ御湯《ミユ》參ルト云ヘルモ御產所ハ白キ服ヲ用ル故公ヨリ白キ袍ヲ賜タルヲ六位ノ綠袍ノ上ニ着タルヲ云也後代下部ノ着スル白

張ノ事ヲ當色ト云モ白張ヲ主君ヨリ調ヘテ其者共ニ配當シ賜ハル故ナリ

位部第八

位色　衣

詳ニ右ノ當色ノ下ニ註ス。

位袍

右ニ准ジテ知ベシ。又乘輿ノ服御ニ位袍ト云ハ、黃櫨染ノ御袍也、何《イカ》ニトナレバ麴塵赤色ナドハ御袍ナレドモ、太上天皇皇后皇太子攝政關白大臣納言參議等モ着用シ、極臈ニモ申下ス、只黃櫨染ハ、太上天皇ト云ヘドモ着御シ賜ハズ、御在位ニ限リタル御袍ナレバ、位袍ト云也。且西宮記北山抄江家次第ヲ交考フルニ、甲《カ》ノ書ニ位袍ト記シテ乙ノ書ニ黃櫨ト載タルモ見エタリ。

位服　袍也

右ニ同ジ。但服御ニハ稱セルヲ見ズ。

位襖

位ノ字義ハ右ニ同ジ。襖ハ闕腋ノ袍ナリ。

御卽位《オシヨクヰ》ノ沓

三內祕記曰、御卽位ノ沓ハ如ニ唐人ノ沓一皆朱中ハ以レ錦ヲ張レ之ヲ、有レ環有ニ紅ノ緒一。

今部第九

今樣色　衣

花鳥餘情曰、今樣色トハ紅梅ノ濃ヲ云也。譬ヘバ濃紅ニモ非ズ、色又紅梅ニモアラズ、半《ハシタ》ノ色ニテ此比出來ル色ナレバ、今樣色ト云ル大略聽色ト同ジキナリ云云。桃花蘂葉曰。今樣色濃紅梅。

壺井義知カ源氏裝束抄註ニ云、此比出來タル色ナレバ今樣色ト云ルトノ註心得ガタシ、是深紅ハ禁制ナレバ今是程ニ聽ルベシト樣色ヲ賜タルヲ云ヘリ。樣ノ字タメシトヨメリ。法曹至要抄曰、紅染事延長四年十月九日宣旨云紅染深色可禁制之由去延喜十八年三月十九日給

本様色絹已畢（下略）

諒闇部第十

諒闇靴沓

飾抄曰、諒闇靴沓、保元元年或秘記云、靴無文革緑靴帶不レ樺靴毯淺黄絹。

忌部第十一

小忌 袍

靑摺ニ同ジキ事明ナレバ釋スルニ及バズ。

貞丈云、小忌ト云ハ色ノ名ニ非ズ又服ノ名ニモ非ズ、大嘗會新嘗會等ノ神事ニアヅカル人、大忌小忌ト云事アリ、齋戒スル事也、此人々ノ着ズル祭服ヲ小忌ノ衫ト號ジテ白布ニ靑ク文ヲ摺テソレヲ束帶ノ上ニ着ルナリ。サレバ小忌ト云ハ靑摺ノ一名ト思フベカラズ、小忌ト云ハ齋戒ノ事ニテ小忌ノ衫ト云ハ服ノ名也、其衫ノ文ハ靑摺也。

德部第十二

半宿德 指貫

或装束抄曰、白綾文藤丸指貫裏平絹白稱二之宿德一、又裏靑號二半宿德一ト、老者着二用之一ヲ云云。案ズルニ表裏白キハ、極老ノ人着スル故宿德ト云ヒ裏靑キハ中老ノ人着スル故半宿德ト云ト見エタリ。

綾部第十三

魚綾 衣

桃花蘂葉及逍遙院装束抄曰、魚綾山鳩色云云。然レバ靑白橡ニ同ジ。

貞丈云、魚綾ヲ山鳩色ト云ハ誤也、色ノ名ニハ非ズ織物ノ名也。增鏡卷五文永五年正月廿四日一院五十御賀試樂ノ條ニ花山院中將長家右大將ノ御子魚綾ノ山吹ノ狩衣柳櫻ヲヌヒ物ニシタリ。又曰、陵王ノ童ニ四條大納言ノ子装束ツネノマヽナレド紫ノロクタイノ半尻カネノモン赤地ノ錦ノ狩衣アヲキ魚綾ノハカマ云云。又平治物語ニ惡源太義平ハ生年十九歳練色ノ魚陵ノ直垂云云。右山吹ノ魚綾アヲキ魚綾練色ノ魚綾トアルヲ以テ魚綾ト云ハ色ノ名ニハ非ザルコトヲ知ベシ、綾ノ名ナルベシ。或ハ魚綾ノ字ヲ御料ト書キ替ヘテ、山鳩色ハ天子ノ御料也、コレウトヨマセマジキ爲ニ魚綾ノ字ヲ用ト云甚附會ノ説也取ルニ足ラズ

練部第十四

搔練 下襲衣

詳ニ火色ノ下ニ注ス。

此條諸本無據松岡朱書入本補、

練色

此色目明月記其外古記ニ見エタレドモ、裝束諸抄ニ此色目ヲ出サズ其說ナシ。

貞丈按餝抄下襲黃柳ノ條曰仁安二正二臨時客或秘記曰、尊者左大臣經宗黃柳下重面薄黃如練色、裏濃黃打色云云、此文ニ據テ考ルニ練色ハ白シテ少薄黃ヲ帶タル色也〇異説ニ練タル儘ノ白キ色トモ云ヒ或赤キ色トモ云、然レ共出所ナシ。餝抄ノ文ヲ以テ證トスベシ。

衰部第十五

衰

是則赤大袖小袖也。釋スルニ不レ及、赤ノ下參考スベシ。

服部第十六

重服 平緒

餝抄曰、重服ノ平緒鈍色絹帖《タヽム》レ之ヲ。

同 沓

餝抄曰、重服沓事保元二年十一月廿八日或秘記云今日初出仕、裝束重服赤沓裏鈍色。

文部第十七

無文扇

名目抄曰、無文ノ扇表裏花田不レ畫レ文ヲ云云。何ニテモ文ヲ不レ畫ルハ、無文ノ扇ト云ベキ事ナレドモ、凶服ナレバ花田ニ染テ專之ヲ無文ノ扇ト云

ト見エタリ。

色々部第十八

色々 女房之重

假字裝束抄曰、色々薄色一ッ、萠黄一ッ、紅梅一ッ、裏山吹一ッ、裏濃蘇芳一ッ云云。同片假字附ノ傍注曰、色々ノ重ネ樣ハ樣々ナリ、必是一定ナラズ云云。女官飾抄曰、色々五ッ薄色、紅梅、萠黄、蘇芳、山吹云云。案ズルニ、五重各其色替リタラバ何色ニテモ色々ト云ベキ事ナリ、仍テ假字抄ノ傍注ノ如ク一定ナラズトアリ、但其中ニモ多分ハ假字抄女官飾抄ノ如キ重ネ樣ヲ用ユルナルベシ。

織部第十九

織物鞍覆

物具裝束抄云、織物鞍覆面靑顯文紗、裏靑打絹云云。案ズルニ何色ニテモ織物ヲ以テ鞍覆トセバ織物鞍覆ト云ベキ事ナレドモ、專織物鞍覆ト云時ハ、此色ノ定アルト見エタリ。

染部第二十

染裝束

宸翰裝束抄曰、顯職幷ニ弱年ノ人異ナル晴ノ時、染裝束トテ半臂下重表袴等色々用レ之云云。後稱念院裝束抄曰、オトナビタル人ハ、染二下襲計一ヲ不レ染二表袴一ヲ、四條大納言隆親卿曰、前關白良實被レ語シハ、染裝束ノ時ニ染二下重一不レ染二表袴一事ハ、必非二宿老ノ振舞一、裾可レ懸二高欄一公事日ナドハ、若キ人モ裾計染レ之、見二松殿抄一云云。案ズルニ、半臂下襲表袴等ノ平生ニ用ヰヌ色ヲ用ユルヲ染裝束ト云也。假令黑半臂蘇芳二藍躑躅下襲白ニ紅裏ノ表《ウヘ》ノ袴ノ如キ大抵定式ノ色ナリ、此等ニアラヌ風流ノ色ヲ用ユル時、染重染袴ナド云、而シテ襲モ袴モ共ニ染テ用ヰ、或ハ半臂共ニ用ユルヲ染裝束ト云ト見エタリ。

染重

右ニ注ス。

染袴

右ニ注ス。

染衵《アコメ》

餝抄曰、公卿ハ用ニ赤キ衵《アコメ》ヲ、壯年之人著ニ染衵ヲ若ニ萠木薄色ノ類ヲ權大納言家良云、吾等大臣ノ後着ニ赤衵ヲ納言間著ニ染衵ヲ云云。又曰、不レ着ニ赤帷ヲ着ニ染衵ヲ若ハ黄色也云云。然レバ衵ハ赤キヲ定マレル色トシ其外ノ風流ナル色々ヲ惣テ染衵ト云ト見エタリ猶染装束ノ染ノ字ノ意ノ如シ。

染衣《キヌ》

次將装束抄曰、寒氣之時ハ打衣之下ニ重ニ尋常ノ染衣二領許ニ着レ之、暑氣之時ハ猶着ニ打衣ヲ云云。着ニ濃打ヲ時ハ必重ニ濃キ單衣ヲ、若重ニ染衣ヲ者重ニ濃蘇芳ヲ宜歟云云。此文ヲ以テ考フルニ、染衣トハ打衣ニ對セル名ニテ、惣テ打タザル衣ヲ染衣ト云ト見エタリ。必シモ色ノ定アルニハ非ズ、但白クハ染衣トハ云ベカラズ。

染直垂

染下襲、染袴、染衵等ハ各其下ニ注スガ如ク、平日通用ノ外ノ色ヲ云也。但染直垂ハ此例ニテハ有ベカラズ、何色ニテモ織色ニ非ザルヲ惣テ云ナルベシ、何《イカニ》トナレバ、染下襲染袴染衵等ハ若年及晴ノ時之ヲ用ユ、染直垂ニハ其事ナク且永仁連署記ニカチン(チ佐黑二本作ナ恐誤)香ナドノ直垂ヲ染直垂ト稱セリ。

染附ノ衣

是亦染直垂ノ染ノ字ト同義ニテ、織色ニ非ザル惣テノ染色ヲ云ナラン歟。桃花蘂葉指貫ノ條ニ、薄色堅織物、次ニ薄色付色トアリ、深窓祕抄衵條ニモ、織物ニ非ズ付色ナリナド云文アリ、此付色ト云ト染付ト云ト同義歟。

染分　下襲

假字装束抄曰下襲條御堂供養千僧ナドノ堂童子ノ

染分トテ、左右分チテ柳躑躅トテアル柳ノ案ズルニノハハノ誤ナルベシ常ノ薄柳ナリ、躑躅ト云ハ常ノ下襲ヲ云ナリ。

同　袴

次將裝束抄曰、隨身染分ノ袴左蘇芳右朽葉云云。又曰隨身袴染分、左二藍、右萠木、左右近、又通用云云。物具裝束抄曰。隨身袴染分、左近蘇芳、右近朽葉、儲色左近二藍、右近萠木云云。案ズルニ、左蘇芳右朽葉、是ヲ染分ノ先用ユル色トシ、左二藍右萠木是ヲ染分ノ儲ノ色ト爲《スル》ト見エタリ、然レバ共ニ染分ト云モ、難ニハ非ザルベケレド物具抄ノ説詳ナルベシ。

褐部第二十一

カチン　直垂

張良傳曰、老父衣レ褐、陸佃曰黄黑色今俗謂之茶褐色ト云云。褐ハ今ノ茶色ニ當ル、カチントハ褐ヲ妄ニハネテ唱フルナルベシ。

貞丈云、西土ニテ褐ト云ハ黄黑色也吾國ニテカチト云ハ藍色ノ至テ濃クシテ黑色ニ似タルヲ云也、夫木抄ニ信實朝臣「播磨ナル、シカマニ作ル藍畠イツアナカチノコソメヲカ見ン。カチノコソメトハ褐ノ濃染也、又同抄中務親王「シカマナル市女ガモテルカチ布ノ色フカクノミ人ヲコヒツヽ。シカマハ播磨國ニ餝磨ト云地名也。此里ニテ布ヲカチ色ニ染メテ賣也是ヲシカマノカチト云、藍ニ濃ク染タルナリ。右ニ云フ如ク吾國ノカチハ藍ニテ黑クナルマデ染メルナリ。西土ノ褐ヲ以テ吾國ノカチヲ説ハ誤也。和漢同名異物アリ。一概ニ西土ノ事ヲ以テ吾國ノ事ヲ論ズ可ラズ

カチン段　手綱　腹帶

カチンハ右ニ注ス。段ハ緞ノ借音也、紫緞ニ准ジテ知ベシ。

青褐　袍

褐ハカチンノ下ニ注ス。青褐ハ今俗ニイフ青茶色ナルベシ。

纐纈部第二十二

纐纈 背子 裳

纐纈ノ二字義同ジ、纈ハ緋ノ纈ノ下ニ注ス。（纐ノ字ハ字書ニ見エズ和名抄ニハ夾纈トアリ、和名カウケチト見エタリ、延喜式ニモ夾纈ノ字ヲ用タリ、夾纈ヲユハタトヨム。夫木抄ニ、ヨミ人シラズ、柏木ニユハタソムテフ紫ノアハンアハジハ、ハヒノ心モ。又同抄顯季卿、年ヒサニユハタノ帶ヲトリシデ、神ニゾ祭ルイモニアハント。）

目部第二十三

目染 裳 眉 巾

蘇芳目染ノ下ニ注ス。

貞丈云、此部ニ作目漏タリ。延喜縫殿寮式年中御服章、中宮春季條ニ、正月料袍十領、注曰、白一領。作目白橡九領。又本文曰、表袷裙二腰、注曰、白一腰夾纈并作目一腰ト見エタリ。作目トハ目染ノ事歟詳ナラズ。

鳩部第二十四

山鳩色 袍 衣

或裝束抄曰、麴塵號二青色一、又號二山鳩色一云云。然レバ青白橡ニ同ジ。

鳩染

蒲萄ノ下ニ注ス。

蘇比部第二十五

蘇比

纁ノ下ニ注ス。

鼠部第二十六

鼠色 狩衣下 襲袴

今用ユルガ如ク凶服ノ橡ニ同ジク淺黑色ナルベシ。又或裝束抄曰、素服表《ウヘ》袴平絹鼠色或鈍色裏柑（柑佐黑二本作相）（名目抄以下三行佐黑二本欠）子色云云。名目抄喪服篇曰柑子色女房袴及表袴裏此色歟云云然レバ鼠色袴ハ裏ヲ柑子色ニスル事モ定式ト見エタリ。

薄鼠色 直衣

右ノ色ノ猶薄キヲ云ナルベシ。

鳥部第二十七

鳥ノ子重 細長

假字装束抄曰細長鳥子重ト云ハ、表ハ白クテ中重《ナカヘ》ハ薄紅梅ニテ、裏ハ黄ナル衣也。

同 下襲衣

桃花蘂葉及逍遙院装束抄曰、鳥ノ子重表白瑩裏蘇芳云云。逍遙院抄一説曰表裏白瑩云云。案ズルニ裏ハ蘇芳ト云説、右ニ擧タル假字抄ノ細長ノ色ニモ近ク、且裏ノ蘇芳青(青諸本作表)ノ白ニ映ジテ鷄卵ノ色ニ似ルベシ、表裏白瑩ト云ハ詳ナラズ。

狐部第二十八

狐尾摺衣 狩衣也

未詳ナラズ。若クハ鼠尾草《ミソハギ》ノ花ニテ摺タルヲ云歟。

鈍部第二十九

鈍色 直衣袍狩衣褐下襲袙單大帷衣袴指貫大口平緒帯扇下簾鞦頸總

名目抄曰、鈍色花田染也云云。薩戒記曰、鈍色謂ニ淺黄色ニ也(也據諸本補)云云。桃花蘂葉曰、鈍色移シ花ニテ染ル也。又曰、花田染也。又或云青花ニ黑(黑諸本作墨)ヲ入也云云。逍遙院装束抄同ニ蘂葉ニ。又曰又蘇芳ニダウサヲ入テ染ト云云云。服暇間事曰、着レ服者可レ用ニ鼠色ニ、其色以レ黑ヲ染レ之、或入ニ移花於黑ニ云云。或装束抄曰、鈍色花田ノコキ色ヲ云云云。此説々ノ中花田染ト云ヒ、移花ニテ染ルト云ハ、皆其色ノ淺《ウス》キナルベケレバ淺キト云ト同ジク、式ニ所謂淺縹也。直衣指貫等常ニ淺葱《アサギ》アレバ凶服是ト同ジカルベキニハ非ズ、又蘇芳ニダウサヲ入テ染ト云ハ、假字装束抄ニ所謂赤衾ノ染樣ヲ鈍色ト心得違ヒテ云ル説ナルベシ。鈍色ト名ヅクベキ色トハ見エズ。又鼠色ニテ黑ヲ以テ染ルト云ハ橡《ツルバミ》ト混ジタル説ナルベシ、鈍色ト橡トハ同ジカラズ。西宮記喪服ノ條ヲ熟考フル時ハ其差別アル事略見エタリ。又名目抄ニモ別チテ之ヲ注セリ、右ノ三説並ニ信用シ難シ、只青花ニ黒ヲ入ト云説然ルベキ事ナリ、此青花ハ薄青色ト見エタリ、此ニ淺墨《ウス》ヲ入レタラバ實ニ鈍色ト名ヅクベキ色ナルベシ、又花田ノコキ色ヲ云ト云ルハ、青鈍ト混ジテ誤レル説ナルベシ。

(此條佐本鈌)

同　簾

是鈍色ノ絲ヲ以テ編タル簾ト見エタリ。

青鈍色　下襲衣 袴指貫

桃花蘂葉及逍遙院裝束抄曰、青鈍ハ花田ノコキ色也云云。案ズルニ此文兩抄共ニ鈍色ノ注ニ加ヘタリ、然レバ濃縹ト云義ニハ非ズシテ鈍色ニ用ユル淺縹ヨリハ青鈍ニ用ユル縹ノ色ハ濃トノ義ナルベシ、右ノ鈍色ニ准ズルニ、是モ亦墨ヲ入ルベシ、直ニ縹ニテハアルベカラズ。

瑠璃部第三十

瑠璃色　下襲衣 指貫

桃花蘂葉曰、瑠璃色淺黄也云云。假字裝束抄曰、瑠璃色ノ指貫トテ淺黄《アサギ》ノ濃ヲ着云云。飾抄曰淺黄指貫五月以後可レ着ス言ニ瑠璃色ト云云。然レバ淺葱ト混ズル説モ有レドモ細ニ別テバ濃ヲ瑠璃色ト云ヒ、薄キヲ淺葱ト云ト見エタリ。

鐵部第三十一

鐵《フシ》　袍

中古以來ノ深紫ニ同ジ。(ニ同ジ佐黑二本無)

カラカミノ部第三十二

カラカミ　狩衣 衣

假字裝束抄曰、カラカミ黄ナルニ青經青キ重ヲ(チ佐黑二本作ニ)シタリ云云。同片假字附傍注曰、カラカミハ様々也。黄カラカミ、青カラカミ常ノ事也。

黄カラカミ　衣

右ノカラカミノ黄ミ勝タルナルベシ。

青カラカミ　衣

右ノカラカミノ青ミ勝タルナルベシ。

墨部第三十三

墨　袍

彈正臺式ニハ墨染ト記セリ。字ノ如ク墨ヲ以テ染ル歟。

半部第三十四

半色《ハシタ》　直衣狩衣 衣指貫

名目抄及桃花蘂葉曰、半色經緯共薄紫云云。又曰、薄色ノ紫ノ方ヘ寄タル也云云。其薄色ト云ハ、經ヲ紫又ハ濃キ薄色ニシテ緯ヲ白クス其織成ル所半色ヨリ薄カルベシ、蓋紫ト薄色トノ半《ナカバ》ノ色ユヘ半色《ハシタ》ト云歟。故ニ桃花蘂葉ニ、薄色ノ紫ノ方ヘ寄タル也ト云ナルベシ、其染色モ之ニ准ジテ知ベシ。

兩部第三十五

兩面　袴

西宮記曰、五月六日ノ競馬左右十列、兩面ノ袴左右同云云。又曰、四月六日ノ駒牽左右十列、兩面ノ袴左赤右青云云。案ズルニ兩面トハ裏アルノミノ謂ニハ非ズシテ、表ト裏ト同色ナルヲ云ト見エタリ。

二ノ部第三十六

二ツ色　女房之重

假字裝束抄曰、二ッ色、薄色二ッ、裏山吹二ッ、萠黃二ッ云云。同片假字附傍注曰、二ッ色ハ萠黃ヲ上ニ重ヌル事モ有トカヤ、サレド常ニハ此定ニ薄色ヲ上ナリ。數多クスルニハ紅梅ナドコソ云云。案ズルニ同色ノ衣ヲ必二ッヅ、重ヌルヲ二ッ色ト云ト見エタリ。然レバ何色ニテモ云ベキ事ナレドモ、大概此假字抄ノ如ク色ノ定アルト見エタリ。

二重　狩衣

永仁連署記曰、面裏同色ヲバ二重ト申ス云云。然レバ両面ト義同シ。

一部第三十七

一片染　衣

未詳ナラズ。蓋一度染タルノ義ナルベシ。然レドモ何色ト限リタル事明ナラズ。

片ノ部第三十八

片染　平緒

未詳ナラズ。蓋白キ平絹ノ半ヨリ何色ニテモ染タルヲ云歟。

タクラベ部第三十九

タクラベ部　衣

假字装束抄曰、黄ナルハ秋ヨシ、春ハ中々二ッバカリニ單重ネテタクラベ色トテゾ着云云。然レバ黄ナルヲ二ツ以上重ヌル時ノ名ト(據諸本補)見エタリ。

透部第四十

透鞍覆

物具装束抄曰、透鞍覆地薄物靑云云。透トハ薄物故ノ名ナルベシ、何色ニテモ云ベキ事ナレドモ専透鞍覆ト云時ハ此色ノ定アルト見エタリ。

祕部第四十一

祕色《ヒソク》　狩衣　衣

桃花蘂葉及逍遥院装装抄曰、祕色瑠璃色云云。瑠璃色ハ其下ニ注スガ如ク濃淺葱ナリ。

苦ノ部第四十二

苦色《ニガ》　狩衣　衣

桃花蘂葉及逍遥院装束抄曰、苦色表香黒ミアリ、裏二藍。

聴部第四十三

聴色《ユルシ》　袍　衣

花鳥餘情曰、聴色ハ薄紅ヲ云也云云。桃花蘂葉曰、聴色衣紅ノ薄キ色ヲ云也云云。逍遥院装束抄曰深紫袍一位ノ袍ノ色也、院ニモメス也、最上ノ物ナレバ非ニ其人ニ着用スル事ナシ、仍テ深紫深紅ヲ禁色ト云、其淺キ色ハ制ノ限ニ非ズ、故ニ聽色ト云。延喜ニ三善清行ノ議奏、長保ノ太政官符ニモ此由見エタリ云云。案ズルニ此逍遙院抄ノ文ハ、袍ノ條ニアリ、然レバ下衣ニテハ淺紅ノミヲ聽ト云ヒ、袍ニテハ淺紫淺紅ノ二ツヲ云ト見エタリ。然レドモ深紫ヲ禁色ト云フ事ハ其疑ナキニアラズ、深紅ハ延喜十八年三月延長四年十月兩度ノ宣旨アリテ一切禁制セル事日本記略法曹至要抄等ニ見エタレバ禁色ト云ベシ、深《コキ》ヲ禁ジテ淺《ウス》キヲ聽セバ、淺紅ヲ聽色ト云事サモ有ルベシ、深紫ハイマダ禁ゼラレタル文ヲ見及バズ。逍遙院抄ニ最上ノ物ト有レドモ、衣服令ノ服色ノ次第ニ黄丹（ニ佐黑二本作白）等ヨリハ下リタル色ナレバ、最上ト云ベキニモ非ズ、但一位ノ色ナレバ、二位以下ノ人ニハ禁色トモ云ベシ、然レドモ一切ニ禁ゼル色ニ非ザレバ、禁色ト名目スベキニ非ズ、深ヲ禁ゼザレバ淺《ウス》キヲモ聽色トハ云ベカラズ、況淺紫トテモ二三位ノ當色ナレバ、四位以下ニハ着事ヲ聽サズ、深紫ヨリハ下リタルニテコソ有レサバカリノ勝劣ハアラズ、然レバ袍ニテモ禁色ト云ハ、深紅バカリト見テ可ナラン歟。下衣ハ本ヨリ位階ニテノ定アラザレバ、一位ノ色トテモ必一位ノミ着ルニハ非ザレバ、紫衣ニ禁色聽色ナド云名目アルベカラズ。但逍遙院ノ抄ニ云ル長保ノ官符、若クハ紫ヲ禁ゼル文ナランモ量リガタケレドモ、已ニ延喜ノ議奏ハ紅ノ事ナル事法曹至要抄ニモ其文ヲ引テ明ナレバ、多分長保モ紅ノ制ナルベシ、且長保ニ紫ヲ禁ゼラレタル事ナラバ、逍遙院抄ニ、最上ノ物ナレバト云文ヲ生ズルニ及ブベカラズ、只彼抄ノ意ハ、深紫ハ最上ノ物、深紅ハ延喜長保ニ禁ゼラレタレバ此二色ヲ禁色ト云トノ義ナルベシ、然レドモ此聽色ハ、淺紅ノミト見テ可ナラン歟。

儲部第四十四

儲色　袴

染分ノ下ニ注ス。

禁部第四十五

禁色　袍

禁色トハ、其人其位ヨリ高キ色、又ハ其人其位ニテ用ユル事ヲ得ザル地合ナドヲ、各禁色ト云ナレドモ、一統ニ禁色ト稱スルハ、深紅ノ色ナリ。又袍ニテハ、深紫モ禁色ナルト云リ、詳ニ聽色ノ下ニ注ス。

曳倍支部第四十六

曳倍支《ヒツペキ》　下襲　半臂

逍遙院装束抄曰、曳倍支色、蘇芳濃キ薄キハ時ニ依云云。後稱念院装束抄曰、弘安元年四月云云。濃打下重號引倍支、冬躑躅下重裏也云云。案ズルニ逍遙院抄ニ濃ト云ハ、濃蘇芳ナレバ濃色ト云ニ同ジク、五倍子鐵漿染ニテ薄キト云ハ夏ノ蘇芳ノ下重ノ色ト同ジク蘇芳染ナルベシ、但曳倍支ト稱スルハ、大略濃色ナリ、冬ノ下襲ノ裏ヲ引拆テ用ユル名ト見エタリ。(據佐黒二本補)半臂モ西宮記ニ半臂曳倍支四月八月九月之間用レ之、黒半臂、或打半臂トアレバ、是モ同ジク濃色也。常ノ蘇芳染ナルハ無キニヤ。

貞丈云、此本文ニ冬ノ下襲ノ裏ヲ引拆テ用ル名ト見エタリト云ハ誤ナリ、引ヘキト云ハヒキハギト云コト也、綾ニテモ絹ニテモノリヲ付テウルシヌリノ板ニ張付テホシテ燥キタル時ニ引ハギテ取也、如此スレバ其物滑ニ光リアリテ硝子ノ如ニナル也、是ヲ引ヘキト云ナリ。

打ノ部第四十七

打鞍帊

物具装束抄曰、打鞍覆表濃打裏蘇芳打云云。案ズルニ何色ニテモ打衣ノ鞍覆ナラバ、打鞍覆ト云ベキ事ナレドモ、專打鞍覆ト云時ハ此色ノ定アルト見エタリ。

打交 差縄

永仁連署記曰、指縄打交白淺木カチン三色云云。打交ト云時ハ、何ニテモ二色以上ヲ打交タルヲ云ベシ、但何色トナシニ、打交差縄ト云ハ大略此色ニ定マルベシ。

摺部第四十八

摺衣 袍背 子袴

摺衣トハ染ズシテ草ヲ摺貼《ツケ》テ色ヲ爲《ナス》ヲ云。萩ニテ摺タルヲ萩摺ト云ヒ、山藍ニテ摺タルヲ青摺ト云ヒ、忍草ニテ摺タルヲ忍摺ト云フ、又鴨頭草《ツキクサ》ニテモ摺アリ、摺衣トハ皆通ジテ云ナルベシ。

貞丈云忍部參考スベシ

地摺 狩衣 袴裳

所見ナシ、或《ヒトノ》曰金ニテモ銀ニテモ箔《ハク》ヲ摺貼タルヲ云ト未タ詳ナラズ。

洗部第四十九

洗染 袍

西宮記曰、相撲御覽日相撲長《スマヒノチサ》幷ニ立合等着ニス洗染《アラソメ》布袍ヲ云云。此文ヲ江家次第ニハ、相撲長左右二人退紅ノ袍ト記シタリ。然レバ洗染スナハチ退紅ナルト見エタリ。古來退紅ヲアラゾメト訓シテ江家次第ニ、荒染ノ字ナドヲ用ヰタリ、洗染ハ其借訓ナルベシ、若又本義アラヒ染ニテ、後略シテアラ染ト云ヤ量リ難シ。

貞丈云退紅及桃染ノ條參考スベシ

取部第五十

汗取 帷

名目抄曰、帷夏ノ季號ニス汗取一赤シ、幼年ノ日猶白シ、束帶ノ時ノ事也。冬ハ季白云云。逍遙院裝束抄曰、帷紅ニ染タル大帷也、汗取ノ帷ト號ジテ夏秋之《コレ》ヲ着ス老人ハ白キ帷ナルベシ云云。是大帷ノ古名ノミ。

夾部第五十一

柏夾 木

次將裝束抄及飾抄曰、柏夾《カシハハサミ》事、削ニ白木ノ端一其長如ニ卷纓木一、但不レ塗レ墨ヲ以レ白可レ爲レ詮ト云云。飾抄又曰、如ニ春日祭使一若キ公卿ノ勅使柏夾ノ木塗云云。件木黑白共ニ長不レ過ニ一束之內一云云。案ズルニ卷纓ハ儀式ノ時ニ用ユル故、纓ヲ夾ミテ其木ヲ墨ニテ塗リ、冠ノ色ニ同ジクス、柏夾ハ非常ノ警固ナド倉卒ノ時ニ用ユル故、墨ヲ塗ニ暇アラズ、仍テ白木ナガラニ用ユ、其白木ノ二字ヲ合セテ柏ノ字トシ、柏夾ト名ヅケタルナルベシ、然レドモ飾抄ノ如クナレバ、春日祭ノ勅使若キ公卿ハ、柏夾ヲ塗トアリ、是倉卒ノ儀ニ非ザル故若キ人ハ塗ト見エタリ。然レバ直ニ卷纓ト云ベキ事ナレドモ、卷纓ハ纓ヲ內ノ方ヘ卷キ、柏夾ハ外ノ方ヘ卷ク、此差別アルガ故ニ猶柏夾ト云也。其柏夾ヲ塗ニモ墨ヲ用ユル事飾抄ノ文ニテ知ベシ。

貞丈云、假字裝束抄後稱念院裝束抄ニモ柏夾ノ事見エタリ、此本文ニ記ス所ニ異ナル義無之

卷部第五十二

卷纓 木

右ノ柏夾ノ下ニ注ス。

貞丈云、此部ニ卷染漏タリ、卷染古キ物ニ見タリ、夫木抄ニ源仲正「フヂナミノヨラハレヌレハ紫ノマキソメキタル松カトゾミル。」按布帛ヲ丸木ニ卷付テ其上ヲ繩ニテ卷キ染テ後繩ヲトキ去レバ繩ノアトハ白クアラハル、歟

薄ノ部第五十三

薄色 直衣狩衣下襲袍單衣指貫狩袴裳袖括

名目抄及物具裝束抄曰、薄色經紫緯白云云。宸翰裝束抄曰、薄色經濃キ薄色緯白云云。桃花蘂葉曰、薄色ノ下襲二藍色ノ薄キ也云云。逍遙院裝束抄曰、薄色經紫緯白、又染色モアリ、或ハ二藍色ノ薄

キト云云。此説ノ中經濃薄色ト云モ經紫ト云ニ頗同ジ、二藍色ノ薄キト云モ淺紫ニ略似タリ、凡濃色トハ濃蘇芳ヲ云ヒ、薄色トハ淺紫ヲ云 中古以來ノ通例ナリ。然レバ染色ニテハ直ニ淺紫ニ紫ム織物ニテハ經紫緯白ニ織ヲ以テ薄色ト稱スベシ。

濃部第五十四

濃色 狩衣下襲半臂單衣袴大口指貫組直衣帶

名目抄曰、濃色染色ハフシカネ染也、織物ハ經緯共濃紫云云。凡濃色ト稱スルハ濃紫濃蘇芳ニテ、共ニフシ金《カネ》染ナル事諸抄ニ明ナレバ引用ユルニ及バズ。此名目抄ニ、經緯濃紫トアルモ、實ノ深紫染ニハアルベカラズ、既ニ濃紫ノ二字ヲフシカネト訓シ來レリ、是唯フシ金ノ織色ナル而已《ノミ》ナルベシ。

村濃 衣

何色ニテモ所々濃染タルヲ云ベシ。

同 釵子緒組總差緡

是モ同ジク所々濃ト薄キヲ村ニ打交タルナルベシ。

末濃 指貫裳總

紫下濃ノ下ニ注ス。

淺部第五十五

淺沓

三内祕記曰、淺沓黑漆也云云。今モ有ルガ如ク皆黑漆ニテ漆也、淺沓ハ其形ニ依テノ名ナレドモ、必黑漆ニヌルモ亦定式ナリ。

香部第五十六

香 直衣狩衣直垂下襲大帷衣指貫平緒扇袈裟

宸翰裝束抄及三條裝束抄曰、若年ノ人ハコガレ香ト號ジテ下播ヲ薄紅ニシテ、黃ヲマゼテ染レ之、所詮濃香也。(詮佐黑二本作謂)織物ニテ着スル時ハ、經緯共ニ濃香ニ染テ織レ之云云。桃花蘂葉曰、香常ノモミニ薄ク少シ黃。

壺井義知ガ源氏装束抄註云、丁子染ハ香染トモ云也、或祕記曰、承元四年二月十四日入夜仲基入道來談二古事一、知足院殿仰二著二直衣一以二丁子一染タル香帷著之、貞丈右ノ文ニ據テ按ズルニ香染本ハ丁子ノ煎汁ヲ以テ染ル故香染ト云後ニハ丁子ヲ用ズシテ其色ヲ似セテ染ル也、然レドモ猶香染ト號ズ。

源語類字抄曰、丁子染香ノ黑キ色也云云。貞丈云、此文ニテハ丁子染ト香染別ナルガ如クナレドモ、唯丁子染ノ濃キト薄キノ差ノミニテ本一色也。

コガレ香　狩衣

右ニ注ス。

濃香　狩衣

右ニ注ス。是宸翰抄ノ染樣ノ如クニテ、常ノ香色也。香ノ緯白ニ對シテ濃香ト云ナルベシ。

香貫《ヌキ》白　狩衣

宸翰装束抄曰、香ノ狩衣老人ハ經ハ香ナル絲、緯ハ白絲ナリ、仍テ文白ナリ。

モロ香　狩衣

物具装束抄曰、香ノ狩衣若年ノ人モロ香、壯年以後香ノ貫白ナリ云云。モロ香トハ香貫白ニ對シテノ名ニテ、經緯共ニ香色ナルナリ。則常ノ香ニ同ジ。

香ノ文濃キ　衣

香ノ貫白ニ准ズルニ、經ヲ薄香色ニシ緯ヲ香色ニシテ之ヲ織時ハ、其地モ香ニシテ其文ハ地ヨリ濃キ香ト爲《ナル》ベシ。

香緂　平緒

紫緂ニ准ジテ知ベシ。

赤香　狩衣

所見ナシト雖モ香色ノ紅勝タルナルベシ。

薄香　狩衣

香色ノ薄キナルベシ、蓋常ノ香ヲ濃香ト稱スルナレバ、薄香ハスナハチ香ノ貫白ナラン歟。

錫部第五十八

錫紵《シヤクチヨ》

喪葬令曰、錫紵義解曰、錫紵者細布卽用ニ淺黑染ヲ一（黑佐黑二本作墨）也。集解ノ釋ニ曰、唐令錫縗者儀禮喪服傳無レ事ニ其縷ニ一有レ事ニ其布ニ一曰レ錫、此令ノ錫紵者錫色ノ紵服耳《ノミ》、鐵ノ黑キヲ曰錫、然則黑染淺色《アサキ》耳云云。本朝ノ錫紵ハ淺黑クシテ錫ノ色ノ如シ、故ニ錫紵ト云ヒ、異朝ノ錫ハ地合ノ名ニシテ色ノ名ニ非ズト見エタリ。然レドモ、異朝ノ錫モ純白ニハ非ザル歟僻案アリト雖モ此ニ拘ラザレバ之ヲ略ス。

素ノ部第五十八

素服

素ハ白キ義ニ非ズ、質素ノ義也。故ニ素服ノ字ヲアサノヌノキルト訓シ來レリ、錫紵等ノ凶服麻ヲ以セルヲ云、其色ハ鈍色橡等ト見エタリ。

嘗聞此書者荷田在滿所輯云今私加冠註矣

安永七年戊戌四月七日　伊勢平藏貞丈寫

本書ハ宮內省圖書寮御所藏ノ松岡本ヲ拜借シテ謄寫シ更ニ佐藤博士（佐本）黑川博士（黑本）ノ所藏本ヲ以テ校訂ス

又云、貞丈翁ノ冠註ハ便宜上總テ本文ノ終ニ附加ス

明治三十七年七月　早川純三郎識

裝束色彙卷四 終

昭和五十三年十二月十五日 印刷
昭和五十三年十二月二十日 発行

続々群書類従 第十七

編纂 古書保存会

発行者 太田ぜん

東京都豊島区北大塚二丁目三三番二〇号
印刷所 株式会社 平文社

発行所 株式会社 続群書類従完成会

続々群書類従　第17　雑部2　〔オンデマンド版〕

2013年4月1日　初版第一刷発行　定価（本体8,000円＋税）

編纂　古書保存会

発行所　株式会社　八木書店　古書出版部
代表　八木乾二
〒101-0052 東京都千代田区神田小川町3-8
電話 03-3291-2969（編集）-6300（FAX）

発売元　株式会社　八木書店
〒101-0052 東京都千代田区神田小川町3-8
電話 03-3291-2961（営業）-6300（FAX）
http://www.books-yagi.co.jp/pub/
E-mail pub@books-yagi.co.jp

印刷・製本　（株）デジタルパブリッシングサービス

ISBN978-4-8406-3244-7　AI268